W0182020

Ein Berater auf dem Jakobsweg

– 12 Jahre nachdem Hape mal weg war

von
Christian Brechtel

Für Marianne

Impressum © 2020 Dr. Christian Brechtel
13-stellige ISBN: 9798636729853

Alle Rechte vorbehalten.

Kein Teil dieses Buches darf ohne ausdrückliche schriftliche Genehmigung des Herausgebers reproduziert oder in einem Abrufsystem gespeichert oder in irgendeiner Form oder auf irgendeine Weise elektronisch, mechanisch, fotokopiert, aufgezeichnet oder auf andere Weise übertragen werden.

Prolog

12 Jahre nachdem Hape Kerkeling den spanischen Jakobsweg gepilgert ist, sitze ich im Zug Richtung Saint-Jean-Pied-de-Port, dem klassischen Startpunkt des Camino Francés. Der Entschluss, mich ebenfalls auf den Weg zu machen ist noch keine vier Wochen alt. Natürlich habe ich zuvor *Ich bin dann mal weg* gelesen. Auch Hape ist hier am Fuße der französischen Pyrenäen mit dem Ziel Santiago de Compostela losgelaufen. Wer sein Buch kennt, der weiß von den abenteuerlichen, häufig unglaublichen und teils sehr tiefgründigen Geschichten, die er als Pilger erlebt hat. Er hat nach acht Wochen auf dem Camino nicht nur Santiago erreicht, sondern auch eine Antwort auf die Frage, ob Gott für ihn existiert, erhalten. Im Ergebnis also bestens investierte Wochen.

Nun ist seit seiner Pilgerschaft im Jahr 2001 schon weit über ein Jahrzehnt vergangen. Seitdem „waren wir Papst" und war die katholische Kirche mit diversen Skandalen in der Presse. In Limburg gab ein Bischof Unsummen für einen Prunkbau aus, während in Rom ein neuer Papst aus Lateinamerika zu mehr Bescheidenheit und Demut aufrief.
Auch in weltlicher Sicht hat sich die Gesellschaft in diesen Jahren stark verändert. „Immer schneller, immer höher, immer weiter" wurde zunehmend hinterfragt und Selbstfindungsliteratur zu Bestsellern. Überlastung im Beruf bekam einen eigenen Namen und *Burnout* erwies sich prompt als Massenphänomen. Kurzum, der Wunsch nach Entschleunigung charakterisierte plötzlich eine ganze Generation und über diese „Generation Y" hinaus direkt die Stimmungslage im ganzen Land.
So verwundert es auch irgendwie nicht, dass in Deutschland zwar Jahr für Jahr mehr Menschen aus der Kirche austreten, aber ungeachtet dessen die Zahl der Pilger weiter steigt. Gerade der Jakobsweg ist in Deutschland – wie auch in Ländern, in denen die Institution Kirche weniger kritisch bewertet wird – so beliebt wie nie zuvor.
Wie religiös muss man also für diesen immer populärer werdenden

Pilgerweg sein, bzw. wie viel Kirche steckt heute überhaupt noch in dieser über 1000 Jahre alten Tradition? Erhält man beim Pilgern gar Antworten auf die wirklich wichtigen Fragen des Lebens?

Auf über 1.000 Kilometern zu Fuß habe ich erfahren dürfen, dass der Jakobsweg weit mehr als nur eine lange und zehrende Wanderung zum Grab eines gewissen Apostels ist. Der Camino erwies sich als einzigartige Begegnungsstätte mit den unterschiedlichsten Menschen aus allen Ecken der Welt, Generationen und gesellschaftlichen Schichten. Vielleicht auch mit Gott, aber in erster Linie mit sich selbst. Und der Weg war eine körperliche und psychische Herausforderung, ebenso wie eine kulturelle und kulinarische Offenbarung. Rückblickend waren die Wochen zwischen dem 5. Mai 2013 und meiner Ankunft am 6. Juni 2013 vor allem aber eines: die intensivste und zugleich prägendste Zeit meines bisherigen Lebens.

Nach gut einer Woche – in der Gegend von Burgos – reiften die Pläne für dieses Buch und damit meine gesammelten Eindrücke nicht nur festzuhalten, sondern auch zu teilen.

Denn nicht nur unsere Gesellschaft und damit die Pilger, sondern ganz besonders der Camino hat sich seit Hape's Ankunft in Santiago in vielerlei Hinsicht verändert. Dort wo täglich hunderte, teils tausende Menschen durchmarschieren, sind die, die an den Pilgern verdienen wollen, nicht weit. Der Ansturm der Massen hat dafür gesorgt, dass der Jakobsweg inzwischen alles andere als ein gefährliches Abenteuer für wagemutige Exzentriker ist. Sei's drum. Die damit einhergehende Kommerzialisierung kann man zu Recht bedauern, sie ist auf dem Camino Francés aber nun mal nüchterne Realität. Wer davon weiß, läuft vor Ort zumindest weniger Gefahr, aufgrund falscher Erwartungen enttäuscht zu werden und kann im Vorfeld schon ein paar Vorbereitungen treffen, um beispielsweise beim sogenannten „Wettlauf um die Betten" nicht überrollt zu werden. Ich wäre dankbar gewesen, wenn ich vorab ein etwas realistischeres Bild von dem gehabt hätte, was mich vor Ort dann erwartet hat.

Dies ist aber nur ein kleiner Teilaspekt des Phänomens *Jakobsweg*, denn trotz der großen Zahl an Mitpilgern gab es unzählige wunderbare

Begegnungen, Überraschungen und auch Erkenntnisse. Wahre Camino-Momente, die alle Nachteile um ein Vielfaches aufwiegen und den Jakobsweg überhaupt zu einem Phänomen machen.

Mein Bild vom Jakobsweg war ganz wesentlich von der Lektüre *des Buches* geprägt. Hape Kerkeling pilgerte 2001 nach eigenen Worten „auf seine, auf Düsseldorfer Art". Keine Frage, jedem sein Camino. Doch die große Mehrzahl der Pilger steigt nicht im ersten Hotel am Platze ab, sondern schläft in einer der häufig sehr einfachen Herbergen oder gleich direkt unter freiem Himmel. Dieses Buch soll daher einerseits ein aktuelles Bild vom Jakobsweg zeichnen und zugleich den in meinen Augen typischen Alltag eines heutigen Jakobspilgers wiedergeben – 12 Jahre nachdem Hape „dann mal weg war".

Diejenigen, die nicht mehr überzeugt werden müssen, um sich zu gegebener Zeit nach Santiago de Compostela aufzumachen, möchte ich ihre Vorfreude weiter steigern und nützliche Tipps zu Wegvarianten, Sehenswürdigkeiten oder zur Ausstattung mitgeben. Allen, die seit der Lektüre von *Ich bin dann mal weg* mit dem Gedanken an einen eigenen Camino spielen, aber noch hadern den Rucksack aus dem Keller zu holen, hoffe ich mit diesem Buch den finalen Impuls zu geben.
Dieses Buch ist in jedem Falle aber eine herzliche Einladung an alle, den Jakobsweg durch die Lektüre mit mir gemeinsam zu gehen und auf diese Weise daran teilzuhaben.

Der Camino ist weder gefährlich, noch muss man dazu ein strenggläubiger Katholik sein. Niemand ist zu alt, zu arm oder zu unsportlich für den Jakobsweg. Denn jeder geht seinen eigenen Camino. So, wie Hape es ja auch tat. In diesem Sinne:

¡Buen Camino!

Anreise: Köln – Saint-Jean-Pied-de-Port

Sonntag, 5.5.2013

Im Kölner Dom wünscht man eine „Gute Reise" als mir mein Pilgerausweis zurückgegeben wird. Der Stempel ist noch feucht und verwischt als ich den Ausweis wie eine Ziehharmonika zusammenfalte. Anstatt der beiden Domspitzen zeigt mein allererster Stempel nun zwei windschiefe Schornsteine, die nur mit viel gutem Willen als die Türme von Notre-Dame in Paris durchgehen. Wäre der in Samt bemantelte Stempelbeauftragte des Doms nicht direkt wieder in seinem Kabuff verschwunden, hätte ich mir garantiert einen strafenden Blick für die unflätige Verwendung des Namens des Hausherrn eingefangen. Fängt ja gut an mein Camino.
Es ist kurz nach 8 Uhr an einem wolkenlosen Sonntagmorgen und ich bin bereits die ersten vier Kilometer gelaufen. Hat eine gute Dreiviertelstunde gedauert – mit der Straßenbahn wären es zehn Minuten gewesen. Los ging es dafür an der eigenen Haustür, wie es sich angeblich für einen echten Pilger auch gehört. Die Pilgerreise beginnt zuhause und gepilgert wird zu Fuß. Mein erstes Etappenziel ist der Kölner Hauptbahnhof, der direkt neben besagter Kirche liegt und Kirchen gehören bei einer Pilgerreise ja irgendwie dazu. Fürs Erste genug gelaufen, die nächsten rund 500 Kilometer meines Weges reise ich mit dem Zug. Es geht nach Paris und zwar 1. Klasse inkl. Frühstück, Lunch, Internetzugang, extra Beinfreiheit und einer kleinen Flasche Rotwein. Vielleicht ist die Assoziation mit Notre-Dame ja doch ein gutes Zeichen für mein nächstes Zwischenziel auf dem Weg in die französischen Pyrenäen.

Mit an Bord sind Hape und Cordula. Hape mit seinem Bestseller als Hörbuch auf meinem nagelneuen iPod und Cordula nenne ich meinen Wanderführer. Den Roten. 226 Seiten dick mit 41 Etappen und in der 7. Auflage von 2012. Kenner wissen, dass es für den spanischen Jakobsweg ansonsten eigentlich nur noch „den Gelben" gibt. Ich hatte mich in der Buchhandlung für den Roten entschieden und die Autorin heißt nun mal Cordula. Da mich Hape und Cordula die nächsten Wochen über begleiten, und wir viel Zeit miteinander verbringen werden, gehe ich direkt zum Du über. Pilgerbrüder und Pilgerschwestern dürfen das. Hallo Hape, hallo Cordula. Auf nach Paris!

In Paris habe ich knapp acht Stunden Aufenthalt bis es mit dem Nachtzug weiter nach Bayonne im äußersten Südwesten Frankreichs geht. Dort heißt es dann noch ein weiteres Mal den Zug wechseln und mit dem Regionalzug weiter zum eigentlichen Ausgangspunkt der Reise: Saint-Jean-Pied-de-Port. Die Anreise per Zug dauert seine Zeit, aber Zeit sollte ab jetzt ja eigentlich keine große Rolle mehr spielen. Maximal sieben Wochen habe ich für die komplette Strecke nach Santiago de Compostela und den Abschnitt bis Finisterre an die Westküste zur Verfügung. Auf ein paar Stunden mehr oder weniger kommt es also nicht an. Mit dem Flieger wäre die Anreise zwar deutlich schneller gegangen, aber diese Option schied für mich kategorisch aus. In meinem viel zu schweren Rucksack befindet sich schließlich alles, was ich in diesen nächsten Wochen bei mir haben werde. Mein sorgsam ausgesuchtes Hab und Gut auf einem Gepäckband in die Untiefen eines Flughafens verschwinden zu sehen – der Stoff aus dem Alpträume gemacht sind. Was wäre, wenn der Rucksack beschädigt oder gar nicht erst am Ziel ankommen würde? Die Reise wäre schon vorbei, bevor sie überhaupt begonnen hätte.

Der Nachtzug ab Paris bietet zudem einen planerischen Vorteil: man kommt vormittags in Saint-Jean an und kann noch taggleich losmarschieren. Mit dem Flieger wäre ich stets erst am Nachmittag an meinem Ausgangspunkt angekommen und hätte dann in Saint-Jean bis zum nächsten Tag warten müssen. Und wenn man ein Geschenk in die Hand gedrückt bekommt, will man es ja auch nicht erst am nächsten Tag auspacken. Geduld und ich – wir sind bislang keine besonders guten Freunde. Vielleicht bessert sich das ja im Laufe des Pilgerns.

Neben diesen praktischen Erwägungen gibt es noch einen eher psychologischen Grund, der für den Zug spricht: man nähert sich dem Ausgangspunkt, ohne dass man schon auf dem Camino – in Pamplona beispielsweise – landet und dann mit dem Bus entlang des Weges zurückgefahren wird. Ich wollte mir die Landschaft „frisch" erlaufen und nicht vorher schon aus dem Fenster gesehen haben. Außerdem lebt mein Bruder mit seiner Familie in Paris, so dass ich dort noch vorbeispazieren und mit guten Wünschen weiterreisen wollte.

Jetzt also erst einmal Paris. Die Metro zu nehmen ist tabu, schließlich habe ich Wanderschuhe an und ist der Weg zwischen dem Gare du Nord, wo ich ankomme und dem Gare Montparnasse, von wo es am Abend weitergeht, ja auch ein Teil meiner Pilgerreise. Und ich habe mir fest vorgenommen, dass ich außer der nun mal nötigen Anreise per Fernzug, bis zum Ziel kein motorisiertes Verkehrsmittel benutzen werde.
Stolze fünf Kilometer zu Fuß und rund 500 Kilometer mit der Bahn habe ich hinter mir, als in Paris der feierliche Entschluss fällt, dass ich auf dem Camino in kein motorisiertes Gefährt einsteigen möchte, bis ich hinter Santiago de Compostela am Meer angekommen bin. So der Plan an Tag 0 – meine Regel Nr. 1.
Also sammle ich weiter Fußkilometer und ende irgendwann mit einem Baguette unterm Arm vor der nächsten Kirche: Sacré-Cœur. Hier gibt es keinen Stempel und somit auch keine Chance auf das nächste Tintenbilderrätsel. Dafür aber in der Nähe einen leckeren Kaffee und die Erkenntnis, dass man sich in einem schicken Pariser Café mit farblich grenzwertiger Funktionskleidung absolut fehl am Platz vorkommt. Ein Pilger in Paris ist scheinbar eine ähnliche Seltenheit, wie ein Pilger in Santiago ohne Blase an den Füßen.
Der Café au Lait kostet geschmeidige 5,90 Euro – Paris eben. Da mein Heißgetränk rund das Doppelte wie in Köln kostet, trinke ich ihn mit halber Geschwindigkeit. Zeit habe ich ja und der werte Herr Ober darf sich ruhig noch ein bisschen am Anblick meiner beigefarbenen Outdoor-Funktionshose erfreuen. Hape habe ich auf dem iPod im Ohr, Cordula liegt auf dem Tisch und mir gegenüber im Stuhl sitzt mein gelber Rucksack. Eine bereits Jakobsweg-erprobte Leihgabe, die stolze 90 Liter fasst. Und da er 90 Liter fasst, stecken auch 90 Liter drin. Plus prallvoller Seitentaschen übersetzt sich dies in etwas mehr als 15 Kilo Gewicht – ohne Trinkwasser und Tagesproviant. Ohne Probleme hätte ich auch 120 Liter voll bekommen, wenn der Rucksack es hergegeben hätte.

Die kleine Auszeit im Café ist eine gute Gelegenheit für eine erste Bestandsaufnahme. Wenn ich den Weg zum Kölner Bahnhof und die gelaufene Strecke in Paris zusammenrechne, liegen geschätzte 6 Kilometer hinter mir. Vor mir liegen etwa 1.000 Kilometer. Es geht vom äußersten Südwesten Frankreichs, über die Pyrenäen ins baskische Pamplona, weiter nach Burgos und durch die gefürchtete, weil monotone nordspanische Hochebene – die Meseta. Dann weiter nach León und dort von Osten kommend rein nach Galicien wo Santiago de Compostela liegt. Der klassische Camino Francés eben, den über 70 % aller Pilger wählen. Santiago selbst liegt von der Westküste Spaniens aus gesehen etwa 50 Kilometer im Landesinneren. Für mich ist Santiago ohne Frage ein bedeutendes Ziel, aber dort soll noch nicht Schluss sein. Ich möchte weiter bis ans Meer. In Finisterre, was übersetzt so viel wie „das Ende der Welt" bedeutet, steht der Kilometerstein mit der „0". Erst dort schaut man gen Westen aufs Meer in den Sonnenuntergang und erst dort geht es tatsächlich nicht mehr weiter. Außer man schwimmt. Die Tage nach Santiago sollen also so etwas wie die Kür werden. Die Zugabe quasi. Aber von besagter Kür trennt mich zunächst noch die Pflicht, schließlich muss ich es überhaupt erst einmal bis Santiago schaffen. Die Zahl derer, die unterwegs abbrechen müssen, hält sich nämlich mit denen, die das Ziel erreichen, ziemlich genau die Waage.

Das geografische Ziel ist klar, aber es bleibt die Frage, warum man überhaupt die rahmengenähten Lederschuhe gegen klobige Wanderstiefel eintauscht. Ich nippe an meinem Kaffee und habe eigentlich keine klare Antwort darauf, obwohl ich schon auf dem Weg bin und mir die Frage schon zig Mal gestellt habe. Hape war „dann mal weg" und wurde vor der Reise von seinen Freunden für durchgeknallt erklärt. Bereut hat er es am Ende nicht. Vielmehr hat er auf seiner Pilgerreise genug erlebt und über sich und Gott erfahren, um darüber ein erfolgreiches Buch zu schreiben. Ein Buch, das bei mir – wie bei vielen anderen Pilgern auch – den letzten Ausschlag gegeben hat, selbst den Jakobsweg zu gehen. Damit bin ich wohl ein *Kerkerino*. Ein Peregrino – also ein Pilger – der sich von Hape Kerkelings Buch inspiriert auf den Weg nach Santiago gemacht hat. Als

Antwort genügt mir das noch nicht. Ein bisschen mehr gehört wohl schon dazu als die Lektüre eines fesselnden Buches.

Eigentlich bin ich der perfekte Kandidat für den Jakobsweg. Ich habe meinen Job als Unternehmensberater einer namhaften Strategieberatung gekündigt, damit aber noch nicht hundertprozentig abgeschlossen. Außerdem ist mir der nächste berufliche Schritt noch nicht ganz klar, weshalb ich mir erst einmal eine Auszeit verordnet habe. Eine Auszeit, die mir dafür hoffentlich den nötigen Freiraum verschafft, in der neben den beruflichen Entscheidungen aber auch meine Mutter einen großen Raum einnehmen soll – das steht ganz unabhängig vom Verlauf ihrer Krebserkrankung fest. Als der Entschluss zu pilgern gereift ist, lag gerade die zweite Runde Chemo hinter ihr und es sah nicht gut aus. Ich wusste zu dem Zeitpunkt also schon, dass ich so oder so Kraft für die kommenden Monate brauchen würde. Kraft, die ich nun beim Pilgern sammeln möchte. Und ich würde zugleich auch für meine Mutter mitpilgern und sie dadurch an der Reise und den Erlebnissen teilhaben lassen.

Ach ja, meine Beziehung war nach gut fünf Jahren auch frisch auseinandergegangen. Verlassen worden für den Personal Trainer. Recht herzlichen Glückwunsch aber auch.

Ich glaube, jeder einzelne der Gründe wäre für sich allein Anlass genug gewesen, mich auf den Weg zu machen. Mein Bündel an Anlässen sorgte wohl dafür, dass mich keiner meiner Freunde für verrückt hielt, als ich andeutete, mal raus zu müssen, um Bilanz zu ziehen und ein paar Weichen neu zu stellen. Ich bin nämlich fest davon überzeugt, dass man um solche grundlegenden Gedanken zu fassen, nicht einfach im gewohnten Umfeld bleiben kann oder „das mal so nebenbei nach der Arbeit" klärt. Es gelingt einfach erst oder zumindest deutlich besser, wenn man einen Schritt zur Seite tritt. Raus aus dem Alltag mit all den kleinen und großen Komfortzonen, in denen man es sich über die Jahre hinweg so bequem eingerichtet hat.

Daher also Rucksack statt Trolley und Albergue de Peregrinos statt Ritz, Hyatt & Co.

Wenn zwei normalgroße Schritte rund einen Meter Wegstrecke ergeben, dann sind das von meinem Startpunkt aus bis zum Leuchtturm in Finisterre etwa zwei Millionen Schritte. Das sollten doch wahrlich ausreichend viele Schritte sein, um sich über die bisher im Leben gemachten und nun anstehenden ein paar Gedanken machen zu können.

Der Kaffee ist ausgetrunken und ich habe sogar noch ein paar Kilometer in Paris gesammelt. Nach einer letzten Runde im Parc des Buttes-Chaumont – meinem absoluten Lieblingspark im Pariser Nordosten – gibt es zum Abschied überbackene Jakobsmuscheln. Eine richtig schöne Geste vom großen Bruder. Danach geht es weiter zum nächsten Bahnhof, und dort sehe ich auch die ersten Pilger mit ihren Rucksäcken und einer daran befestigten Jakobsmuschel. Dank des thematisch passenden Abendessens, der beherzten Verwendung eines Nagels sowie eines Stücks Küchengarn, gehöre ich jetzt sichtbar dazu. Die Pilger sagen sich Salut und die Brüder Adieu.

Im Nachtzug geht es weiter nach Bayonne. Dieses Mal nicht erster Klasse, aber ich habe immerhin ein schmales Bett in einem 4er-Abteil mit Stockbetten. Die Entwöhnung vom Luxus des bisherigen Reisens, und stattdessen die Gewöhnung an das einfache Leben eines Pilgers muss ja auch nicht allzu abrupt erfolgen. Als Berater habe ich schließlich stets dafür plädiert, dass man die Leute sukzessive mitnehmen muss und mit Veränderungen auch nicht überfordern darf. Ich muss das wohl verinnerlicht haben. Zumindest ist es ein super Argument, sich diesen kleinen Komfort zu gönnen. Pilgern will schließlich behutsam gelernt sein.

Was ich im Vorfeld als Ratschlag sofort geglaubt habe und nicht erst leidvoll lernen musste: vernünftige Ohrenstöpsel sind für jeden Pilger essentiell. Ja, Schuhe sind wichtig, der Rucksack darf nicht zu schwer sein und Stöcke entlasten die Knie. Aber nicht schlafen zu können, wenn man eigentlich hundemüde ist, kann die Pilgerreise zur Tortur werden lassen. Oder diese teuer machen, weil man dann früher oder später anstatt in die Herberge ins Hotel eincheckt. Nachzulesen bei Hape, wo er für wenige ruhelose Stunden diese Erfahrungen in seiner ersten und damit auch einzigen Pilgerherberge macht und dann die restliche Nacht wieder im

Hotel verbringt.
Ich habe sechs nagelneue Ohrenstöpsel dabei und fasse Vorsatz Nr. 2: als ein mit Ohropax ausgestatteter Pilger möchte ich ausschließlich in Pilgerherbergen schlafen.
Die ersten beiden Stöpsel kommen bereits im Nachtzug zum Einsatz. Zwar schnarchen die anderen drei Mitreisenden nicht, aber das Rattern des Zuges hätte Schlafen für mich unmöglich gemacht. Ich rumple also mit gelben Schaumstoffpfropfen in den Ohren sanft schlummernd quer durch Frankreich in Richtung Pyrenäen mit Ziel Bayonne.
Ankunft ist am frühen Morgen, etwa zwei Stunden bevor ein Regionalzug weiter nach Saint-Jean-Pied-de-Port fährt. Die Wartezeit verbringe ich damit, dass ich durch die Stadt schlendere, Kaffee trinke und die erste Postkarte an meinen Neffen schreibe. Recht beschaulich dieses Bayonne: alte schiefe Häuser vor trägem Fluss mit mittelalterlich anmutender Brücke und kühlen engen Gassen in der Altstadt. Ein klassisches Postkartenmotiv eben. Um diese Uhrzeit ist Bayonne aber scheinbar noch nicht wach. Irgendwie habe ich auch keinen Nerv mir die Stadt näher anzuschauen – tut mir sehr leid, Bayonne. Ich will weiter nach Saint-Jean und dann los. Eine Wartezeit ist eben was es ist, eine Zeit des Wartens auf das, was man eigentlich tun möchte. Und ich möchte in die Regionalbahn steigen und den letzten Teil meiner Anreise hinter mich bringen. Meine Stimmung hat sich auch spürbar geändert. Paris war bekanntes Terrain und der Jakobsweg gefühlt noch sehr weit weg. Jetzt bin ich kurz vor dem Ziel – also genau genommen kurz vor dem Start – und meine Gefühlslage rangiert irgendwo zwischen freudig aufgekratzt und unterschwellig hibbelig nervös. Gespannte Erwartung könnte man wohl dazu sagen.

Ein höchst unterhaltsames Beinahedrama auf dem Bahnsteig verkürzt die Wartezeit: französische Staatsmacht gegen schwäbische Beharrlichkeit. Eine zierliche Fahrradpilgerin bekommt vor dem Eintreffen des Zuges erklärt, dass sie mit diesem Rad nicht die Bahn benutzen dürfe. Vollkommen ausgeschlossen sei das. Nun, ein Fahrrad im engeren Sinne ist es auch noch nicht, denn es steckt noch unzusammengebaut in einem riesigen Karton, bzw. ist genau genommen gerade dabei ausgepackt und montiert zu werden. Und daran ändert auch der unfassbar unfreundliche Schaffner in spe nichts. Er erklärt beharrlich, dass weder Bahnsteig noch Zug eine Werkstatt seien und sie auf gar keinen Fall sein in Kürze eintreffendes Gefährt zur weiteren Montage ihres Gefährts betreten werde. Auf gar keinen Fall. Nun, als wir nach etwa einer Stunde Fahrt in Saint-Jean ankommen, verlassen ein fertiges Fahrrad und eine sichtlich zufriedene junge Frau den Zug. Die wird in Santiago ankommen, da bin ich mir absolut sicher. Zurück bleibt ein aufgerissener Karton, ein Ölfleck im Gang und ein Contrôleur furieux. Ganz großes Kino.

In der Bahn treffe ich Jun. Er ist vom Aussehen her um die 20, trägt handelsübliche Turnschuhe und ist unstrittig Asiate. Mit Händen und Füßen sowie Fragmenten von Englisch kommt ein Gespräch in Gang und ich kombiniere, dass er aus Südkorea stammt. Was ich nicht in Erfahrung bringe, ist, was einen rund 20-Jährigen um die halbe Welt reisen lässt, um wochenlang an das Grab eines katholischen Heiligen zu pilgern. Wir werden uns wiedersehen und dann wird das geklärt. Hoffe ich jedenfalls. Offenbar wirke ich auf ihn ziemlich euphorisiert, denn mein Gefasel ob meiner Sorgen, dass mir mein lädiertes linkes Knie – sieben Jahre Handball haben ihre Spuren hinterlassen – frühzeitig einen Strich durch die Rechnung machen könnte, lässt er nicht gelten: „You look happy – you will make it. I know." Danke Jun! Das war in dem Moment exakt was ich gebraucht habe. Die Stimmungslage neigt nun eindeutig zu „freudig aufgekratzt".
Saint-Jean, du malerische Postkartenidylle ohne Sonne, wie Hape dich bezeichnet hat, kannst kommen. Es kann jetzt losgehen.

Tag 1: Saint-Jean-Pied-de-Port – Kayola

Montag, 6.5.2013

In Saint-Jean scheint die Sonne. Bestes Maiwetter, lieber Hape. Die komplette Bahn leert sich und spuckt Pilger mit Rucksäcken in allen denkbaren und undenkbaren Farben auf den Bahnsteig. Wer hier ankommt ist Neupilger und das sieht man auch. Wegweiser sind noch fremd, einige haben Karten in der Hand und die Schuhe sind noch viel zu sauber. Noch etwas fällt auf. Jeder den ich anschaue, hat so einen suchenden, aber auch leicht grenzdebil-beseelten Blick. Ergo, ich dann wohl auch. Na toll. Meine Assoziation dafür lautet: Klassenfahrt. Auch da ahnte man als es losging, dass eine aufregende Zeit mit vielen neuen Erfahrungen bevorsteht, aber da es eben neue Erfahrungen sein würden, überspielte man seine Unsicherheit mit übertriebener Lässigkeit. Bloß keine Vorfreude zeigen – was natürlich damals schon grandios misslang. So in der Art ist es hier. Kein Plan wohin es geht? Vollkommen egal. Bloß nicht fragen, sondern lieber strammen Schrittes rein in die erstbeste Sackgasse direkt vor dem Bahnhof. Ein wahres Fest dies zu beobachten.

Vom Bahnhof aus geht es auf dem richtigen Camino in Richtung Altstadt direkt in die reinste Pilgerhölle. Überall sind kleine Souvenirgeschäfte und Straßenhändler mit Jakobsdevotionalien, die auf beiden Seiten unvermeidbar und spalierartig den Weg säumen: Muschel bemalt, Muschel auf Wandfliese, Muschel auf steinernen Wegweisern in diversen Größen, Pilgerstab mit eingeritzter Muschel, Muschel auf Pilgerhut und so weiter und so weiter. Der Kommerz des Jakobswegs begegnet mir in diesem Moment zum ersten Mal in seiner vollen Hässlichkeit. Wenn Hape hier von Idylle spricht, dann muss sich das Örtchen in den letzten zwölf Jahren ganz gewaltig verändert haben. Wobei Saint-Jean selbst in der Tat ganz hübsch ist. Dies lässt sich allerdings erst erkennen, sobald man die Überquerung der – eher einer ausgewachsenen Autobahn ähnelnden – Ringstraße rund um die Zitadelle überlebt und es heile in die Altstadt geschafft hat.

Sämtliche Pilger, die in Saint-Jean die Nacht verbracht haben, sind längst unterwegs, denn wer bis zur Mittagszeit nicht aufgebrochen ist, der schafft es bei Tageslicht nicht mehr sicher über den anstehenden Pyrenäen-Pass. Bei gutem Wetter verspricht Cordula ein „einzigartiges Erlebnis". Bei schlechtem Wetter, sprich bei Nebel oder Schnee, freuen sich hingegen auch schon mal die ortsansässigen Geier. So leider auch nur eine Woche bevor ich ab Saint-Jean die gleiche Route über den Lepoeder-Pass nehme, geschehen. Eine Pilgerin ist trotz Schneefalls ohne Begleitung aufgebrochen und bei kaum vorhandener Sicht abgestürzt – auf ihrer allerersten Etappe. Doppelt unglücklich, denn wer sich als einsamer Pilger verirrt und dabei verunglückt, wird ja von niemandem wirklich vermisst. Hape hatte auf diesem Stück ebenfalls Pech. Mitte Juni hing damals der Nebel schwer in den Bergen und schüttete es aus Strömen. Ihm halfen damals sein unübersehbarer roter Rucksack und das beherzte Stoppen eines klapprigen Kleintransporters aus der Patsche. Vermutlich gibt es also durchaus akzeptable Ausnahmen für selbst aufgestellte Regeln, in denen man dann doch auf motorisierte Verkehrsmittel zurückgreifen darf. Sicherheit geht schließlich immer vor.

Wer die komplette Pyrenäen-Etappe bis ins spanische Roncesvalles, bzw. Orreaga, wie der Ort auf Baskisch heißt, geht, muss rund acht Stunden einplanen. In Zahlen ausgedrückt: 25 Kilometer mit stolzen 1.270 Metern im Aufstieg und rund 500 Metern im Abstieg – letztere verdichtet auf nur vier Kilometer Wegstrecke. Ein heftiger Einstieg in den Camino und bei einer Anreise über Nacht eigentlich kaum zu machen. Trotz der guten Verbindung ab Bayonne hat man dann schon wertvolle Stunden für eine sichere Passüberquerung verloren.
Und sofort losmarschieren kann man auch nicht, denn es gibt ein paar Dinge, die noch vor dem Start erledigt werden müssen. Die Formalitäten im offiziellen Pilgerbüro gehören dazu, ebenso wie das Eindecken mit einem Grundbestand an Proviant.
Souvenirhändler und Tagestouristen hin oder her, in Saint-Jean lässt es sich zudem nett schlendern und der Kaffee den ich hatte, war auch richtig lecker. Ehre wem Ehre gebührt, denn wir reden von einem Städtchen, das

mit seinen 1.500 Einwohnern im Jahr 1988 von der UNESCO zum Weltkulturerbe erklärt wurde.

Bei aller Vorfreude und Ungeduld auf meinen Einstieg in den richtigen Camino muss ich nicht sofort losstiefeln, sondern kann mich in Ruhe um die letzten Vorbereitungen und Sehenswürdigkeiten kümmern. Mein heutiges Tagesziel liegt nämlich noch auf der französischen Seite der Pyrenäen: Gite Kayola, ein kleines Nebenhaus der Refuge Orrison auf etwa 800 Meter Höhe, die man schon nach rund drei Stunden erreicht.
Ich muss zugeben, dass mir die Pyrenäen-Startetappe mit Blick auf mein lädiertes Knie bei der Planung doch ziemliche Sorgen bereitet hatte. Im Vorfeld musste ich ja die Schuhe eingelaufen und konnte so zugleich auch testen wie das Knie mitspielt, aber eben nur bei moderaten Tagestouren in der Eifel. Das besagte Knie hielt zwar jedes Mal – also genau genommen beide Male – einigermaßen, aber sicher war ich mir vorab nicht. Der steile Abstieg hinter dem Lepoeder-Pass nach einer bereits langen und harten ersten Tagestour hätte im schlechtesten Fall das abrupte Ende meiner noch jungen Pilgerschaft bedeuten können. Orrison, bzw. Kayola erschien mir daher logistisch perfekt gelegen, um die erste Etappe aufzuteilen und passte wie gesagt zeitlich auch ideal zu meinen Anreiseplänen.
Es gibt nur einen Haken: es muss genau so auch klappen. Also bin ich Cordulas Empfehlung „besser vorher anzurufen" gefolgt und habe mir vor zwei Wochen mein Bett reserviert. Reserviert. Ja, reserviert. Auch wenn es Cordula, meine Schutzheilige und Allwissende, der ich blind folgen und so ziemlich alles glauben würde, empfohlen hat, verstoße ich an Tag 1, und noch vor meiner allerersten Übernachtung in meiner ersten Herberge überhaupt, gegen eine weitere Regel, die jedoch erst im Laufe des weiteren Pilgerns entsteht: niemals, absolut niemals, ohne Ausnahme, nie-nie-mals das Bett vorab reservieren. Reservieren gleich böse. Ich komme da später noch mehrfach drauf zurück. Rückblickend besänftigt mich die Tatsache, dass in der Gite Kayola noch ein paar Betten freigeblieben sind und mein Regelverstoß zumindest nicht dazu geführt hat, dass erschöpfte Pilger abgewiesen werden mussten. Dennoch. Ich bin froh, dass es bei

dieser einen Bettreservierung geblieben ist.

Das Pilgerbüro in Saint-Jean macht gerade Pause als ich ankomme. Hätte ich noch am gleichen Tag die Überquerung vor mir gehabt, wäre ich sicher nicht ganz so entspannt geblieben. Ich warte ja so unglaublich gerne. Hier bleibt mir aber nichts andere übrig und es schadet sicher nicht, mit der Entschleunigung allmählich mal zu beginnen. Nach einer guten Stunde öffnet sich die ehrwürdige Pforte und die zentrale Pflichtaufgabe für jeden Pilger kann erledigt werden: Ausweis stempeln lassen. Jede Credencial, wie das gute Faltblatt heißt, hat zu Beginn noch zahlreiche freie Felder, die mit Stempeln gefüllt werden wollen und auf den letzten hundert Kilometern sogar gefüllt werden müssen, um am Ziel in Santiago die Pilgerurkunde zu erhalten.
Ich muss lange überlegen, ob mir unter den Habseligkeiten in meinem Rucksack etwas Wertvolleres einfällt als mein Pilgerpass. Ohrenstöpsel kann man nachkaufen und alles andere ja irgendwie auch. Klar, die gut eingelaufenen Schuhe sind wichtig, aber der Pilgerausweis lässt sich nicht einfach mal so replizieren. Die Stempel sind teils extrem aufwendig gestaltet, ergeben in verschiedenen Farben ein tolles Gesamtbild und dokumentieren die ganz persönliche Wegstrecke. Außerdem sind es auch kleine Trophäen – gerade wenn es ein mühsamer Abschnitt war und man sich stundenlang immer wieder überwinden musste überhaupt weiterzugehen.

Stempel Nr. 2 verwischt nicht wie der erste im Kölner Dom, aber er sitzt keineswegs im benachbarten Feld Nr. 2, sondern genau zwischen Feld Nr. 2 und Feld Nr. 3. Aaaaaaah. Die freundliche Stempelmadame begutachtet mit zugekniffenen Augen ihr Werk, runzelt die Stirn und entschuldigt sich. Sie habe heute Morgen leider ihre Brille zuhause liegen gelassen. Madame ist desolée. Durchaus entschuldbar, aber irgendwie habe ich bislang kein Glück mit meinen ach so wertvollen Stempeln im Pilgerpass.
Ein bisschen traurig war ich in dem Moment schon – heute lache ich darüber und freue mich, dass ich mit diesem aus der Reihe gefallenen Stempel diese kleine Anekdote an diese sympathische „Freundin des

Jakobswegs" verbinde.

Bei den *Les Amis du Chemin de Saint-Jaques des Pyrénées Altantiques* gibt es neben dem obligatorischen Stempel auch einen riesigen Korb voller Jakobsmuscheln zum Anbinden an den Rucksack. Für all diejenigen, die keine eigene Muschel mitgebracht oder gerade eine Muschel zu überhöhten Preisen bei den Händlern gekauft haben, hier sogar gratis. Mit der Muschel am Rucksack gibt man sich ganz offiziell als Jakobspilger zu erkennen. Fernab des Camino Francés erscheint mir das durchaus sinnvoll. Ich frage mich aber, ob es zwischen den französischen Pyrenäen und Santiago de Compostela einen einzigen rucksackbepackten Wanderer gibt, der nicht Jakobspilger ist. Wie dem auch sei, ich habe mich in Paris ja auch darüber gefreut, andere Pilger direkt an ihrer Muschel erkannt zu haben.
Außerdem bekomme ich ein beidseitig bedrucktes DIN A4-Blatt mit den Höhenprofilen von 34 ausgewählten Abschnitten in die Hand gedrückt. Super praktisch! Ich hatte zwar nicht immer die identischen Tagesetappen, aber es hilft, direkt auf einen Blick einzuschätzen zu können, wo die heftigen An- und Abstiege sind und wo eher die monotonen Durststrecken liegen. Natürlich gibt auch Cordula zu jeder Etappe Auskunft was einem an Höhenmetern usw. so alles erwartet, aber auf diesem Blatt ist eben der komplette Weg bis Santiago dargestellt. Diese Übersicht war für mich so etwas wie ein kompaktes Reisetagebuch, da ich mir darin jeden Abend markiert habe, welchen Start- und Zielpunkt ich an welchem Tag der Reise hatte. Eine feine Sache und zusammengefaltet zugleich das perfekte Lesezeichen für meine Cordula.
Im Pilgerbüro sollte man auch unbedingt eine aktuelle Liste der Herbergen einstecken. Kein Reiseführer der Welt kann mit dem Tempo mithalten wie jedes Jahr Herbergen schließen und dafür neue eröffnen.
Die Brille mag meine kurzzeitige Jakobs-Freundin zwar vergessen haben, aber nicht das herzliche und irgendwie auch ersehnte „¡Buen Camino!" zum Abschied. Beste Grüße an den Stempler im Kölner Dom: so heißt das auf dem Jakobsweg und nicht „Gute Reise!".

Der offizielle Teil ist erledigt – bleibt die Beschaffung des Proviants. In Saint-Jean gibt es neben einem Carrefour, den es vermutlich in jeder noch so kleinen französischen Stadt gibt, auch einen Lidl. Was der Bauer nicht kennt – auf zu Lidl.
Auf dem Weg dahin komme ich unweit der mittelalterlichen Porte de St. Jacques an der Eisdiele „Monique" vorbei. Im wunderbaren Film *Saint Jacques* hieß der Laden noch „Boutique Monique". Manchmal wundere ich mich wirklich, was für Zeug doch tatsächlich in meinem Hirn hängenbleibt, aber der Name war auch einfach zu bescheuert. Ob sich „Eisdiele" auf Französisch auch so lustig auf Monique reimt wie „Boutique"? Leider bin ich kein Sprachtalent wie Hape und ist diese Vokabel im wenig geliebten Französischunterricht nicht hängengeblieben. Aber macht auch nichts, denn morgen geht es ja ohnehin rüber nach Spanien.
Übrigens ein großartiger Film dieser *Saint Jacques*. Wie das Eis absolut empfehlenswert.

Jetzt also weiter zum Supermarkt, um Müsliriegel, Käse, kleine Salamis, die empfohlene Notration an Schokolade, zudem Bananen, Äpfel und vor allem Wasser zu besorgen. Den halben Liter, den Hape für seine erste Etappe mit dabeihatte, würde ich bei diesen warmen Temperaturen schon nach dem ersten Kilometer leergetrunken haben.
Also habe ich nicht nur reichlich Wasser, sondern auch viel zu viele Lebensmittel gekauft, die nun verstaut und vor allem gleich die Pyrenäen hochgetragen werden wollen. Typischer Anfängerfehler. Mein Rucksack ist schon ohne Proviant mit rund 15 Kilo deutlich zu schwer. Für das Verstauen von weiteren Dingen in einen bereits vollen Rucksack muss man entweder packerprobt sein – was man etwa ab Tag 5 auf dem Jakobsweg durchaus auch ist – oder es dauert eine Ewigkeit. Der Rucksack ist ausgeliehen und ich habe ihn zuhause genau ein einziges Mal gepackt. Mustergültig und in aller Ruhe. Sprich unter Laborbedingungen und nicht auf einem Parkplatz in Südfrankreich bei knapp 30 Grad an Tag 1. Nach dem kläglichen Versuch die Einkäufe einfach noch oben draufzustopfen, entscheide ich mich notgedrungen dazu, den Rucksackinhalt in einer

ruhigen Ecke des Supermarktparkplatzes auszubreiten und alle Habseligkeiten inklusive der erstandenen Ware neu zu verstauen. Es dauert nicht nur gefühlt eine kleine Ewigkeit. Anders ausgedrückt: meine Gite Kayola in gerade einmal sieben Kilometer Entfernung gewinnt in diesem wenig ruhmvollen Moment erneut an Reiz. Auch wenn das Pilgerbüro bei meiner Ankunft nicht gerade Pause gemacht hätte, wäre spätestens jetzt an eine taggleiche Passüberquerung nicht mehr zu denken gewesen.

Aber dann geht es tatsächlich los. Zurück zur Rue de la Citadelle, Hände durch die Schlaufen der Wanderstöcke und dem Wegweiser „Chemin de St. Jacques" folgend, durch die Porte de St. Jacques hinaus aus Saint-Jean-Pied-de-Porte und hinein in ein über 1000 Jahre altes und hoffentlich auch rund 1.000 Kilometer langes Abenteuer.

Da ich inzwischen recht spät dran bin, habe ich den Einstieg in meinen Jakobsweg fast für mich. Weit und breit keine anderen Rucksäcke mehr zu sehen. Noch ein Vorteil der gewählten Art der Anreise. Kurz Cordula konsultieren, damit ich ja nicht auf den Schlechtwetter-, bzw. Esel- und Fahrrad-Alternativweg via Valcarlos gerate. Passt. Die landschaftlich spektakuläre Route Napoléon über den Pass muss ich ja alleine schon deshalb nehmen, damit ich zu meiner vorreservierten Unterkunft komme. Und auf einen schattigen Weg unten im Tal an einer vielbefahrenen Straße entlang habe ich wenig Lust.

Cordula schreibt von der steil ansteigenden Rué de Maréchal Harispe und Halleluja, wie Recht diese Frau hat. Cordula hat natürlich immer Recht, aber wenn Cordula von steil spricht, dann meint sie auch steil. Richtig steil. Mein-Rucksack-zieht-mich-wieder-rückwärts-steil. Egal, denn vor mir taucht dann doch ein riesiger blauer Rucksack auf und der befindet sich auf dem Rücken einer ausgesprochen fülligen Peregina. Mein Rucksack mag vielleicht zu schwer sein, aber die tapfere Dame hat deutlich mehr Gewicht den Berg hochzutragen. Und genau dies tut sie auch, indem sie in ihrem Tempo einen Fuß vor den anderen setzt und immer wieder mal eine Verschnaufpause einlegt. Was jammere ich also – ich bin „on my way", die Sonne scheint und andere nehmen die Herausforderung offenbar ganz ohne Mimimi an. Ich hole mit jeder Serpentine auf und ziehe schließlich mit einem anerkennenden „¡Buen Camino!" an ihr vorbei. Selten habe ich solch ein glückliches und stolzes Lächeln wie auf ihrem fröhlichen Gesicht gesehen.

Saint-Jean verschwindet allmählich in der Ferne und es geht weiter bergauf. Wo Hape noch durch Nebel und Regen stapfen musste, kann ich die Aussicht genießen. Zum Glück ist die Schneefront der Vorwoche inzwischen durchgezogen und die Sicht bestens. Hape, die Fotos in deinem Reiseführer waren nicht retuschiert – es ist eine wahrlich märchenhafte Gegend, wo die heimischen Manech-Schafe übrigens die meiste Zeit doch eher friedlich im saftigen Weideland grasen und nicht auf die Ladefläche von Kleintransporter – ich zitiere – „kotzen".

Strahlend blauer Himmel, plus Mai, plus Mittagszeit, plus schwerer Rucksack, bedeutet aber auch: schweißtreibend. Aber was soll's – es fühlt sich gut an. Richtig gut. Ich bin wie in Trance. Beseelt. Und prompt an meiner Herberge vorbeispaziert. Was ich aber erst merke, als die Auberge Orisson auftaucht. Zu blöd, denn meine Gite Kayola soll etwa eine Viertelstunde unterhalb dieser letzten Herberge vor dem Lepoeder-Pass liegen.

In meiner Cordula gibt es die recht neue Gite Kayola noch gar nicht. Sie hätte mich natürlich auch garantiert richtig gelotst. Egal, so erfahre ich zumindest, dass es hier im Haupthaus ein optionales Abendessen gibt und melde mich dafür ohne lange zu überlegen an. Mein Proviant ist ja eher als Wegzehrung und nicht als Ersatz für ein zubereitetes warmes Abendessen gedacht.

Die Herberge selbst hat eine sensationelle Aussichtsterrasse und ist vermutlich für alle Pilger, die den Pass ab Saint-Jean in einem Rutsch überqueren, eine ideal gelegene Zwischenstation für ein zweites Frühstück. Oder jetzt eben für ein kühles Bierchen.

Davon gestärkt geht es erst einmal wieder rund einen Kilometer zurück. In meiner am Wegesrand gelegenen Gite angekommen, beginnt dann die allnachmittägliche Ankommensroutine: Rucksack runter, Schuhe aus und vor der Herberge auslüften lassen, Schlafsack auf dem in Beschlag genommenen Bett ausrollen, duschen, relaxen, Pilgerausweis mit dem Herbergsstempel stempeln, Tagebuch schreiben und dann allmählich zum Essen aufmachen. Schwer zu sagen, ob das Ablegen des Rucksacks, das Ausziehen der Wanderstiefel oder die Dusche die größere Wohltat ist. Fühlt sich gerade alles super an – auch wenn ich heute an Tag 1 noch nicht ernsthaft von einer Routine sprechen kann. Egal. Ich bin angekommen und kann jetzt den ebenfalls schwer in Worte zu fassenden Panoramablick von meiner Hütte in die Ferne genießen – wenngleich dieser gen Osten, also bildlich gesprochen nach hinten gerichtet ist.

An Hape's Buch mag ich unter anderem seine *Erkenntnis des Tages*, die jedes Kapitel und damit auch jede Etappe abschließt. Die Sache mit der Blickrichtung wäre eine schöne Metapher und damit ganz gut geeignete Erkenntnis des Tages, denn noch geht mein Blick eher nach hinten und sind die Gedanken weniger nach vorn auf das Neue gerichtet. Das Bild passt also. Aber ich weiß nicht so recht. Man kann ja in alles etwas hineininterpretieren und es sich zurechtlegen wie man es braucht. Wird mein Weg überhaupt so tiefgründig sein, dass ich echte Erkenntnisse gewinne die dann auch andauern und mein Leben verändern werden? Erkenntnisse, die sich gar als persönliche Lebensweisheiten herausstellen? Oder werde ich einfach nur in Santiago ankommen und mir denken: „So, das wäre geschafft, jetzt bitte wieder ein weiches Bett und danke, war eine nette Erfahrung, aber das brauch ich so nicht noch einmal"? Zum jetzigen Zeitpunkt kann ich mir diese Frage nicht beantworten. Ich kann nur offen für das sein, was kommt. Mal sehen was der Camino für mich bereithält. Ich bin gespannt!
In Saint-Jean befand Hape jedenfalls, dass er erst einmal herausfinden müsse, wer er selbst ist. Was kann man gegen die erklärte Bereitschaft zur Selbstreflektion schon sagen. Lohnt sich und sollten viele Menschen deutlich regelmäßiger tun – mich eingeschlossen. Dennoch. Tiefgreifende Erkenntnisse habe ich bislang noch keine gewonnen. Dafür war der erste Tag mit der Anreise und den diversen Vorbereitungen vermutlich auch zu vollgepackt und ist der zurückgelassene Alltag noch zu nah. Erfahrungen hingegen habe ich zweifelsohne reichlich gesammelt.

Dazu dann doch ein Gedanken: vielleicht halten ja die Erfahrungen die Erkenntnisse bereit – wenn man eben die richtigen Schlüsse aus diesen zieht. Falls dem so ist, sind dann aber die gewonnenen Erkenntnisse nicht gänzlich individuelle Schlussfolgerungen? Jedem seinen Camino, so sagt die goldene Pilgerregel. Stimmt schon, denn jeder geht ja den gleichen Weg, bringt aber eben seine Persönlichkeit, Gedanken, Erwartungen und letztlich seine Lebensgeschichte mit auf den Weg und zieht dann aus dieser einmaligen Mixtur seine persönlichen Schlüsse. Schlüsse, die eben gänzlich individuell und damit nur schwer verallgemeinerbar sind.
Cordula beschreibt in ihrem Reiseführer naturgemäß Fakten. Hape wird in seinem Buch, wie ich finde, fast intim in seinen Schilderungen. Offen gesagt, hat es mich überrascht, wie offen er in seinen Schilderungen ist. Beeindruckt auch. Vielleicht gelingt es mir ja einen guten Mittelweg zu finden und jedem Leser selbst die Möglichkeit zu überlassen seine eigenen Erkenntnisse aus meinen faktischen Erlebnissen zu ziehen – wohldosiert angereichert um diejenigen Schlussfolgerungen, von denen ich überzeugt bin, dass es nicht nur meine ganz persönlichen Weisheiten, die nur mich alleine betreffen, sind.

Erste kleine, vermeintlich unscheinbare Erfolgserlebnisse, die mir aber sagen, dass ich auf dem richtigen Weg bin, kann ich schon heute erkennen: ich habe kaum noch auf meinen Blackberry geschaut. Emails kann ich ohnehin keine bekommen, da ich die Datenverbindung ausgeschaltet habe, und die genaue Uhrzeit zu kennen, ist für einen Pilger auf dem Camino ziemlich unwichtig. Die Herberge erwacht, man geht los. Die Augen fallen zu, man geht ins Bett. Alles was dazwischen stattfindet bedarf im Grunde keiner näheren Ordnung durch Zeit. Es ergibt sich einfach und ist damit in gewisser Weise zeitlos. Voilà, doch eine kleine Erkenntnis.
Ohne jegliche Termine dient mir der Blackberry – meine „elektronische Fußfessel" – in erster Linie, um mit meinen Eltern in Kontakt zu bleiben. Gelegentlich ein kurzer Bericht von unterwegs gibt ihnen die Chance eng an meiner Pilgerwanderung teilzuhaben.
Sie haben sich dazu ihre eigene Cordula in der örtlichen Stadtbibliothek

ausgeliehen, um besser mitverfolgen zu können, wo auf der Strecke ich gerade bin. Meine mehr oder weniger regelmäßigen Schilderungen von unterwegs machen die Beschreibungen von Cordula für sie dann lebendig. Immerhin. Denn auch wenn ein Reiseführer und meine Schilderungen am Telefon eine eigene Pilgerreise nicht ersetzen können, fühlt es sich gut an, dass speziell mit meiner Mutter stets jemand in Gedanken bei mir ist, der gerade nicht in der körperlichen Verfassung ist, seinen Rucksack selbst zu tragen. Sie hat mit der letzten Chemotherapie gerade genug zu schultern, da kann ich sie auch huckepack mit nach Santiago nehmen – bildlich gesprochen. Hape und Cordula sind natürlich auch noch mit dabei, wiegen zusammen ja aber nur ein paar Gramm. Auf jeden Fall bin ich müde für weit mehr als nur meine Person und so auch irritierend früh im Bett. Um kurz nach 21 Uhr fallen mir die Augen zu. Gite Kayola meldet sich im Kollektiv ab – Licht aus.

Keine weitere Erkenntnis des ersten Tages, aber eine starke Vermutung: ich bin mit einem zufriedenen Grinsen eingeschlafen. Meine Reise nach Santiago de Compostela und vielleicht ja auch zu mir selbst hat begonnen.

Tag 2: Kayola – Roncesvalles

Dienstag, 7.5.2013

Heute wird es also ernst – die erste volle Etappe steht auf dem Programm und dies geht direkt mit der Überquerung der Pyrenäen einher. Was man halt so macht, an einem Dienstag Anfang Mai. Napoleon ist genau hier einige Jahre zuvor mit seinen Mannen nach Spanien einmarschiert, weshalb der Weg über den Lepoeder-Pass auch als Route Napoléon bekannt ist. Nun, ich bin zwar ähnlich schwer beladen wie ein Eroberer, komme aber in rein friedlicher Absicht. Möge meine am Rucksack baumelnde Jakobsmuschel Zeugnis dafür geben.

Das Kalkül des Morgens lautet wie folgt: in meiner Hütte schliefen außer mir noch 11 weitere Pilger und in der größeren Auberge Orisson vielleicht weitere 25 bis 30. Die gestrige Etappe verschafft uns einen Vorsprung von etwa zwei bis drei Stunden auf die erwarteten Massen, die klassisch in Saint-Jean übernachtet haben und heute die komplette Pyrenäenetappe in Angriff nehmen werden. Bei einem einigermaßen zeitigen Start sollte also ein gemütliches Frühstück in der Auberge drin sein, um trotzdem noch vor dem Hauptfeld auf dem Camino zu sein. Bei der Tour de France wäre ich quasi ein Teil der Ausreißergruppe vor dem Peloton.

Falsch gedacht. Ganz falsch gedacht. Als ich kurz nach 7 Uhr mit geschultertem Rucksack aus der Hütte trete, zieht gerade das komplette Hauptfeld an mir vorbei. Die Peregrinos dieser Welt scheinen ausgesprochene Frühaufsteher zu sein! Wann sind die denn bitte alle losgelaufen? Es ist gerade mal halbwegs hell und doch kann ich unzählige bunte Rucksäcke auf der Strecke vor und hinter mir am Hang sehen. Wer hier vorbeikommt, muss mangels alternativer Schlafmöglichkeiten auf der Strecke zwingend aus Saint-Jean kommen, sprich schon vor mindestens zwei Stunden und damit bei völliger Dunkelheit losgelaufen sein. An Tag 2 wundert man sich über so etwas noch.

Schade, dass der Plan nicht aufging, denn ich hatte etwas naiv gehofft, die anstehende Pyrenäenetappe mit ihrer sagenhaften Landschaft ein wenig mehr „für mich" zu haben. Schade ist es gleichermaßen für die Scharen an

Mitpilgern, die von der Szenerie der Pyrenäenausläufer bis vor wenigen Minuten noch nicht allzu viel gesehen haben dürften. Wie auch immer, ohne vernünftiges Frühstück wird auch Napoleon keinen Pass bezwungen haben. An diesem Teil des Plans halte ich bedingungslos fest. Den Weg zum Frühstück finde ich zudem auch mit halbgeschlossenen Augen und noch ohne Koffein im Blut, schließlich bin ich ihn ja schon vier Mal gegangen. Auch eine Art Strecke zu machen.
Gestern Abend beim Essen in der Auberge – also zwischen dem dritten und dem vierten Mal hin und her laufen – war die tragische Geschichte einer in der Vorwoche verunglückten Pilgerin das beherrschende Thema. Passiert ist es wohl unweit des heute anstehenden Lepoeder-Passes. Sie hatte sich bei schlechter Witterung ohne Begleitung aufgemacht und stürzte so gänzlich unbemerkt in eine Felsspalte. Irgendwie war das schon beklemmend. Ich bin schließlich auch alleine unterwegs und habe keinerlei weitere Planung für die nächsten Etappen. Sprich, es würde gar nicht auffallen, wenn ich am Abend nicht ankäme. Wenngleich „alleine unterwegs" doch relativ ist, wenn man bedenkt, wie viel hier auf dem Camino Francés gerade los ist. Aus diesem Blickwinkel gesehen, aber auch viele weitere Augenpaare, die gegenseitig aufeinander aufpassen.

Von Croissants und einem letzten Café au Lait auf französischem Boden gestärkt, reihe ich mich zwischen die anderen Rucksäcke ein und schaue mir nun nicht nur die Bergwelt, sondern auch die anderen Pilger etwas genauer an. Man kann und sollte das Ganze ja auch generell positiv sehen. Ein ganz schön bunter Haufen, der da den Berg hochläuft und damit meine ich mal nicht die Farbe der Rucksäcke. Zunächst geht der Weg relativ monoton auf einem Asphaltweg nach oben und vorbei an saftig grünen Wiesen und Weidezäunen, wie man sie aus allen Ecken der Alpen kennt. Meine Aufnahmefähigkeit ist noch nicht am Limit, weshalb eine asiatische Mitpilgerin aktuell spannender ist. Sie war urplötzlich da und klebt nun wie ein Schatten an mir. Wenn ich die Straßenseite wechsle, folgt sie mir im Windschatten. Wenn ich das Tempo anziehe, beschleunigt auch sie. Ich mache eine Pause – sie ebenfalls, aber stets in fünf Meter Abstand. Was mich nicht minder irritiert, ist die Tatsache, dass sie außer einer kleinen Wasserflasche absolut nichts bei sich trägt. Keinen Rucksack! Nicht mal einen kleinen Tagesrucksack, lediglich die Wasserflasche in der Hand. Das ist eindeutig ein Fall von Wettbewerbsverzerrung. Ich verstehe das Konzept auch nicht ganz, da es meiner eher akribischen Vorbereitung vollkommen zuwiderläuft. Lustig finde ich dieses Fangen-Spiel dennoch. Und so erklimmen wir gemeinsam, aber ohne ein einziges Wort gewechselt zu haben, den Pass über die Route Napoléon.

Schon bald taucht zur Linken eine Marienstatue auf, die an einem echten Premiumplatz mit Blick über die Hügel aufgestellt wurde. Cordula klärt mich verlässlich darüber auf, dass es sich hierbei um die *Vierge de Biakorri* handelt und der Grund, warum die hier thront, im Andenken an ein mittelalterliches Pilgerhospital zu finden ist. Von dem Hospital ist zwar nichts mehr übrig, aber mein Schatten macht ein hübsches Panoramafoto von mir mit der Jungfrau – womit wir dann auch ein paar Worte gewechselt hätten. Pilgern schweißt offenbar zusammen.
Ich habe sie – den Namen kenne ich nicht – bereits gedanklich in die Reisegruppe mit mir, Hape und Cordula integriert und schaue auch schon gar nicht mehr über die Schulter, ob sie noch da ist. Ich habe jetzt also einen Schatten – ganz offiziell.
Unterwegs komme ich ungeachtet meiner geheimnisvollen Begleiterin immer wieder mit weiteren Pilgern ins Gespräch. Ohne Ausnahme steht dabei stets ein „¡Buen Camino!" am Anfang und dann folgen die meist gleichen Fragen, woher man denn komme, wo man gestartet sei und ob man plane bis Santiago in einem Stück zu gehen. Wenn das Gespräch etwas länger trägt, gehen die Fragen eine Ebene tiefer und man offenbart dem bis vor wenigen Minuten noch Wildfremden, warum man sich auf den Weg gemacht habe und welche Hoffnung man in den Weg legt. Es fasziniert mich komplett, wie schnell man sich hier öffnet und sehr private Stimmungen miteinander teilt. Pilgern schweißt in der Tat zusammen und zwar in einem Tempo, das selbst kontaktfreudigen Rheinländern rasant vorkommen muss. Ein jedes Gespräch endet dann mit einem weiteren „¡Buen Camino!" und bei Variante 1, indem man eine kurze Rast einlegt und den anderen weiterziehen lässt oder mit Variante 2, indem man selbst

das Tempo anzieht und von dannen stiefelt. Niemand nimmt einem dies übel. Mit „¡Buen Camino!" beginnen und enden Dialoge, wann immer es einer der Gesprächsteilnehmer wünscht – darüber gibt es auch keine Diskussion. Ich finde das absolut großartig. Man kommt unglaublich schnell mit jedem ins Gespräch, tastet sich anhand der mehr oder weniger normierten Fragen ab und jede Partei kann frei entscheiden, zu welchem Zeitpunkt die Ich-komme-aus-dem-Gefängnis-frei-Karte „¡Buen Camino!" gezogen wird.

Meinen Schatten fand ich ja schon sonderlich, und ich habe kurz überlegt, ob mir die dünne Luft wohl zugesetzt hat und ich mir das Ganze nur eingebildet habe. Doch dann komme ich auf fast 1.400 Meter um eine Kurve und zack, tut sich vor mir ein mobiler Gemischtwarenladen auf. Und das mitten im inzwischen sehr kargen Nichts. Ein findiger Franzose wie aus dem Bilderbuch hat vor seinem Transporter eine gut sortierte Auswahl an Obst, Müsliriegel, Thermoskannenkaffee, Gebäck und allerhand sonstiger Leckereien aufgebaut. Jedes vermaledeite Kilo Proviant, das ich seit Saint-Jean die Pyrenäen hochwuchte, wiegt mit einem Schlag fünf Kilo mehr.
Ich habe spontan das Verlangen, meinem Schatten einen anerkennenden Blick für die Weitsicht, lediglich eine kleine Flasche Wasser mitzuschleppen, zuzuwerfen, als mir gewahr wird, dass sich der Schatten offenbar in Luft aufgelöst hat. Der Herr gibt und der Herr nimmt. In Gedanken murmele ich ein „¡Buen Camino!" und wende mich meinem ganz irdisch präsenten Händler zu, der mir für kleines Geld einen Apfel, einen wahrhaft ungenießbaren Kaffee und ein Croissant aushändigt. Wer einer Fata Morgana gleich, die vermutlich einzig mögliche Versorgungslücke auf der Route Napoléon schließt, verdient zumindest Anerkennung. Also beschwere ich mich auch nur innerlich, dass mein bräunliches Heißgetränk rein gar nichts mit Kaffee zu tun hat.
Als ich leicht angewidert mein Kaffeeimitat schlürfe, stelle ich mir die ketzerische Frage, ob der Camino Francés überhaupt noch einen Hauch an Abenteuer bereitzuhalten vermag. Zu Hape's Zeiten wimmelte es von Herausforderungen und Extremsituationen. 12 Jahre später scheint zumindest die Versorgungslage eher der Dichte von Pommesbuden in

einem Freizeitpark an einem Feiertag im Sommer zu entsprechen. Verhungern werde ich also auch mit deutlich weniger Proviant im Gepäck nicht. Immerhin. Wo täglich Heerscharen von kaufbereiten Pilgern vorbeimarschieren, sind auch die Händler nie weit. Angebot und Nachfrage geben sich wohl nicht nur in Saint-Jean, sondern auch auf über 1.400 Meter die Hände – hola lieber Camino Comercio.

Jede noch so lange Etappe erscheint einem machbarer, wenn man sie in Abschnitte einteilt – der alte Straßenkehrer-Trick, der von Steinplatte zu Steinplatte denkt. So lässt sich jedes einzelne Zwischenziel für die eigene Motivation als Erfolg feiern. Auf einer klassischen Etappe des Jakobsweges sieht die Streckeneinteilung in der Regel so aus:
Herberge – bedeutende Kirche mit optionalem Pilgerstempel – Aussichtspunkt auf einem Gipfel/ Hügel – Brunnen – altes Wegkreuz an einer Weggabelung – historische Altstadt, die auf der Calle Major durchquert wird – mittelalterliche Brücke – Herberge.
Auf meiner heutigen Etappe nennt Cordula als markante Wegpunkte die besagte kleine Marienstatue, ein Steinkreuz, den historischen Rolandsbrunnen, kurz dahinter die spanische Landesgrenze und schließlich die herausfordernde Passhöhe des Col de Lepoeder, bevor an das angepeilte Kloster von Roncesvalles überhaupt zu denken ist.
Den Rolandsbrunnen habe ich mit noch ausreichend Trinkwasservorrat auf dem Rücken inzwischen passiert. Der Brunnen selbst kommt eher unspektakulär daher. Es sprudelt auf Knopfdruck und eine besoffene Feuerwehrmannschaft taucht anders als bei Hape ebenfalls nicht auf. Eine gute Gelegenheit also, um in meiner Cordula etwas über die Hintergründe des Brunnens nachzulesen. Es gibt bei ihr zu fast jeder Etappe kleine Infokästchen – meist mit wissenswerten geschichtlichen Informationen oder Tipps zu regionalen Köstlichkeiten. Zum Rolandsbrunnen lerne ich, dass Ritter Roland hier in der Gegend im späten 8. Jahrhundert zum letzten Mal sein Schwert geschwungen hat und die wenig rühmlichen Geschehnisse dann in den Jahren danach komplett verklärt und instrumentalisiert wurden. Die siegreichen „Mauren" waren in Wahrheit wohl Basken, die sich für die Zerstörung ihrer Stadt Pamplona an den

Franken rächten und Roland damit auch kein heldenhafter Retter der Christenheit, wie dies im Rolandslied besungen wird. Postfaktische Wahrheiten würde man heute dazu sagen. Nun ja, jetzt hat Ritter Roland also ein eigenes Lied, einen Brunnen und unweit des Passes einen Monolithen.

Nach einer weiteren Stunde oberhalb der Baumgrenze geht es über die bildlich und sprichwörtlich grüne Grenze rüber nach Spanien. Auch wenn meine Pilgerreise ein verfrühtes Ende nehmen sollte: ich kann hier und jetzt verbuchen, dass ich mal von Frankreich nach Spanien gewandert – Verzeihung gepilgert – bin. Für ein eigenes Lied reicht das vermutlich noch nicht, aber ein klein wenig heldenhaft klingt es in meinen Augen schon.
Kurz hinter der Grenzlinie und unweit des 1.437 Meter hohen Lepoeder-Passes komme ich ganz schnell wieder in der Gegenwart an. Denn direkt vor mit tut sich ein großes Schneefeld auf. Mein Camino führt augenscheinlich mitten durch. Schnee. Im Mai. In Spanien. Also quasi am Mittelmeer. Im Mai. In Spanien. Und das am zweiten Tag meiner Pilgerschaft, wo es am Vortag noch über 20 Grad waren. Im Mai. In Spanien.
Wäre mein Schatten noch da, würde ich um ein weiteres Beweisfoto bitten und dabei vielleicht doch noch ihren Namen erfahren. Egal, es gibt ja noch ein paar andere Mitpilger, die man um das Foto bitten kann. „¡Buen Camino!" – Foto – „¡Buen Camino!". Das glaube mir zuhause sonst keiner. Grundgütiger, im Mai!

Hinter dem Pass kommt dann der Teil meines gesamten Camino, den ich im Vorfeld der Reise am meisten gefürchtet habe: der extrem steile Abstieg runter nach Roncesvalles. Rund 500 Höhenmeter gilt es auf gerade einmal vier Kilometer zu bewältigen. Das Gefälle müsste im Schnitt stolze 12,5 % betragen, was angesichts von gut einer Stunde Abstieg schon sehr sportlich ist. Bislang halten meine Knie zwar, aber „rauf" ist ja bekanntlich auch deutlich weniger belastend als „runter".
Cordula warnt mich vor dem direkten „teils sehr steilen und steinigen Weg" durch den Wald und empfiehlt den etwas längeren Wirtschaftsweg,

der sich zumindest auf den letzten Metern vor dem Kloster in Kurven den Berg hinabwindet. Wer bei Sinnen ist, der hört auf diese weise Frau. Immer. 20 Minuten Umweg? Überhaupt kein Problem. Schon gar nicht, wenn die Knie dafür nicht sprichwörtlich in die Knie gehen.

Der Abstieg hat es auch auf der weniger steilen Route in sich, aber meine schlimmsten Befürchtungen erweisen sich als überzogen. Der Untergrund ist fest und dadurch hat man trotz des starken Gefälles einen sicheren Halt. Bei Schnee, gerade mal eine Woche zuvor, wäre das hier eine ganz andere Nummer gewesen.
Völlig unvermittelt taucht kurz bevor man unten im Tal angekommen ist das Kloster auf. Roncesvalles. Ein Name wie ein Donnerhall. „Wuchtig", wie Hape es beschreibt, trifft es auf den Punkt. Die Mauern brüllen einem schon beim Anblick aus der Ferne entgegen, dass hier ein schutzbietender Zufluchtsort liegt. So muss es früher ja auch gewesen sein. Wer es heil über den Pass geschafft hat, wollte erst einmal in Sicherheit durchatmen und Wölfe, Schnee und andere Gefahren hinter sich wissen. So ganz verschieden ist das ja auch heute nicht. Ich hatte heute nahezu ideale Bedingungen, aber die verunglückte Pilgerin kann ich nicht vergessen, die es fast geschafft hatte und für die der Anblick dieser steinernen Trutzburg die Rettung gebracht hätte – keine drei Kilometer haben ihr gefehlt.
Das Tagesziel vor Augen gibt mir die nötige Kraft für die letzten Meter, und sobald ich die Pforte durchschritten habe, ist mir klar, dass für heute nichts mehr schiefgehen kann. Außer es taucht ein Bus mit 40 schwäbischen Katholikinnen mittleren bis reiferen Alters auf. Ungefragt und ungeniert werden Fotos gemacht, wie ich da erschöpft und verschwitzt auf einer Bank im Innenhof sitzend einfach nur durchatmen will. „Hach schau, da isch oin rischtiger Pilger. Klick. Isch des aber oin großer Rucksack. Hanoi. Klick". Ich bin vollkommen konsterniert und verlerne blitzartig meine Muttersprache, als mich ein besonders dreistes Exemplar nach dem Fotografieren wie selbstverständlich auf Deutsch fragt, ob es „denn arg anstrengend g'wese sei, so zu Fuß". Ich schaue wie ein Reh im Scheinwerferlicht und erhalte einen höchst mitleidsvollen Blick, als ob mein Gesichtsausdruck schon Antwort genug gewesen wäre.

Rückblickend erinnere ich, dass alle Damen eine kleine Jakobsmuschel um den Hals trugen und ganz offensichtlich den gleichen Friseur haben. Nach 30 Minuten ist der beigefarbene Tross mitsamt Bus und Fotos von mir wieder verschwunden und der Spuk vorbei. Auf den nächsten Etappen wird mich dieses Bus-spuckt-Pilgertouristen-aus-Phänomen immer wieder mal heimsuchen. Tagespilger, die bis Santiago von Sehenswürdigkeit zu Sehenswürdigkeit gekarrt werden und dabei echte Pilger wie Tiere im Zoo bestaunen. Jedem sein Camino.

In den Herbergen gibt es grundsätzlich eine Sache die gehörig schiefgehen kann: kein freies Bett mehr. Dann hängt außen das Schild „Completo" und dies verheißt schon aus der Ferne nichts Gutes. Im schlimmsten Fall gibt es nämlich nur eine einzige Herberge im Ort und dann darf man entweder tapfer weitermarschieren oder der Sternenhimmel funkelt einem auf einer Parkbank oder einer Wiese in den Schlaf. Pilgerromantik in Reinform, aber selbst in Spanien Anfang Mai noch ein bitterkaltes Vergnügen.
Ich habe offenbar dank meines Schattens, diverser Kaffee, bzw. kaffeeartigen Getränken und mehrerer Müsliriegel ein ziemlich schnelles Tempo hingelegt und bekomme ohne Probleme noch ein Bett. Es steht im modernen Teil des Klosters, wo es zu jedem Bett ein eigenes Schließfach und eine kleine Leselampe gibt. Was will man mehr. Die sauberen Duschen und sanitären Anlagen lassen keine Wünsche offen und ich wage zu behaupten, dass selbst Hape hier nicht zwingend weitergezogen wäre, um sich ein privates Zimmer im nahegelegenen Ort zu suchen. 2001 scheint das Kloster wohl aber noch einen gänzlich anderen Standard geboten zu haben.
In den Betten unter und neben mir – man schläft hier in einer Art Schlafwagenabteil, welches zum Gang hin offen ist und wo sich jeweils zwei fest verbaute Stockbetten gegenüberstehen – sehe ich einige bekannte Gesichter von unterwegs. Manche kenne ich beim Namen und mit einigen bin ich ein Stück zusammen gelaufen. Der Grund, dass es bereits so einige Buen Camino-Situationen gab, liegt garantiert auch darin, dass ich alleine unterwegs bin, denn wer alleine unterwegs ist, wird

häufiger angesprochen. Sogar, wenn man offensichtlich einen Schatten hat.

Nachdem die Ankommensroutine erledigt ist, also Bett beziehen, Schuhe auslüften, duschen, relaxen, Tagebuch schreiben und letztlich den wertvollen Rucksack sicher verstauen, erkundige ich die altehrwürdigen Gemäuer. Überall sitzen Pilger und genießen das schöne Wetter. Fotos mache ich keine. Schon gar nicht ungefragt.
Cordula klärt mich auf, wann das Kloster gegründet wurde und wer hier so alles begraben ist. Ein bisschen ist der kulturelle Teil einer Pilgerreise wie die Kür, die man sich nach Lust und Laune wohldosiert gönnt, sobald die Pflicht – alles was mit dem Akt des Pilgerns direkt zu tun hat – erledigt ist. Und zur Pilgerpflicht gehört neben Bett ergattern eindeutig und stets die Sicherstellung einer hinreichenden Nahrungsaufnahme. Die Klärung des heutigen Abendessens gewinnt somit auch ohne innere Gegenstimmen gegen die von Cordula empfohlene Visite bei Sancho VII. oder der alten Wallfahrtskapelle, wo unter Garantie noch weitere alte Knochen zu besuchen gewesen wären. Ich bin sicher, die Herren Ritter und Könige verzeihen mir, dass ich gerade deutlich stärker an frisch zubereiteten Knochen von geschlachtetem Flattertier oder dergleichen interessiert bin. Es gibt Forelle, wogegen ich keinerlei Einwände habe. Pilgerkost habe ich mir offen gesagt sehr viel einfacher vorgestellt. Gestern in der Auberge Orisson war das Abendessen schon weit über meinen Erwartungen. Gut, das war in Frankreich, wo man kulinarisch ja auch mehr als bei einer Klosterküche erwarten darf. Aber ich lass mich gerne weiterhin so positiv überraschen – die beiden Forellen war köstlich.
Hinzukommt, dass ich das Essen – dank einer wohlverwendeten ¡Buen Camino!-Handhabung – mit anderen Pilgern in meinem Alter eingenommen habe. Wir hatten uns am Nachmittag schon für ein Ankommensbierchen zusammengetan und dabei beschlossen, dass wir uns auch zum Abendessen wieder treffen wollen. Bergluft macht nun mal durstig und hungrig. Was ich in dem Moment noch nicht weiß, ist, dass wir noch so einige Ankommensbierchen miteinander trinken werden.

Meine Erkenntnis des Tages verschafft mir ein Blick in den alten Schlafsaal des Klosters. Inzwischen sind so viele Pilger eingetroffen, dass das alte Refugio als zweite Schlafstätte geöffnet wurde. Was für ein himmelweiter Unterschied zu meinem 4er-Schlafabteil im neu ausgebauten Teil des Klosters! Hier, in dem uralten Gemäuer – es sieht aus wie eine Vikingerhalle mit unverputzten hohen Steinwänden und schießschartenartigen winzigen Fenstern weit oben unterm Dach – stehen dicht an dicht graumetallene Doppelstockbetten und überall liegen erschöpfte Pilger. In drei Reihen stehen die Betten soweit man in der Halle blicken kann. Ich schätze es sind mindestens zwanzig Stockbetten je Reihe. Die wenigen freien Flächen werden von den Rucksäcken und den Regalen für die Wanderstiefel eingenommen. Die gut zweihundert Schuhe dünsten also im gleichen Raum wie die gut einhundert Menschen aus. Nicht verwunderlich, dass der Gestank trotz der hohen Decken im wahrsten Sinne des Wortes atemberaubend ist. Ich will mir gar nicht ausmalen, wie die Geräuschkulisse in der Nacht sein wird und bin heilfroh, dass ich die Etappe so zügig gegangen bin. Eine Nacht hier in diesem mittelalterlichen Schlafsaal wäre zweifelsohne eine prima „war story" für zuhause, aber danke, nein.
Vermutlich sah es ziemlich dämlich aus, wie ich da ungläubig und mit offenem Mund in der Tür stehe und mir schlagartig bewusst wird, dass ich mit dem entsagungsreichen Pilgerdasein wohl doch noch nicht ganz so weit bin, als dass ich solche eine Massenhaltung demütig und mit Gleichmut hingenommen hätte. Wenn ich ehrlich bin, hätte ich es wohl Hape gleichgetan und mich auf die Suche nach einer Alternative gemacht. Wie war das noch gleich mit meiner Regel Nr. 2?

Tag 3: Roncesvalles – Larrasoaña

Mittwoch, 8.5.2013

Der Tag startet mit einem heftigen Donnerwetter. Einem musikalischen Donnerwetter. Um 5:50 Uhr erdröhnt markerschütternde sakrale Musik, die einem geschmacklich definitiv nicht umhaut aber dafür wirkungsvoll aus dem Schlaf reißt. Halleluja. In der Nacht muss der Herbergsvater oder irgendwer sonst, der Pilger zu hassen scheint, einen viel zu leistungsstarken Ghettoblaster in meinen Flur mit den Schlafabteilen gestellt haben. Gegen den Lärmpegel dieser in Gang gesetzten Höllenmaschine haben meine beiden Ohropax-Stöpsel nicht den Hauch einer Chance. Zudem rings um mich herum schicksalsergeben die Lämpchen angehen und man nun offenbar kollektiv aufsteht. Draußen ist es noch finstere Nacht, aber Pilger-Finsterwald erwacht. Bin ich der Einzige, der um diese Unzeit keine Lust auf einen Dämonen-vertreibenden Himmelschor aus Trompeten und Schalmeien hat? Eine wahrhaft göttliche Komödie. Nein Dante, aber machen kann ich dagegen nichts.
Nun, nüchtern betrachtet wiederholt sich prinzipiell nur das, was ich am Vortag schon vor meiner Gite Kayola beobachten durfte: Pilger sind unverbesserliche Frühaufsteher.

Seit ich kein Student mehr bin, habe ich eine ganz einfache Wecker-Philosophie, die wie folgt lautet: wenn der Wecker werktags eine 7 vorne stehen hat, dann ist die Welt in Ordnung. Steht eine 6 an erster Stelle, muss der erste Kaffee schon mehr als ordentlich sein. Wenn nun aber eine 5 davorsteht, dann muss der Kaffee nicht nur herausragend schmecken, sondern zusätzlich direkt nach dem Ertönen des Wecktons zumindest den Geruchssinn besänftigen. Heute stand unfreiwillig eine 5 davor und von Kaffee nicht den Hauch einer Spur. Mein Start in Tag 3 verläuft also etwas holprig.
Den ersten Kaffee des Tages gibt es dann auch erst weit über eine Stunde später im erstbesten Ort hinter Roncesvalles und zwar nach gut drei nüchtern durchmarschierten Kilometern. Im Regen durchmarschierten

Kilometern. Denn dem musikalischen Donnerwetter hat Petrus noch ein weiteres von oben folgen lassen. Die Klostermauern mögen den himmlischen Lobgesängen getrotzt haben, die Wolken aber haben nachgegeben. Läuft also. Und bei Hape damals? Wie immer nach dem Loslaufen höre ich als Einstieg in den Tag die entsprechende Etappe auf meinem iPod. Der von Hape selbst gesprochene Text beginnt mehr oder weniger mit dem Satz: „Nach einem zünftigen Frühstück in der Gaststätte habe ich mich so gegen 10 Uhr auf den Weg gemacht, Richtung Zubiri, …". Ich drücke die Pausetaste, nehme die Kopfhörer raus und ziehe die Kapuze etwas tiefer. Bislang ist das echt noch nicht mein Tag.

In genau diesem Moment, als ich auf alles fluchen möchte und meine, mich fragen zu müssen, was der ganze Quatsch hier überhaupt soll, merke ich, dass eine ganz andere Stimmung in mir vorherrscht. Ich bin nämlich bester Laune und bilde mir bloß ein, dass die widrigen Umstände mich ja selbstverständlich übellaunig machen müssten. Dabei summiere ich alten Denkmustern folgend, die kleinen Ärgernisse des noch jungen Tages zusammen und das reicht dann für einen mächtig dicken Hals schon aus. Ist aber nicht so. Vollkommender Blödsinn ist das. Ja, der Rucksack ist schwer und ein erstes Halleluja um 7:50 Uhr anstatt um 5:50 Uhr wäre vollkommen ausreichend gewesen, aber was soll's. Gegen den Regen habe ich Gamaschen und Regencape und einen vernünftigen Kaffee werde ich schon noch bekommen. Tue ich auch. Und zwar einen leckeren mit einem köstlichen Halbmond, wie die Spanier die Croissants nennen. „La Medialuna" heißt das hier – was für ein tolles Wort für ein Hörnchen! Verrückt. Ich freue mich sogar schon über ein Wort. Meine Laune war ganz eindeutig schon mal schlechter. Auf den Müll mit den alten Denkmustern und Augen auf für die schönen Dinge!
Beim gestrigen Einlesen in den heutigen Tag hat mir Cordula bereits eine „landschaftlich sehr ansprechende Etappe" versprochen und als ich kaffeeschlürfend die Pausetaste auf dem iPod erneut drücke, spricht Hape wenige Sätze später schon begeistert von einem „riesigen Märchenwald". Durch exakt diesen Märchenwald bin ich ja immerhin auch schon drei Kilometer gepilgert und es ergibt überhaupt keinen Sinn, wegen

Kleinigkeiten schlechte Laune zu haben. Weitere 24 Kilometer grandioser baskischer Landschaft liegen heute noch vor mir und als die Wolken zwischendurch aufreißen, gelingen mir mit die schönsten Landschaftsbilder der ganzen Reise. Ohne Regen auch keine saftig grünen Felder und ohne saftig grüne Felder keine Heile-Welt-Landschaftsbilder. Die Lage ist also gar nicht so übel und tatsächlich ist das Pyrenäenvorland märchenhaft schön. Plötzlich finde ich den Regen gar nicht mehr so schlimm. Ist ja auch nur Nieselregen. Vielleicht hat das verabreichte Koffein auch einen gewissen Anteil an meiner veränderten Stimmungslage, wer weiß das schon so ganz genau. Ist ja auch wurscht, denn das Ergebnis ist mehr als in Ordnung. Also doch ein ¡Buen Camino!

Die Truppe vom gestrigen Forellen-Essen ist heute Morgen geschlossen losmarschiert: Julie aus Dänemark, Jesslyn aus Kanada, Tÿl aus den Niederlanden, Ben aus Aachen und ich. Wir kennen uns bislang nur vom gestrigen Kaltgetränk und Abendessen, aber scheinen als Gruppe gut zu funktionieren. Und wir werden von den anderen Pilgern auch sofort als eine Solche wahrgenommen, denn wir fallen auf. Vermutlich, weil wir allesamt vergleichsweise jung und auch ein bisschen aufgedreht sind. Klassische Gruppendynamik eben. Die Gruppe funktioniert aber auch deshalb, weil wir alle ein ähnliches Lauftempo haben und damit eine elementar wichtige Regel des Pilgerns einhalten können: jeder geht sein Tempo.

Selbst Paare, die sich gemeinsam auf den Weg nach Santiago machen, erleben, dass es auf Dauer nicht gutgeht, wenn man nicht „sein Ding machen kann". Wer sich permanent drosseln muss, obwohl man einen sprichwörtlichen Lauf hat, oder man schlicht Strecke machen möchte, weil man einen guten Tag hat, für den ist der andere wie ein Klotz am Bein. Leider im wahrsten Sinne des Wortes. Und da der langsamere Partner das früher oder später merkt und der lieben Harmonie willen versucht wird, nun ein schnelleres Tempo einzuschlagen, verlieren beide. Der eigene Körper sagt einem schon sehr genau, welche Belastung in Ordnung ist und ab wann er sich gehetzt fühlt. Es ist daher deutlich sinnvoller und auch beziehungserhaltender, wenn man einen Treffpunkt ausmacht und sich dort dann wieder vereint. Dies kann ein Wegepunkt auf der Etappe oder auch erst die angesteuerte Herberge sein. Alles ist besser, als wenn man dem anderen zuliebe seine Belastungsgrenze überreizt, dann am Folgetag Blasen an den Füßen hat und die nächsten Tage zur Tortur werden. Harmonie stellt sich so beim Pilgern sicher nicht ein.

Die heutige Etappe ist von der Szenerie her super schön, aber nicht zu unterschätzen. Es geht immer wieder auf und ab, nach etwa 10 Kilometer führt der Camino über die Erro-Passhöhe, deren Schärfe sich auf dem Höhenprofil für mich nicht ganz offenbart und die Pyrenäenetappe des Vortags steckt schließlich auch noch merklich in den Knochen. Mit rund 27 Kilometern ist es für den dritten Tag zudem eine grenzwertig lange Etappe. Meine Empfehlung wäre, dass man sich in der ersten Woche langsam steigert und versucht unter 30 Kilometer Tagesdistanz zu bleiben. Es tut einem auch so schon genug weh. Versprochen.
Neben der Landschaft, die selbstverständlich gebührend fotografiert werden möchte, gibt es auch sonst viel Abwechslung. Durch die Schauer heißt es alle Kilometer Regensachen an- und wieder ablegen. Auch hier hilft die Übung, dass man trotz des riesigen Rucksacks noch halbwegs elegant den Regenschutz anzulegen beherrscht – über den besagten Rucksack versteht sich, der selbst nochmals durch einen eigenen Überzug geschützt ist. Viel hilft viel und nur wenig wäre ärgerlicher als durchweichte Sachen – man hat ja auch nur diese paar Klamotten mit. Die Gamaschen sind da weniger umständlich, da ich die einfach über den Schuhen anlasse und schon beim Start angezogen habe. Der Untergrund ist heute aufgrund des Regens tückisch und verlang auf den steinigen Pfaden meine volle Aufmerksamkeit. Und dann ist da ja noch die Truppe, die sich immer wieder neu mischt und mal geschlossen und dann wieder in Zweier- oder Dreiergrüppchen eine Zeit zusammengeht. Wir quatschen dabei über Gott und die Welt und so vergeht die Zeit wie im Flug. Gott ist tatsächlich ein Thema, da auf dem Camino kein Gespräch an der Frage vorbeikommt, ob man denn aus religiösen Gründen pilgere. In diesem Zusammenhang erklärt man sich halt, wie man zu Gott oder auch Nicht-Gott steht.

Ich merke, dass ich lauftechnisch mit Julie am besten harmoniere und außerdem mochte ich die fröhliche junge Dänin ohnehin von Beginn an. Wir gehen beide gerne zügig und lachen viel. Lustigerweise denken die meisten Leute direkt, dass wir ein Pärchen sind. So schnell entstehen Gerüchte auf dem Camino. Getratscht wir ja echt überall und Pilger scheinen Gerüchte zu lieben. Und dieses Gerücht begleitet mich sogar bis hinter die Tore von Santiago. Na ja, gibt Schlimmeres.

Sobald man Zubiri über die alte Punte de la Rabia – die Brücke der Tollwut – erreicht und durch das Überqueren ganz selbstverständlich sein mitgeführtes Getier von der Tollwut kuriert hat, ist man aus dem Gröbsten raus. Ab hier geht es für die letzten fünf Kilometer recht moderat am Río Arga entlang weiter Richtung Larrasoaña.
Zubiri wäre an sich auch ein denkbares Tagesziel gewesen, da es hier mehrere Herbergen gibt und der Ort mit 420 Einwohnern drei Mal so groß ist wie Larrasoaña. Hm. Cordula und mein Höhenprofilzettel beschreiben die Etappe Roncesvalles – Larrasoaña, Hape ist nach Roncesvalles in Zubiri eingekehrt. Meine imaginäre Reisegruppe droht also zu zerreißen, und so lasse ich die echte Reisegruppe entscheiden. Julie, die anderen und ich sind zwar mittelprächtig nass und erschöpft, aber nach kurzer Abstimmung nehmen wir uns die fünf Kilometer ab Zubiri heute noch vor. Schließlich haben wir keine Reservierung und können somit ohne jede Einschränkung auf unseren Körper und die aktuelle Laune hören. Fast. Denn ein Kalkül steckt meinerseits doch dahinter: ich habe fest vor, am Folgetag in Pamplona Halt zu machen und dort gibt es die Herberge *Casa Paderborn*. Diese wird vom *Freundeskreis Jakobspilger Paderborn e.V.* betrieben und soll, wie ich gehört habe, ganz großartig sein. Da es in der Casa Paderborn aber nur wenige Betten gibt, muss man früh da sein. First come first serve, sobald sich um Punkt 12 Uhr die Türe öffnet. Was ich heute also weglaufe, erhöht meine Chance morgen dort unterkommen zu können. Und gute Herbergen sprechen sich unter Pilgern rasend schnell herum. Ich meine fast, dass Tipps über außergewöhnliche Herbergen der Tratsch schlechthin unter den Pilgern sind – nur noch übertroffen von Lästereien über andere Pilger.

Als Belohnung dafür, dass wir heute die Distanz nach Santiago de Compostela um stolze 27 anstatt „nur" um 22 Kilometer verkürzt haben, gibt es erneut nach der Ankunft ein kühles Bierchen direkt unten am Río Arga. Hand aufs Herz, ein Feierabendbierchen hätte es vermutlich auch in Zubiri gegeben, aber die Stelle hier am Wasser ist sensationell. Wir sitzen auf Baumstämmen, neben uns plätschert der Arga vorbei und kühlt dabei die geschundenen Füße. Alleine für solche Momente lohnt sich das Pilgern. Das einfache Leben kann echt schön sein.

„Einfach" und weniger „schön" trifft es allerdings auch, wenn man die heutige Herberge beschreiben möchte. Offensichtlich stehen die Größe eines Ortes und die Qualität der hiesigen Herbergen in einem direkten Bezug zueinander. Je kleiner der Ort, umso einfacher sind fast immer die Herbergen – sofern es überhaupt mehr als eine gibt.

Bei Cordula sind die Herbergen mit Jakobsmuscheln klassifiziert: Eine Muschel bedeutet, dass es sich um eine sehr einfache Unterkunft handelt. Drei Muscheln steht für die volle Punktzahl. Da es auch Zwischenwertungen gibt, hat es mein heutiger Schlafplatz immerhin auf anderthalb Jakobsmuscheln gebracht. Die halbe Muschel über dem Minimum ist mir allerdings ein kleines Rätsel, denn einfacher kann eine Herberge in meinen Augen kaum sein. So zumindest die Erwägung an Tag 3 – im Laufe der Reise soll ich noch eines Besseren belehrt werden. Geschlafen wird heute jedenfalls in einer Art zweistöckiger Garage. Eine andere Beschreibung mag mir nicht einfallen. Schuhregale und Sanitäranlagen unten, rund ein Dutzend klappriger Stockbetten oben. Fairerweise muss man sagen, dass die Herberge aus noch zwei weiteren Gebäuden besteht, die vielleicht ja noch Muschelpunkte eingebracht haben und so im Ergebnis „nur" die zweitschlechteste Wertung herauskam. Aber Jammern bringt ohnehin nichts, denn es ist die einzige Herberge im Örtchen und damit das erste Haus am Platze. Ähnlich simpel ist die Frage nach dem heutigen Abendessen beantwortet, da dieses im ebenfalls einzigen Restaurant von Larrasoaña feilgeboten wird. Einfache Hausmannskost und dazu ein trinkbarer Landwein für zusammen glatte 10 Euro gehen vollkommen in Ordnung. Nur weil man nicht die Qual der

Wahl hat, muss es ja nicht schlecht sein. Ganz im Gegenteil. Pappsatt und jeder von uns mit einer halben bis ganzen Flasche Rotwein im Kopf, beenden wir den Tag erneut früh in unserer Schlaf-Garage. Ich spüre ohnehin jeden Knochen in meinen Beinen und Schultern – warum dem Körper also nicht etwas Ruhe gönnen. Es ist ja auch nicht so, dass man im Nachtleben von Larrasoaña etwas verpassen würde. Es gibt nämlich keines.

Heute war ein spannender und auch sehr geselliger Tag. Es ist schon ein ziemlicher Unterschied, ob man nur von einem stummen Schatten getrieben alleine unterwegs ist oder ob man in einer Gruppe mit anderen jungen Leuten pilgert. Ich bin mir dennoch nicht sicher, was ich präferiere. Als ich alleine unterwegs war, kam ich mit mehr Pilgern ins Gespräch und hatte mehr Muße meine Gedanken schweifen lassen. Just diese Gedanken oder Gefühle aber beispielsweise mit Julie zu teilen, war ebenfalls schön und wertvoll. Beide Varianten des Pilgerns haben folglich Vor- und Nachteile, aber welche Art passt besser zu meinem persönlichen Camino? Wenn man dem Sprichwort „In vino veritas" glauben mag, dann liegt im Wein die Wahrheit. Also, entweder hatte ich beim Abendessen nicht genug davon oder ich brauche wohl noch ein paar Etappen, um mir diese Frage beantworten zu können.
Wie die Tage zuvor bin ich höchst dankbar für meine Ohrenstöpsel und schlafe mit diesen Gedanken körperlich erschöpft und im Geiste leicht angeduselt ein.

Tag 4: Larrasoaña – Pamplona

Donnerstag, 9.5.2013

Wer braucht schon einen krähenden Hahn, wenn man eine Garage voller Frühaufsteher hat. Ich bin felsenfest davon überzeugt, dass sämtliche Hähne in Larrasoaña noch schlafen, während hier um kurz nach 5 Uhr schon Rucksäcke gepackt und Stiefel geschnürt werden. Wirt und Wirtin schlafen wie die hiesigen Hähne tief und fest, weshalb es erst einmal kein Frühstück gibt. Alternativen gibt es ja auch nicht.

Ich meine bereits erwähnt zu haben, dass ich morgens ganz gerne einen Kaffee trinke. Es müsste ja nicht zwingend ein frisch gebrühter Café con Leche sein, den die Spanier an sich ganz hervorragend hinbekommen. Ein einfacher Filterkaffee hätte mir schon gereicht – um sprachlich beim Larrasoaña-Motto „einfach" zu bleiben. Aber nein, heute kein Kaffee.

Dafür steht laut Cordula eine eher leichte Etappe an, die mit rund 16 Kilometern zudem vergleichsweise kurz ist. Ein Blick auf das Höhenprofil offenbart, dass es kaum Auf- und Abstiege und schon gar keine Pässe gibt. Vielmehr geht es über lange Strecken am Río Arga entlang. Mein Tagesziel ist Pamplona und mit rund 200.000 Einwohnern die größte Stadt auf dem Camino Francés. Warum auch nicht die drei größeren Städte Pamplona, Burgos und León mitnehmen, wenn man schon mal hier vorbeikommt?

Es ist früh, ich bin noch müde, ohne Zweifel ein wenig unleidlich und nur dank meiner eisernen Vorräte nicht auch noch unterzuckert. Eine prädestinierte Situation also, um mich abzukapseln und Hape's Schilderungen zu lauschen. Der Arme konnte sich damals an gleicher Stelle kaum noch rühren und musste sich per Anhalter nach Pamplona durchschleppen, um dort dann eine Weile zu pausieren. Ich lerne, dass Spanier wohl aus Prinzip keine Pilger mitnehmen oder zumindest bis 2001 keine mitgenommen haben. Finde ich das nun gut oder schlecht? Wer sich für eine Pilgerreise entschieden hat, der sollte einerseits auch konsequent zu sich sein und nicht auf motorisierte Hilfe anderer setzen. Andererseits, kann bereits ein Ruhetag oder eine kleine Geste ausreichen, um danach die Pilgerschaft wieder regeneriert fortsetzen zu können. Für angeschlagene Pilger wäre es doch höchst schade, wenn sie vorschnell aufgeben und sich damit um all die schönen Momente und noch kommenden Erfolgserlebnisse berauben würden, wenn vielleicht eine helfende Hand zur rechten Zeit schon ausgereicht hätte, um die Wanderstiefel eben nicht an den Nagel zu hängen. Hape hatte Glück, da ihn erneut verständnisvolle Franzosen eingesammelt und bis nach Pamplona kutschiert haben. Hätte er in diesem Moment frustriert hingeworfen, wäre er womöglich nie in Santiago angekommen. Dann wäre auch folgerichtig sein Buch „Ich bin dann mal weg", das so viele Menschen inspiriert und bewegt hat, nie entstanden. Seine Reise aber war hier in Larrasoaña noch nicht zu Ende. Er wusste in diesem kritischen Moment, was er sich zumuten konnte und wo eben Schluss war. Und dafür war eben eine kleine Niederlage das notwendige Übel – eine wendige Auslegung der Pilgersitten in persönlicher Not.

Ich habe schon wieder Hunger, also kommt mir dazu ein Bild in den Kopf, das mich schon als Kind in der Fastenzeit geprägt hat: kleine Sünden (wie ein Stück Schokolade) verhindert manchmal große Sünden (wie die Vernichtung der ganzen Tafel Schokolade). Ich bin sicher, dass wir als Kinder damals die 40 Tage der religiös auferlegten Selbstkasteiung durchstanden haben, weil der Sonntag immer Pausentag war und es da Nachtisch und in Maßen auch Süßigkeiten gab. Und war das mit der Maultasche nicht so ähnlich, die im Volksmund auch Herrgottsbscheißerle genannt wird, weil das Fleisch ja schließlich eingewickelt ist, damit nicht „gesehen" wird und folglich auch nicht zählt? Ich meine sogar, dass diese Legende in einem schwäbischen Kloster ihren Ursprung hat und schlussfolgere in bester Juristenmanier, dass gewisse Inkonsequenzen selbst auf einem urkatholischen Pilgerweg schon in Ordnung gehen.

Alles hat jedoch seinen Preis, denn eine Sache verpasste Hape durch das Trampen auf der Nationalstraße N-135: ein völlig unerwartetes Frühstück mit herrlich duftendem Kaffee und frischer Tortilla aus einem offenen Holzofen am Ufer des Río Arga bei Irotz. Ich erinnere mich an den Franzosen bei der Pyrenäenüberquerung, der ja auch wusste, wo man ein

gutes Geschäft machen kann. Der Jakobsweg zeigt tagtäglich, dass er ein echter Wirtschaftsfaktor für die Region ist, denn die Pilger generieren eine stete Nachfrage, was sich die Bewohner der Camino-Orte natürlich zu Nutze machen. Die Tortilla-Bäcker von Irotz haben gut zu tun, um die vielen hungrigen Münder zu stopfen.
Beim gemeinsamen Frühstück mit Julie und Jesslyn leistet mir Cordula informativ beste Gesellschaft. Hape sitzt ja im Auto. Nur wenig entfernt, genauer bei Zabaldika, biete sich eine Wegvariante an, die kurz vom offiziellen Hauptweg abzweigt und die aus dem 12. Jahrhundert stammende Iglesia de San Esteban streift. Ich erkenne zwar keine eindeutige Empfehlung für die eine oder andere Route, aber die Variante wird im Gegensatz zur Hauptstrecke ausführlich beschrieben. Definitiv ein Zeichen, dass es sich schon lohnen wird. Nach rund 75 gemeinsam gegangenen Kilometern weiß ich meine Cordula so langsam auch zwischen den wohlformulierten Zeilen zu lesen. Pamplona ist außerdem gar nicht mehr weit entfernt und ein kleiner Umweg sollte zeitlich nicht das Problem sein. Der Weg ist schließlich das Ziel – jedenfalls, wenn man sein Ziel erreichbar vor Augen hat.

Ich gehe den Jakobsweg nicht aus religiösen Beweggründen, aber einer viele Jahrhunderte alten Kirche gelingt es durchaus, auf eine ganz eigene Art und Weise eine Atmosphäre der Besinnung und des Innehaltens zu schaffen. Einen solchen Moment beschert mir der kleine Umweg zur alten Iglesia und ich bin dafür unglaublich dankbar. In der Kirche hängt ein gekreuzigter Jesus, um den herum hunderte kleiner Zettel kleben. Er hängt genau in der Flucht der offenen Tür und dieses Arrangement ist somit das erste was ich noch vor dem Eintreten sehe. Die gelben und hellgrünen Zettelchen haben die Form eines Pfeils und sind mit Fürbitten beschrieben. Vor dem Kreuz liegen auf einem Tisch leere Zettel und Kugelschreiben bereit, damit Besucher etwas hinzufügen oder besser gesagt ihre persönliche Fürbitte dalassen können. Die Sprachen auf den Zetteln sind so vielfältig wie es die Pilger sind und die meisten kann ich leider nicht lesen. Aber die, die ich verstehe, handeln meist von geliebten Menschen, die Beistand benötigen, und nicht selten wird um Kraft für den

weiteren Camino gebeten. Der Weg soll dem eigenen Leben eine neue Wegweisung und innere Kraft geben.
Ich muss nicht lange nachdenken, für wen meine vordringliche Fürbitte gilt. In den Telefonaten der letzten Tage mit meiner Mutter ging es eher darum, sie durch bloße Beschreibungen an meinen Reiseerlebnissen teilhaben zu lassen und zu berichten wie dieser Jakobsweg „halt so ist". Wirklich stille Momente, um über die Eventualitäten des Verlaufs ihrer Krebserkrankung nachzudenken, gab es bislang noch nicht. Vielleicht fehlte mir derzeit noch die Routine des Pilgerns, um den Kopf für solche Dinge frei zu haben. Vielleicht war die Zeit aber auch einfach noch nicht reif. In der Iglesia de San Esteban ist die Zeit reif. Meine beiden Mädels merken dies, ohne dass ein Wort nötig wäre und geben mir Raum, um in Ruhe meine Fürbitte zu formulieren und meinen gelben Pfeil zu den anderen zu hängen. In diesem Moment fühle ich mich meiner Mutter auf unergründliche Weise so nah, als wenn sie jetzt direkt bei mir wäre. Zwar hatten wir vor meinem Aufbruch zuhause davon gesprochen, dass ich den Weg auch für sie gehen würde, aber erst jetzt fühlt es sich auch danach an. Der kleine Zettel hat eine Verbindung geschaffen, die mir hoffentlich Kraft geben wird, den Weg für uns beide bis zum Ende zu gehen.
Als ich aus der Kirche trete, warten Julie und Jesslyn in der Sonne auf mich. Erklären muss ich mich nicht. Ich habe das Gefühl, dass Pilger ein ganz besonderes Gespür für die situativen Befindlichkeiten und Bedürfnisse der anderen Mitpilger entwickeln. Wer etwas mitteilen möchte, wird das schon zur für ihn rechten Zeit tun. Im Wort „mitteilen" steckt ja nicht umsonst das Wort „teilen" und ob und wann geteilt wird bestimmt eben derjenige, der gibt und nicht derjenige, der nimmt. Wir schlendern ohne große Worte weiter und ich formuliere Regel Nr. 3 in meinem Kopf: andere Pilger nicht drängen sich mitzuteilen, aber ein offenes Ohr haben, wenn die entsprechenden Signale gesendet werden.

Von der Kirche ist es nicht mehr allzu weit bis wir zurück auf den Hauptweg kommen. Es ist doppelt schön, wieder die altbekannten Wegweiser nach Santiago an Hauswänden, Steinen und Bäumen zu sehen – gelbe Pfeile, die uns zeigen, dass wir auf dem richtigen Weg sind. Die

Hälfte der Tagesetappe ist da bereits geschafft und es ist gerade mal 9 Uhr. Trotzdem schlage ich ein zügiges Tempo an, denn der Himmel zieht sich mit dunklen Wolken zu. So geht es unaufgeregt noch unter einer Autobahn hindurch und über die Brücke von Trinidad de Arre hinüber, schließlich rein in urbane Gefilde nach Pamplona, Hauptstadt der stolzen autonomen Region Navarre.

Wer Pamplona auf seiner Route einplant, muss aus verschiedenen Gründen über die berühmt berüchtigten *Sanfermines* informiert sein. Hier die Basics:

A. Es handelt sich um die Patronatsfeierlichkeiten zu Ehren des heiligen Fermin bzw. dessen heiliger Gebeine – also eine Fiesta, wie sie überall in Spanien zur Lobpreisung von heiligen Knochen abgehalten wird. Im Falle Pamplonas findet dieses Stadtfest alljährlich zwischen dem 6. und 14. Juli statt und die gesamte Bevölkerung, also rund 200.000 Menschen, sind laut Cordula kollektiv besoffen. Eine Woche lang.

B. Es laufen handelsübliche lebendige Stiere durch die Altstadt. Richtig, die Altstadt und nicht die dafür deutlich besser geeignete Stiefkampfarena. Die Stadt ist die Arena. Diese aberwitzigen Stierläufe – die *Encierros* – finden die gesamte Festwoche morgens um 8 Uhr statt, was somit einen spät aufbrechenden Peregrino ziemlich übel überraschen könnte. Wäre Hape exakt einen Monat später in Pamplona gewesen, als er es 2001 für seinen Ruhetag war, hätte er trotz seiner schmerzenden Beine möglicherweise ganz schnell bei seinem gemütlichen Frühstück auf der Hotelterrasse eben diese in die Hand nehmen müssen, um nicht selbst zu prominentem Gebein zu werden.

C. Es ist während der Sanfermines als Pilger nahezu ausgeschlossen eine freie Unterkunft egal in welcher Preisklasse zu finden.

Zwischen A und B gibt es möglicherweise einen kausalen Zusammenhang. Nüchtern und im Vollbesitz seiner Sinne kann und wird ein vernunftbegabter Pilger dem irrsinnigen und lebensgefährlichen Stiertreiben aus dem Weg gehen, aber C ist ein echtes Problem. Die sowohl von den Freunden des Jakobswegs aus Saint-Jean-Pied-de-Port als

auch meiner Cordula empfohlene Etappe führt daher auch schnurstracks durch Pamplona hindurch und endet erst ein paar Kilometer hinter der Stadt in Cizur Manor. Eine noch radikalere Alternative wäre ansonsten, für die ersten Tage direkt die aragonesische Route zu wählen, die im Herzen der Pyrenäen beim Somport-Pass startet, Pamplona weitläufig im Süden umgeht und dann bei Obanos erst auf den Camino Francés stößt.
Heute ist nachweislich der 9. Mai und die Stiere befinden sich – hoffentlich – in der für sie errichteten Arena, so dass bezüglich der Punkte A und B nichts gegen Pamplona als Tagesziel spricht. Auch C sollte unkritisch sein, denn sofern die begehrten 26 Betten der Casa Paderborn trotz der frühen Ankunftszeit schon belegt wären, gäbe es noch die öffentliche Herberge mit weit über 100 Betten nahe der Kathedrale – oder eben Cizur Manor nach ein paar Extrakilometern als Plan B. Während der Sanfermines ist die öffentliche Herberge von Pamplona übrigens anders als die Casa Paderborn geschlossen – vermutlich, weil sich das einheimische Herbergspersonal dann wie der Rest der Stadt dem maßlosen Alkoholgenuss und rote-Tücher-vor-Stieren-Schwenken hingibt.

Es ist kurz vor 11 Uhr, als unsere Truppe die Puenta de la Magdalena überquert und direkt dahinter links zur nahegelegenen Albergue einbiegt. Wir sind zwar nicht die Ersten, aber vor uns lehnen gerade mal zwei Rucksäcke an der noch verschlossenen Tür. Mal stellt man seine Badelatschen in die Schlange, mal eben die Rucksäcke. Nummern ziehen ist auf dem Camino eher nicht so verbreitet, wäre aber mit einem geringeren Diebstahlrisiko behaftet. Die Variante mit den Badelatschen ist mir daher auch bedeutend lieber, da ich auf den Rucksack definitiv nicht verzichten kann, die Latschen aber zur Not ersetzt werden könnten.
Die offensichtlich weniger schlecht über die Menschheit denkenden Eigentümer der beiden Schlange stehenden Rucksäcke finden wir neben dem Haus. Man grüßt uns freundlich. Wir sind ja auch keine Konkurrenz um die begehrten Schlafplätze, denn bislang werden alle Anwesenden ein Bett bekommen. Zeit, in aller Seelenruhe die unmittelbare Umgebung zu erkunden. Der Río Arga fließt mehr oder weniger direkt durch den Garten und trotz dieser fast ländlichen Idylle liegt die Herberge direkt vor den

monströsen Stadtmauern in Wurfentfernung der Kathedrale Santa María. Das Haus selbst erinnert an ein uriges solides Bauernhaus in einem Schweizer Skiort, wo man früher mit der Jugendgruppe hingefahren ist. Noch bevor ich überhaupt in der Casa war, weiß ich, dass der Halt in Pamplona eine gute Entscheidung war.
Um 5 vor 12 kommt dann Bewegung in die inzwischen größer gewordene Zahl der wartenden Rucksäcke, schließlich wird sich gleich die Tür öffnen. Deutsche Herbergseltern – deutsche Pünktlichkeit. Genau so kommt es, denn Schlag 12 Uhr dreht sich der Schlüssel und die Tür geht auf. Keine Minute zu spät, denn quasi mit Überschreiten der Türschwelle fängt es heftig an zu regnen. Wieder einmal ist die Herberge ein Refugio – eine Zufluchtsstätte.
Es folgt die übliche Routine mit einem kleinen aber entscheidenden Unterschied. Für ein paar Euro kann man seine gesamte Schmutzwäsche von Doris, der aktuellen Hospitalera, waschen lassen. Nicht nur bleibt so mehr Zeit zum Ausruhen, Stadt erkunden oder Tagebuch schreiben – eine fachkundig durchgeführte Maschinenwäsche schlägt meine Fertigkeiten in Sachen Handwäsche um Längen. Am Abend kann sich dann jeder seine zusammengefalteten Sachen aus den Wäschekörben nehmen. Ich bin echt im Paradies.

So verlockend das Bett auch ist, jeder aus der Gruppe möchte die Stadt erkunden. Die Beine spielen bei allen halbwegs mit, der Regen gönnt sich gerade eine Pause und ich habe Lust auf einen leckeren Café con Leche, wie er in einer Großstadt garantiert leicht zu bekommen ist. Bei einem Stopp in einer größeren Stadt bietet es sich außerdem an, diverse Besorgungen zu tätigen, die in den ländlicheren Gegenden des Camino weit schwieriger sind, wie beispielsweise Bargeld für die nächsten Tage abheben oder Briefmarken kaufen.
Wenig überraschend ist Pamplona an einem verregneten frühen Donnerstagnachmittag nicht allzu überlaufen. Aber wir marschieren tapfer an den Sehenswürdigkeiten wie Stierkampfarena, Stierläufer-Denkmal, Plaza del Castillo im Zentrum und dem prächtigen historischen Rathaus vorbei. In der Nähe der Kathedrale, wo die städtische Herberge gelegen

ist, erkenne ich viele Pilger, die sich nicht nur durch ihre meist beige Funktionskleidung von den anderen Touristen abheben. Ich lass das mal so stehen und verkneife mir böse Kommentare über das olfaktorische Spektrum meiner Mitpilger. Direkt vor der Kathedrale flankieren zwei riesige bronzene Kindsköpfe das Hauptportal, die einfach so, ohne Hals und alles darunter aus dem Boden wachsen. Ich schätze, die beiden Köpfe sind jeweils gut zwei Meter hoch – was mir der Künstler damit sagen will, erschließt sich mir nicht. Cordula erhellt mich in Ansätzen mit der Information, dass zu den Sanfermines regelmäßig Prozessionen mit Riesenfiguren stattfinden, was ja weitergedacht eine halbwegs taugliche Erklärung für riesige herumstehende Köpfe wäre. Prozessionen starten oder enden zudem ja gerne mal an Kirchen und wenn die Fiesta dann noch so rauschend wie ihr Ruf ist, kann das schon mal den ein oder anderen Kopf und Kragen kosten. Spezielle, wenn freilaufende Stiere eine nicht ganz unwesentliche Rolle dabei spielen. Aber mal ehrlich – Kindsköpfe?

In einem kleinen Café am Rande der Stierlauf-Route bekomme ich dann auch meinen Kaffee und auf dem Rückweg zur Herberge passiert etwas vollkommen Skurriles. Für die Wortwahl der gleich folgenden Beschreibung möchte ich mich vorab in aller Form entschuldigen, aber es ist einfach zu verlockend es genau so und nicht politisch korrekt zu formulieren: auf der original Stierlauf-Route kommen mir zwar keine wilden Stiere, aber dafür äußerst gefährlich aussehende Bullen entgegen. Jawohl, Bullen. Ich bin mitten in eine Demonstration spanischer Lehrerverbände zur aktuellen Bildungspolitik geraten und dieser voran schreiten nun mal ein Dutzend mit Helm und riesigem Tränengasgewehr bewaffnete Polizisten. Ich schwöre, dass es so ist und habe ein unauffällig gemachtes Foto davon als Beweis. In gebührendem Abstand hinter den Polizisten folgt die eher friedlich anmutende Lehrerschar, der soweit ich sehen kann, auch kein Unheil von militanten Sparbefürwortern droht. Falls ich mich aber irren sollte, wäre ich aufgrund der Eskorte keine Minute um ihr körperliches Wohlbefinden besorgt.

Ich bin in dieser leicht angespannten Situation eher um mein eigenes Fell besorgt, denn gegenwärtig ist man in Spanien auf Frau Merkel – und damit pauschal auf „die Deutschen" – nicht allzu gut zu sprechen. Also halte ich schön meine Klappe bis der Tross vorübergezogen ist. Deutsch ist für die Spanier gerade wie ein rotes Tuch, um beim Thema zu bleiben. Die Tagespolitik lässt sich also auch auf dem uralten Jakobsweg nicht ganz ausblenden und an so manchem Abend werde ich noch mit Einheimischen hoch politische Diskussionen auf „Spenglisch" führen. Wann immer dabei der Name Merkel – mit dramatischer Betonung auf der letzten Silbe – fällt, gestikulieren die Spanier besonders impulsiv und, na ja, wenig freundlich. Jedes einzelne Mal.

Am Abend wird in der guten Stube der Herberge gegessen. Selbstversorgung steht auf dem Plan. Die Nähe zur Stadt macht es leicht, dass wir uns mit diversen gesunden und weniger gesunden Lebensmitteln eindecken und dann einfach alles zusammenwerfen was jeder nach kurzer Absprache besorgt hat. Brot, Käse, Oliven, Dips, Jamón, usw. und natürlich Rotwein aus der Region. Und da eine andere Gruppe genau die gleiche Idee hatte, vergrößert sich kurzerhand die Runde und damit auch die Varianz an Leckereien. Die Konversation mit den beiden anderen ist für Ben und mich denkbar einfach, denn Simone ist Berufssoldatin bei der Bundeswehr und wirkt auf mich unglaublich fit. Ihr Freund Michael ist bei der Müllabfuhr und erfreut sich wahrscheinlich an so viel frischer Luft wie schon lange nicht mehr. Nicht nur versorgt er uns alle nach der Völlerei mit hochprozentigem Schnaps, er ist auch generell eine Seele von Mensch. Gesellschaftliche Grenzen kennt der Camino nicht, vielmehr führt der Weg ganz unterschiedliche Leute an einen Tisch zusammen, die sich ansonsten vermutlich nicht getroffen und ausgetauscht hätten. Michael kann weder Englisch, Französisch oder Spanisch, ist aber gänzlich unbekümmert was mögliche Sprachbarrieren angeht. Seine Leichtigkeit hätte ich gerne. Da kann ich mir noch was von abschneiden.

Ich habe zwar keine genauere Vorstellung davon was man in seinem Job so verdient, aber eine vage Vermutung und dennoch ist er derjenige, der am großzügigsten teilt und als erster seine Flasche kreisen lässt. Hätten wir uns nach diesem geselligen Abend ein weiteres Mal getroffen, wäre ich gerne ein Stück mit ihm zusammen gelaufen. Leider verlieren sich aber kurz hinter Pamplona unsere Wege. Ob Michael es bis Santiago geschafft hat, werde ich leider nie erfahren.

Für heute jedenfalls steht nur noch ein Weg an und der führt in den ersten Stock, hinteres Zimmer links. Durch die Erkundung der Stadt kamen zu den 16 Etappen-Kilometern dann doch noch ein paar dazu und die merke ich jetzt ordentlich in den Beinen. Dazu hätte ich die letzte Runde Schnaps vielleicht doch vehementer ablehnen sollen. Kurzum, ich bin trotz der frühen Stunde heilfroh im Bett zu liegen. Der Schnaps sorgt zudem dafür, dass ich – mal wieder – rasend schnell einschlafe. Von zuhause kenne ich das gar nicht. Nur, wenn das mit dem Alkoholkonsum in den nächsten Tagen so weitergeht, ist meine Kondition durch das Pilgern vielleicht in einem nie dagewesenen Top-Zustand, meine Leber aber gründlich ruiniert.

Tag 5: Pamplona – Puente la Raina

Freitag, 10.5.2013

5:30 Uhr, der Tag beginnt. Ich wundere mich inzwischen schon gar nicht mehr, sondern gebe mich meinem Schicksal hin. Anders als im Kloster von Roncesvalles sind die posaunenden Himmelschöre heute zwar etwas weniger schrill, aber eine Schlummertaste in Reichweite gibt es auch in der Casa Paderborn nicht. Doris' Ehemann Ernst und somit unser verdienter Hospitalero, hat dafür schon Frühstück gemacht und das verzeiht letztlich sogar die unchristliche Weckzeit.
Bei Schwarzbrot, Müsli und Kaffee beratschlagen wir gemeinsame die heutige Etappe und unser Herbergsvater gibt uns Tipps für den Weg durch Pamplona hindurch. Obanos wäre laut Cordula für heute ein denkbares Ziel, aber gerade mal gute 20 Kilometer entfernt. Vielleicht ja etwas zu wenig, angesichts unseres frühen Aufbruchs und der gestrigen kurzen Etappe. Sofern uns der Alto del Perdón bzw. vielmehr der „steile und steinige Abstieg" später nicht allzu sehr zusetzen sollte, könnten wir es auch bis Puente la Reina schaffen – den nächstgelegenen größeren Ort hinter Obanos mit reichlich hoch bemuschelter Schlafgelegenheiten. Die Entscheidung ist salomonisch und pragmatisch: wir schauen mal. Auf Hape's Ratschläge muss ich heute und die nächsten Tage leider verzichten, denn er pausiert noch einen weiteren Tag in Pamplona. Seine bisherigen Ruhetage hat er dadurch wieder aufgeholt, indem er die drei hügeligen Etappen hinter Pamplona übersprungen hat und erst ab Viana wieder weitergepilgert ist. Ich verspreche, die nächsten Etappen besonders bildlich zu beschreiben – vielleicht verleitet es ihn ja, die übersprungenen Kilometer irgendwann mal mit gesunden Füßen nachzuholen.

Nach der ganzen Übung der letzten Tage gelingt das morgendliche Fertigmachen auch mit halboffenen Augen. Die Routine ist inzwischen ein Stück weit da und ich habe eine ausgeklügelte Reihenfolge für das Packen meines Rucksacks entwickelt. Es ist ein bisschen wie Tetris spielen, da man auf keinen Fall Leerräume verschenken darf, gleichzeitig beispielsweise die Regensachen im direkten Zugriff haben sollte und natürlich auch den Proviant nicht unter den anderen Sachen begraben darf. Als nun ansatzweise routinierter Pilger beschließe ich, mir heute ein die ganze Zeit schon mitgeschlepptes Ausrüstungs-Upgrade zu gönnen. Die letzten Tage habe ich mein Trinkwasser ganz klassisch in einer Trinkflasche, die in einem Netz an der Seite des Rucksacks verstaut wird, mit mir herumgetragen. Ist nicht wirklich praktisch, da man jedes Mal den Rucksack absetzen musste, um die Flasche ohne Hexenschuss wieder in die Halterung zu bekommen. Nun verfügt mein riesiger Rucksack über ein eingebautes Wasserreservoir, das im Wesentlichen aus einem 3-Liter-Beutel und einem Schlauch besteht. Der Wasserbeutel ist innerhalb des Rucksacks in einem separaten Fach auf der Rückseite festgemacht und damit gut geschützt. Der Schlauch wird über die Schulter geführt, vorn am Schultergurt befestigt und endet so in direkter Reichweite des Mundes. Also, super praktisch. Morgens füllt man sich einfach je nach Wetter und Distanz die passende Menge an Trinkwasser ein und fertig ist man für den gesamten Tag. Sprich, das System ist großartig, wenn alles funktioniert. Jedoch ist die Tatsache, dass sich bis zu drei Liter Wasser im Inneren des Rucksacks befinden, ein nicht ganz zu unterschätzendes Detail. Dazu gleich mehr. Heute, an Tag 5 also, wird das bislang bloß theoretisch vorhandene System nun erstmalig in Betrieb genommen.

Die Dramaturgie der nächsten Minuten lautet wie folgt: knapp drei Liter Wasser oben in den im Rucksack befestigten Wasserbeutel einfüllen, Wasserbeutel verschließen, sich fragen, warum man das nicht von Beginn an so gemacht hat, alle Habseligkeiten wie üblich in den Rucksack packen, Rucksack zum bequemen Aufziehen mit den Gurten nach oben auf dem Bett ablegen, die sich rasend schnell auf dem Bett ausbreitende Wasserlache mit großen Augen ungläubig zur Kenntnis nehmen, Panik, wie irre die Sachen aus dem Rucksack reißen, dabei höchst unchristlich fluchen wie ein Rohrspatz, Schaden begutachten, sich fragen, warum man nicht einfach die Wasserflasche wie am Vortag benutzt hat.

Mein persönliches Watergate also. Schuld war das vermaledeite Ventil, bei dem der äußere Verschluss zwar korrekt verschraubt war, welches aber

einen weiteren Verschlussring quasi als Gegenstück darunter besitzt, der hätte zuerst zugeschraubt werden müssen. Schuld war also nicht das Ventil, sondern ausschließlich ich selbst und genau so fühlte ich mich jetzt auch. Schuldig. Schließlich ist neben dem oberen Drittel meines Rucksackinhalts auch die Matratze großflächig nass geworden und hatte Doris noch am Vortag unmissverständlich betont, dass die Rucksäcke auf den Boden und auf gar keinen Fall auf die Matratzen gehören. Oh weh. Die Dramaturgie lässt sich daher mit: Herbergsmutter kleinlaut Bescheid geben, Mea culpa maxima sagen, dies räudig wiederholen und dann die Matratze zum Trocknen in den Garten tragen. Es bleiben zumindest gute fünf Stunden bis sich die Tür der Herberge wieder für die nächsten Pilger öffnen wird. Ein Glück, dass für heute Sonne vorhergesagt ist.
Mit einer wohlverdienten Ermahnung und trotz allem einem herzlichen „¡Buen Camino!" geht es dann leicht verspätet auf den Weg. Meinen Rucksack schmücken für die nächsten Stunden diverse Kleidungsstücke, die mit Klammern und Nadeln außen festgemacht sind. Getrunken wir weiterhin aus der Flasche im Außennetz des Rucksacks. Von meinem ach so praktischen High-End-Trinksystem habe ich für heute erst mal genug.

Wenn Pamplona gestern schon gespenstig leer war, dann wirkt es am frühen Morgen um kurz vor 7 Uhr wie ausgestorben. Sämtliche Läden sind verrammelt, als würden gleich die Stiere kommen und die Straßenzüge dadurch in Vergleich zu gestern Abend kaum wiederzuerkennen. Die einzigartige Atmosphäre einer typisch spanischen oder generell einer typisch mediterranen Stadt entsteht aus meiner Sicht erst dann, wenn darin auch südländisches Leben herrscht. Dazu müssen die Tapas-Bars mit ihren Speisen locken, die Souvenir-Shops ihren Ramsch feilbieten und die Laternen die ganze Szenerie in das charakteristische warme orangefarbene Licht tauchen. Vermutlich gehören auch das Gewusel und Gezeter sowie die Vespas der Einheimischen zum Gesamtbild dazu. Nichts davon findet um diese Uhrzeit in Pamplona statt. Natürlich nicht, die Leute schlafen noch. Was mir aber gefällt, ist, dass auf vielen Rollläden der verrammelten Geschäfte gelbe Pfeile und Jakobsmuscheln in allen Größen aufgemalt sind, die einem den Weg nach Santiago weisen. Ein netter Service für die

Pilger, von dem abends nichts mehr zu sehen ist, wenn die Geschäfte geöffnet sind.
Durch den Zitadellenpark geht es in südwestlicher Richtung raus aus Pamplona und wieder in ländlichere Gegenden – hügelig und herrlich grün. Als quasi letzter urbaner Gruß, landet linkerhand ein Flieger auf dem städtischen Flughafen, den ich wohl auch angeflogen hätte, wenn ich mich nicht für die Anreise mit der Bahn entschieden hätte.
Als ich am beschaulichen Cizur Menor vorbeispaziere, stelle ich mir die Frage, ob sich Großstadt und Camino überhaupt vertragen? Ich bin definitiv ein Stadtkind und Pamplona war toll, keine Frage. Aber dennoch hatte ich hier stärker das Gefühl ein Tourist und weniger ein Pilger zu sein. Jedem sein Camino und ich werde auch Burgos ansteuern, aber man muss sich im Klaren sein, dass die Ablenkungen einer Stadt dem authentischen Erleben des Pilgerns nicht gerade zuträglich sind. Es ist ein völlig anderes Gefühl und ich kann jeden verstehen, der aus der typischen reinen Pilgersituation nicht herausgerissen werden möchte und alle größeren Städte daher konsequent meidet.

Mein nächster Wegepunkt ist der Alto de Perdón, der Pass über die Sierra del Perdón. Von 500 Meter geht es noch mal rauf auf rund 750 Meter und – wäre auch langweilig, wenn nicht und kein Pass – danach wieder runter auf etwa 400 Meter. Cordula hat schon angekündigt, dass der Abstieg über eine Länge von etwa zwei Kilometer knackig wird und natürlich hat Cordula auch damit Recht.
Sobald die Wolken aufgerissen sind, kann man schon aus der Ferne die vielen Windräder sehen, die aufgereiht wie Laternenpfosten über zig Kilometer hinweg den gesamten Kamm der Sierra del Perdón säumen. Ein schräger Anblick, aber ein ideales Ziel zum Anpeilen und drauf zulaufen. Der stetige Aufstieg ist trotz des matschigen Bodens dennoch gut machbar und unsere Gruppe macht ordentlich Strecke. Oben auf dem Pass gibt es dann drei Dinge, die vermutlich jeder Pilger macht, sobald man erst mal wieder zu Luft gekommen ist. Erstens reiht man sich in eine vermutlich absichtlich gelassene Lücke in der Skulptur „Verrostete Pilgerkarawane hart im Wind" ein und lässt ein Foto davon machen, wie

man sich gleichermaßen gegen den Wind stemmt. Dies muss man nicht mal simulieren, denn hier weht quasi immer ein ordentlicher Wind. Zweitens nimmt man dank eines Wegweisers zur Kenntnis, dass es von hier stolze 17.500 Kilometer bis Sydney, immerhin noch 1.600 Kilometer bis Berlin und gerade mal schlappe 550 Kilometer (Luftlinie) bis Santiago de Compostela sind. Last but not least, genießt man den sensationellen Rundumblick zurück in Richtung der Pyrenäen, nach Norden, wo man die schneebedeckten Gipfel des kantabrischen Gebirges erkennen kann und natürlich gen Westen, wohin der Camino führt. Im Bus auf der „Autovía Camino de Santiago" entgehen einem leider Foto und Ausblick, denn die Autobahn führt durch einen langen Tunnel unter der erklommenen Sierra hindurch. Nur so am Rande bemerkt.
Ich bin immer noch in der Region Navarra, aber von nun an soll das Klima milder werden. Nicht verwunderlich, denn die Region La Rioja ist nicht mehr weit und eine weltberühmte Weinbauregion, die vollmundige Rotweine hervorbringt, wäre ohne ein entsprechendes mildes Klima wohl auch keine weltberühmte Weinbauregion geworden. Cordulas Weissagung zum Wetter tritt tatsächlich ein – wie könnte es auch anders sein. Die Wolken bleiben brav an der Ostseite der Sierra del Perdón hängen und können dort gerne dafür sorgen, dass das Pyrenäenvorland weiterhin grün und fruchtbar bleibt.

In Muruzábal muss man sich dann entscheiden, ob man den letzten Kilometer nach Obanos stur geradeaus weitergeht oder ob man stattdessen daraus vier Kilometer macht und den Abstecher zur Iglesia de Santa María de Eunate mitnimmt. Gestern habe ich den kleinen Umweg zur Fürbitten-Kirche zu meiner großen Freude aus Bequemlichkeit ja auch nicht ausgelassen und so entsteht Regel Nr. 4: alle Abstecher mitnehmen, die sich unterwegs anbieten.
Jesslyn leistet mir Gesellschaft und wir führen gute und tiefgründige Gespräche über Gott und die Welt. Da sie nicht gläubig ist, zugegeben weniger über Gott und dafür mehr über irdische Dinge. Julie, Ben und Tÿl wollen wir später in Puente la Reina wiedersehen – die Entscheidung, dass wir heute über Obanos hinauslaufen war einstimmig. Strenggenommen

liegt die Kirche auf dem Camino Aragonés, aber durch die Möglichkeit des Abstechers liegt sie quasi auch auf meinem Camino. Offenbar finden auch die Reiseveranstalter, dass es sich lohnt hierher zu kommen, denn als wir die kleine 8-eckige Kirche erreichen, spuckt ein Reisebus gerade eine Fuhre Tagespilger aus. Wie schön. Das sind sie also wieder. Zumindest kann ich meine schwäbischen Touristen aus Roncesvalles unter den gleichermaßen beigen Herrschaften gehobenen Alters nicht erkennen. Meine Schwäbinnen sind inzwischen bestimmt schon ein Dutzend Sehenswürdigkeiten weiter im Westen. Wir machen solange bis der Bus wieder weg ist Siesta am Río Lobo, und ich nutze die Zeit, um bei Cordula nachzulesen, was es mit dieser eigenartigen Iglesia auf sich hat. Auf Cordula ist Verlass, denn es gibt hierzu eine eigene Infobox. Herkunft und Funktion des Bauwerks sind ebenso wie die Bedeutung des Namens weitgehend ungeklärt. Die Iglesia stammt wohl aus dem 12. Jahrhundert und ähnelt dem Felsendom in Jerusalem, woraus man schlussfolgert, dass die Tempelritter hier gewirkt haben könnten. Alles sehr geheimnisvoll und aufgrund des Aussehens könnte tatsächlich jederzeit eine Kamera-Crew um die Ecke kommen und eine weitere Dan-Brown-Verfilmung drehen. Im Inneren ist es vor allem dunkel und sehr still. Definitiv still und nicht etwa ruhig, was für mich ein großer Unterschied darstellt. Stille hat etwas mit der Umgebung zu tun, Ruhe hingegen mit der Abwesenheit von Geräuschen. An einem Gipfelkreuz ist es still und nicht ruhig. Meine Ohrenstöpsel hingegen sorgen allabendlich für Ruhe und nicht für Stille. Und Stille passt auch viel besser zu einem ehrwürdigen und geheimnisvollen Gotteshaus. Dank ihres merkwürdigen Antlitzes hat es die Iglesia Eunate bei Cordula sogar auf die Seite direkt hinter dem Cover geschafft – das Cover ist natürlich der Kathedrale von Santiago de Compostela vorbehalten. Für so eine kleine Kirche finde ich das nicht übel. Erneut also ein Abstecher der sich gelohnt hat und als schöne Dreingabe gibt es gegen eine kleine Spende auch noch einen hübschen Stempel vom Camino Aragonés. Allmählich füllt sich mein Pilgerausweis.

Ab Obanos wird es noch mal voller auf dem Camino Francés, denn ab hier vereinen sich die beiden Routen vom Somport-Pass und von Saint-Jean-

Pied-de-Port kommend.

Obanos selbst ist recht hübsch und wäre sicher auch ein schönes Tagesziel gewesen, zieht aber im Vergleich zum nur zwei Kilometer entfernten Puente la Reina den Kürzeren. Angesichts des einfachen und leicht abfallenden Geländes bedeutet die Distanz gerade mal eine gemütliche halbe Stunde Fußmarsch. Anders als Obanos kann Puente la Reina mit einem Fluss – dem mir inzwischen vertrauten Río Arga – aufwarten, über den eine historisch bedeutende Brücke führt: die fast 1000 Jahre alte Puenta la Reina. Wie der Name besagt, ist die „Brücke der Königin" zu Ehren einer Königin benannt, die mutmaßlich die Frau eines der Sancho-Könige von Navarra war. Welcher König und welche Königin, ist nicht überliefert – es gab dafür einfach zu viele in zudem zu kurzer Abfolge. Neben der stattlichen Brücke besitzt Puente la Reina die möglicherweise bilderbuchartigste Calle Mayor des ganzen Camino. Der Camino führt zwar in jedem Ort zuverlässig durch die Calle Mayor – die Hauptstraße – aber diese hier zieht sich wirklich schnurgerade durch den Ortskern, wird gesäumt von historischen und gut erhaltenen Bauwerken, kommt dabei natürlich am mittig gelegenen und für eine Calle Mayor obligatorischen Marktplatz und natürlich auch an diversen Kirchen vorbei. Die Calle endet schlussendlich am Fluss mit einem beeindruckenden Stadttor und geht dahinter in die Puente la Reina über. Schaut man sich ein Satellitenbild der Stadt an, kann man noch heute die perfekte Symmetrie rund um die Calle Mayor und die Stadtmauern erkennen.

Die anderen drei aus unserer Gruppe treffen Jesslyn und ich wie verabredet in der Herberge Santiago Apóstol. Dort warten nicht nur zwei Betten auf uns, sondern auch ein frischgezapftes Ankommensbierchen, welches zur Feier des Wiedersehens schnell geleert ist. Nicht, dass wir uns ernsthaft hätten verlaufen können. Die Herberge liegt zwar etwas außerhalb der Stadt, aber besticht mit ihrer Lage auf einem Hügel, einem Pool (für den es aber noch zu früh im Jahr ist) und einer gut sortierten Bar (für die hingegen die Zeit genau richtig ist). Ich wäre nicht überrascht, wenn das hier früher mal ein Bauernhof gewesen wäre und sich der Bauer eines Tages dachte: „Mensch, Kleinvieh macht auch Mist und 8 Euro pro

Kleinvieh, sprich Pilger, pro Nacht multipliziert mit bis zu 100 belegten Ställen, sprich Betten, plus jeweiligem Verzehr an der Bar, Wäschemärkchen, Frühstück und Wegzehrung, dafür muss ich verdammt viel Vieh ausmisten – ich beherberge und mäste künftig Pilger.“ War eine gute Idee, denn die Herberge ist erneut ein Volltreffer.

Vor der Herberge gibt es reichlich Bänke und Tische und nach dem Wäschewaschen habe ich die nötige Muße, endlich eine Postkarte zu schreiben. Meine Eltern werden telefonisch auf dem aktuellen Stand gehalten, aber mein Neffe bekommt Postkarten nach Paris geschickt. Keo ist zwar erst zweieinhalb Jahre alt und kann natürlich noch nicht lesen, was der Onkel ihm da aus Spanien schreibt, aber er mag die Zeichentrickserie mit dem kleinen Maulwurf von Zdeněk Miler, und davon habe ich ein 16er-Postkarten-Set aus Köln mitgenommen. Ich hoffe, dass er die Postkarten aufheben und später mal sein eigenes kleines Tagebuch von meiner Pilgerreise haben wird. Sollte ich es bis ans Meer nach Finisterre schaffen, würde er in etwa jeden zweiten Tag eine neue Postkarte bekommen. Die Motive lassen sich dabei ganz hervorragend auf meine aktuelle Stimmungslage hin abstimmen – noch habe ich ja die Auswahl. Auf der Karte, die ich heute auswähle, sitzt der kleine Maulwurf erschöpft auf seinem Maulwurfhügel und schaut gedankenverloren in die Ferne. Hätte er dabei noch einen Vino Tinto in der Hand, wäre das Bild die perfekte Beschreibung meiner aktuellen Situation.
Nach einem traumhaften Sonnenuntergang auf unserem Hügel geht es zum Abendessen runter in die Altstadt von Puente la Reina. Die Viertelstunde für den Hin- und Rückweg würde ich für meine Pintxos – wie hier im Norden Spaniens die Tapas genannt werden – jederzeit noch einmal gehen. Hätte ich zu diesem Zeitpunkt geahnt, dass heute schon unser letzter gemeinsamer Abend zu fünft sein würde, wäre der Abend sicher noch ausgelassener gewesen. Stattdessen gewinnen die Erschöpfung und der heftige Muskelkater bei jedem von uns die Oberhand und um 22 Uhr liegen alle in ihrem Bett.

Trotz Watergate war heute erneut ein richtig guter Tag und auch der erste auf spanischem Boden, an dem die Regensachen komplett im Rucksack bleiben konnten. Stattdessen kam endlich die mitgeschleppte Sonnencreme zum Einsatz, was jedoch nicht verhindert hat, dass ich auf den Handrücken einen Sonnenbrand bekommen habe. Auch wenn man in der Ferne noch schneebedeckte Gipfel sehen kann, haben wir fast Mitte Mai und bin ich nun mal in Spanien unterwegs. Positiv gedacht, wird an jedem sonnigen Tag durch den Verbrauch von Sonnencreme mein Rucksack ein wenig leichter. Unterm Strich verhält es sich mit dem Pilgern doch exakt so, wie es sich der Bauer schon mit seiner Herberge gedacht hat: Kleinvieh macht eben auch Mist und jedes Gramm zählt.

Tag 6: Puente la Raina – Villamayor de Monjardín

Samstag, 11.5.2013

Ich muss verschlafen haben, denn draußen ist es zur Abwechslung schon hell als ich aufwache. Keine sakralen Gesänge, die zum Aufbruch rufen. Kein musikalischer Druck, der wenig subtil dazu auffordert, doch bitteschön für die nächsten Pilger die Betten frei zu machen. Dabei wäre ein früher Start durchaus hinnehmbar gewesen, denn heute steht der berüchtigte Weinbrunnen von Irache auf dem Programm. Jawohl, ein Brunnen, aus dem Wein fließt und da freue ich mich als Pfälzer Bub natürlich drauf.

Nach einem stattlichen Bauernfrühstück ist unser Quintett gegen 7:30 Uhr gestärkt und abmarschbereit. Es geht erst mal ein Stück zurück zur Puente la Reina, wo wir wieder auf den Camino stoßen. Dann aber die Überraschung. Während Julie, Jesslyn, Ben und ich nach rechts den gelben Pfeilen folgen wollen, verkündet Tÿl, dass er nicht mehr weiterlaufen kann. Ganze 500 Meter nachdem wir von der Herberge losgelaufen sind. Die Blasen an seinen Füßen sahen gestern zwar wahrlich nicht gut aus, aber damit hätte keiner von uns gerechnet. Er will nun einen weiteren Tag in Puente la Reina bleiben und danach neu beurteilen, ob ein Weiterlaufen überhaupt noch möglich ist. Trotz aller Versuche ihn zu überreden doch weiterzulaufen, glaube ich ihm sofort, dass er die ganze Nacht die Optionen abgewogen und mit seiner Entscheidung gehadert hat, aber der Entschluss steht fest – nichts geht mehr.
Das einzig Positive, was ich der Sache abgewinnen kann, ist die Tatsache, dass ich nun meine Wanderstöcke wiederbekomme, die ich ihm die letzten beiden Tage geliehen hatte. Ihm war es durch seine Blasen bedeutend schlechter gegangen als mir, und doch hätte ich die Stöcke insbesondere bei den steilen Abstiegen gut gebrauchen können. Sei's drum, ich finde es super schade und hätte lieber noch ein paar weitere Tage auf die Stöcke

als auf Tÿl verzichtet. Aber der Camino hat nun mal seine ganz eigenen Regeln. Niemand kann sicher sagen, dass er es bis ins Ziel schaffen wird und auch junge Pilger, die absolut fit wirken, haut es gänzlich unerwartet aus der Kurve.

Tÿl allerdings hat einen entscheidenden Fehler gemacht, den man ohne zu beschönigen nur als Anfängerfehler bezeichnen kann. Seine Wanderschuhe kamen in Saint-Jean-Pied-de-Port direkt aus dem Karton an die Füße. Er hatte sein elementarstes Utensil für den anspruchsvollen Camino Francés zuvor keinen einzigen Kilometer eingelaufen und natürlich hat er sofort Blasen bekommen. Wie kann man nur! Ich glaube, dass er sich selbst am meisten über sein Ausscheiden ärgert, weil es so leicht zu vermeiden gewesen wäre. Es bleibt die Hoffnung, dass der Ruhetag die Wendung zum Guten bringt, aber ich bin da eher skeptisch. Seine Schuhe ähneln etwas festeren Turnschuhen und erscheinen mir nicht wirklich geeignet für 1.000 Kilometer über Stock und Stein. Es mag vielleicht angenehm sein, wenn die Schuhe sehr leicht sind, aber langfristig fehlen einfach der Halt und die nötige Stabilität. Unabhängig von der Eignung der Schuhe wird es auch Tage brauchen, bis die Blasen abgeheilt sind. Und selbst dann werden die Schuhe direkt wieder an der jungen und empfindlichen Haut scheuern. Da hilft dann leider auch kein Blasenpflaster mehr.

Zwar habe ich meine Wanderstiefel auch nicht hunderte Kilometer zuvor eingelaufen – ich habe sie ehrlicherweise erst nach meiner recht kurzfristigen Entscheidung den Jakobsweg zu gehen gekauft. Aber sobald ich die Schuhe hatte, war ich damit für meine Probeläufe in der Eifel und habe auch in Köln versucht auf die empfohlenen 100 Kilometer zu kommen. Wohlgemerkt gelten 100 Kilometer als absolute Untergrenze, damit Schuhe einigermaßen eingelaufen sind und sich die Füße daran gewöhnt haben. Und ich habe an den Schuhen wahrlich nicht gespart. Mir waren stabile hohe Stiefel wichtig, damit die Knöchel maximal geschützt sind. Leder erschien mir als bewährtes Material robuster als irgendwelche im Weltall getesteten Kunstfasern. Man mag mich altmodisch nennen. Aber was nutzt es mir, wenn diese vielleicht schneller trocken werden, Leder dagegen erst gar nicht nass wird? Ich will mich ja schließlich nicht darüber freuen, dass die Schuhe morgen sicher wieder trocken sein werden, wenn ich dafür nach einem unvorsichtigen Tritt in eine Pfütze sofort nasse Füße bekomme. Und nasse Füße sind der ideale Nährboden, um Blasen zu bekommen – Tÿl sei mein Zeuge.

Meine High-End-Stiefel haben noch etwas zu bieten: Yak-Leder. Ich bin mir bis heute nicht sicher, ob mir der findige Verkäufer nicht mit geschickten Marketing-Sprüchen zusätzliche 80 Euro abgenommen hat, denn so viel mehr kostet diese Variante im Vergleich zur herkömmlichen Rindsleder-Ausführung. Aber seine Argumente hatten mich in dem Moment der Kaufentscheidung überzeugt. Yak-Leder sei der neueste Schrei auf dem Markt, da die Viecher im Himalaya ärgsten Witterungen ausgesetzt seien und dadurch die Haut dank der Evolution feinporiger sei. Und feinporiges Leder sei ohne Abstriche bei der Robustheit geschmeidiger, gleichzeitig elastischer, weil engmaschiger, und zudem atmungsaktiver. Gesagt, gekauft. Nicht falsch verstehen, denn ich liebe meine schweren Yak-Stiefel sehr, und die Tatsache, dass ich damit nahezu beschwerdefrei über 1.000 Kilometer weit gekommen bin, stützt die Thesen des werten Herr Verkäufers ja auch, aber bei allzu viel Marketing-Gewäsch bin ich nun mal grundskeptisch.

Apropos skeptisch, wo wir gerade beim Schuhwerk sind. Ich empfehle dringend, die Schuhe gut sichtbar mit dem eigenen Namen zu beschriften. Einerseits reduziert man damit die Gefahr, dass sie zu nachtschlafender Zeit verwechselt oder gar gestohlen werden und andererseits scheinen die meisten Pilger ebenfalls hohe Lederstiefel zu bevorzugen. Da hier die Varianz in der denkbaren Formgebung durch die geforderte Funktionalität doch recht eingeschränkt ist und ein dunkles Braun – außer scheinbar bei Pilgern aus Südkorea, wo meist grelle Neonfarben präferiert werden – die vorherrschende Farbe zu sein scheint, sehen alle Schuhe ziemlich ähnlich aus. Dank Schuhgröße 48 und meinem Namen oben am Rand des Schafts, hatte ich selbst nie nennenswerte Probleme meine Schuhe aus der Masse der braunen Lederstiefel zu identifizieren, aber ich habe viele Male beobachtet, wie andere Pilger recht hilflos vor dem Schuhregal standen und am Suchen und munteren Ausprobieren waren. Ich glaube, ich hätte bitterlich geheult, wenn eines Morgens meine Stiefel weg gewesen wären.

Der Punkt „Schuhe auslüften" der täglichen Ankommensroutine sieht also im Detail so aus, dass zunächst die Sohle zum besseren Trocknen herausgenommen und locker in den Schaft gesteckt wird. Anschließend wird mittels der Schnürsenkel dafür gesorgt, dass zusammenbleibt was zusammengehört. Fertig.
Da meine Stiefel aber auch in der Auberge Santiago Apóstol auf mich gewartet haben, tragen mich meine treuen Stiefel mit Himalaya-Hintergrund nun ohne die Gesellschaft des sympathischen Niederländers weiter in Richtung Santiago. Heutiges Zwischenziel ist die alte Königsstadt Estrella und angepeiltes Tagesziel ist Villamayor de Monjardín. Mal sehen wie weit wir kommen. Tÿl werde ich, wie befürchtet, nicht mehr wiedertreffen.

Ich vermisse heute außerdem Hape und die morgendliche Dosis „Ich bin dann mal weg" auf den Ohren. Erst in rund 70 Kilometern werden wir uns ab Viana wiedersehen, bzw. vielmehr -hören. Bis dahin muss ich aber erst noch durch den Rest von Navarra stiefeln. Laut Cordula ist das gar nicht so übel, denn landschaftlich ist die Region jede Reise wert. Es ist hügelig, aber damit auch sehr abwechslungsreich. Sobald man einen Hügel erklommen hat, wird man schließlich mit einer tollen Aussicht belohnt. Die aktuelle Jahreszeit ist darüber hinaus perfekt, denn überall seitlich des Weges stehen zahllose Mohn- und Rapsblüten und das Gras und Getreide ist saftig grün. Außerdem hat jeder noch so kleine Ort auf dem Camino eine teils tausendjährige Geschichte mit davon zeugnisgebenden Profan- und Sakralbauten zu bieten. Es stört allein die Zivilisation, denn laut meiner Cordula geht es zwischen Puente la Reina und Lorca ein gutes Stück an der Autobahn entlang. Das ist in der Tat auch so und von meiner allwissenden Gebieterin ein klein bisschen verklausuliert, denn die genannte Strecke macht grob 80 % des Weges bis Estrella aus.
Tatsächlich geht es in unregelmäßigen Abständen mehrmals über die Autobahn drüber und unter der Autobahn durch, aber viel entscheidender ständig auch auf und ab. So schön die Route auch ist, es ist heute ganz schön anstrengend. Dennoch erreicht unser inzwischen zum Quartett dezimiertes Quintett bereits gegen Mittag und nach gut 25 Kilometern

das Städtchen Estrella. Ganz früher mal eine der florierenden Königsstädte von Navarra, hat man sich in der jüngeren Vergangenheit etwas zu häufig auf die falsche Seite der Geschichte geschlagen. Der Stern ist daher mit der Zahl der Niederlagen etwas verblasst, aber noch immer ist sein alter Glanz zu erkennen.

In meinen Augen gewinnt ohnehin jede Stadt dadurch, wenn sie am Wasser liegt oder zumindest einen direkten Bezug zu Wasser hat. Estrella punktet gleich beim Betreten durch einen hübschen Wandbrunnen mit Jakobsmuscheln und großem Stern und dann vor allem durch den Río Ega, der ziemlich spektakulär am Ortseingang über eine breite Staumauer und dann idyllisch gewunden durch die komplette Ortschaft fließt. Selbstverständlich zieht sich auch in Estrella eine Calle Mayor durch den Ortskern. Drum herum schieben Hügel die kleine Stadt von allen Seiten regelrecht in den Fluss, bzw. auf die Calle Mayor. Diese geschützte Lage war schon zur Blütezeit der Grund, warum Estrella so geschätzt und klimatisch besonders war.

Die Uhrzeit passt für ein Lunch und gegessen wird zu Fuße der monströsen Iglesia San Miguel, die wir vorher über eine nicht enden wollende Treppe erklommen und erkundet haben. Vor solchen mittelalterlichen Treppen, mit ihrer überhohen und ständig wechselnden Stufenhöhe sollten Pilger mit 25 Tageskilometern in den Knochen und einem schweren Rucksack auf dem Rücken ausdrücklich gewarnt werden. Hinterher ist man ja oft schlauer. Auch wenn wir uns nach diesem Treppenintermezzo die lokale Spezialität – Spanferkel – redlich verdient gehabt hätten, schmecken frisches Brot mit Käse und Oliven unter freiem Himmel ebenfalls hervorragend. Pilgern macht hungrig.

Gestärkt und auch kulturell gesättigt, schnüren wir wieder die Stiefel und machen uns auf den Weg Richtung Weinbrunnen – dem *Fuente de Vino der Bodegas Irache*. Inzwischen ist es nach Mittag, womit ein Schlückchen Wein schon in Ordnung ginge. Wir sind ja schließlich in Spanien, wo es anders als in Deutschland fast normal ist, dass man sich mittags ein Glas Wein zum Essen gönnt. In Estrella die Etappe zu beenden und dann am nächsten Morgen kurz nach Aufbruch schon Wein trinken zu „müssen", klingt hingegen selbst für einen Pfälzer, der mit Wein aufgezogen wurde, befremdlich. Jetzt hingegen bin ich gespannt, ob da wirklich Wein aus der Wand plätschert und froh, dass wir alle Lust haben noch ein paar Kilometer bis Villamayor de Monjardín draufzulegen.

Ich mache es kurz: jawohl, es tröpfelt Wein aus dem Brunnen und würde man viel Geduld mitbringen, könnte man sich sogar seine Trinkflasche damit abfüllen – was jedoch nicht im Sinne des Spenders wäre. Man will das aber gar nicht. Mir war durchaus klar, dass hier kein Gran Reserva zu erwarten wäre und ja, einem geschenkten Gaul schaut man nicht ins Maul. Aber was da aus dem Maul der Fontäne tropft, ist wohlwollend gesagt sauer und strenggenommen untrinkbar. Egal, es reicht für ein schönes Erinnerungsfoto und ist eine schöne Anekdote, die einem zuhause nicht jeder auf Anhieb glauben wird.

Zur Ehrenrettung der Bodegas muss man sagen, dass der ordnungsgemäß abgefüllte und käuflich erhältliche Wein sehr wohl trinkbar und mitunter sogar ausgesprochen lecker ist. Berühmt ist sie dennoch in erster Linie für bzw. durch den Weinbrunnen.

Dass genau gegenüber von dem Brunnen ein prächtiges, wenn auch seit Jahren schon nicht mehr genutztes Kloster liegt, entgeht mir leider. Ich lese darüber auch erst, als wir schon ein gutes Stück weitergegangen waren. Gegen so etwas Verrücktes wie Wein aus der Wand, verliert also selbst die älteste kirchliche Institution der ganzen Region, die mit ihrem heiliggesprochenen Abt Veremundo immerhin den Schutzpatron des Jakobswegs in Navarra hervorgebracht hat. Aber Veremundo spielt eben nicht in der gleichen Liga wie ein Gott vom Kaliber eines Bacchus und klingt für mich außerdem auch eher wie ein Vergleichsportal für Pauschalreisen. ¡Ultreya! – weiter geht's, immer weiter.

Ab Irache führt der Weg durchweg nördlich der Autobahn und hat das Kreuzen endlich ein Ende. Wir gehen unser eingeschwungen schnelles Tempo und überholen reihenweise andere „Betten". Klingt ein wenig despektierlich, aber für uns sind andere Pilger eben auch Konkurrenten um die freien Betten. Und daher sind am Horizont auftauchende Rucksäcke eben „Betten“, die überholt eben keine Konkurrenz mehr sind. Die leidliche „Rat Race“ um die Betten zieht sich leider wie ein roter Faden über den gesamten Camino und hängt eng mit dem Reservieren des Schlafplatzes zusammen. Die immer wieder bei privaten Herbergen gestellte Frage, ob ich denn reserviert habe, ärgert mich heute noch, denn mehr als nur ein Mal war die angesteuerte Herberge durch die Reservierungen bereits „completo“ obwohl noch kaum Pilger eingetroffen waren.

Ich kann nicht abschließend beurteilen, ob der Trend zum Reservieren durch den Wettlauf um die freien Betten befeuert wird oder ob das Reservieren der Grund dafür ist, dass es häufig zu wenige freie Betten und damit überhaupt erst den Wettlauf darum gibt. Ein Henne-Ei-Dilemma. Beides wäre bedauerlich und im Fall von Villamayor de Monjardín ein echtes Problem, denn dahinter kommt 12 Kilometer lang erst mal nichts außer unberührter Natur. In meiner Cordula lese ich, dass es zwei Herbergen mit insgesamt weniger als 50 Plätzen gibt. Nun sind wir vergleichsweise spät aufgebrochen und auch schon viele Kilometer unterwegs. Pilger, die um 6 Uhr mit einem Tagespensum von sagen wir mal 20 Kilometern gestartet sind, wären also unbeachtlich ihrer Laufgeschwindigkeit längst mit ihrer Ankommensroutine durch. Eine simple Rechnung, die uns noch einen Schritt zulegen lässt. Wir überholen also strammen Schrittes weitere Betten und haben dabei den reichlich überdimensionierten Kirchturm von Villamayor de Monjardín fest im Blick, der schon von Weitem aus der Ferne gut zu sehen ist. „Wir“ sind genau genommen nur Julie und ich, denn Jesslyn kämpft mit schmerzenden Knöcheln und Ben scheint ganz froh darüber zu sein, dass er ein Gentleman-Argument hat und ihr bei etwas langsamerem Tempo Gesellschaft leisten kann.

Die erste Herberge die wir ansteuern ist bereits voll. Na toll. Man verweist uns ein paar Häuser weiter an die von einer niederländischen protestantischen Stiftung geführte Herberge Hogar de Monjardín – unsere letzte Chance für Villamayor de Monjardín. Und dem Himmel sei Dank, es gibt noch genau drei freie Betten! Das Problem ist nur, dass wir nicht zu dritt, sondern zu viert sind.

Vielleicht sind es die hübschen Augen von Julie, denen man einfach nichts abschlagen kann oder christliche Nächstenliebe, aber wie dem auch sei, nach kurzer Bitte und – seien wir ehrlich – eindringlichem Betteln, findet sich doch noch eine Isomatte. Diese könnte man laut Herbergsvater ausnahmsweise und auch nur, weil wir schon 34 Kilometer in den Beinen hätten, in einer kleinen Nische im Treppenhaus vorm Gemeinschaftsklo ausrollen. Aber wirklich nur ausnahmsweise – eigentlich sei man ja „completo".
Wir haben also haarscharf unsere heutigen Schlafplätze gesichert und prompt kommt an die Hauswand auch schon das Schild „Completo". Als Jesslyn und Ben wenig später auf die Herberge zulaufen, lässt sich genau sagen, an welcher Stelle die beiden das Schild entdecken, realisieren, was das in weiteren Kilometer gesprochen heißen mag, und mit dieser düsteren Erkenntnis der Blick schlagartig panisch wird. Ein herrlicher Spaß, dies seelenruhig von einer Bank vor dem Haus zu beobachten, denn wir haben ja gleich gute Nachrichten zu vermelden. Bei aller Freude für unsere Vierergruppe bleibt die Hoffnung, dass die Pilger, die nach uns ankommen, noch mehr Kraft in den Beinen haben oder vielleicht ja sowieso noch weiter Richtung Los Arcos unterwegs sind. Villamayor de Monjardín ist auf jeden Fall ein heikles Betten-Nadelöhr, kurz nachdem der ruhige Camino Aragonés auf den wuseligen Camino Francés stößt.
Das Fazit aus dieser Erkenntnis lautet für mich, dass ich mich zwar weiterhin an meine Nicht-Reservieren-Regel halten werde, aber Cordula und meinen Zettel mit den Herbergen am Vorabend noch sorgfältiger nach einem Plan B abklopfen werde.

Wir sind heute also in der einzigen niederländisch geführten Herberge des ganzen Camino und Tÿl unser Niederländer hat uns am Morgen verlassen – das Universum hat wirklich einen sonderbaren Humor. Mit Humor scheinen es am Abend auch zwei ältere Franzosen zu nehmen, die so spät ankommen, dass an ein Weiterlaufen nicht mehr zu denken ist. Da sich aber keine weiteren Isomatten mehr finden lassen, erschöpft sich die christliche Nächstenliebe in einer Thermoskanne mit heißem Wasser. Die beiden verbringen die Nacht somit auf dem Spielplatz vor der Herberge.

Ich will mir gar nicht ausmalen, wie kalt das da in der Nacht in dem offenen Holzhäuschen wird, denn es wird eine sternenklare Nacht.
Auch wenn ein echter Pilger ja mindestens einmal unter freiem Himmel genächtigt haben soll, bin ich heilfroh, dass ich eine Matratze und ein Dach überm Kopf habe – wenn auch ohne Rutsche und Trampolin am Bett. Darauf bin ich schon ein bisschen neidisch.

Über die Bewertung der Herberge bin ich hin- und hergerissen, denn es gibt viel auf der Habenseite, aber auch Dinge, die mir gegen den Strich gehen. Ohne Abstriche sensationell ist die kleine Dachterrasse von der man einen unfassbaren Blick über die umliegende Landschaft hat. Der Ort liegt ohnehin schon am Hang des Pico de Monjardín, aber die Dachterrasse verschafft zusätzlich einen freien Blick über die anderen Häuser. Wer solch einen Ausblick beim Tagebuch schreiben genießen darf, braucht wahrlich nicht auch noch den Hausberg zur knapp 900 Meter hoch gelegenen Burgruine erklimmen. Wenngleich der Blick von dort sicher noch mal spektakulärer gewesen wäre, siegen die schweren Beine und letztlich doch die Bequemlichkeit.
Richtig gut war auch das Essen, das zwar nicht aus landestypisch lecker Frittiertem wie Friet Speciaal, Kroketten oder Bitterballen besteht, aber dafür allerbeste und gesunde Hausmannskost war. Unmittelbar nach der ersten Gabel des Hauptgangs entsteht somit spontan eine neue Regel, meine Regel Nr. 5: wenn in einer von ehrenamtlichen Hospitaleros geführten Herberge selbstgekochtes Abendessen angeboten wird, auf keinen Fall ablehnen.
Beim absolut köstlichen Abendessen kommt dann das erste Erlebnis, welches ich etwas sonderbar finde. Ja, es ist eine christliche Herberge und religiöse Berührungspunkte sind auf dem Jakobsweg auch vollkommen ok und sogar zu erwarten. Wer damit ein Problem hat, sollte vielleicht besser den Appalachian Trail in den USA gehen und nicht pilgern. Aber zusätzlich zum Tischgebet wird mir hier einfach zu massiv missioniert, was darin gipfelt, dass am Ende jeder eine kleine Lutherbibel in die Hand gedrückt bekommt. Das ist mir doch etwas zu viel und ich lasse das Heilige Buch – wie die meisten anderen auch – nach dem Essen zurück am Platz.

Für 19:30 Uhr steht dann optional Meditation auf dem Programm. Mir ist nicht danach, aber ich finde die Idee schön, denn egal wie gläubig man ist oder an welchen Gott man auch glaubt, ist Meditation doch universell und so folgen viele der Einladung. Worüber ich mit meinem humanistisch geprägten Weltbild nicht ganz hinwegkomme, ist, warum draußen zwei Herren um die 60 im offenen hölzernen Rutschenhäuschen des Spielplatzes schlafen müssen, wenn hier ein beheizter mit Kissen und Matten ausgelegter Raum zur Verfügung steht, der nach der Meditationsstunde abgesperrt und nicht weiter benutzt wird. Die Passage mit dem Stall, der Suche nach Obdach und den Hirten sollte in der Bibel noch mal nachgeschlagen werden. An Exemplaren hiervon mangelt es in der Herberge Hogar de Monjardín ja wahrlich nicht.

Ich habe heute gelernt, dass christliche Nächstenliebe durchaus bei heißem Wasser enden kann. Außerdem hat mich der Tag gelehrt, dass man nur wenig vorhersehen kann und daher offen für die Wendungen des Lebens sein sollte. Der Weinbrunnen war definitiv ein – wenn auch saures – Highlight und Estrella früher ein Stern und heute ein Sternchen auf dem Jakobsweg. Außerdem haben meine Beine erstmalig über 30 Kilometer an einem Tag verkraften müssen und ihren Job ziemlich ordentlich gemacht. Mit einem augenzwinkernden „Slaap lekker!" verabschiede ich mich für heute von Ben, der per Los den Platz auf der Isomatte gezogen hat. Aber mal ehrlich, im Vergleich zu den beiden Outdoor-Franzosen hat er es immer noch verdammt gut erwischt. Es ist eben alles stets eine Frage der Perspektive: mal biste Baum, mal biste Hund.

Tag 7: Villamayor de Monjardín – Logroño

Sonntag, 12.5.2013

Vor genau einer Woche fing das „Abenteuer Jakobsweg" an meiner Haustür in Köln an. Heute beginnt somit schon die zweite Woche und bislang würde ich mutig behaupten, dass auch noch ein paar weitere Wochen folgen werden. Hoffe ich jedenfalls sehr.
Die gestrige Nacht war selbst innerhalb der Herbergsmauern ordentlich frisch, und ich will gar nicht wissen, wie es den zwei armen Peregrinos vor dem Haus ergangen ist. Als ich aus dem Fenster schaue, erinnert jedenfalls bis auf eine einsame Thermoskanne nichts daran, dass hier draußen gestandene Männer zu echten Pilgern wurden. Meine Vermutung lautet, dass es denen in der Nacht derart kalt geworden ist, dass sie losgelaufen sind, um durch die Bewegung wieder warm zu werden. Die Tür zum Meditationsraum jedenfalls weißt keine sichtbaren Spuren eines gewaltsamen Eindringens auf. Buen Camino sage ich da nur. Eine weitere Vermutung – nämlich, dass uns beim Frühstück aus Brotteig geformte Kreuze oder dergleichen erwarten – wird hingegen nicht bestätigt. Es gibt ganz klassisch Brötchen, Müsli und die üblichen Sachen. Ohne das Frühstück hätte ich es auch kaum bis Los Arcos geschafft, denn auf den ersten 12 Kilometern gibt es keinerlei Gelegenheit an Nahrung zu kommen. Ich muss nicht erwähnen, dass mich Cordula selbstverständlich auf diese prekäre Versorgungslage hingewiesen hat und nehme mir das Brot brechend ordentlich Nachschlag. Geben ist ja seliger als Nehmen und so mache ich meinen Hospitalero sicher sehr glücklich.

Wie bereits gestern, ist die Autobahn ein naher Begleiter in der ersten Stunde der Etappe. Heute bleiben auch alle Gefährten beisammen und uns Vieren ein weiteres „Adíos" am Morgen erspart. Der Weg selbst ist auf spektakuläre Weise unspektakulär. Er ist einfach konstant schön. Ich will damit ausdrücken, dass es 12 Kilometer lang quasi keine Abwechslung

gibt und das gar nicht verkehrt ist. Denn dadurch kommen die Nuancen der Umgebung und auch der anderen Pilger viel stärker zur Geltung, als wenn ständig etwas Neues auf einen einprasselt. Ein paar Beispiele zur Veranschaulichung. Wenn man zig Kilometer lang an roten Mohnblumen vorbeiläuft, dann fällt es auf, wenn plötzlich mal was Gelbes dazwischen blüht. Oder würde alle paar Meter eine Kathedrale den Weg säumen, übersähe man schon mal die Kapelle, die möglicherweise viel sehenswerter ist. Zugegeben, die junge Familie mit den Eseln und ein älterer Pilger der mitsamt Rucksack im Geäst eines Olivenbaums sitzt, wären vermutlich auch auf jeder anderen Etappe als doch recht ungewöhnlich wahrgenommen worden. Vielleicht wäre mir aber entgangen, dass Jesslyn ganz schön zu kämpfen scheint. Sie lässt sich zwar nicht wirklich etwas anmerken, aber ihre Schuhe sind beispielsweise nur locker gebunden, da ansonsten die stark geschwollenen Knöchel überhaupt nicht mehr reingepasst hätten. Ich mache mir ein wenig Sorgen um meine lebensfrohe kanadische Kämpferin. Darauf angesprochen, redet sie die unübersehbar dicken Knöchel so gekonnt klein, dass ich ihr fast Glauben geschenkt hätte.
Auf dem Weg nach Los Arcos kann Cordula fast die gesamte Zeit in der Tasche bleiben. Ich kann mich nicht verlaufen, denn es geht einfach nur geradeaus. Und so muss ich auch nicht groß nach gelben Pfeilen Ausschau halten, sondern kann beispielsweise mit Julie gänzlich unbekümmert über Dinge wie Massentierhaltung oder vegane Ernährung philosophieren. Dabei muss ich nichts weiter tun als im Takt den einen Fuß vor den anderen zu setzen. Die schöne Einfachheit bzw. einfache Schönheit des Pilgerns, da ist sie wieder. Und so sind diese ersten Stunden des heutigen Tages für mich mit Sicherheit genauso kontemplativ wie die meditative Andacht, die ich gestern habe sausen lassen.

Sobald man Los Arcos erreicht hat, ist erhöhte Wachsamkeit geboten, denn gerade noch rechtzeitig habe ich in meiner Cordula gelesen, dass es sich bei der kulinarischen Spezialität des Ortes um *Rosquillas de Los Arcos* handelt – ein Fettgebäck das mit Orangensaft veredelt wird. Gesundheitsapostel würde solch ein Backwerk vielleicht als „fettigen

Finger des Teufels" bezeichnen – mein Geschmackssinn hingegen nennt es „güldenen Strahl der Sonne".

Als wäre mein hungriges Stoßgebet danach erhört worden, findet sich in der Calle Mayor Minuten später ein Bäcker, der auch am Sonntag geöffnet und vor allem Rosquillas im Angebot hat. Eines davon wandert von der Auslage unverzüglich in meinen inzwischen wieder leeren Magen und ja, das sündige Teilchen hält was die Zutaten versprechen. Eine absolut köstliche Schweinerei. Ich bin heute ein bisschen in Schlemmerlaune.

Auf der Plaza de Santa María gönne ich mir im einzigen geöffneten Café noch einen Café con Leche und weil Sonntag ist dazu gleich noch einen kühlen frischgepressten Orangensaft – was soll der Geiz. Und Wasser trinke ich eh schon genug, seit mein Trinksystem nach einem zweiten Anlauf nun tadellos funktioniert.

Wie in Pamplona werden in Los Arcos zur Fiesta im August wilde Stiere durch die engen Gassen getrieben. Die Spanier und ihre Hobbys. Bizarr. Was so toll daran ist, vor Stieren davonzulaufen, erschließt sich mir absolut nicht und wird es vermutlich auch nie. Ich bin jedenfalls froh, dass Mai ist und somit auch keine Gefahr besteht, gleich von einem Stier über den Haufen gerannt zu werden.

Derweil ich also in aller Ruhe kaffeetrinkend auf die gegenüberliegende Iglesia de Santa María blicke, geht mir eine Frage durch den Kopf, die mich schon seit Tagen unterschwellig beschäftigt hat. In Los Arcos leben gerade mal 1.000 und ein paar zerquetschte Einwohner – unabhängig vom Stiertreiben – aber wie die meisten kleinen Ortschaften hier in der Gegend gibt es eine oder gleich mehrere gigantische Kirchen. Cordula hat stets jede Menge damit zu tun, die ganzen Kirchen und deren sehenswerte Stile zu beschreiben. Ohne die Beschreibung der Kirchen und ihrer Reichtümer, wäre meine Cordula um dutzende Seiten dünner. Sicher war Navarra früher schon eine prosperierende Region, in der Glaube und Religion eine zentrale Rolle gespielt haben und ja auch heute noch spielen. Dennoch kommen mir die Kirchen im Vergleich zu den eher bescheidenen Häusern und der Größe der Orte mindestens drei Nummern zu groß vor.

Beim Blick in das Innere der Iglesia de Santa María aber bin ich dann vollends sprachlos. Und geblendet. Es scheint, als hätte Hernando Cortez höchstpersönlich den Goldschatz der Azteken hier vorbeigebracht, so überbordend ist die Kirche im Altarraum mit Gold ausgeschmückt. Ich stehe regelrecht vor einer Wand aus kunstvoll verarbeitetem Gold. Dachte man früher allen Ernstes, dass derart protzige Kirchen notwendig seien, um seinen Gott im wahrsten Sinne des Wortes zum Strahlen zu bringen? Ich bin und bleibe da skeptisch. Nein, ich finde es sogar völlig absurd. Hatte bzw. hat der Katholizismus denn wirklich so viel Verpackung nötig? Wer die Frage mit Ja beantwortet, sollten sich vielleicht lieber mal über die Inhalte und nicht die Hülle ein paar Gedanken machen. Eine B-Note kann niemals die A-Note retten. Die noch frischen puristischen Eindrücke aus der protestantischen Herberge *Hogar de Monjardín* haben möglicherweise doch ein wenig auf mich abgefärbt.

Auf scheinbar neu angelegten Pfaden geht es von Los Arcos weiter nach Torres del Río. Netterweise hat man am Vortag das Gras am Wegesrand gemäht und dieses quer über den Weg verteilt. Wir pilgern also in bester Fronleichnamsmanier auf einem dämpfenden Grasteppich weiter und ich hoffe inständig, dass dies den lädierten Knöcheln von Jesslyn guttut.

Bei Cordula endet in Torres del Río die sechste empfohlene Etappe des Camino Francés und mit einer Bildunterschrift bringt sie mich sehr zum Schmunzeln: „Hektische Unruhe ist im charmanten Torres del Río in der Regel nicht zu fürchten". Eine echte lyrische Perle.

Leider findet Jesslyn das kleine Örtchen ebenfalls recht charmant und derweil Julie, Ben und ich nach einer kurzen Rast wieder die Rucksäcke schultern, bleibt sie mit vielsagendem Blick sitzen. Ihre Knöchel brauchen nach gut 20 Kilometern erkennbar eine deutlich längere Rast als die 15 Minuten, die wir uns gerade für ein Eis gegönnt haben. Gestern schon Tÿl und heute also doch noch Jesslyn. Ich bin gespannt, wann es mich erwischt und ich die Hand heben und „Rien ne va plus" verkünden muss.

Mal wieder zeigt mir der Camino, dass unerwartete Wendungen ganz offenbar zum Alltag gehören. Deren Eintreten kann man letztlich kaum beeinflussen, aber wie man damit umgeht, das hat man sehr wohl in der Hand. Anstatt also traurig über den nächsten Abschied zu sein, versuche ich dankbar für die gemeinsamen Tage und tiefgründigen Gespräche zu sein. Leicht fällt mir dies beileibe nicht, denn ein zweites Rosquilla wäre mir ja auch lieber als die bloße Erinnerung an das vor Stunden gegessene.

Weiter dezimiert verlassen wir Torres del Río und nehmen zu dritt die nächsten 10 Kilometer Richtung Viana in Angriff. Die 30er-Marke werde ich also auch heute wieder knacken. Kleiner Trost für mich: ab der nächsten Stadt wird hoffentlich mein wieder zu Kräften gekommener Hape mit dabei sein. Eine geht, der andere kommt. So ist das eben auf dem Camino. Der Herr gibt und der Herr nimmt.
Die erste Hälfte der Wegstrecke entspricht so ziemlich der bisherigen Etappe. Hügelig, wenig Schatten, viele Einschnitte durch kleine Gewässer und knorzige Reben am Wegesrand. Hinter der letzten nennenswerten Anhöhe bei der Kapelle Virgen del Poyo wird es dann bald flacher und man kann unschwer erkennen, dass wir uns dem Ebro-Tal nähern. Der Río Ebro ist im Osten von Logroño die natürliche Grenze zwischen der Region Navarra und der autonomen Region La Rioja. Rund die Hälfte aller Bewohner der recht kleinen Region wohnt in der Hauptstadt Logroño – die anderen sind vermutlich alle im Weinbau beschäftigt oder betreiben eine Pilgerherberge. Weinstöcke gibt es in der Region auch deutlich mehr als Einwohner – gut 300.000 Reben würden bei weitem nicht ausreichen, um daraus jährlich etwa 300 Millionen Liter Wein zu keltern.

Bevor es rüber nach La Rioja geht, verabschiedet mich Viana aus der Region Navarra. Die erste Region des Camino wäre damit durchlaufen und nach einem kurzen Abschnitt in der berühmten Weinregion wird es eine ganze Weile durch Kastilien und León gehen, bis dann schlussendlich Galicien im äußersten Westen den Schlusspunkt bildet. So der Plan von Ost nach West quer durch den Norden der iberischen Halbinsel zu pilgern.
Viana selbst ist eine prächtige kleine Stadt, wie es sich für ein Fürstentum auch gehört. Die Iglesia de San Pedro ist in der Mitte des 19. Jahrhunderts zwar fast komplett eingestürzt, was aber nicht weiter tragisch ist, denn es gibt mit der Iglesia de Santa María de la Asuncíon nämlich noch einen zweiten Tempel vergleichbaren gigantomanischen Ausmaßes. Die intakte Iglesia sieht zwar unförmig und asymmetrisch zusammengehäuft aus,

macht aber speziell im Vergleich zur Ruine um die Ecke eine passable Figur. Da Sonntag ist, herrscht auf dem Kirchenvorplatz Hochbetrieb mit vielen lebhaften Mädchen und Jungen in schniekem Kommunions-Outfit. Ich komme mir allerdings vor, als wäre ich mitten in eine Matrosenparty für Kinder geraten.

Eigentlich haben wir unser Tagespensum locker erreicht, aber Julie hat wie ich auch noch Lust ein bisschen weiterzulaufen. Vielleicht wollen wir nach einer Woche Jakobsweg auch unsere Grenzen austesten, denn „ein bisschen" bedeutet um genau zu sein, dass wir noch mindestens 10 weitere Kilometer bis zur nächstgelegenen Herberge vor uns haben. Cordula scheint keine Einwände zu haben, denn sie beschreibt die Strecke zwischen Viana und Logroño als leicht. Eine Unterkunft werden wir trotz absehbar später Ankunft in einer Stadt mit 150.000 Einwohnern schon finden. Außerdem kommt dann Hape wieder dazu, der 2001 hier in Viana aus dem Bus gestiegen und direkt weitergepilgert ist. Der Gedanke gefällt mir. ¡Ultreya!

Einen Wermutstropfen hat der Plan allerdings, denn Ben hat für heute genug und so verabschiedet sich noch ein weiteres Mitglied unserer kleinen Reisegruppe, die sich so zufällig und spontan in Roncesvalles gefunden hatte. Meine Rechnung mit Hape geht also doch nicht ganz auf, denn unterm Strich ist die Gruppe auch heute geschrumpft. Mit Ben hatte ich bislang am wenigsten aus der Runde zu tun, aber seine ruhige und ausgleichende Art wird mir vermutlich fehlen. Dennoch möchte ich Julie nicht alleine ziehen lassen und hefte mich nach einem brüderlichen Adíos an ihre Fersen. Ich habe das vage Gefühl, dass ich Julie noch brauchen werde.

Hape ist zurück, aber er hat ziemlich schlechte Laune. Ich höre mir seine Viana-Etappe vom 14. Juni 2001 an und kann ihn irgendwie verstehen. Selbstverständlich hat man ein schlechtes Gewissen, wenn man auf einem Pilgerweg als Pilger nicht pilgert, sondern mit dem Bus kutschiert wird. Sollte man aber auch haben! Ich meine sogar, dass jeder, der damit kein Problem hätte, tatsächlich besser abbrechen sollte. In dem Fall bin ich ganz bei den rigiden Spaniern, die ja laut Hape auch keine hilfesuchenden

Pilger mitnehmen. Es ist in meinen Augen aber eine Sache, ob echte körperliche Beschwerden der Grund für die Auszeit sind und notgedrungen der Bus gewählt wird, um die versäumte Strecke zeitlich wieder aufzuholen oder ob man es sich einfach nur aus Bequemlichkeit leichtmacht. Im letztgenannten Fall schummelt man. Das ist als Pilger unlauter. Punkt.

Schade um die verpassten Etappen und entgangenen Begegnungen mit anderen Pilgern, Einheimischen oder auch sich selbst, ist es in beiden Fällen. Wer diese Momente durch das Pilgern erleben möchte, der würde auch nicht freiwillig Bus fahren. Daher nehme ich Hape in Schutz und drücke ihm und mir die Daumen, dass seine Beine nun die verbleibende Strecke durchhalten und er mir nun durchgehend Gesellschaft leisten kann.

Kurz vor Logroño erwartet den Pilger eine regelrechte Institution des Camino Francés, welche in Form eines etablierten Familienunternehmens daherkommt. Keine Credencial ist vollständig, wenn nicht der Stempel „Higos – agua y amor" darin ist. Viele Jahre hat Doña Felisa den Pilgern ihren Stempel mit den Feigen – Higos heißt im Spanischen „Feigen" – in den Pilgerausweis gedrückt. Nebenbei konnte man etwas zu trinken kaufen, einfach nur so eine Spende dalassen und sich in das Gästebuch eintragen. Wie gesagt, es handelt sich trotz aller Liebe um ein gut gehendes Familienunternehmen. Ich kaufe als kleinen Dank für den wirklich schönen Stempel eine Flasche Wasser aber schlage die angebotenen Feigen aus. Trotzdem wandert das liebe Wechselgeld in die nicht zu übersehende Spendenbox. Wasser und Liebe – daher kommt also der Spruch. Als Dank bekomme ich aber dennoch einen sehr liebevollen Blick. Hier sind eindeutig Profis am Werk und auch Pilger brauchen halt ab und an etwas irdische Liebe.

Hape traf 2001 noch die schon damals über 90 Jahre alte Doña Felisa – 2002 ist sie gestorben und seitdem setzt ihre Tochter María die Tradition fort. An die große Dame des Camino erinnert seitdem der um ihren Namen ergänzte Stempel: „Felisa. Higos – aqua y amor".

Offenbar steht María der Berühmtheit ihrer Mutter bereits in nichts nach, denn ein Nachbar sah sich gezwungen, vor, an und sogar auf seinem Haus Schilder mit dem Hinweis anzubringen, dass es bei ihm den berühmten Stempel nicht gibt, sondern doch bitte erst 100 Meter weiter um die nächste Ecke. Man möge davon Abstand nehmen, bei ihm zu klingeln. Gracias und zwar in diversen Camino-typischen Sprachen! Viel Liebe wäre hier wohl auch nicht zu erwarten. Sein Pech ist schlicht und ergreifend, dass sich sein kleines Haus just an der Kurve befindet, an der man laut Cordula und offenbar auch anderer Reiseführer bereits die Pflichtstation von Tochter María vermuten könnte.

Gegen 15:30 Uhr kommt endlich Logroño in Sicht und das Stadttor ist zugleich unser Marathon-Tor. Seit unserem Start in Villamayor de Monjardín haben wir doch tatsächlich inzwischen gut 42 Kilometer zurückgelegt. Die mächtig schweren Beine fühlen sich auch danach an, aber die Temperaturen haben inzwischen herrliche 20 Grad erreicht und Logroño zeigt sich direkt von seiner schönsten Seite. Der Weg in die Stadt könnte nämlich keine bessere Dramaturgie haben. Man nähert sich von Nordosten und anstatt dass man durch triste Vorstädte geführt wird, stößt man vor den Toren der Stadt unmittelbar auf den Río Ebro. Nach einem kurzen Stück am Fluss entlang führt der Camino über die mächtige Puente la Piedra über den Ebro. Auf der Nordseite gibt es so gut wie keine Bebauung – die gesamte Stadt liegt scheinbar wie vor 1000 Jahren schon am Südufer. Dadurch fühlt es sich an, als würden wir nicht auf einer altehrwürdigen Steinbrücke mit beachtlichen sieben Bögen, sondern auf einer 200 Meter langen Zugbrücke den Fluss überqueren, die nur für uns heruntergelassen wurde. Es hat jedenfalls etwas Feierliches und wir sind stolz wie Oskar. Stolze, komplett geschaffte Oskars.
Von himmelhochjauchzend bis zu Tode betrübt genügen auf dem Jakobsweg bereits ganze acht Buchstaben – vorausgesetzt, dass diese das Wort „Completo" ergeben. Sowohl in der städtischen, als auch in der katholischen Herberge, die beide mitten in der Altstadt und damit direkt auf dem Camino liegen, sind um diese Uhrzeit keine Betten mehr zu bekommen. Es ist kurz vor 16 Uhr – wir sind für heutige Camino-Verhältnisse extrem spät dran. Fündig werden wir letztlich in der privaten

Herberge, die ziemlich ab vom Schuss im Südosten von Logroño in deren Neustadt liegt. Gerade heute nach unserem Gewaltmarsch befindet sich die einzig verbleibende Herberge etwa einen Kilometer abseits des Weges. Egal, wir haben unser Bett gesichert, es wirkt sauber und „funktional“. Wen interessieren nach einem erfolgreichen Marathon schon horrende 10,50 Euro pro Nacht, grelle Neonröhren und eine wenig ansprechende Umgebung. Noch nie hat sich die Siesta nach dem Ankommen jedenfalls so gut angefühlt – ganz ohne Ankommensbierchen.
Wäre ich ein Handy, würde ich schätzen, dass mein Akku nach der Stunde Siesta wieder bei 20 % ist. Genug, um die Altstadt zu erkunden und sich auf die Suche nach Nahrung zu begeben. Also wieder zurück in die Altstadt und mit sehr behäbigen Schritten geht es durch die Gassen. Direkt vor der erneut unbegreiflich hoch aufragenden Concatedral de Santa María de la Redonda wirbt ein Restaurant mit dem Schild „Pilgrims for Dinner“. So hungrig und verzweifelt sind wir dann doch nicht, zumal Julie überzeugte Veganerin ist.

Noch etwas steht heute auf dem Pflichtprogramm und ist längst überfällig. Im idyllischen Parque del Ebro rufe ich mal wieder zuhause an. Heute ist Muttertag, und ich habe das dringende Bedürfnis die Stimme meiner Mutter zu hören. Zu erfahren, wie es ihr in den letzten Tagen ergangen ist. Seitdem ich die Fürbitte in der Kirche hinter Larrasoaña geschrieben habe, haben wir nicht mehr gesprochen. In Puente la Reina habe ich zwar kurz mit meinem Vater sprechen können, aber meine Mutter hatte da gerade geschlafen.
Auf dem Camino bleibt naturgemäß viel Zeit um nachzudenken. Trotzdem kann man sich nicht einfach ein bestimmtes Thema vornehmen und dann darüber auf Befehl sinnieren oder gar glauben zu einem Ergebnis zu kommen. Gedanken wie auch Erinnerungen brauchen oft einen Anstoß, damit man sich von innen heraus damit beschäftigen kann. In den letzten Tagen waren meine Eltern, unser Verhältnis zueinander und Fragmente meiner Kindheit häufig ein Thema meiner Gedankenspiele. Ich bin ziemlich sicher, dass dies durch die Situation in der Kirche ausgelöst wurde. Meine beruflichen Fragen dagegen, die ich mir explizit mitgenommen habe,

hatten bislang überhaupt keinen Raum – ich hatte dafür wohl noch keinen passenden Impuls bekommen und konnte damit das Thema auch noch nicht gedanklich greifen. Auch wenn ich es vermutlich gar nicht in der Hand hatte, bin ich froh, dass mich bislang die Gedanken um die nächsten Monate zuhause und nicht die Frage nach meiner beruflichen Situation beschäftigt haben. Der Camino wird sich dabei schon etwas gedacht haben.

Es tut richtig gut, mal wieder ausführlich mit meiner Mutter zu sprechen, aber sie hört sich unglaublich schwach an. Fast so, als wäre sie und nicht ich den Marathon gelaufen. Ich hoffe, es geht ihr besser als sie klingt, mache mir aber große Sorgen. Ist es wirklich richtig, dass ich hier durch Spanien laufe, anstatt bei ihr zu sein? Gerade heute am Muttertag? Ich habe dazu keine klare Antwort. Man konnte regelrecht hören, wie sehr sie das Gespräch körperlich angestrengt hat, und ich lege mit sehr gemischten Gefühlen auf. Meine vage Hoffnung ist und bleibt auch nach dem innigen Telefonat, dass meine Berichte bei ihr positive Gedanken auslösen, welche ihr Kraft geben. Es wäre schön, wenn sie durch meine Reise eine ähnliche Pilgererfahrung im Geiste machen und meine Distanz dadurch zumindest ansatzweise kompensiert würde.

Wie absolut großartig, angesichts dieser emotionalen Melange jetzt nicht alleine zu sein. Julie, die ich zwar nur wenige Tage kenne, aber in dieser Zeit fest ins Herz geschlossen habe, hilft mir ganz enorm mit der Situation umzugehen. Dabei braucht sie mir eigentlich nur zuzuhören und mich am Ende in den Arm zu nehmen.

Jetzt und hier in Logroño habe ich also meinen Moment auf dem Jakobsweg, an dem ich heule und emotional komplett durch den Wind bin. Angeblich ereilt dies jeden Pilger irgendwann einmal. Und wenn das schon so ist, dann lieber mit jemandem, der mir eine Schulter bietet. Allein möchte ich jetzt nicht sein. Julie hatte genau gespürt, dass ich sie nach dem Telefonat brauche und mir signalisiert, dass sie für mich da ist, wenn ich dies möchte. Was wir damals vor der Kirche nicht thematisiert haben, holen wir jetzt nach – weil die Zeit reif ist und es mir auch vollkommen egal ist, ob die Leute komisch schauen. Vielleicht wollte es die Fügung, dass wir immer noch zusammen unterwegs sind und heute nur zu zweit weiter bis

Logroño gepilgert sind. Eine glückliche Fügung und einer dieser intensiven, ganz besonderen Camino-Momente.

Das Herz ausschütten macht definitiv hungrig, aber wer Hunger hat, ist in Logroño bestens aufgehoben. Nach unserer Marathonetappe und jetzt auch noch dieser emotionalen Achterbahnfahrt könnte ich eine komplette Tapas-Bar leer essen. Julie geht es genauso. Unser gemeinsames Abendessen geht heute definitiv auf mich, denn meine geschätzte dänische Freundin ist heute mein Gast. Da gibt es gar keine Diskussion.
Logroño verfügt mit seiner Calle del Laurel praktischerweise über eine grandiose Fressmeile, wie sie auf dem Camino fast einzigartig ist. Wobei Fressmeile zwar vom Ergebnis her zutrifft, aber viel zu negativ klingt. Vor allem in der genannten und über die Stadt berühmten Calle, aber auch in den angrenzenden Gässchen, reiht sich eine Pintxos- bzw. Tapas-Bar an die andere. Selbst wenn man je Bar nur ein Häppchen nähme, wäre es unmöglich auch nur die Hälfte der Bars zu besuchen. Mal wird die klassische Auswahl in voller Breite angeboten, mal ist die Bar auf ein bestimmtes Häppchen spezialisiert und es werden beispielsweise ausschließlich gefüllte Champignons, kleine Fisch-Tapas oder Baguette mit geschmolzenem Käse verkauft. Die Speisen werden dabei fast ausnahmslos hinter einer Glasvitrine präsentiert, die sich über die gesamte Theke und somit die Bar erstreckt. Die kalten Tapas bekommt man direkt serviert, die warmen werden kurz erhitzt. Meist steht man einfach vor der Vitrine, sucht sich etwas aus und zieht nach dem Verzehr direkt weiter. Wir sind in einem kulinarischen Paradies und testen uns für kleines Geld durch die regionale Küche. Da Wein hier im Epizentrum der Rioja auch kein wirklich knappes Gut ist, gibt es zu jedem Tellerchen für 1 Euro noch ein Glas lokalen Vino Tinto dazu – 0,1 Liter der Hausmarke. Würde man also stets diesen Doppelpack – Tapa plus Vino – für 2 Euro nehmen, würde man es vermutlich nicht mal vom Anfang der Calle bis zu ihrer Hälfte und schon gar nicht bis ins Bett schaffen.
Wir sind so sehr mit Schlemmen beschäftigt, dass wir fast die Uhr aus dem Blick verlieren. Und die Uhr ist für Pilger am Abend wichtig, denn um 22 Uhr schließt unsere Herberge und wir müssen ja noch quer durch die

Stadt. Es wäre wirklich bitter, wenn wir gerade heute unser hart erlaufenes Bett mitsamt Rucksack hinter verschlossenen Türen vorfinden würden und dann so richtig aufgeschmissen wären. Mit frischer aber zugleich auch letzter Energie treffen wir schlussendlich kurz vor Toresschluss ein und kollabieren regelrecht in unsere Schlafsäcke.

Was für ein langer, intensiver, zehrender, total irrer, trauriger, wunderschöner, Grenzen testender und diese überschreitender, verflixter, aber unterm Strich wertvoller Tag 7.

Ein Tag, der eigentlich genug Programm und Drama für weit mehr als eine einzige Etappe geboten hat – oder anders gesagt, auch locker für zwei normal lange Etappen gereicht hätte, sofern wir mit Jesslyn in Torres del Río geblieben wären. Aber diese Doppeletappe war nun mal mit all seinen Facetten der für mich bestimmte Tag 7 und damit auch so wie er war genau richtig.

Heute habe ich also wie an keinem Tag zuvor zu spüren bekommen, dass ich zwar mit nur einem Rucksack unterwegs bin, aber mehr als nur dieses „Päckchen" zu tragen habe.

Tag 8: Logroño – Nájera

Montag, 13.5.2013

Den Wecker überhöre ich heute Morgen geflissentlich. Ich glaube, ohne eine sanft aber bestimmt an meinem Bett rüttelnde Julie, wäre ich glatt liegen geblieben. Eine Woche auf dem Jakobsweg und der ein oder andere Kilometer macht sich bemerkbar. Einfach liegenbleiben ist strenggenommen aber keine Option, denn Pilger müssen grundsätzlich nach einer Nacht ihre Herberge verlassen. Dies gilt vor allem für alle öffentlichen Herbergen, doch gibt es auch hier ein paar wenige Ausnahmen für kranke oder gebrechliche Pilger. In meiner privaten Herberge hätte man diese Regelung vielleicht nicht ganz so strenggenommen. Es ist eine Unterstellung, aber ich würde vermuten, dass hier der schnelle Euro mehr zählt, als der Refugio-Gedanke für bedürftige Pilger. Meine zwei jugendlichen Hospitaleros wurden dem Äußeren nach eher in einem Boxverein aus der Vorstadt rekrutiert. Chorknaben sind das garantiert keine.

Aber auch ein erkauftes Liegenbleiben hilft ja nicht wirklich, um bis nach Santiago zu gelangen. Auch wenn alles weh tut, heißt es schweren Herzens und mit schweren Beinen Logroño mit seinem malerischen gelben Licht und den urigen Tapas-Bars Lebewohl zu sagen.

Was uns beim Hineinweg in die Stadt erspart blieb, trifft uns nun doppelt, denn die schmucklose Vorstadt erstreckt sich bis weit in den Südwesten. Der Blick auf die Karte verrät, dass dies genau die Richtung ist in die wir müssen. Vorher wird noch in einer kleinen Bar gefrühstückt und kommen wir zunächst noch mal durch die schmucke Altstadt. Für das berühmte Gänsespiel von Logroño – das Juego de la Oca, an sich ein Spiel für Kinder, das zu bewältigen aber gerade kein Kinderspiel ist und damit symbolisch gerne für den beschwerlichen Jakobsweg steht – hatte gestern dann doch die Kraft gefehlt. Heute kommen wir erneut an dem riesigen Spielfeld vor der Iglesia de Santiago el Real vorbei, aber um über die Platten zu hüpfen ist es eindeutig noch ein wenig zu früh am Morgen. Ausreden, alles Ausreden.

Gut zwei Kilometer zieht sich der Weg aus der Stadt an Autohäusern und unzähligen gleich aussehenden Wohnblocks entlang. Die ersten Kilometer gilt es somit einfach nur stur hinter sich zu bringen. Zumindest scheint dabei die Sonne und der Himmel ist erstmalig von Beginn an komplett wolkenfrei. Es verspricht ein richtig schöner Tag zu werden.
Als Hape hier unterwegs war, scheint der Weg noch deutlich länger auf der wenig ansprechenden Ausfallstraße entlanggeführt worden zu sein. Inzwischen hat man die Route aber auf halber Strecke durch den Parque de San Miguel geleitet, bzw. diesen extra dafür angelegt. Es wirkt auf mich ein wenig, als habe man sämtliche in Frage kommenden Grünflächen im Westen und Süden der Stadt dergestalt miteinander verbunden, dass die Pilger möglichst viele triste Ecken der Stadt meiden können. Das ist auch richtig gut gelungen, denn der Weg wird bald von zahllosen Zypressen gesäumt und auf dem Boden sind alle Nase lang kleine Bronzeplatten eingelassen, auf denen der Name der Stadt, eine künstlerisch gestaltete Jakobsmuschel und natürlich auch ein Pfeil eingearbeitet ist. Ohne die Pilger wäre Logroño nicht die Stadt geworden, die sie heute ist. Da kann man das pilgernde Volk ja auch nett verabschieden und so einen letzten positiven Eindruck zum Abschied hinterlassen. Bei mir war man damit erfolgreich – ich bin in der kurzen Zeit zum Fan geworden.
Ziemlich genau mittig zwischen Logroño und der nächsten Station Navarrete liegt ein kleiner Stausee, der in ein Naherholungsgebiet integriert wurde. Am Ufer wird gefischt und ein Fischer hält uns für ein Foto seinen zappelnden Fang des Morgens ins Gesicht. Petri heil. Fisch gleich Nahrung gleich Signal an den Magen gleich Hunger und Durst.
Ich bin inzwischen ja auch schon wieder gute sechs Kilometer auf den Beinen und hätte jetzt Lust auf einen frischen Orangensaft. Das hat zwar nichts mit dem Fisch zu tun, aber der Zumo de Naranja natural, den ich mir in Los Arcos gegönnt habe, hat mich auf den Geschmack gebracht. Ich könnte daraus ohne Probleme ein tägliches Ritual machen – nicht nur wegen der Vitamine. Blöd nur, dass ich gerade genau sechs Kilometer hinter und laut Cordula auch sechs Kilometer vor der nächsten städtischen Zivilisation bin. Macht ja nix, man kann dem Universum ja trotzdem mal Bescheid geben – bei den Rosquillas hat das ja auch vorzüglich geklappt.

Und es klappt erneut! Hinter der nächsten Ecke taucht ein Restaurant auf, das geöffnet, eine Orangen-Auspressmaschine und reichlich reife Orangen zur Hand hat. 10 Orangen verwandeln sich kurze Zeit später von Menschenhand zu zwei Gläsern Saft. Ich werde dem Universum künftig häufiger Wünsche zukommen lassen.
Obwohl wir nur noch zu zweit unterwegs sind, laufen wir doch weite Strecken für uns alleine. So sehr ich die Gesellschaft auch schätze, so sehr mag ich es, die Eindrücke und unmittelbar daraus entstehenden Gedanken erst einmal mit mir selbst auszumachen. Der Austausch darüber erfolgt dann als Schritt 2. Zumindest empfinde ich diese ungefilterte Verarbeitung als persönlicher und intensiver – den anschließenden Austausch darüber als fundierter und damit wertiger.
Ich hatte mir vor vielen Kilometern schon die Frage gestellt, welcher Pilgertyp ich wohl bin: der In-der-Gruppe-Pilger oder der Alleine-Pilger. Inzwischen meine ich eine Antwort gefunden zu haben.
Julie scheint es genauso zu sehen und so laufen wir ohne es aussprechen zu müssen zwar in Sichtweite, aber eben doch weite Strecken jeder für sich. Hätten wir das heute anders gehandhabt, hätte ich auf dem Weg nach Navarrete vermutlich nicht Peter from Manchester getroffen. Als ich ihn mit einem freundlichen, aber doch knappen „¡Buen Camino!" überhole, ist irgendetwas mit der Art und Weise, wie er sein „¡Buen Camino!" erwidert, das mich spontan dazu bewegt, mein Tempo zu verlangsamen und so meiner Bereitschaft zum Gespräch Ausdruck zu verleihen. Es stellt sich heraus, dass Peter neben seinem Rucksack bereits 78 Jahre auf dem Buckel hat. Geschätzt hätte ich ihn maximal auf Mitte 60. Und er ist ein begnadeter Geschichtenerzähler, der zudem ausgesprochen gern seine Geschichten zum Besten gibt. Peter liebt die Bühne, soviel steht fest. Da er vor über 20 Jahren schon einmal den Camino Francés gepilgert ist und darüber ein kleines Büchlein geschrieben hat, gibt es reichlich Camino-Geschichten, von denen er bereitwillig ein paar mit mir teilt. Beispielsweise, wie er sich heillos verlaufen hatte und dann bei einem Bauer im Heu neben den Kühen schlafen durfte. Als Bezahlung musste er nicht etwa ein paar Pesetas berappen, sondern den Stall ausmisten. Mit seinen Ausschmückungen benötigen wir für die Geschichte einen glatten

Kilometer. Oder wie er seinen Rucksack nach einer Rast einfach mal hat stehen lassen und dies erst geschlagene fünf Kilometer später gemerkt hat. Fast schon klischeehaft sei es ihm nach eigenem Bekunden auch erst dadurch aufgefallen, dass es anfing zu regnen und er seinen typisch englischen Stockschirm aus dem Rucksack holen wollte. In seinem Alter scheint es ihm auch völlig gleichgültig zu sein, laut lachend zuzugeben, dass er da bereits ordentlich einen im Tee hatte. Schon klingt die abenteuerliche Geschichte deutlich plausibler. Wie würde man auch sonst nicht umgehend merken, dass sich der Rucksack nicht auf dem Rücken befindet? Da glaube ich noch eher, dass Briten sogar mit sperrigem Stockschirm pilgern.

Als wir schließlich gemeinsam an den Ruinen des alten Pilgerhospitals San Juan de Acre vorbeikommen, meint er augenzwinkernd, dass die Mauern in seiner Jugend wohl noch gestanden hätten. In Wahrheit wurde das Hospital bereits im späten 12. Jahrhundert gegründet und ist davon seit hunderten von Jahren bis auf den Grundriss und ein paar Mauern nicht mehr viel übrig. Was auch immer dran ist an seinen Erfahrungsberichten von damals, wir lachen viel und da dürfen auch gerne ein paar Übertreibungen dabei sein. Die gemeinsamen Kilometer werden durch seine Räuberpistolen zu einem wahrlich unterhaltsamen Abschnitt auf meiner Etappe. Ich bin richtig dankbar, dass ich spontan auf mein Bauchgefühl gehört habe und so ein Stück mit ihm gehen durfte. Der Abschied könnte dann auch britischer nicht sein, denn Peter dankt mir mit einer dezent angedeuteten Verbeugung für meine „splendid" Gesellschaft und teilt mir unmissverständlich mit, dass nun Zeit „for a cup of tea" sei. Was neben dem Tee wohl noch in der Tasse drin sein wird, will ich gar nicht so genau wissen – ich hoffe nur, er lässt nicht wieder seinen Rucksack stehen. Buen Camino lieber Peter from Manchester.

Julie hat wie verabredet vor der Herberge im Ort auf mich gewartet und wir machen uns mit dem Stempel für Navarrete im Pass wieder ein Stück gemeinsam auf den Weg. Als ich ihr von Peter from Manchester und seinen Geschichten erzähle, glaubt sie mir natürlich kein Wort. Hätte ich ja auch nicht, wenn sie mir damit gekommen wäre.

Heute laufe ich im exakt gleichen Takt wie Hape. Ich glaube, das gab es bislang noch nie. Ein Novum also auf unserem gemeinsamen Revival auf dem Jakobsweg. Gestärkt mit Kaffee und Kuchen ist er in Navarrete weitergelaufen und hat am späten Nachmittag Nájera erreicht. Die Uhrzeit zu der er meist aufbrach, wäre heutzutage ein echtes Problem. Wer spät losgeht, kommt nach einer vollen Etappe zwangsläufig auch erst spät am Zielort an. Hätte Hape im Jahr 2013 für die Nacht eine Herberge angepeilt und sich dabei an meine Regel Nr. 2 gehalten, hätte er wohl meist das Schild „Completo" zu sehen bekommen. Die leidliche Rat Race um die freien Betten hätte ihn also vermutlich auch 12 Jahre nach seinem Camino wieder schnurstracks ins Hotel befördert.
In Navarrete gibt es neben der Kirche mit dem offenbar obligatorischen protzigen – wohlwollend gesprochen prunkvollen – Goldaltar noch einen sehenswerten Aussichtspunkt. Ein Mirador, der in meiner Cordula natürlich nicht unerwähnt bleibt. Aber wie es für Aussichtspunkte halt nicht ungewöhnlich ist, müsste man dafür nach oben. Im Fall von Navarrete hätte ich dazu den kegeligen Berg im Stadtzentrum hochsteigen müssen. Da Julie und ich aber noch weiter bis nach Nájera wollen, sparen wir uns das für heute. Ich glaube Cordula auch so, dass die Aussicht bei schönem Wetter grandios sein soll – schließlich hatte Cordula bislang immer Recht. Die gestrige Etappe steckt uns einfach noch zu sehr in den Knochen und das leider wörtlich und nicht nur sprichwörtlich. Es blieb nämlich nicht einfach nur bei einem üblichen Muskelkater. Mir tun ungelogen die Knochen in den Füßen weh. Jawohl, in den Füßen und zwar jeder einzelne Knochen. Ich wusste bislang nicht einmal, dass man in den Füßen seine Knochen spüren kann, geschweige denn, dass die derart weh tun können. Die Varianten der möglichen Schmerzen auf den Jakobsweg sind offenbar so vielfältig wie die hiesige Natur und die Pilger aus aller Herren Länder. Wer nämlich meint, dass Blasen an den Füßen das einzige physische Problem eines Jakobspilgers sein könnten, der hat noch nie seine Knochen in den Füßen gespürt. Nicht auszumalen, wie sich dies erst mit einfach Turnschuhen statt mit gut gepolsterten Stiefeln anfühlen muss.
Ich jammere schon wieder, obwohl ich doch eigentlich ganz fröhlich durch die spanische Frühlingssonne spaziere. Prompt mal wieder in alte

Verhaltensmuster zurückgefallen. Wird echt Zeit, dass das langsam aufhört. Ich muss positiver denken und mich auf die vielen schönen Dinge konzentrieren von denen es so viele gibt. Keine einzige Wolke am Himmel, am Morgen vom Universum erhört und später dann auch noch äußerst kurzweilig unterhalten worden. Es läuft doch prima in Sachen Camino! Meine Knochen in den Füßen schmerzen direkt ein bisschen weniger. Tut da überhaupt etwas weh?

Hätten Hape wie auch Cordula mich nicht auf das sogenannte Tal der Steinmännchen hingewiesen, wäre es mir wohl entgangen, so vertieft bin ich im Gespräch mit Julie. Kurz bevor es über den Alto de San Antón rüber und dann ganz gemächlich nach Nájera wieder hinuntergeht, finden sich zur rechten Seite des Weges bis weit den Hügel hinauf jede Menge kunstvoll übereinander gestapelte Steintürme. Unzählige Pilger haben hier mal zwei, mal bis zu zehn Steine zu sogenannten Steinmännchen getürmt. Mit Grenz- oder Wegzeichen, Schutzgöttern oder der Vertreibung von Trollen hat das hier zwar nicht allzu viel zu tun, aber dennoch ist es ein spirituell aufgeladenes Symbol. Die Pilger, die ihren kleinen Steinmann errichten, wollen sich in der Regel nicht einfach nur verewigen. Häufig werden Wünsche oder Sehnsüchte in die Figur projiziert. Allzu unterschiedlich zu Fürbitten, die man hier auf dem Camino ja durchaus schon mal auf einem Zettel – beispielsweise in Pfeilform – neben ein sagen wir Kreuz in einer alten Kirche pinnt, ist das hier gar nicht. Indem der Wunsch oder übertragen eben die Bitte „rausgelassen" wird, wird dieser publik. Er wird quasi zu einem öffentlich gemachten Gebet, an dem nun auch andere teilhaben können – wodurch er an Bedeutung über den reinen Selbstzweck hinaus gewinnt. Denn allein die schiere Masse der auf diese Weise adressierten Wünsche zeigt jedem anderen Individuum, dass es mit den Sehnsüchten nicht alleine ist. Also eine durch und durch schöne Geste, die niemandem schadet und all denen hilft, die dafür empfänglich sind.
Zwar bin ich heute bloß Zuschauer und errichte selbst kein Steinmännchen, aber auch so trägt es mich weiter und bietet es mir Stoff zum Nachdenken. Etwas Ablenkung ist auch herzlich willkommen, denn die letzten Kilometer

sind eher geprägt von industrieller Bebauung und nur wenig einladend. Immerhin lugt in der Ferne hinter den Silos und Hallendächern bereits ganz klein das heutige Ziel hervor: Nájera. Mehrere Kilometer geht es weiter kerzengerade auf die Stadt zu, dann ein gutes Stück durch den kleinen Ort bis an den Río Najerilla und über die zentrale Brücke rüber in den alten Teil der ehemaligen Residenzstadt der Könige von Navarra. Die Könige scheinen einen immensen Bedarf an Residenzstädten gehabt zu haben.

Hätte ich geahnt, dass mein Wunschkontingent beim Universum mit der Bitte nach einem frischen Orangensaft erschöpft ist, hätte ich mir stattdessen zwei freie Betten in einer der privaten Herbergen gewünscht. Davon gibt es in Nájera zwar ganze vier Stück, aber es ist nichts mehr zu bekommen. Da ich bei jeder einzelnen der Herbergen gefragt werde, ob ich denn reserviert habe, bleibt der schwache Trost, dass vermutlich auch eine frühere Ankunftszeit nichts an diesem Schicksal geändert hätte. Ärgerlich ist es dennoch.

Es bleibt also die öffentliche Herberge, die von Freiwilligen des örtlichen Jakobsvereins geführt wird, auf Spendenbasis operiert und letztlich ein Sammelbecken für die Nicht-Reservierer ist. Ich bin ein bekennender Fan der öffentlichen Herbergen, da diese zwar meist einfach, aber dafür auch authentisch sind. Die ehrenamtlich Tätigen leisten in der Regel einen Wahnsinnsjob und helfen wirklich wo sie können. Und die Pilger, mit denen man hier in den Austausch kommt, sind fast immer aufgeschlossen, bunt und haben nicht selten wertvolle Tipps und spannende schräge Geschichten zu erzählen. Berührungsängste haben Pilger, die sich nicht zu schade für die einfachen Herbergen auf dem Camino sind, jedenfalls ganz sicher nicht.

In der städtischen Herberge von Nájera wären Berührungsängste komplett undenkbar, denn so dicht wie man hier auf- und nebeneinandergestapelt wird, habe ich bislang noch nie eine Nacht verbracht – und werde ich es auch hoffentlich nie wieder müssen. Nochmals betont, dass ich öffentliche Herbergen als Schmelztiegel großartig finde und die Arbeit der Freiwilligen wirklich bewundernswert finde, sind mir 46 Stockbetten auf einer nur unwesentlich größeren Grundfläche doch ein Stück zu extrem.

Jeder Quadratzentimeter auf dem kein Stockbett steht, geht komplett für die 92 Rucksäcke und zwei schmale Gänge drauf. Die einstöckige Halle liegt zwar idyllisch am Flussufer, aber sie ist nicht nur winzig, sondern darüber hinaus auch noch so flach, dass man auf den oberen Betten nicht aufrecht stehen könnte. Fenster sind somit Mangelware und bei fast 100 Bewohnern wird die Luft unter Garantie in kürzester Zeit verbraucht sein. Mir steht folglich eine nächtliche Grenzerfahrung bevor. Halleluja. Bevor ich mein Bett in Beschlag nehme, verharre ich erst einmal mit leichtem Schock im Türrahmen und mache ein Beweisfoto für zuhause.

Julie ist dagegen deutlich tapferer und lässt sich nichts anmerken. Wir verlegen unsere Siesta nach dem Ankommen trotzdem spontan und ohne viele Worte ans grüne Flussufer. Dort spielt man Gitarre, singt in allen möglichen Landessprachen dazu, fragt nach dem Wohlbefinden der Füße und natürlich woher man kommt, wo man gestartet ist und wie die heutige Tagesetappe denn so war. Die üblichen aber wichtigen Fragen halt. Unser gestriger Marathon beeindruckt dabei selbst hartgesottene Pilger die schon viele Wochen unterwegs sind. Dort am Flussufer zeigt sich also das dargelegt schöne Gesicht einer öffentlichen Herberge. Grenzen verschwimmen und in kürzester Zeit werden Freundschaften geschlossen und Verabredungen für die Abendplanung gemacht. Ich spiele dennoch mit dem Gedanken, heute mal ein Glas Vino Tinto mehr als sonst zu trinken. Vielleicht hilft das ja, um die anderen 91 Schnarchnasen auszublenden.

Am Abend zeigt das Thermometer an einer Farmacia in der Calle Mayor noch immer 21 Grad. Die Tage werden merklich wärmer und ich bin froh, dass ich kurze Hosen und Badelatschen im Gepäck habe. Wirklich viel zu sehen gibt es nicht. Die Plaza Navarra mit dem baulich auffälligen Monasterio Santa María la Real und dem Museum ist hübsch, die Lage am Hang vor teils schroffen Felsen und natürlich der Fluss, der mitten durch den Ort fließt, machen Nájera ganz beschaulich. Nach Logroño hätte es zugegebenermaßen jede Stadt nicht leicht gehabt gut abzuschneiden, aber für eine ehemalige königliche Residenzstadt ist man doch schnell fertig mit Sightseeing. Kulinarische Spezialitäten gibt es laut Cordula keine und etwas bezeichnend finde ich es auch, dass Hape einzig den Dorn aus der Krone Christi als Sehenswürdigkeit nennt. Wein hingegen gibt es auch hier und diesen in Gesellschaft einer südkoreanischen, einer lettischen und mit Julie einer dänischen Pilgerin. Die Vereinten Nationen von Nájera trinken sich Mut für die Nacht an.

Rund 32 Kilometer waren es heute inklusive der Tour durch Nájera – ein Spaziergang im Vergleich zu gestern. Aber wenn wir so weitermachen, laufen wir Tÿl, Jesslyn und Ben wohl uneinholbar davon. Peter from Manchester hingegen sitzt vermutlich noch immer beim angeblichen „Tee" in Navarrete oder sucht inzwischen verzweifelt seinen Rucksack. Schon verrückt, was man auf dem Camino für Gestalten trifft. Wo Michael, der unverdrossene Müllmann aus der Casa Paderborn wohl inzwischen steckt? Oder Jun, der junge Südkoreaner, mit dem ich im Zug nach Saint-Jean-Pied-de-Port gefahren bin, und den ich auf dem Weg von Roncesvalles nach Larrasoaña wiedergetroffen habe und so endlich nach seinem Namen fragen konnte? Ob alle noch unterwegs sind oder manche schon final haben aufgeben müssen?
Der gestrige Tag war unterm Strich ein Highlight-Tag, aber obwohl die Wegstrecke heute weniger spektakuläre Abschnitte zu bieten hatte, war es doch ein stimmiger, ein runder Tag mit viel sozialer Interaktion und erneut einer atemberaubenden Landschaft.
Hape und ich sind heute tatsächlich mal die identische Strecke gelaufen und haben dabei beide die gleiche Erkenntnis gewonnen: wir sind angekommen. Nicht nur am Tagesziel, sondern auf dem Camino. Gestern habe ich physische Grenzen ausgetestet und mein Körper hat die Prüfung mit Bravour bestanden. Nach Tag 8 kann ich aber ergänzend festhalten, dass auch der Kopf den Test bestanden hat und ich mein Pilgerdasein nicht länger hinterfrage. Klar erwische ich mich hin und wieder beim Jammern und Fluchen, aber ich besinne mich dann auch schnell wieder auf die freudigen Seiten des Pilgerns. Ich habe die selbstgewählte Herausforderung angekommen und erkannt, dass ich hier auf dem Camino unglaublich viel lernen, erfahren und für mein weiteres Leben mitnehmen kann. Santiago zieht mich inzwischen regelrecht wie ein Magnet an und trotzdem freue ich mich wie Bolle, dass noch viele Etappen vor mir liegen.

Jede Etappe wird ihre eigenen Erfahrungen und wohl auch Überraschungen jedweder Art bereithalten und das sind ganz einfach großartige Aussichten.
Weniger großartig sind die Aussichten auf eine erträgliche Nachtruhe, aber darüber zu jammern wäre ja wieder das alte Mimimi. Und so bestelle ich noch eine Runde Rioja – die schöne Seite des Pilgerns eben und mit das Beste, was Nájera gerade zu bieten hat.
Um 21 Uhr wünschen wir uns von Stockbett zu Stockbett im wahrsten Sinne des Wortes eine geruhsame Nacht und sagen einem weiteren grandiosen Tag „Adíos".

Tag 9: Nájera – Villamayor del Río

Dienstag, 14.5.2013

Der Plan mit dem Rotwein hat schlaftechnisch super funktioniert. So gut, dass Julie weg ist als ich aufwache. Statt der hübschen Dänin liegt auf dem Bett neben mir ein zusammengefalteter Zettel auf dem „Christian" steht. Ich fühle mich angesprochen. Im Halbschlaf versuche ich aber erstmal zu verstehen, was hier überhaupt gerade los ist. Um mich herum scheint es entweder etwas umsonst zu geben oder mir muss ein Feueralarm oder was weiß ich für ein Appell entgangen sein. Die gesamte Halle ist in heller Aufruhr, und wer noch nicht mit seinem Rucksack durch die Tür ist, packt gerade zusammen. Es ist mir ein Rätsel, wie ich bei diesem Lärm und – apropos hell – der Neon-Schlossbeleuchtung überhaupt so lange schlafen konnte. Die richtig frühen Frühaufsteher muss ich sogar verpasst haben, denn fast die Hälfte der Betten ist bereits leer. Es ist 5:45 Uhr. Viertel vor 6. Vorne auf dem Wecker steht also eindeutig eine 5. Zudem sind das exakt 1 Stunde und 15 Minuten bevor mein Wecker sanft losgeharft hätte. Mit anderen Worten: es ist zu früh für überhaupt alles und jeden. Keine Ahnung seit wann die Peregrinas und Peregrinos hier schon am Werkeln sind.

Ein weiterer Sinn meldet sich zur Arbeit. Je wacher ich werde, umso stärker nehme ich den stechenden Mief im Schlafsaal wahr. Es stinkt gehörig. Mein Verständnis für die eilig Aufbrechenden und mein Drang es ihnen nachzutun wachsen mit jeder Minute.

Bevor ich aber aufbreche, wende ich mich dem Zettel zu. So viel Zeit muss sein, denn Julie ist mit Sack und Pack aufgebrochen – wäre sie nur kurz beim Bäcker hätte sie mir wohl kaum einen Brief hinterlassen.

Ich zitiere:

Good morning Christian

I woke up when people began to go, so I decided to do the same. My phone does not work at the moment but hopefully it will soon. I hope you have a wonderful day and that we will see each other within a few days!!

Lots of love and happy feelings.
Julie
P.S. YOU ARE AWESOME!

Loszuziehen war offenbar eine spontane Entscheidung, als sie heute Morgen wach wurde und ihre Telefonnummer habe ich ja. Allerdings funktioniert ihr Telefon aktuell nicht, was den Nutzwert einer Telefonnummer etwas relativiert. Einen Treffpunkt oder ein Tagesziel hat sie nicht genannt, aber in ihrer Nachricht immerhin die Hoffnung ausgedrückt, dass wir uns in wenigen Tagen wiedersehen. Die Hoffnung stirbt ja bekanntlich zuletzt, aber ich fühle mich doch ein wenig verlassen. „Awesome" ganz sicher nicht, sondern eindeutig verlassen.
Unser Grüppchen aus Roncesvalles hat sich damit in alle Winde zerstreut. Ich vermute, dass wir heute Abend alle in unterschiedlichen Herbergen schlafen und dutzende Kilometer zwischen uns liegen werden. Wo Julie heute absteigen wird – keine Ahnung. Ich habe selbst ja noch kein Tagesziel vor Augen und wir haben gestern keine Pläne gemacht. Santo Domingo de la Calzada, wie von Cordula beschrieben und auch von Hape angelaufen, erscheint mir als Etappe mit gerade mal 20,6 Kilometern etwas kurz. Es ist ja noch nicht mal 6 Uhr, und wenn ich mein übliches Tempo laufe, wäre mein Tagesziel weit vor Mittag erreicht. Ich werde einfach mal schauen, wie es vorangeht und dann situativ entscheiden wonach mir ist. So macht man das ja schließlich auch auf dem Camino. Sich treiben lassen und aus dem Bauch heraus entscheiden, bzw. den Camino entscheiden lassen. Genau wie Julie es heute Morgen beim Aufwachen auch getan hat. Klar finde ich es schade, dass sie weg ist, aber ich kann sie verstehen. Wer weiß wofür es gut ist und wenn es sein soll, dann werden wir uns wiedersehen. Da bin ich mir ganz sicher. Mal sehen, was nach diesem Auftakt heute noch so alles passieren wird.

So richtig darüber hinweg, dass ich mich gegen 6:30 Uhr alleine auf den Weg machen durfte, bin ich noch nicht. Das wird vermutlich auch noch eine Weile an mir knabbern. Aber wie schon häufiger in den letzten Tagen ist die atemberaubende Landschaft eine willkommene Ablenkung. Den

Atem raubend hingegen war bis vor ein paar Minuten die Luft in der Herberge von Nájera. Draußen erstmal tief durchatmen.
Kurz nachdem man das Kloster hinter sich gelassen hat, ist man auch schon wieder mitten in der Natur. Wäre ich nicht selbst hier und jetzt vor Ort, würde ich darauf wetten, dass die Szenerie mit einem Farbfilter bearbeitet wurde. Die Wolken lassen erahnen, dass gleich die Sonne aufgehen wird, und der Tag kurz davor ist zu beginnen. In diesen magischen Minuten ist alles in ein indirektes lilafarbenes Licht getaucht. Die seitlichen Sandsteinfelsen leuchten mit der rötlichen Erde des Weges um die Wette und die Wolken reflektieren dazu bereits die ersten Sonnenstrahlen. Dazu ein leichter Frühnebel und soweit ich schauen kann kein anderer Pilger. Fertig ist ein mystischer Auszug aus Nájera. Der frühe Vogel fängt vielleicht den Wurm, aber der früh aus dem Bett gejagte Pilger wird zumindest mit einem Naturschauspiel entschädigt.
Die sechs Kilometer bis Azofra sind ein prima Einstieg in die heutige Tagesetappe. Es geht nach einem anfänglichen kleinen Anstieg kaum nennenswert auf und ab, der Weg führt erst durch schroffe Felsformationen und dann meist an Reben vorbei. Die nervige Autobahn ist weder in Hör- noch in Sichtweite. Was mir auffällt, ist, dass die Weinreben hier in der Rioja wie schon in der Region Navarra ausgesprochen niedrig über dem Boden wachsen. Aus der Pfalz kenne ich eher mannshohe Reben. Selbst alte knorzige Pflanzen sind hier hingegen maximal hüfthoch. Der Vorteil für uns Pilger ist, dass man so eine prima Sicht über die Felder hinweg hat. Ich muss schon sagen, wie selbst die hiesigen Winzer touristische Gesichtspunkte im Blick behalten, ist wirklich bemerkenswert.
Hinter Azofra mischen sich dann zunehmend erste Getreide- und gelegentlich auch Rapsfelder unter die Reben und es wird flacher. Die Gräser sind Mitte Mai noch nicht allzu hoch gewachsen und so bleibt im Blickfeld weiterhin viel Raum für den satt blauen Himmel. Wer zufällig seine Golfausrüstung bei sich trägt, könnte auf dem Golfplatz von Cirueña eine Runde spielen. Ich laufe zielstrebig daran vorbei – mein Rucksack ist auch ohne Eisen schon schwer genug. Gegen 9:30 Uhr kommt dann in der Ferne schon Santo Domingo de la Calzada in Sicht. Der riesige Kirchturm

weist sicher den Weg und lässt erahnen, dass hier die nächste Mega-Kathedrale auf die Pilger wartet. In einem Ort mit immerhin knapp 7.000 Einwohnern habe ich inzwischen auch nichts Anderes erwartet.

Der Weg runter in die Ebene von Santo Domingo ist monoton und ich bin froh, dass Cordula mit ausführlichen Informationen zur nahenden Ortschaft für Unterhaltung sorgt. Mein erster Blick geht wie immer ans Ende der Infobox wo die Ausführungen zur kulinarischen Spezialität des Ortes stehen: *Ahorcaditos* – das kleine Erhängte. Klingt jetzt nicht gerade verlockend. Der historische Teil der Infobox erschließt aber, dass der Name der Leckerei ganz unmittelbar mit der frühen Stadtgeschichte zu tun hat. Und diese Geschichte hat es in sich.

Die Legende vom sogenannten Hühnerwunder ist schnell erzählt, setzt aber fürwahr ein gehöriges Maß an Flexibilität bezüglich der „Fakten" voraus. Aufgepasst, es wird abenteuerlich: Familie pilgert nach Santiago, Sohn verschmäht in Santo Domingo de la Calzada die Reize der Tochter des Wirts, die rächt sich indem sie ihm statt eines Bratens einen Silberbecher des Vaters unterjubelt und die Stadtbüttel auf ihn ansetzt. Der nichtsahnende Sohn wird überführt, verurteilt und endet am Strick. Auf dem Rückweg von Santiago finden die trauernden Eltern ihren Sohn dann aber quicklebendig vor. Tadda – er sitzt mit einem Strick um den Hals auf den Schultern von Santo Domingo. Als die freudetrunkenen Eltern dies dem Richter verkünden – er sitzt gerade zu Tisch und verspeist zwei Brathähnchen – tut dieser die frohe Kunde jedoch ungläubig mit den Worten ab, dass „der Sohn so tot wie die beiden Hühner auf seinem Teller" sei. Es geschieht das Wunder, denn die gebratenen Hühner flattern putzmunter vom Teller in die Luft, woraufhin der geläuterte Richter den Sohn nicht nur für lebendig, sondern auch noch für unschuldig erklärt und an seiner statt nun die Tochter des Wirts aufknüpfen lässt. Er selbst trägt danach bis ans Ende seiner Tage als Mahnung einen Strick um den Hals. Ein weiteres Wunder für die niederträchtige Wirtstochter ist nicht überliefert. Ende der Legende.

Mein lieber Peter from Manchester hätte sich die Story nicht schillernder ausdenken können und ich bekomme eine vage Idee, wie auch damals schon solche Geschichte zustande gekommen sein könnten – schließlich

liegt Santo Domingo de la Calzada noch in der Weinregion La Rioja.
Die Legende ist natürlich hanebüchen, aber könnte aus Sicht der Kirche eigentlich kaum schöner verfasst sein. Der moralisch standhafte, sprich fromme Sohn Hugonell wird auf seiner Pilgerreise von einem Heiligen gerettet und das sündig lockende Weib endet am Strick. Die beiden Hühner dienen als greifbarer Gottesbeweis und der symbolische Strick um den Hals des Richters soll die Gläubigen daran erinnern, wie es Sündern halt ergeht. Praktischerweise kamen ja auch Jahr für Jahr neue Pilger durch diese wichtige Station des Jakobswegs und konnte dadurch die Geschichte am Leben gehalten und rasch weitertragen werden. Kein Wunder also, dass es das sogenannte Hühnerwunder bis ins ferne England geschafft hat und bereits im 14. Jahrhundert beispielsweise in das Chorgestühl der Kathedrale von Chester geritzt wurde.
Auch Hape schildert eine von diversen Versionen der Geschichte und fragt sich am Ende wie ich auch, ob die Leute das damals wirklich geglaubt und tatsächlich als Wunder Gottes betrachtet haben. Nun ja, die Pilger sind damals ja auch in der festen Überzeugung an das vermeintliche Grab eines Apostels gepilgert, der mal als Maurentöter auf einem weißen Ross verehrt und dann mal Fischern mit Muscheln behangen über dem Wasser schwebend erschienen sein soll. Legenden eben.
Der Bogen zum heutigen Santo Domingo de la Calzada und den Ahorcaditos schließt sich, wenn man nun weiß, dass mitten in der Kathedrale zwei Hühner in einem üppigen Käfig gehalten werden, um auch heute noch an diese populäre und auf dem Jakobsweg quasi unumgängliche Legende zu erinnern. Bei der kulinarischen Spezialität handelt es sich konsequenterweise um gefüllten Blätterteig in Form einer Muschel und einem gehängten Mann – womit Camino und Legende klebrig süß miteinander verbacken wären.

Sobald man am Beginn der Calle Mayor angekommen ist, beginnt auch die Altstadt, die ausgesprochen hübsch ist. Das Zentrum selbst ist nicht sonderlich groß, aber neben der Kathedrale ist nicht nur der freistehende Kirchturm sehenswert, sondern findet sich auch ein historisches Parador Nacional. Dabei handelt es sich um ein Luxushotel der Paradores Kette, die dem spanischen Staat gehört und deren „Herbergen" meist in alten Burgen, Rathäusern oder Klöstern untergebracht sind. Im Falle von Santo Domingo de la Calzada handelt es sich tatsächlich sogar um das ehemalige Pilgerhospital des heiligen Santo Domingo. Da das Universum ja bekanntlich einen schrägen Humor hat, wollte Hape ausgerechnet in Santo Domingo dem Herbergswesen eine zweite Chance geben, verbringt dann aber eine höchst unerfreuliche Nacht mehr wach als schlafend und rettet sich am frühen Morgen todmüde in eine Pension direkt gegenüber seiner Klosterherberge. Das erste Haus am Platze, was ansonsten gerne die Unterkunft seiner Wahl war, befand sich dabei gerade mal eine Ecke weiter und wäre zumindest eine historische Herberge gewesen – wenngleich heutzutage eine mit fünf Sternen und nicht mit ein oder zwei Muscheln und eben in Form eines schicken Paradores. Das Timing für die Herberge mag schlecht gewesen sein, aber immerhin hat er so seine Anne aus Liverpool kennengelernt, die für seinen Camino zu einer wichtigen Begleiterin wurden und vermutlich auch heute noch eine enge Freundin ist. Vermeintliches Pech kann sich also im Nachhinein als großes Glück herausstellen. Einer weiteren Nacht in einer Herberge sollte er jedoch ab jetzt keine weitere Chance mehr geben. Freud und Leid liegen wahrlich nahe beisammen.

Wie vermutet, wäre der Ort ein zu frühes Tagesziel gewesen. Also überquere ich den breiten Río Oja, an dem Santo Domingo de la Calzada liegt, und mache mich auf gen Westen.
Durch die strategisch wichtige Lage am Fluss und dazu die vom heiligen Domingo geschaffene Infrastruktur für Pilger, war die Stadt früher schon eine wichtige Station auf dem Camino. Die Legende vom Hühnerwunder hat diesen Status weiter untermauert und die beiden Hühner in der Kathedrale sind heute ein echter Pilger- wie auch Touristenmagnet. Ich hätte mich daher auch überhaupt nicht gewundert, wenn ich bei meinem Pflichtbesuch bei den Hühnern in Käfighaltung eine weitere Busladung schwäbischer Hausfrauen angetroffen hätte. Dann hätten die Viecher zumindest eine gute Inspiration für ihr eigenes Gegackere gehabt. Es gilt nämlich als gute Omen, wenn die Hühner während des Besuchs in der

Kathedrale loskrakeelen. Ohne ein solches Omen, aber dafür mit dem Stempel der Kathedrale im Pilgerausweis nehme ich die nächste Etappe in Angriff. Die 2,50 Euro für den Eintritt hätte ich vielleicht besser zur körperlichen Stärkung in Ahorcaditos investiert, aber dann würde der Stempel fehlen. Was schade wäre, denn den schmucken Sello der Kathedrale zieren der barocke Kirchturm, natürlich zwei Hühner und ein Baum im Vordergrund. Turm und Geflügel ist selbsterklärend, aber über den Baum kann ich nur spekulieren. Auch bei genauerer Prüfung kann ich jedenfalls keinen Strick an einem der Äste erkennen.
Auf dem Weg über die Brücke lohnt es sich, flussabwärts Richtung Ufer zu blicken, da dort auf hohen Masten Storchennester angelegt wurden, die soweit ich sehen kann komplett belegt sind. „Completo" gibt es also auch bei den Störchen von Santo Domingo de la Calzada.

Die nächsten Kilometer bis Grañón sind übel. Von Julie keine Spur, aber dafür ist die neu ausgebaute Autobahn über lange Strecken mein Begleiter. Die Weinreben sind inzwischen gleichermaßen verschwunden wie die Wolken und um 11 Uhr knallt die Sonne ordentlich. Ich will mir gar nicht vorstellen, wie dies hier erst im Sommer sein muss. Die Getreidefelder sind immerhin noch saftig grün und keine Stoppelwüste, aber Schatten spendet hier nichts. Ich bin inzwischen eindeutig in der Tierra de Campos, der Kornkammer Spaniens angekommen und Getreide baut man nun mal in flachen und heißen Gegenden an.
Wer heute mindestens bis Castildelgado möchte, sollte in Erwägung ziehen, frisch fromm fröhlich frei den Camino zu verlassen und südlich des offiziellen Weges über Corporales, Morales, Quintana und Bascuñana die lärmende Autobahn zu umgehen. Ziviler Ungehorsam, der einem viele nervige Kilometer durch schöne Natur ersetzt. Meine Rettung ist stattdessen die Musik, denn ich setze meine Kopfhörer auf, höre Gute Laune Musik und folge tapfer den gelben Pfeilen und Muscheln.
Grañón ist der letzte Ort in der Region La Rioja bevor es rüber nach Kastillien und León geht. Die hiesige katholische Herberge wartet mit einem einfachen Matratzenlager in der Kirche San Juan Bautista auf, wo man gegen eine Spende nächtigen kann. Cordula hat hierfür immerhin

zwei Muscheln vergeben, aber ich möchte auch um kurz nach 12 Uhr meinen Pilgertag noch nicht beenden und verzichte auf das Lager mit den 40 Matratzen. Schließlich sollen – ich zitiere – „viele Herbergen am Weg eine flexible Etappenplanung erlauben". Der Ort ist eher unspannend, aber die Calle Mayor endet in einem schönen Mirador, von dem man über die letzten Meter der Region La Rioja überblicken kann. Oder anders ausgedrückt, man sieht, was man die nächste Stunde vor sich hat. Auf den Bänken sitzen die lokalen Senioren in der Sonne, die auf mich allerdings den Eindruck machen, dass sie sich durch die bloße Gegenwart der Pilger bei ihrer Siesta gestört fühlen und auch definitiv keine Lust auf „¡Hola! Foto por favor? ¡Gracias!" haben. Nicht immer und zu jeder Zeit scheinen Pilger willkommen zu sein.

Weiter geht es also Richtung Castilla y León, wo ich über 400 Kilometer bis zur Grenze Galiciens vor mir habe. Burgos und Léon sind hier die größten Städte auf dem Camino, aber auch kleinere Städte wie Frómista, Astorga oder Ponferrada sollen beeindruckend und aus historischer Sicht bedeutend sein. Die Region beheimatet darüber hinaus aber auch die berühmtberüchtigte Meseta. Endlose Weiten flachhügeliger Kornfelder ohne Schatten, die für Tage die Psyche der Pilger herausfordern und schon so manchen fix und fertig zum Aufgeben gezwungen haben. Ehrlich gesagt graut es mir ein wenig vor diesen Etappen, die unmittelbar hinter Burgos beginnen.

Die Grenze zwischen den Regionen kann man unmöglich verpassen, denn gleich drei Schilder zeichnen den Weg, der nun ansteht – eines davon ist rund sechs Meter hoch. Eine weitere Region wäre also geschafft.

Was mir in den folgenden Orten leider nicht gelingt, ist eine Unterkunft zu bekommen. Sowohl in Redecilla del Camino wie auch in Viloria de Rioja ist alles schon voll und das Motel von Hape in Castildelgado ist für mich keine echte Option, da ja keine Herberge. Cordula hat zwar Recht, dass es hier in jedem kleinen Ort auch eine Unterkunft gibt, aber ab Mittag scheinen diese bereits allesamt „completo" zu sein. Mehr Glück habe ich schlussendlich in Villamayor del Río was von den Kilometern her auch höchste Zeit ist. Mit der reinen Wegstrecke habe ich es mal wieder auf über 40 Kilometer gebracht. Da Villamayor del Río ganze 50 Einwohner hat und dementsprechend klein ist, kommen auch keine weiteren Meter für die Erkundung der Sehenswürdigkeiten der Stadt hinzu. Ausnahmsweise hat die Kirche mal angemessene Dimensionen und ist im Ortskern sogar kaum als solche zu erkennen. Im Grunde besteht der Ort neben einer Herberge und ein paar verstreuten Bauernhöfen ansonsten nur noch aus einem Puff an der Nationalstraße. Ein Haus mit mehr roten Lampions an der Fassade als ein gutdekoriertes Chinarestaurant, welches vermutlich weniger die Pilger, aber dafür umso mehr die Trucker als Kundschaft im Blick hat. Ich mutmaße zudem ganz keck, dass die Übernachtungskosten hier deutlich über den 5 Euro liegen, die ich für meine Albergue San Luis de Francia berappen muss.

Die Herberge ist perfekt und es scheint vielleicht mein Glück gewesen zu sein, dass die zuvor angelaufenen Häuser schon voll waren. Ich habe ein ordentliches Bett in einem Dreierzimmer, die Hospitalera kocht am Abend und darüber hinaus verfügt die Herberge über einen herrlichen Garten. Nach dem Wäschewaschen lässt es sich in den bereitgestellten Gartenmöbeln unter Bäumen perfekt entspannen und es fühlt sich an wie Urlaub auf dem Bauernhof. Kindheitserinnerungen werden wach. Mal wieder hat der Camino gesteuert und zeigt sich, dass mein Ärger über die Reservierungen am Ende unnütz war. Ich sollte mehr Vertrauen in mein Schicksal haben.

Beim Tagebuchschreiben im Garten kommt mir zum ersten Mal der ernsthafte Gedanke daraus möglicherweise ein Buch zu machen. Hat sich nicht verdammt viel getan in den letzten 12 Jahren seit Hape hier unterwegs war? Und was ist mit den Etappen, wo er schmerz- oder hitzebedingt den Bus nehmen musste? Dadurch, dass er auf seine Düsseldorfer Art pilgerte und in Hotels schlief, erfahre ich leider auch eher wenig über das, was mich in den hiesigen Herbergen erwartet. Ich mag seine Schilderungen sehr, aber schlafen nicht die allermeisten Pilger halt doch in Herbergen? Vielleicht könnte ich ja durch meine „Kölner Art" zu pilgern und die strikte Regel ausschließlich in Herbergen abzusteigen, diese Lücken schließen. Vielleicht ist die Zeit über ein Jahrzehnt nach „Ich bin dann mal weg" ja reif für eine Aktualisierung. Grobe Ideen für ein

Vorwort kommen schnell in den Sinn, und ich beschließe meine täglichen Notizen von nun an noch sorgfältiger zu verfassen. Man weiß ja nie, was daraus noch werden könnte.
Derweil ich mir Gedanken über einen möglichen Titel mache, schlafe ich im Vergleich zu gestern seelenruhig ein. An Abwechslung mangelt es auf dem Camino wahrlich nicht.

Tag 10: Villamayor de Río – San Juan de Ortega

Mittwoch, 15.5.2013

Apropos Abwechslung auf dem Camino. Gestern lag die Temperatur bei sommerlichen 22 Grad und war der Himmel vom frühen Morgen bis zum Abend hin wolkenlos. Heute: Landregen soweit das Auge reicht und dazu noch ungewöhnlich frisch.

Also stapfe ich in meinem knallroten Regen-Outfit – riesiger roter Poncho und rote Gamaschen über den Stiefeln – zurück in Richtung Nationalstraße, wo die LKWs bei nasser Fahrbahn nochmal mehr Lärm machen. Ohne vernünftigen Regenschutz wäre die Etappe heute der reinste Alptraum – gegen den Lärm habe ich meinen iPod. Leider sieht der Himmel nicht danach aus, als würde sich das Wetter heute überhaupt noch mal ändern. Exakt was man mit einem leichten Kater so braucht. Gestern gab es nämlich zur hausgemachten Kartoffelsuppe und dem leckeren Rinderschmorbraten eine ganze Flasche Vino Tinto für mich alleine. Kein Wunder, dass ich neun Stunden im Bett gelegen habe und mir als Strafe der Schädel auch ohne den Lärm der Autos gehörig brummt.

Cordula, an sich meine Rettung in wenig erquicklichen Lagen, ist heute süß, denn bezüglich des ersten Wegabschnitts bis Belorado in etwa fünf Kilometer Entfernung schreibt sie, dass „wir gemütlich und nahe neben der Straße wandern". Sehr witzig. Gemütlich macht es einzig der Umstand, dass der vollkommen matschige Feldweg mit nur marginalen Höhenunterschieden auskommt. Weniger gemütlich ist die bereits erwähnte Tatsache, dass die äußerst vielbefahrende Straße tatsächlich direkt parallel verläuft. Da gefühlt alle paar Sekunden ein LKW vorbeizischt und ich für die Strecke grob überschlagen 5.000 Sekunden benötige, kommen auf der Strecke wohl mindestens eintausend vermaledeite Brummis zusammen. Etwa nach dem Einhundertsten hoffe ich inständig, dass möglichst viele in die Radarfalle gerauscht sind, die heute Morgen direkt hinter dem Club mit den roten Lampen aufgebaut war. Es werden also auch diejenigen Fahrer zur Kasse gebeten, die hier nicht stoppen, sondern zu schnell sind. Scheinbar hat die spanische Polizei einen sehr subtilen Humor, was Verkehrskontrollen angeht.

Belorado hat unter Pilgern den Ruf eine Partystadt zu sein. Obwohl es ein recht kleiner Ort ist, gibt es zahlreiche Herbergen und in den Kneipen der Stadt soll abends einiges los sei. Kann ich mir durchaus vorstellen, denn bereits die erste Herberge am Stadtrand kommt wenig dezent daher. Überall Werbetafeln, Landesflaggen aller Herren Länder und ein Pool, der bei wärmeren Temperaturen sicher einladend gewesen wäre und garantiert schon die ein oder andere Poolparty gesehen hat. Die Altstadt rund um die Calle Mayor und den Plaza Mayor ist unübersichtlich verwinkelt, aber trotz der heruntergelassenen Rollläden lässt sich erkennen, dass es hier jede Menge Schenken gibt. Die Gerüche scheinen also zu stimmen. Morgens um 9 Uhr bei strömendem Regen und einem Brummschädel ist diese Erkenntnis allerdings nur sehr bedingt von Nutzen. An einen Drink möchte ich jetzt eigentlich nicht erinnert werden. Belorado, ich verlasse dich ohne deine Blutwürste – die lokale kulinarische Spezialität, die *Morcillas* heißen – gekostet, deine gerühmten Lederwaren gekauft und deine Kneipen besucht zu haben. Vielleicht ja beim nächsten Mal.

Der Weg hinter Belorado wird ein wenig angenehmer, da sich der Abstand zur Straße etwas vergrößert und man den Verkehr nicht mehr ganz so stark hört. Es geht sogar ganz nett an einem kleinen Bach entlang bis Höhe Tosantos und dann mit etwas mehr Abstand zur N-120 über Villambistia weiter nach Espinosa del Camino. Alles winzig kleine Käffer, die gerade mal ein paar Dutzend Einwohner haben, aber in jedem der genannten Orte gibt es eine Kirche, eine Herberge und in Espinosa del Camino zu meiner Freude einen hervorragenden Café con Leche mit einem riesigen Stück Tortilla. Gestärkt und ein wenig getrocknet ziehe ich erneut die Kapuze ins Gesicht und versuche zu ignorieren, dass meine Schuhe durch den Matsch, der sich an den Sohlen festgeklumpt hat, locker jeweils ein Kilo schwerer sind. Heute ist irgendwie ein zäher Tag, an dem der nennenswerteste Erfolg der ist, dass sich der Abstand bis Santiago moderat verringert.

Die Landschaft ist inzwischen wieder grüner und auch merklich hügeliger geworden. Die Getreidefelder werden zudem weniger und langsam aber stetig nähere ich mich der Marke von 1.000 Höhenmeter. Der nächste Wegepunkt Villafranca Montes de Oca verrät ja auch schon im Ortsnamen, dass es hier wieder in die Berge geht, denn Montes de Oca heißt übersetzt ganz trivial: Gänseberge.

Hape konnte dem Ort, der früher mal eine Bischofsstadt war und laut Cordula den Pilgern Kraft für die Überquerung der Oca-Berge gab, vorsichtig ausgedrückt nicht viel abgewinnen. Wenn ich es mir recht überlege, hat er bislang über keine andere Stadt auf dem Camino derart schlecht geredet. Möglicherweise war er einfach schlecht drauf, aber offen gesagt, stimme ich ihm weitestgehend zu. Villafranca Montes de Oca scheint auch heute noch in erster Linie ein einziger langgezogener Truck-Stopp zu sein. Wer hier in der städtischen Herberge übernachten will oder vielmehr muss, und durch Hape's drastische Schilderungen das Schlimmste befürchtet, kann aber getröstet werden. Offenbar hat die Herberge tatsächlich das unvermeidliche Schicksal der überfälligen Abrissbirne ereilt, denn ein großes Schild in der Ortsmitte bewirbt die *Nuovo Albergue Municipal*. Da hat wohl jemand die vernichtende Kritik eines gewissen Herrn Kerkeling gelesen. Fairerweise darf aber nicht unerwähnt bleiben, dass die private Herberge *San Anton Abad* gegenüber der Iglesia de Santiago zumindest von außen einen exzellenten Eindruck macht. Und sobald man die enge Durchfahrstraße hinter sich gelassen hat, ist Villafranca auch gar nicht mehr so schlimm – wenngleich man auch nach einer Kurve schon wieder raus aus dem Nest ist. Zuvor im Ort noch schnell mit Bananen eindecken und ab in die Berge. Hauptsache weg von der nervigen Straße und den endlosen LKW-Kolonnen.

Durch meinen Marsch mit dem Poncho habe ich heute so gut wie keine anderen Pilger gesprochen. An trockenen Tagen, wo ich ja auch schon häufig alleine unterwegs war, ging das deutlich einfacher. Heute stapfen alle die ich treffe – mich eingeschlossen – einfach nur stupide vor sich hin und das „¡Buen Camino!" fällt stets denkbar kurz aus. Dann ist das heute

halt mal so, aber Spaß sieht anders aus. Solche Tage muss es wohl auch geben.
Schon kurz hinter Hape's bisherigem „Lieblingsetappenziel" geht es in den Wald. Früher lauerten hier jede Menge Banditen – ob es auch Gänse gab, müsste ich recherchieren. Auf jeden Fall erwartet mich ein einstündiger teils heftiger Anstieg, der mich auf über 1.150 Meter Höhe führt. Und je höher ich mich durch den Regen winde, umso silbrig-heller glänzen die Bäume in der Ferne. Als dann noch mehr heller Glanz von oben kommt, wird mir erschreckend langsam klar, dass ich auf eine schneebedeckte Winterlandschaft zulaufe. Wir haben den 15. Mai und es schneit in den Gänsebergen nicht etwa Gänsefedern, sondern klassischen Schnee. Ich muss mir immer wieder wie ein Mantra vorsagen, dass ich in Spanien unterwegs bin und es inzwischen Mitte Mai ist, um es überhaupt noch zu glauben. Durch das subtropische Klima, welches unter meinem Poncho herrscht und die schweißtreibende Anstrengung des Anstiegs ist mir offenbar entgangen, dass die Temperatur nur knapp über 0 Grad liegt. Keine Wunder also, dass es zur Abwechslung nun nicht mehr regnet, sondern eben schneit. Glauben kann ich es dennoch kaum – gestern saß ich schließlich noch unweit von hier mit kurzen Hosen und T-Shirt im Garten meiner Herberge und habe mich gesonnt. Da hat mich der Camino schon wieder mit einer überraschenden Wendung drangekriegt.
Wie bei allen Dingen, die mir zuhause niemand glauben wird, möchte ich schon gerne ein Beweisfoto mit mir darauf haben. Also frage ich den nächstbesten Rucksack, der des Weges kommt. Es stellt sich heraus, dass mein Fotograf der Wahl Stefan heißt und aus Bremen kommt. Pro Jahr nimmt er sich zehn Tage für seinen Camino frei und arbeitet sich so Jahr für Jahr weiter vor Richtung Santiago. In diesem Jahr will er bis Burgos und im Folgejahr dort dann wieder einsteigen. Vom Schnee zu dieser Jahreszeit ist er trotz seiner Vorerfahrung so überrascht wie ich. Unterwegs erzählt er mir vom Camino Aragonés auf dem er im Vorjahr unterwegs war. Auch damals war er auf dem Somport-Pass von Schnee überrascht worden – ähnlich wie es mir ja am Lepoeder-Pass passiert ist. Trotzdem hat er mir große Lust auf den aragonesischen Weg gemacht. Vor allem, weil man dort wohl deutlich weniger Pilger antrifft als auf dem navarrischen Weg,

den ich ab Saint-Jean gegangen bin. An so vielen Tagen habe ich mir schon gewünscht, dass ich den Weg mehr „für mich hätte". Irgendwie fühlt sich pilgern halt nicht ganz so verrückt und abenteuerlich und frei und spirituell an, wenn hinter jeder Kurve knallbunte Rucksäcke auftauchen und man sich dadurch alles andere als originell vorkommt.
Große Gespräche sind leider nicht drin, denn die Wetterverhältnisse verschlechtern sich. Ein Stück hinter dem Gipfel stehen wir dann plötzlich vor einem Einschnitt im Gelände, bei dem man auf der anderen Seite zwar den weiteren Weg sieht, aber man sieht die Talsohle nicht. Nüchterner als Cordula kann ich es nicht ausdrücken und wie immer hat sie nicht untertrieben: „... danach zwingt uns ein tiefer Taleinschnitt zu einem kurzen, aber steilen Ab- und Aufstieg." Ich würde mir trotzdem wünschen, dass du mal nicht Recht hättest. Nur ein einziges Mal.
Der Schnee ist zunehmend Eisregen und Hagel gewichen und von Villafranca bis zur nächsten Siedlung sind es schlappe 12,6 Kilometer – ohne jegliche Infrastruktur. Natürlich weiß ich das ebenfalls von Cordula. Sobald man den höchsten Punkt der Strecke erreicht hat und wieder zu Atem gekommen ist, liegen davon immer noch gut zwei Drittel vor einem. In anderen Worten, es sind jetzt noch rund zwei Stunden bis San Juan de Ortega und das Wetter scheint überhaupt nicht daran zu denken, besser zu werden. Sagte ich bereits, dass der heutige Tag echt zäh ist?
Teilweise ist der Weg derart aufgeweicht, dass Stefan und ich ständig von links nach rechts hin und her wechseln oder von Stein zu Stein und Grasbüschel zu Grasbüschel springen müssen. Man könnte meinen, wir würden das Gänsespiel aus Logroño nachspielen. Offenbar will mir der Camino heute mit Nachdruck zeigen, dass er nicht nur eitel Sonnenschein zu bieten hat. Er will bezwungen und durchstanden werden. Also hilft nur eins: positiv denken. Ändern kann ich momentan ohnehin nicht viel und morgen wird es bestimmt wieder besser. Vermutlich ist das hier so etwas wie der Härtetest für die nahende Meseta und auch da muss ich schließlich durch, wenn ich in Santiago und dann am Meer ankommen möchte. Dann hagelt es halt, na und? Ich freue mich auf die heiße Dusche und außerdem komme ich mit jedem Schritt San Juan de Ortega näher. Nach Santo Domingo übrigens der nächste Heilige, nach dem ein Ort auf dem Camino

benannt wurde. Es stellt sich heraus, dass er ein Schüler des Domingo' war und wie der auch seinen Ort selbst gegründet hat. Es ist vielleicht etwas narzisstisch, aber geht irgendwie schon in Ordnung, dass der Ort dann auch nach ihm benannt wurde. Aus einer ersten kleinen Kapelle wurde allmählich eine Pilgerherberge und schon kamen Mönche und es entstand ein Kloster. In diesem historischen Bau ist heute die Herberge untergebracht und ich danke dem heiligen Juan dafür, dass es durch sein Wirken hier überhaupt eine Zuflucht in den widrigen Bergen gibt. Laut Cordula liegt San Juan de Ortega auf gut 1.000 Metern und hat der Ort, bzw. besser gesagt das Örtchen ganze 18 Einwohner. Allzu stark scheint San Juan de Ortega in den 900 Jahren seiner Existenz also nicht gewachsen zu sein. Eindeutig keine Boom-Gegend. Ich glaube, dass dies sogar das kleinste Etappenziel auf meiner bisherigen Pilgerreise sein müsste und vermutlich auch bleiben wird. Laut Hape gibt es dort allerdings „keine vernünftige Unterkunft". Mir bleibt also bloß die Hoffnung, dass hier der gleiche, auf seinen guten Ruf bedachte Landrat wie schon in Villafranca zuständig war und sich in den letzten 12 Jahren doch etwas getan hat.
Der Versuch mit positiven Gedanken das Wetter zu verdrängen misslingt spätestens drei bis vier Kilometer vor meinem Ziel. Überhaupt gar nichts ist hier gerade positiv. Der Wind pfeift durch eine schier endlose Schneise, die natürlich exakt in Windrichtung geschlagen ist. Ich sehe kaum noch etwas, so sehr peitscht mir der Eisregen ins Gesicht und nur der Trost, dass jeder Cent den ich für meine über 300 Euro teuren Yak-Leder-Stiefel ausgegeben habe und deshalb halbwegs trockene Füße habe, rettet mich vor noch unflätigeren Flüchen. Vielleicht auch die Tatsache, dass Stefan in Hörweite vor sich hin stapft. Auf Hape bin ich gerade auch sauer. Sein Biorhythmus war in Villafranca im Keller, er hat schlecht geschlafen und ihm war kalt. Ja, mir ist im Mai auch kalt, aber ich sitze nicht im Bus, sondern quäle mich über die verfluchten Berge. ¡Ultreya! – weiter immer weiter – am Arsch. Ich will jetzt auch gar nicht tiefenentspannt sein, an eine Südseeinsel denken oder an den ganzen Kram, weswegen man gerne mal Räucherkerzen anzündet. Ich will sauer sein, ich will ankommen und ich will eine heiße Dusche. Es sind nämlich noch über drei Kilometer bis San

'am Ende der Welt' Juan. Es regnet zudem nahezu horizontal eine frostige Mischung aus Wasser und Hagel. Schon wieder Mimimi, ja ich weiß. Herrgott. Hallo Universum – habt ihr gestern alle gesoffen?
Nüchtern betrachtet gibt es aber doch nur die beiden Optionen weiterzulaufen oder ein noch viel längeres Stück wieder zurücklaufen. Nur was ist dann? Genau, ¡Ultreya! eben. Also Augen zusammenkneifen, Kapuze ins Gesicht und durch – irgendwann wird dieses verdammte Kaff schon auftauchen und dann ist die Herberge wirklich mein Refugio. Bislang bin ich von Banditen und wilden Gänsen zwar verschont geblieben, aber diese Kilometer hier in den Montes de Oca bei Eisregen und einem moorartigen Untergrund sind mir genug Buße für die nächsten Jahre.
Die Phase des Nicht-wahr-haben-wollens war heute Morgen schon kurz nach dem Loslaufen bewältigt, dann kam unterwegs die Frust-Phase wo man einfach nur hinschmeißen will und flucht wie ein Rohrspatz. In den Gänsebergen folgte dann eine kurze weinerliche Phase, wo ich den Wechsel von Schnee zu Schneeregen einfach nicht gerecht fand. Jetzt greift die Ihr-könnt-mich-mal-Phase, wo ich trotzig aufbegehre und Stefan und der Welt klarmachen will, dass ich mich davon nicht unterkriegen lassen werde. Wäre doch gelacht, wenn so ein bisschen H_2O meinen Camino gefährden würde. Das sind doch nur zwei Buchstaben und eine tiefgestellte Zahl. Irgendwann wird das Kloster mit der Herberge schon auftauchen und dann wird mir schon einer der 18 Einwohner ein Bett anbietet. Ich hoffe das Universum hat mitgehört.
Die Trotz-Phase hält zum Glück an bis ich aus dem nicht enden wollenden Wald endlich rauskomme. Wie so häufig sieht man auch hier den Kirchturm lange bevor man am Ziel ist. An der See hat man Leuchttürme, die den Schiffen als Orientierung dienen, auf dem Jakobsweg eben Kirchtürme, die von den Pilgern angepeilt werden können. Nach einer gefühlten Ewigkeit sind auch die letzten Meter geschafft und ich trete als rot verpackter Eiszapfen durch die Pforte der altehrwürdigen Klosterherberge. Stefan hatte sich vorab ein Zimmer im Hotel Rural reserviert und nimmt damit – für mich natürlich regelwidrig – die einzige Alternative in San Juan zur hiesigen Herberge in Anspruch. Am Ortseingang verabschieden wir uns mit dem stillen Bewusstsein, dass die

beiden Herren Doktoren heute Nacht wohl sehr unterschiedlich komfortabel nächtigen werden. Was musste ich mir auch solch selbstkasteiende Regeln auferlegen. Mein Kloster wurde von Cordula mit mauen anderthalb Muscheln ausgezeichnet, kostet für den Camino durchschnittliche 5 Euro und soll angeblich in den letzten Jahren „etwas renoviert worden sein". Außerdem gäbe es inzwischen eine Heizung und Warmwasser. Hört hört. Das Wort „inzwischen" will mir also ernsthaft bedeuten, dass es bis zur Renovierung keine Heizung gab? Ich hoffe doch sehr, dass die Renovierung nach Hape's Tirade über die „nicht vernünftige Herberge" erfolgt ist. Keine Heizung und kein warmes Wasser zu haben, erscheint mir angesichts der aktuellen Temperaturen hier auf über 1.000 Metern in der Tat wenig vernünftig. Willkommen in der Zivilisation, San Juan.

Nun ja, so richtig in der Gegenwart ist San Juan auch im Mai 2013 noch nicht angekommen, dann zumindest heute scheint das Wasser für die Heizungsanlage nicht ausreichend erwärmt werden zu können. Ergo, es ist saukalt und klamm und auch nur unwesentlich wärmer als draußen wo immerhin Eis aus den Wolken fiel. Eis! Es zieht auch ganz gewaltig zwischen den klappigen metallenen Stockbetten, denn so manche Fensterscheibe ist gesprungen. Wo bitte bin ich hier gelandet? Fröstelnd suche ich die Nassräume auf, um dort Erlösung für den geschundenen Leib und den ungläubigen Geist zu finden. Und siehe da, ein erstes gutes Zeichen, denn aus den gekachelten Räumen schlägt mir beim Betreten Dampf entgegen. Zumindest hier scheint es also warmes Wasser zu geben. Seit Stunden freue ich mich nun schon auf eine heiße Dusche und darauf, die Kälte aus den Gliedern zu bekommen.

Vorfreude ist zwar bekanntlich die schönste aller Freuden, aber bei der soll es heute leider auch bleiben. Durch den Dunst kann ich die in weiten Teilen schwarzen Decke erst nur schwer deuten, aber dass es sich dabei um kunstvoll arrangierte Farbe handelt, kann ich recht schnell ausschließen. Über den Duschen hat sich jede Menge Schimmel ausgebreitet und auch sonst machen die Nassräume einen vollkommen versifften Eindruck. Ich wüsste gar nicht, wo ich meine Sachen ablegen sollte. San Juan wo bist du, wenn man dich braucht? So sehr ich mir auch eine heiße Dusche gewünscht habe – der Ekel ist größer und ich mache auf dem Absatz meiner Badelatschen kehrt. Heute also keine Dusche, stattdessen schmollend in den Schlafsack für die wärmende Siesta.

Halbwegs wieder aufgetaut, finde ich den heiligen Juan dann nebenan in der Kirche, wo er seit 850 Jahren ruht. Ihm macht die Kälte also schon eine ganze Weile nichts mehr aus und eine Heizung gab es damals ganz sicher nicht – so lange wird die völlig unzureichende Renovierung ja auch nicht her sein. Kein Ort, der den Namen eines Camino-Heiligen trägt, wartet ohne ein Wunder auf, denn wie schon in Santo Domingo ist ein solches in der Iglesia Monacal geschehen: das Lichtwunder – *Milagro de la Luz.* Einem findigen Baumeister ist es gelungen, dass genau zur Tag- bzw. Nachtgleiche, also an den Tagen an denen die Uhren umgestellt werden, ein Sonnenstrahl für ein paar Minuten just auf die gleiche Stelle neben dem Altar trifft, die zudem auch noch einen Teil der Weihnachtsgeschichte zeigt. Für mich ist das eher ein geophysikalisch berechenbarer Sachverhalt als ein Wunder, aber ich bin Cordula für diese Info dankbar. Ausreichend Zeit mich zu bilden und etwas über mein aktuelles Umfeld zu erfahren habe ich und los ist hier in San Juan rein gar nix. Kaum Pilger, kaum Einwohner, kein Waschtag – weder für mich noch für meine Klamotten. Hier würde ohnehin nichts trocknen. Die mal wieder fällige Postkarte nach Paris an Keo ist auch schon geschrieben und es bleibt viel Zeit in meiner Cordula zu schmökern und Tagebuch zu schreiben.
Den Frühlings-Lichtstrahl habe ich um knapp zwei Monate verpasst, aber ein erfreulicher Lichtblick ist das Telefonat mit Marianne. Sie klingt wieder etwas kräftiger als bei unserem letzten Gespräch vor ein paar Tagen in Logroño. Es tut unglaublich gut dies übers Telefon zu hören und ich habe wieder mehr Hoffnung, dass bei ihr vielleicht ein kleines Wunder passieren und die Therapie doch noch anschlagen könnte. Wenn sie wieder zu Kräften kommen würde, dann könnte der Körper die erforderliche Zeit haben, um den Krebs doch noch zu besiegen. Trotz inzwischen der zweiten Chemotherapie, weiß man leider immer noch nicht um was für einen Krebs es sich handelt. Der Primarius sei nicht bekannt, heißt es von den Ärzten. Ihr Weg ist derzeit so viel beschwerlicher und ich habe mich

heute über den bislang einzigen Regentag aufgeregt. Was für ein Quatsch, denn wenn ich dies in Relation betrachte, dann war die heutige Etappe zwar nicht angenehm, aber am Ende des Tages bleibt der Erfolg es geschafft zu haben und wieder ein paar Kilometer bis Santiago runtergelaufen zu haben. Es könnte mir vielleicht nicht schaden, unerfreuliche Begebenheiten grundsätzlich daraufhin abzuklopfen, ob ich mich in einem Jahr überhaupt noch daran erinnere oder ob die Erinnerung vielleicht schon nach einem Monat oder gar einer Woche verblasst ist.
Jeder Tag hat 86.400 Sekunden. Wenn davon ein paar Hundert unerfreulich sind, dann verbleiben immer noch Tausende auf der Habenseite. Und selbst wenn an einem richtig schlechten Tag die negative Seite überwiegt, dann war es vielleicht ja doch nur ein schlechter Tag in einem Monat und allenfalls ein Bruchteil aufs komplette Jahr oder Leben gesehen. Also alles mal wieder eine Frage der Einstellung und der Perspektive. Für morgen ist beispielsweise schon wieder blauer Himmel gemeldet und während meiner Siesta hat es zu regnen aufgehört. Ganz so übel ist die Welt doch gar nicht.

Ganz irdische Wärme spendet erst mal das Pilgermenü in der Gaststätte nebenan. Ich esse grundsätzlich eher langsam, aber noch nie habe ich mir so viel Zeit genommen wie hier und heute. Nur um einen Grund zu haben, hier im Warmen sitzen bleiben zu dürfen.
Es wird dennoch ein kurzer Abend nach einem zehrenden Tag, denn Tag 10 war bislang von der Strecke und dem Wetter her gesehen der wohl unangenehmste.
Bereits bis zur Nasenspitze im Schlafsack eingemummelt werde ich dann noch Zeuge, wie sich zwei Erwachsenen, die – man erinnere sich – beide nachweislich Pilger sind, um eine der bereitgestellten Wolldecken prügeln. Eine Señora mittleren Alters hat einem älteren Mann einfach dessen Decke vom Bett weggeschnappt, als der mit seinem Rucksack beschäftigt war. Einfach unglaublich. Schon verrückt, was Kälte mit den Menschen anzustellen vermag. In diesem Fall attestiere ich fortgeschrittene Herzenskälte und bin doch ein wenig fassungslos. Das Gute siegt am Ende, denn der ältere Herr bekommt nach hitziger Debatte und kurzem

Gerangel seine Decke zurück. Der unverfrorenen Spanierin wünsche ich von Herzen eine verfrorene Nacht.

Ich schwöre auf das Grab des heiligen Juan, dass während meines Telefonats auf dem Kirchenvorplatz die Sonne durch die Wolken brach. Zufall oder nicht, für mich war es mein persönliches kleines Lichtwunder nach dem heutigen Tag und ich möchte ganz fest daran glauben, dass dies ein gutes Omen für meine Mutter ist. Vielleicht will mir das Universum doch etwas mitteilen und durch die Elemente ein Zeichen geben.
In diesem Sinn: Buenas noches an meine schnarchenden Mitschläfer in der Gefriertruhe San Juan de Ortega!

Tag 11: San Juan de Ortega – Burgos

Donnerstag, 16.5.2013

Heute Morgen nach dem Aufwachen geht es mir wie den beiden älteren Franzosen, die in Villamayor de Monjardín vor der Herberge schlafen mussten. Ich brauche jetzt ganz dringend Bewegung, um wieder warm zu werden. War das eine bitter kalte Nacht! Der Blick aus dem Fenster zeigt zumindest, dass die Wettervorhersage korrekt war – es ist trocken und nahezu wolkenlos.

Gestern beim Essen hat mir jemand den Tipp gegeben, dass die Sonnenaufgänge hier oben in den Gänsebergen ausgesprochen sehenswert sein sollen. Wach bin ich und noch ist es dunkel. Also Rucksack packen, die komplett verdreckten Wanderstiefel an und los. Es ist 5:50 Uhr und der Automat, aus dem es eigentlich Frühstück geben soll ist defekt. Irgendwie passt das alles zum Gesamtbild dieses bisherigen Tiefpunkts was meine Schlafstätten angeht. Und so bin ich – ungeduscht – bereits Punkt 6 Uhr zurück auf dem Weg. Hungrig, aber gut in der Zeit für den Sonnenaufgang. Meine Leidensgenossen in der Herberge scheinen dagegen in eine Art Kältestarre gefallen zu sein, denn völlig untypisch bin ich um diese Uhrzeit mal einer der ersten. Eine knappe halbe Stunde geht es strammen Schrittes durch das letzte Waldstück der Montes de Oca. Sobald man den Wald hinter sich gelassen hat, steht man plötzlich auf einer Hochebene und Sweet Baby Jesus, was für ein irrer Rundumblick sich mir da bietet. Als wäre das nicht ausreichend, schiebt sich in diesem Moment die Sonne über eine ferne Bergkette und taucht die Szenerie in ein sanftes rötliches Licht. Noch nicht genug, um dem Himmel für den frühen Start zu danken? Kein Problem, denn auf dem Boden vor meinen Füßen befindet sich ein gigantischer Steinkreis, der mindestens zehn konzentrische Kreise bildet und etwas keltisch-mythologisches hat. Ein Mini-Stonehenge in Spanien bei einem wie gemalten Sonnenaufgang und dazu kein anderer Pilger weit und breit. Danke, dass der Frühstücksautomat heute defekt war und ich dafür keine wertvolle Zeit „verloren" habe! Und danke, dass San Juan mein gestriges Ziel war. Dieser

Moment entschädigt für jedes einzelne Grad Celsius unter der Wohlfühltemperatur.
Tag 11 kann gar nicht mehr schlecht werden. Was für ein unglaublich toller, versöhnlicher Abschied aus den frostigen Montes de Oca.

Auf dem kurzen Abstieg über einen breiten Feldweg wird mir mal wieder bewusst, dass man einfach nie wissen kann, für was etwas gut ist. Hätte es gestern nicht so gnadenlos geregnet, wäre ich vermutlich die 3,5 Kilometer hinter San Juan durchgelaufen und hätte mir in Agés eine Herberge mit funktionierender Heizung gesucht. Die Hochebene von heute Morgen wäre gestern ohne den Sonnenaufgang zwar schön, aber vergleichsweise unspektakulär gewesen. Die aufwändig gelegten Steinkreise wären mir womöglich sogar komplett entgangen. Natürlich war mir dies noch nicht bewusst als ich in der unbeheizten Herberge gefroren und geflucht habe. Man stürzt sich halt schnell auf das, was gegenwärtig und greifbar ist. Die Verlockung ist auch einfach zu groß, auf Basis der Gegenwart direkt abschließende Schlüsse zu ziehen – dabei machen vielleicht gerade die noch unbekannten Entwicklungen das Bild erst komplett. Gelassenheit und Vertrauen könnten die Schlüsselworte für diese triviale, aber doch so zentrale Erkenntnis sein.
In Agés gibt es die nächste Versöhnung: Frühstück. Und nicht einfach nur ein Hörnchen mit Kaffee, sondern ein frisch gepresster Orangensaft, ein sensationeller Café con Leche und dazu noch ein köstlicher Obstsalat. Wer hier vorbeikommt, sollte unbedingt im *El Alquimista de Agés* einkehren. Verfehlen kann man dieses kleine Café mit Proviantverkauf auf keinen Fall, denn mal wieder ist der Ort ein winziges Nest. Aber es reicht ja, dass von einem Laden ein tolles Frühstück geboten wird. Überhaupt scheint Agés ein richtig hübscher kleiner Ort zu sein, der genau zwischen den Gänsebergen und der nächsten Bergkette, der Matagrande, liegt. Die Autobahn ist daher auch weit weg und noch immer auf einer Höhe von knapp 1.000 Meter hat man das Gefühl fernab jeder Zivilisation zu sein – obwohl direkt hinter der Matagrande mit Burgos schon die nächste Großstadt auf mich wartet.
Konzentrische Steinkreise, mystische Stimmung und einsame Wege. Da

passt es, dass im nächsten Örtchen Atapuerca vor einigen Jahren die 800.000 Jahre alten Knochen des Vorgängers unseres Neandertalers ausgegraben wurden. Der Fund gilt noch heute als Sensation und hat es auf die Liste der UNESCO-Weltkulturerben geschafft. Irgendwie scheinen Gebeine ein ständiger Begleiter auf den Stationen des Jakobswegs zu sein. Für eine Besichtigung der Ausgrabungsstätte habe ich jedoch nicht die Zeit, denn meine inzwischen wieder aufgewärmten Gebeine sollen mich heute noch über die Matagrande nach Burgos bringen. Rund 25 Kilometer liegen vor mir.

Dank einer gebührend ausgiebigen Frühstückspause treffe ich kurz hinter Atapuerca auf Stefan, der den Sonnenaufgang leider im Waldabschnitt vor der Hochebene erlebt, beziehungsweise vielmehr nicht erlebt hat. Seine Nacht war wohl ebenfalls lausig kalt und auch wenn er eine warme Dusche hatte, scheint der Unterschied im Komfort gar nicht so groß gewesen zu sein. Nur, dass er für seine Chance auf eine Erkältung den genau achtfachen Preis bezahlt hat. San Juan scheint also selbst für Komfortpilger eine durch und durch erfrischende Angelegenheit zu sein.

Gemeinsam nehmen wir den „teils beschwerlichen, rund eine Dreiviertelstunde langen, teils steinigen Aufstieg" in Angriff. Was Cordula nicht verrät, ist, dass wir dabei durch diverse Schafherden müssen. Und Schafherden werden von Hunden bewacht, die pflichtbewusst bellen, wenn sich Pilger mit bunten Rucksäcken nähern. Aber was glauben die denn, was wir mit den blökenden Viechern vorhaben? Wir sind doch keine Neuseeländer! Ich bilde mir ein, dass Stefan deutlich vehementer angebellt wird als ich.

Der zwar schneefreie aber doch extrem windige Gipfel auf 1.078 Meter Höhe ist erklommen und soll für eine Weile der letzte Punkt über 1.000 Höhenmetern gewesen sein, dann nun geht es runter auf „nur" gut 800 Meter. Bis León wird das auch so blieben, denn die Meseta direkt hinter Burgos ist eine schier endlose Hochebene auf 800 bis 900 Metern und zeichnet sich vor allem durch ein Minimum an Abwechslung aus – eben auch was die Auf- und Abstiege angeht. Immerhin sollte damit die Gefahr eines weiteren Schneesturms gebannt sein.

Auf dem Matagrande findet sich ein weiterer riesiger Steinkreis. Der äußere Ring hat locker einen Durchmesser von 20 Metern oder mehr. Meine Vermutung ist, dass die Steinkreise mal von Pilgern angelegt und dann über Pilger-Generationen hinweg weitere Ringe hinzukamen – dank des „steinigen Aufstiegs" gibt es ja auch reichlich Material vor Ort, um sich dergestalt zu verewigen. Das Tal mit den Steinmännchen war ja schon einmal ein kunstvolles Beispiel dafür, dass Pilger offenbar gerne eine Spur hinterlassen wollen. Ob in tausenden von Jahren wohl Ausgräber wilde Deutungen anstellen werden, wie diese Steinkreise hier wohl entstanden sind und was sie „damals" bedeuten sollten? Hübsch anzusehen sind sie jedenfalls. Mir genügt dies völlig.

Der freie Blick von hier oben auf Burgos ist das nächste Highlight des noch jungen Tages. Dank der klaren Luft kann man in weiter Ferne sogar die Türme der Kathedrale erkennen. Allerdings noch so klein, dass einem sofort schmerzlich bewusst wird, dass Burgos noch viele Kilometer entfernt ist – gut 20 um genau zu sein. Hinter Burgos sieht die Landschaft reichlich flach aus. Die Meseta kündigt sich also sogar schon auf dem Gipfel der Matagrande an. Gute zwei Stunden bin ich nun schon unterwegs und rund ein Drittel der Tagesetappe wäre geschafft. Mit einem Highlight und einem Steinkreis pro Stunde kein schlechter Schnitt bislang. Jetzt weiter nach Burgos.

Weitere zwei Stunden geht es nun nach einem knackigen – erneut „steinigen" – Abstieg durch Felder und zurück in Richtung urbaner Zivilisation. Sobald mal die Autovía del Norte überquert hat, trennen einen „nur" noch der quer im Weg liegenden Flughafen von Burgos und dahinter weitere 10 Kilometer Industriegebiet von der gerühmten Altstadt. Diese Distanz zu überwinden kann auf drei Arten erfolgen:

A. Man beißt in den sauren Apfel und marschiert tapfer für gut zwei Stunden an Gummifabriken, Autohäusern und dergleichen vorbei.

B. Man nimmt den Bus ab Villafría, was bedeutet, dass man nur kurz um die Spitze der Landebahn herum muss und gegen meine Regel Nr. 1 verstößt.

C. Man hört auf Cordula und nimmt eine alternative Route zum Camino.

Selbstredend folge ich ohne zu zögern Cordulas Empfehlung. Auf der Alternativroute geht es zunächst südlich des Flughafens durch die Felder, danach kreuzt man die bereits unzähligen Male überquerte und deshalb wohlbekannte Nationalstraße 120 und nähert sich schließlich aus östlicher Richtung der Altstadt Burgos. Klingt gar nicht so verkehrt, zumal sich Option A grauenhaft und Option B gänzlich regelwidrig anhört.

Falls gleich ein Spaceshuttle landen sollte, wäre ich kaum überrascht, denn die schnurgerade Stecke entlang der Landebahn will und will nicht enden. Ich habe mal gehört, dass es am Köln Bonner Flughafen eine überlange Landebahn gibt, damit dort bei Bedarf tatsächlich ein Spaceshuttle notlanden kann. Ohne Zweifel hat die NASA auch in Burgos ein paar zusätzliche Quadratkilometer Betonplatten springen lassen. Folglich führt der erste Teil der schöneren Route zwar nicht an Autohäusern, dafür aber schier endlos an einem übermannshohen Maschendrahtzaun entlang. Pest oder Cholera offenbar. Nach der Überquerung der Nationalstraße verlassen mich hinter Castañares dann meine Pfadfinderqualitäten, denn ich scheine inzwischen auf einer nicht wirklich existierenden Option D unterwegs zu sein. Weit und breit sind keine gelben Pfeile oder Muscheln zu sehen. Stattdessen führt die Straße an tristen Vorstadthäusern und verlassenen, teils verfallenen Geschäften vorbei. Es sieht hier aus wie in einer gut gemachten Kulisse für einen Endzeit-Thriller der in einer von Zombies bewohnten Geisterstadt spielt. Vom Naherholungsgebiet Fuentes Blancas, dem idyllischen Río Arlanzón oder gar dem Flussbad Playa Fuente del Prior mit seinem Sandstrand keine Spur. Die Richtung stimmt, aber ich habe mich doch tatsächlich das erste Mal verfranzt. Zurückgehen und die richtige Abbiegung finden, möchte ich aber auch nicht. Also folge ich stur der Straße und arbeite mich frei Schnauze in Richtung Burgos vor.

Burgos scheint städtebaulich in gewisser Weise das genaue Spiegelbild von Logroño zu sein, wo die komplette Neustadt im Westen der Altstadt durchlaufen werden musste. Hier in Burgos wurden dagegen sämtliche Industrieanlagen und die für die Arbeiter erforderlichen Wohnungen im Osten an die Altstadt angereiht.

Die Franco Regierung hatte während des Spanischen Bürgerkriegs hier ihren Sitz und laut Cordula in großem Stil Industriegebiete und Wohnanlagen für die Arbeiter gebaut – durch die die Pilger seitdem hindurchmüssen. Dem selbsternannten Generalissimus war es offenbar ziemlich egal, dass die Fabriken auf der historischen Pilgerroute gebaut wurden. Nun, rund 170.000 Einwohner wollen nun mal irgendwo untergebracht sein. Schade nur, dass man sich dafür in Burgos klobiger hässlicher Wohnblocks bediente. Positiv gemäß der Lehre von heute Morgen gedacht, bin ich zumindest morgen früh wieder umso schneller raus aus Burgos.

Möglicherweise ist zur Ehrenrettung der Stadt der Weg am Fluss ja hübsch, aber meine Alternative von der Alternative gibt mir eher den Eindruck, dass ich mitten durch die Vorstadthölle gleich mehrmals um die Altstadt herumgelaufen bin. Jede Menge Plattenbauen und Einfallstraßen, aber keine Spur von der alten kastillianischen königlichen Residenzstadt mit der prächtigen gotischen Kathedrale, den üppig verzierten Stadttoren und einladenden Plätzen. Ich bin ganz kurz davor die erstbeste Herberge hinter Burgos anzusteuern und künftig kategorisch alle Städte über 1.000 Einwohner als denkbares Tagesziel zu streichen. Sofern ich überhaupt wieder hier herausfinden sollte.

Der Camino hat mal wieder anderes mit mir vor, denn urplötzlich enden die lieblosen Wohnsilos und übergangslos schließen sich schmucke historische Gebäude an. Ich bin zufällig am Plaza San Juan mit der Iglesia de San Lesmes gelandet, was exakt der Punkt ist, wo alle Wegvarianten zusammenfinden und der offizielle Jakobsweg in die Altstadt von Burgos führt. Ein schöner Zufall! Ab dieser Stelle fängt man an Burgos zu lieben. Über eine kleine Brücke geht es über einen grünen Stadtgraben, dann weiter durch verwinkelte enge Gassen durch die Altstadt auf die Kathedrale zu. Hier sieht Burgos wirklich königlich aus. Der Gedanke, keine größeren Städte mehr anzusteuern, verblasst.

Kurz vor der Kathedrale liegt mein heutiges Ziel: die städtische Herberge betrieben von der *Asociación de Amigos del Camino de Santiago*. Nun war meine letzte Herberge gelinde gesagt eine Zumutung und selbst mit bescheidenen anderthalb Muscheln noch überaus positiv bewertet. Dieses Juwel an Herberge hingegen hat schon auf dem Papier volle drei Muscheln und hätte auch ohne den direkten Vergleich mit der Eishölle von San Juan durchaus eine vierte verdient. Insgesamt 150 Betten stehen auf mehreren Etagen verteilt zur Verfügung – übrigens mit 5 Euro zum gleichen Preis wie gestern. Die Herberge ist zudem modern und dennoch in einem prächtigen Altbau in bester Lage untergebracht. Ein Glück also, dass ich schon um 12:45 Uhr hier bin, denn die Pforten haben bereits seit 12 Uhr geöffnet. Trotz der kleinen Schlange vor mir, ist die Herberge um 13 Uhr erst halb voll. Erst gegen 15:30 Uhr heißt es auch hier: „Completo". Spätestens nach der ausgiebigen heißen Dusche ohne jeden Hauch von Schimmel an den Wänden, würde ich die Unterkunft als Volltreffer und Top-Empfehlung bezeichnen.

Die Ankommensroutine ist inzwischen wirklich Routine und nach einer kurzen Siesta lockt die Stadt. Und treibt mich der Hunger vor die Tür. Die Catedral de Santa María ist neben der Kathedrale in Santiago de Compostela die einzige weitere Kathedrale auf dem Jakobsweg, die es auf die Liste der UNESCO Weltkulturerbe geschafft hat. Und dies auch vollkommen zu Recht. Ich muss gestehen, dass ich das Gotteshaus nur für den Stempel betrete, aber auch von außen ist das Bauwerk schwer beeindruckend. Durch die leichte Hanglage und die unzähligen Anbauten, wirkt das Ensemble ausladend und doch filigran. Manche Experten bezeichnen die Anlage als „steinernen Wald". Ich glaube das ist freundlicher gemeint als es klingt. Als Wahl-Kölner freut es mich zu lesen, dass ein gewisser Juan de Colonia – der Hans von Köln quasi – sowie dessen Sohn Simón und ein Enkel, einen nennenswerten Anteil am Bau der Kathedrale hatten. Hape hat sogar einen halben Tag darin verbracht und ich bin sicher, dass mir kulturell etwas entgangen ist. Aber irgendwie habe ich nach gut 10 Tagen schon so viele goldene Altäre, Seitenschiffe und Gräber mit Gebeinen von Heiligen gesehen, dass ich lieber die Stimmung in der Stadt und die ihrer Menschen aufsaugen möchte, als noch mehr Prunk und Gedöns zu bestaunen. Die Knochen von El Cid und seiner sicher reizenden, aber knöchernen Gattin mögen es mir bitte verzeihen.

Unweit südlich der Kathedrale findet man das Stadttor von Santa María. Absolut sehenswert. Und der kleine Park davor am Fluss ist mit Skulpturen, eleganten Pagoden, lustig zugeschnittenen Bäumen und vor allem höchst einladenden Parkbänken gespickt. Der Paseo de Espolón ist in meinen Augen ein absolutes Muss für alle Pilger, die Menschen beobachten wollen und dabei die Füße schonen wollen. Neben dem Plaza Mayor, der beim Stadtbummel nicht fehlen darf, gibt es in vielen Gassen und Winkeln noch zahlreiche kleinere Plätze, die aber nicht minder sehenswert sind. Ich würde hier am liebsten überall einen Kaffee trinken, aber dann würde ich vermutlich selbst als Zombie in Burgos enden oder in einem Rutsch bis Santiago durchlaufen, so viele einladende Cafés gibt es hier.

Das ersparte Eintrittsgeld für die Kathedrale investiere ich im *Les Mesmeria* in der Nähe des Plaza de España in irdische Genüsse: Pasta mit Gambas und dazu Vino Tinto. Eine gute Wahl. In der schicken Tapas-Bar wird nämlich lokaler Wein für kleines Geld serviert, das Essen ist absolut köstlich und ich sitze am Fenster und schreibe Tagebuch. Draußen hagelt es derweil – das Wetter spielt komplett verrückt. „Loco" würden die Spanier wohl sagen. Statt der gefürchteten Hitze scheint mich in der Meseta also eher nasskaltes Wetter zu erwarten.

Mir fiel bei meinem Streifzug durch die Stadt bereits auf, dass man in Burgos ein echtes Faible für Bronzeskulpturen zu haben scheint. Im Innenhof der Herberge gibt es eine Skulptur, die einen Pilger bei der Fußpflege zeigt, vor der Kathedrale sitzt ein Pilger auf einer Bank der allerdings aussieht, als hätte er den bisherigen Weg auf dem Grund des Río Arlanzón zurückgelegt, El Cid ist ein riesiges Pferdedenkmal in kriegerischer Pose gewidmet und hier vor meinem Restaurant stehen nun zwei groteske Figuren, die völlig überdimensionierte Köpfe haben. Ich mache mich schlau und lerne, dass es sich dabei um *Gigantillos* handelt. Menschenfiguren, die bei den Umzügen während der Fiestas durch die Stadt getragen werden – selbstverständlich nicht aus Bronze, aber aus Pappe und mit ihren aufwändigen Gewändern gerne mal anderthalb Stockwerke groß.

Da ich mich aktuell im Trockenen besser aufgehoben fühle als draußen in den Gassen, gehe ich bei einem weiteren Glas Rioja die Bekanntschaften durch, die ich in den zurückliegenden Tagen auf dem Camino machen durfte. Da ist natürlich Julie, mit der ich bislang die meisten Tage gelaufen bin, die dann aber in Nájera plötzlich weg war. Ihr Telefon ist noch immer kaputt und ich habe absolut keine Ahnung, wo sie wohl steckt. Von Jesslyn, der frech sympathischen Kanadierin, weiß ich, dass sie wieder

unterwegs ist. Sie schafft allerdings nur kurze Strecken am Tag und hängt daher viele Kilometer zurück. Ob Týl wie befürchtet abbrechen musste oder es doch irgendwie geschafft hat seine Blasen an den Füßen in den Griff zu bekommen – ich habe leider keine Ahnung. Auch von Ben habe ich keine Nachricht, aber ich schätze, dass er gerade mal ein bis zwei Etappen hinter mir läuft. Der trink- und redselige Peter from Manchester wird es ebenfalls bis ins Ziel schaffen, da bin ich ganz optimistisch. Der quatscht garantiert nonstop bis Santiago und wird sich dann auf sehr britische Art verwundert zeigen, dass er plötzlich angekommen ist. „Oh, are we in Santiago already, my dear?"
Immer wieder begegne ich einer jungen Lettin – heute zuletzt in der Touristen-Info – aber sie scheint sich einer anderen Gruppe angeschlossen zu haben und so grüßen wir zwar immer freundlich, aber sind doch noch nie zusammen gelaufen. Wir laufen scheinbar ähnliche Etappen, aber unterwegs sind wir uns noch nie wirklich begegnet, wenn, dann in den Herbergen wo sie stets vor mir war. Sie muss also irrsinnig früh loslaufen, denn mein Lauftempo ist vergleichsweise schnell. Jun, der Südkoreaner, wirkte auf mich ebenfalls zäh und tapfer, aber auch ihn habe ich verloren. Ich hoffe, dass wir uns wiedersehen werden. Mein letzter längerer Begleiter auf dem Camino war Stefan aus Norddeutschland, der es auf dem Weg über die Matagrande etwas langsamer angehen lassen wollte und sich deshalb ab dem Gipfel mit einem herzlichen „¡Buen Camino!" zurückfallen ließ. Für ihn ist für diese Saison in Burgos Schluss und im nächsten Jahr hat er dann ausschließlich die Etappe von Burgos bis León vor sich – Meseta und sonst nichts. Na herzlichen Glückwunsch. Apropos Stefan. Der läuft gerade vorm Fenster vorbei. Schutzheiliger des Camino, manchmal möchte ich dich knutschen. Ich winke, er sieht mich, wir trinken einen Vino zusammen und klagen gemeinsam unser Leid über den Weg rein nach Burgos. Ich erfahre von einem Zeitzeugen, was Cordula mir schon verraten hatte: Variante A durch das Industriegebiet ist nach seinem glaubhaften Bekunden tatsächlich eine absolute Zumutung. Stefan schläft heute wie Hape damals auch in einem schicken Hotel und feiert damit seinen erfolgreich absolvierten Abschnitt auf seinem mehrjährigen Camino. Das hat er sich nach den Montes de Oca auch verdient, wie ich

finde. Für den frühen Abend ist er mit ein paar Leuten zum Essen verabredet und er lädt mich ein mitzukommen. Treffpunkt ist die Bar seines Hotels für Drinks und von dort wollen wir dann zum Restaurant aufbrechen. So der Plan. Klingt gut und ich freue ich auf die Gesellschaft und darauf neue Leute kennenzulernen.
Die Sache hat allerdings zwei Haken. Zum Ersten soll es mit dem Taxi irgendwo in die Vorstadt gehen, wo Thomas – Stefan's mir bislang unbekannter Bekannter – von einem tollen Restaurant gehört haben will, welches in der Kunst der Zubereitung von Lamm unerreicht sei. Ich möchte aber partout kein Taxi fahren. Ja ich weiß, meine Regeln sind etwas stur, aber ich habe inzwischen Spaß daran, diesen Wettbewerb mit mir selbst zu meistern. Und mindestens genauso wichtig ist, dass mir Thomas nicht passt. Mit Elke, einem Tom aus London und Stefan hatte ich bei den gemeinsamen Drinks großen Spaß, aber mein Bauchgefühl sagt mir, dass Thomas unentspannt ist und mir einfach nicht guttut. Er ist aufschneiderisch und hektisch und ich bin inzwischen tiefenentspannt und habe auch überhaupt kein Interesse mich kirre machen zu lassen. Also höre ich auf meinen schon wieder hungrigen Bauch und steige spontan nicht mit ins Taxi. Da die Anderen bereits drin sitzen, fällt die Verabschiedung leider etwas arg kurz aus. Stefan beweist mir aber, dass ich mich in ihm nicht getäuscht habe, denn er steigt noch mal aus und wir verabschieden uns anständig. Schade wegen Stefan, denn dies ist der finale Abschied, aber auf dem Camino lernt man eben stärker auf sein Gefühl zu vertrauen. Stefan ist Camino-erfahren und ich sehe ihm an, dass er meine Entscheidung verstehen kann. Auch hier sind keine großen Erklärungen oder gar Rechtfertigungen nötig – er war vermutlich schon mal in einer ähnlichen Situation und weiß direkt, dass er mich nicht überzeugen wird.
Tadellos regelkonform geht es zu Fuß und aus reiner Bequemlichkeit aber auch aufgrund der positiven Erinnerungen an den Nachmittag noch ein zweites Mal ins *Les Mesmeria*. Es stehen schließlich noch so viele Leckereien auf der Karte die mich zuvor schon angelacht hatten. *Quesos de Burgos* ist dabei – Frischkäse mit Nüssen und Honig. Als Nachtisch ein Knaller. Die Blutwurst verkneife ich mir erneut und nach dem Bohneneintopf, der laut Cordula die Leibspeise von Sancho Panza, dem

Weggefährten Don Quijotes, gewesen ist, frage ich erst gar nicht. Ich bleibe einfach bei diversen Tapas und Rotwein. Um aber doch möglichst vielen kulinarischen Empfehlungen zu folgen, schwenke ich vom Rioja um auf den Ribera del Duero, der hier in der Gegend produziert wird. Ich sage mal so, ein Opfer ist der Wechsel wahrlich nicht und mit 1,40 Euro pro Glas kann man sich auch ohne große Reue quer durch das Angebot testen. Erneut ein herzliches Dankeschön an meine treue Begleiterin Cordula für diesen Tipp. Was würde ich ohne dich nur machen!
Dieses Mal sitze ich nicht wieder am Fenster, sondern an der Theke und lasse wie die Spanier auch die kleinen Servietten, die man beim Verzehr der Tapas benötigt, in großer Stückzahl einfach zerknüllt auf den Boden vor der Theke fallen. Ich fühle mich direkt einheimisch. Was geht es mir heute doch gut!
Daran ändert sich auch nichts, als ich auf einem spanischen Nachrichtensender, der hinter der Theke die ganze Zeit ohne Ton läuft, die Wettervorhersage verfolge. Soweit ich es deuten kann, spielt das liebe Wetter gerade in ganz Europa verrückt. Zuhause sollen die Temperaturen bei über 20 Grad liegen und hier auf der iberischen Halbinsel tobt sich ein Schlechtwettertief aus. Angeblich hat es heute in Madrid und selbst auf Mallorca geschneit. Komplett loco, und das nicht nur un poco.

Zurück in meiner schnieken 3-Muschel-Herberge werde ich ein weiteres Mal für meine Entscheidung der Dinner-Gruppe nicht zu folgen belohnt. Ich lerne Mikel und seine Frau Sarah kennen, die aus San Francisco stammen und beide über siebzig sind. Wir unterhalten uns lange über Glaube und Kirche und es macht große Freude zu hören, wie im Geiste junggeblieben die beiden ungeachtet ihres Alters sind. Während des Gesprächs bestätigt sich ein schon lange gehegter Verdacht, dass auf dem Jakobsweg heutiger Prägung kaum noch streng gläubige Pilger unterwegs sind. Gläubig zu sein bejahen zwar viele Mitpilger, aber stets wird Wert darauf gelegt, dass man die Institution Kirche kritisch sieht. Gläubig ja, aber reflektiert oder nie bedingungslos.
Mikel und Sarah sind für mich zwei solcher Paradebeispiele aufgeklärt-gläubiger Humanisten. Die beiden trennen zwischen ihrem Glauben und

der am besten dazu passenden Kirche als Plattform für den in der Gemeinschaft praktizierten Glauben. Dieser Ansicht kann ich einiges abgewinnen. Wer sich in eine Gemeinschaft begibt, wird selten zu 100 % eine Deckung mit den eigenen Werten und Vorstellungen vorfinden, aber 90 % machen nun mal mehr Freude, als eine Überschneidung von 50 %. Die Wahl fällt also logischerweise auf die „Plattform", die die höchste Deckung verspricht. Lässt dann diese Religionsgemeinschaft aber keine kritische Auseinandersetzung mit ihrer Lehre zu, wird es bei reflektierten Geistern zwangsläufig Widerstände geben und wäre eine konstruktive Auseinandersetzung mit den abweichenden Ansichten, Moralvorstellungen oder Geboten schlicht nicht möglich. Wir sind uns einig, dass die zentralen Wertvorstellungen übereinstimmen sollten, aber die nicht ganz so kriegsentscheidenden Themen oder Ausprägungsstufen sollte jeder für sich bewerten dürfen, stetig neu formen und reifen lassen. Lässt eine Kirche dies zu, dann vereint sie im Ergebnis viele gläubige Menschen um ihre Kernwerte und bietet tatsächlich eine Plattform, um in einer Gemeinschaft auf unterschiedliche Art aber dennoch im Konsens gläubig zu sein. Der Glaube eines Jeden ist also die individuell adaptierte Version der reinen Kirchenlehre – sprich, die 10 % sind bunt und unterschiedlich, aber die 90 % im Kern sind Konsens. Soweit die Theorie. Die Realität sieht leider etwas festgefahrener und komplizierter aus.
Wenn ich das Gedankenexperiment auf den Jakobsweg übertrage, dann rechne ich diesen der Plattform „katholische Kirche" in positiver Weise zu – wenn man so will, ist die Bereitstellung und Unterhaltung des Camino eine ausgesprochen erfolgreiche Marketingmaßnahme zur Kundenbindung oder gar Kundenneuakquise. Allerdings nehme ich mir die Freiheit aus den vielfältigen Eindrücken und Erlebnissen des Camino meine eigenen Schlüsse zu ziehen. Diese Erfahrungen sind die Zutaten für die weitere Ausprägung meiner Glaubensvorstellung. Nun gibt es neben der Chance, Glaube als Kraftquelle zu erfahren, aber auch andere, sagen wir ranzige Faktoren, die ebenfalls in die Gleichung einzahlen. Auf dem Camino werde ich beispielsweise mit den ganzen Prunkbauten konfrontiert, die so sehr für eine abgehobene Kirche und ein entsprechend gestriges Weltbild stehen.

Am Ende ist und bleibt Religion für mich somit zwingend eine höchst individuelle Angelegenheit, da die Gleichung bei jedem ein anderes Ergebnis ergibt, ja durch die unterschiedlichen Faktoren der Gleichung ergeben muss. Diese notwendige Ungleichheit ohne missionarischen Eifer zu akzeptieren, wäre für mich eine aufgeklärte Art Glaube zu praktizieren. Kirche 2.0 ohne den ganzen Prunk der Altäre und der Weihrauchwolken. Eine bunte Mischung von persönlichen Lebenserfahrungen, die durch einen tragfähigen gemeinsamen Nenner geeint sind.
Wenn der Jakobsweg also einen Beitrag dazu leistet, dass er die modernen Pilger zu mehr Selbstreflexion über Kirche und persönlicher Glaubenshaltung und damit zu einer aufgeklärteren Weltsicht anregt, dann kann dies doch eigentlich nur im Interesse einer Kirche sein, die es mit der Nächstenliebe ernst meint. Wenn sie dies tut, denn ich bin mir nicht sicher, ob dieses Glaubensverständnis und die Rolle der Kirche darin bei den Herren in Rom genauso gesehen werden. Mikel und seine Frau Sarah sind da in meinen Augen schon Lichtjahre weiter. Ich selbst bin gespannt, ob mir die Etappen bis Santiago noch helfen werden, meine noch unvollständigen Gedanken dazu weiter zu ordnen. Hape ist dies auf dem Camino gelungen, denn seine intensive Beschäftigung mit Gott hat seinen Glauben – seinen persönlichen und deshalb ganz individuellen Glauben – tiefgründiger werden lassen.

Mit all den losen Enden unserer Diskussion, über 30 Kilometern in den Beinen, mindestens vier Vino Tinto im Kopf und dem Gedankenspiel, ob nicht ein original spanischer Tapas-Laden in Köln mein nächster beruflicher Fokus sein könnte, falle ich rundum zufrieden in mein Bett und schlafe sofort ein.

Tag 12: Burgos – Hontanas

Freitag, 17.5.2013

An das Aufstehen gegen 6 Uhr habe ich mich inzwischen schon gewöhnt, aber die Temperaturen sind auch heute Morgen gewöhnungsbedürftig. Aufgrund der Höhenlage und des kontinentalen Klimas wird Burgos auch *la fría* – die Kalte – genannt. Diesem Beinamen macht die Stadt bei meinem Auszug auch alle Ehre. Als ich kurz nach 7 Uhr an einer Temperaturanzeige vorbeilaufe, zeigt diese 1 Grad über Null an. Zur Erinnerung, es ist der 17. Mai, und ich befinde mich weiterhin in Spanien. Nicht zum ersten Mal seit ich in Köln aufgebrochen bin, muss ich mich warmlaufen. Mir ist arschkalt.

Hape musste hier bei deutlich wärmeren Temperaturen zunächst von Burgos bis ins 11 Kilometer entfernte Tardajos laufen. Viel passiert ist ihm dabei nicht. Es war wohl einfach nur unerträglich heiß und so kam es, dass mein lieber Hape Kerkeling nach einem späten Start dank der Mittagshitze schon in Tardajos Feierabend gemacht hat.

Meine Cordula empfiehlt mir hingegen die kompletten 31,6 Kilometer von Burgos bis Hontanas als unkritische Tagesetappe mit einer prognostizierten Dauer von 7,5 Stunden. Die Etappe sei, was die Strecke angeht, leicht und zudem gut markiert. Die im Sommer sicher mehr als angebrachte Warnung vor der sengenden Mittagshitze kann ich heute getrost ignorieren und Wasser habe ich auch genug im Tank. Hape wird davon ein Lied singen können. Mir klappern dabei dagegen eher die Zähne. Im Ergebnis sind wir drei uns aber einig: heute geht es in die Meseta und dort erst einmal bis nach Hontanas.

Dieser neue Abschnitt – die Hochebene Tierra de Campos oder auch bekannt und berüchtigt als *Meseta* – beginnt etwa 13 Kilometer westlich der Kathedrale von Burgos.

Nach meiner höchsteigenen Einteilung ist dies Abschnitt Nr. 4 von insgesamt sieben Abschnitten zwischen Saint-Jean-Pied-de-Port und Finisterre im äußersten Westen. In Pamplona waren die Pyrenäen bezwungen (Nr. 1), kurz hinter Logroño war die Region La Rioja durchlaufen und lösten die Getreidefelder erkennbar die Weinreben ab (Nr. 2). Burgos war der nächste städtische Wegepunkt (Nr. 3) und am Ziel meines aktuellen Abschnitts ist es die Stadt León, von der mich noch die Meseta trennt (Nr. 4). Dahinter stellt in meinen Augen die Grenzregion zu Galicien mit dem O Cebreiro Pass eine weitere Zäsur dar (Nr. 5) und Abschnitt Nr. 6 wird mich dann bis nach Santiago bringen. Der finale Abschnitt von Santiago de Compostela bis ans Kap von Finisterre (Nr. 7) soll schlussendlich die Kür meines alles in allem gut 1.000 Kilometer langen Weges werden.

Die spanische Kornkammer ist irgendwie anders als alle anderen Abschnitte. Ihr eilt ein Ruf voraus, der bei erfahrenen Pilgern intensive Erinnerungen hervorbringt und Neupilger besorgt aufhorchen lässt. Gefürchtet für die brutalen, weil quasi baum- und damit schattenlosen, langen und geraden Wege, bei denen man stundenlang auf einen scheinbar nicht näher kommenden Punkt zusteuert. Eine einzelne Blume am Wegesrand sollte von den Pilgern dankbar als Highlight des Tages gewürdigt werden.
Wenn etwas so wenig Ablenkung bietet, sollte man meinen, dass man gerade hier um Gesellschaft dankbar wäre und nichts unversucht lässt, um mindestens zu zweit die Meseta-Etappen anzugehen. Aber das genaue Gegenteil ist bei fast allen Pilgern der Fall. Auch ich hatte mir schon vor meinem Start in den Camino vorgenommen just hier alleine zu gehen und dieser Entschluss hat sich inzwischen sogar weiter gefestigt. Wo sonst, wenn nicht in den unendlichen Weiten der Meseta sollte man besser zu sich selbst finden und die Gedanken mal gänzlich frei schweifen lassen können. Monotonie und minimale Ablenkung erscheinen mir dafür genau richtig zu sein. Gesellschaft böte dagegen die Verlockung, unangenehme Gedanken einfach mit einem Gespräch über Gott und die Welt abzuwürgen. Die Meseta ist der Härtetest und dem möchte ich mich stellen. Da der Camino schon häufig bewiesen hat, dass er seine ganz eigenen Pläne hat, bin ich gespannt, was er mit mir anzustellen vermag, wenn ich ihm dafür den maximalen Raum gebe.

Der Weg von der Herberge bis zum Anfang der Meseta ist schnell erzählt. Ein weiteres Mal gilt es eine Großstadt hinter sich zu lassen und mal wieder hat dies wenig mit Naturromantik zu tun. Im Vergleich zum gestrigen Weg rein nach Burgos ist es aber ein Kinderspiel. Würde es nicht regnen und hätte ich nicht deutlich zu wenig gefrühstückt, wäre es auch ein ganz normaler Start in meinen inzwischen schon zwölften vollen Pilgertag geworden. So hingegen, muss ich etwas mit mir kämpfen und immer wieder an den Straßenfeger denken, der sich stets aufs Neue durch kurzfristige Erfolge motivierte. Diverse Malereien mit Camino-Motiven und -Bezügen an Brückenpfeilern, Stromhäuschen und Hauswänden oder „umgestaltete" Verkehrsschilder helfen dabei und heben letztlich auch die Stimmung. Überhaupt ist die Street-Art des Jakobswegs garantiert in diversen Bildbänden verewigt und dankenswerter Weise häufig an Stellen zu finden, wo sich das Auge ganz besonders über etwas Farbe und Kreativität freut. Die Eisenbahnüber- und zweifache Autobahnunterquerung hinter Burgos ist eindeutig einer dieser Orte, der etwas Schmuck vertragen kann.
Dabei befindet sich hier – nahezu unbemerkt – eine psychologisch wichtige Marke, denn irgendwo zwischen Eisenbahn und Autobahn wird laut Cordulas Rechnung die 500-Kilometer Marke bis Santiago geknackt. Speziell bei Landregen und bedenklich geringem Blutzuckerspiegel klingen aber 500 Kilometer immer noch horrend viel und ist mir auch kein bisschen nach feiern zumute. Dennoch, ich komme dem Ziel-Magneten Stück für Stück näher.
Nach langen und auch nassen 11 Kilometern gibt es in Tardajos dann nicht nur das lange überfällige Frühstück, sondern heißt es auch von der wenig lieb gewonnenen Nationalstraße N-120 Abschied nehmen. Zumindest fürs Erste. Die nächsten Tage mögen vielleicht eintönig werden, aber zumindest geht es nun eine ganze Weile nicht mehr an überdimensionierten Autobahnen oder vielbefahrenen Landstraßen entlang.

Hape beschreibt in seinem Buch, dass er sich Tag für Tag neu motivieren musste, um sein Vorhaben zu Ende zu bringen und hätte hier am Tor zur

Meseta um Haaresbreite abgebrochen. Ich habe zwar nicht ganz verstanden, was er mir mit seinem „spirituellen Kartenhaus" genau sagen möchte, aber mir gefällt es als Bild. Ansichten verändern sich auf dem Camino und man kann schlicht nicht sagen, ob hinter der nächsten Kurve eine neue Karte zum bereits vorhandenen Haus hinzukommt, die gelegte Basis diese dann auch noch tragen kann oder aber ein Blatt wartet, welches das gebaute Kartenhaus zum Einstürzen bringt.

Auch Cordula berichtet, dass viele Pilger die erhöhte psychische Belastung abschreckt und die Etappen der Meseta nicht selten mit dem Bus komplett übersprungen werden. Ich weiß nicht. Wer es bis hierher geschafft hat, der sollte auch diese Herausforderung annehmen und in Momenten des Zweifelns aus den bisherigen Erfolgserlebnissen Kraft schöpfen. Gerade die überraschenden und unerwarteten Wendungen nach langen Durststrecken oder zehrenden Frustmomenten boten zumindest mir häufig die wertvollsten Momente und nicht selten die größten Triumphe. Ich freue mich daher regelrecht auf die Meseta und die Chance hier ganz besonders intensive Erfahrungen zu sammeln. Wenn die Erfahrungen die Basis für die Erkenntnisse sind, dann ist die Qualität der Erfahrungen auch der limitierende Faktor für die ableitbaren Erkenntnisse. Intensiveres Erfahren sollten daher doch zumindest theoretisch intensivere Erkenntnisse möglich machen. Inwiefern das Potenzial ausgeschöpft wird, ist wieder eine ganz andere Frage, aber in der Geschäftswelt heißt es ja auch „shit in – shit out".

Hinter Tardajos hört dann endlich der Regen auf und ab Rabé de las Calzadas hat man auch die asphaltierten Straßen hinter sich. Der Camino wird zunehmend ursprünglicher. Die Wolken über mir sind zwar grau und unheilvoll, aber ich werfe mit meinem Hut und dem noch nicht abgelegten Regenponcho einen langen Schatten in Richtung Westen auf den Weg. Folglich scheint irgendwo hinter mir doch die Sonne. Das in diesem Moment geschossene Foto ist in meinen Augen voller Symbolik und daher auch eins meiner persönlichen Lieblingsbilder des ganzen Camino.

Die von Cordula als „sanft hügelige Landschaft" beschriebene Umgebung ist großartig! Meine allwissende Begleiterin scheint von der Gegend hier gleichermaßen angetan zu sein, denn nur einen Satz später wird daraus

die „faszinierend weite, sanft gewellte Hochebene". Camino-Poesie und kein bisschen übertrieben. Ich möchte hier zwar nicht an einem Nachmittag im Hochsommer nach der Erntezeit unterwegs sein, aber Mitte Mai ist es hier atemberaubend schön. Welch Horrorvorstellung jetzt im Bus auf der Autovía zu sitzen und all dies zu verpassen, nur weil man üble Geschichten gehört hat! Genau hier draußen möchte ich jetzt sein und wenn der Himmel weiter mitspielt auch gerne für den Rest des Weges trocken bleiben. Der Himmel spielt mit und man könnte meinen, die Wolken würden ein Spalier bilden. Links und rechts düster graue Wolken und über mir reißt der Himmel auf. Ich deute dies als eindeutig gutes Zeichen und wechsle von Rot zu Gelb, sprich packe den Poncho erst mal wieder in den Rucksack. Was für ein ¡Buen Camino!
Der erste richtige Ort in der Meseta ist Hornillos del Camino. Wenig überraschend ein winziges Örtchen auf dem Jakobsweg aber natürlich gibt es wieder eine stattliche Kirche. Davon mal abgesehen, scheinen die Bewohner die Größe des Ortes realistisch einzuschätzen, denn ausnahmsweise trägt die Gasse, entlang derer Hornillos del Camino gebaut ist, mal nicht den Namen Calle Mayor. Auf das Mayor hat man völlig zu Recht verzichtet. Ich muss grinsen, als ich bei Cordula lese, dass sich der Name Hornillos wohl von Forniellos – dem spanischen Wort für Öfchen – ableitet. Im Sommer oder auch in einem üblichen Mai durchaus passend. Möge Hape mein Zeuge sein.

Wie schon berichtet, tauschen sich Pilger untereinander liebend gerne über Herbergen aus. Die Herberge *San Bol* ist eins dieser ganz besonderen Kleinode, welches garantiert jedem Pilger bekannt ist. Sie liegt etwas abseits des Camino mitten im Nirgendwo – einen dazugehörigen Ort gibt es nicht, denn San Bol ist nicht mehr als ein verlassener Weiler, der ursprünglich mal für die Junkies der umliegenden Dörfer als Ghetto-artige Verwahrstelle bestimmt war. Heute beherbergt San Bol bis zu zehn Gäste, die in Sachen Komfort jedoch keine allzu hohen Ansprüche haben sollten. Als zentrales Charakteristika verfügt die Herberge über eine steinerne Kuppel, wie man sie vielleicht von türkischen Hamams kennt. Unter dieser Kuppel befindet sich ein runder Esstisch für die Gäste plus die Hospitalera oder den Hospitalero, was klarmacht, dass hier zusammen gekocht und gegessen wird. Alles ein bisschen im Stil von König Arthur und seiner Tafelrunde, nur eben bedeutend schlichter. So einfach die Herberge auch sein mag, man hört unterwegs viel Gutes über die Stimmung und Gastfreundlichkeit dort. Auf kaltes Brunnenwasser zum Waschen und schon wieder keine ordentliche Heizung habe ich seit San Juan de Ortega aber definitiv keine Lust mehr und ich wäre vermutlich ohnehin schon zu spät, um eins der wenigen Betten zu ergattern. Also lasse ich San Bol im wahrsten Sinne des Wortes links liegen und halte weiter auf das ursprünglich geplante Tagesziel Hontanas zu. Man kann ja leider nicht überall Halt machen.

Auch um Hontanas ranken sich Legenden des Jakobsweges. Der Ort liegt in einer tiefen Senke und versteckt sich, bis man ganz kurz vor dem Ortsschild ist. Also nichts mit Kirchturm anpeilen und daraus Kraft für die letzten Meter schöpfen. So soll es schon Pilger gegeben haben, die unmittelbar vor dem Ziel frustriert aufgaben, obwohl Hontanas direkt vor ihnen lag. Ich vermute, dass diese Pilger bei sengender Hitze unterwegs waren und von der Landschaft gänzlich weichgekocht waren. Tatsächlich ist es selbst bei diesen moderaten bis fast schon frischen Temperaturen ein erlösender Anblick, als sich nach gut 30 Kilometern mein Zielort aus heiterem Himmel zu erkennen gibt. Die Landschaft ist toll, aber die ganze Leere ist doch auch ein klein wenig zermarternd. Freud und Leid eben, wie so häufig auf dem Camino. „Per aspera ad astra" – durch das Raue zu den Sternen.

In Hontanas gibt es stolze drei Herbergen und allesamt haben sie die volle Anzahl an Muscheln. Man hat also die Qual der Wahl. Hape's dramatisch beschriebenes Hotel des Grauens sehe ich nirgends – Vitorio, der schmierige Wirt, scheint zwischenzeitlich wohl Besuch vom hiesigen Gesundheitsamt bekommen zu haben und seitdem nicht mehr sein Unwesen zu treiben. Und noch etwas hat sich in den letzten 12 Jahren getan: Hontanas kann inzwischen doch tatsächlich mit dem Auto erreicht werden. Der Fortschritt scheint vielleicht in San Bol noch ein wenig auf sich warten zu lassen, ist in Hontanas aber bereits angekommen. Autos und Strom im 21. Jahrhundert – kaum zu glauben.

Ich entscheide mich für die private Herberge *Santa Brígida*, die laut Beschreibung viel Platz, einen kleinen Laden und eine Küche haben soll. Die Alternative *El Pundito* ein paar Häuser davor, ist mir irgendwie zu schrill mit Werbetafel und Hinweisschildern was hier alles geboten wird, beworben. Über die dritte Option kann ich nichts sagen, da ich mich bereits für Santa Brígida entschieden habe, bevor ich daran vorbeikomme. Santa Brígida ist jedenfalls eine hervorragende Wahl, denn die Zimmer sind in der Tat geräumig, die Bäder sauber und die Küche ist mit allem was man braucht ausgestattet. Mindestens genauso gut ist mein Timing, denn kaum bin ich über die Türschwelle getreten, fängt es wieder an zu regnen. Es ist 13 Uhr und draußen geht doch tatsächlich ein heftiger Eisregen nieder. Verrücktes Wetter und keine Minute zu lange unterwegs gewesen. Ein Glück, dass ich in San Bol nicht doch spontan eine Pause gemacht habe.

Mir wurde ein Bett in einem schönen 6er-Zimmer zugeteilt und als ich gerade meine Siesta machen will, kommt ein älterer Engländer ins Zimmer geplatzt. Peter ist es zu meinem Bedauern nicht, aber dieses Exemplar ist nicht minder komisch. Er kommt rein, sagt weder Hola noch Hello, sondern will ohne Umschweife von mir wissen, wem der Schlafsack auf dem bislang einzig weiteren belegten Bett gehört. „Is he Italian?" Ich habe keine Ahnung, ob der Herr, der kurz vorher den Raum verlassen hat, Italiener ist. Wir hatten uns nur kurz mit einem „Hola" begrüßt, was der Engländer selbst schon mal nicht geschafft hat. Mein neugieriger Inquisiteur lässt aber nicht locker und will außerdem wissen, ob der Mann dick gewesen sei. „Was he fat? Really really fat?" Puh, also schlank war der werte Peregrino wahrlich nicht, aber „richtig richtig fett?". So genau hatte ich da nicht drauf geachtet. Just in dem Moment kommt besagter Mitbewohner zurück ins Zimmer und die Gesichtszüge des Engländers entspannen sich schlagartig. Offenbar ist es nicht der befürchtete italienische Schnarcher aus seiner Herberge vom Vortag. Der sei nämlich – ich zitiere und übersetze – noch mal deutlich fetter gewesen. Ob dicke Menschen häufiger bzw. lauter schnarchen, soll die Wissenschaft klären. Nach über zehn Tagen auf dem Jakobsweg weiß ich aber, dass auch kleine, zierliche Ladies ganze Regenwälder in einer Lautstärke zersägen

können, gegen die auch keine Ohropax mehr helfen. So jemand kann selbst ein Zimmer weiter noch dafür sorgen, dass die Nachtruhe zunichte ist. Schnarcher sind damit in gewisser Weise fast genauso gefährlich für eine erfolgreiche Pilgerschaft, wie Blasen an den Füßen. Wer mehrere Nächte hintereinander schlecht schläft, gibt schneller auf – so meine These.
Wie sich herausstellt, ist unser korpulenter Mitbewohner tatsächlich Italiener. Die Sorgenfalten des Engländers kehren bei näherem Hinsehen ein Stück zurück. Ein wenig teile ich seine Sorgen, denn Italiener sind mir – sofern in Gruppen unterwegs und auch nur dann – bislang häufiger schon als unangenehm laut und wenig rücksichtsvoll aufgefallen. Flüstern scheint in der Landessprache schlicht unmöglich, bzw. nicht Teil der Erziehung gewesen zu sein. Die Probe, ob auch dieser füllige Signore schnarcht, kann jedoch zeitnah erfolgen, denn er macht sich für seine Siesta fertig. Die sich darbietende Situation ist urkomisch. Der Engländer, der glaube ich immer noch nicht hundertprozentig sicher ist, ob es nicht vielleicht doch der Schnarcher sein könnte, beäugt misstrauisch den Italiener. Ich beäuge den Engländer, wie der den Italiener beäugt. Großes Kino. Derweil hat mein fülliger Signore allergrößte Mühe mit seinem Schlafsack. Denn auch wenn er „not that fat" ist, will sein überaus fülliger Leib einfach nicht in seinen Standard-Schlafsack hineinpassen. Das Ergebnis seiner Bemühungen sieht so aus, dass der zur Hälfte geschlossene Schlafsack knapp unter seinem kugelrunden Bauch endet. Es sieht zum Schießen aus und der Anblick erinnert mich an eine übergroße Kugel Gelato in einer viel zu kleinen Eiswaffel.
Ungeachtet der frostigen Temperaturen hätte ich tatsächlich gerade Lust auf ein Eis.

Apropos essen. Heute wird zur Abwechslung mal selbst gekocht. Die kulinarische Spezialität von Hontanas beschränkt sich nämlich auf die Qualität des Quellwassers – daher auch der Name, der angeblich von „Fontanas" – Springbrunnen – herrühren soll. Da meine Herberge ein kleines Ladenlokal mit allerlei Lebensmitteln betreibt, will ich mir hier Gemüse und Nudeln besorgen und dann Ratatouille daraus machen.

Günstig, gesund und schnell gemacht. Denn eins sollte man stets beachten, wenn man in der Gemeinschaftsküche einer Herberge kocht: wie lange man für seine Zubereitung die Kochstelle, bzw. die Pfannen und Töpfe, belegt. Ein langsam köchelndes Risotto kann da schon mal die Gemüter erregen. Vollkommen zu Recht wie ich finde, denn nicht selten wird um die nächste freie Kochplatte gefeilscht wie auf dem Basar.
Eine gute Lösung ist sich einfach mit anderen Pilgern, die auch kochen wollen, zusammenzutun. So kommt es auch, denn Lars und Arthur aus dem Nachbarzimmer können sich mit meinem Gericht anfreunden und wir kaufen zusammen ein. Die beiden Kumpels haben gerade ihr Abitur gemacht und sind nun für vier Wochen auf Pilgerreise bevor das Studium, bzw. irgendwelche Proseminare beginnen. Als Lars wissen will, was ich studiere, entscheide ich mit einem stillen Grinsen, dass die Getränke heute auf mich gehen und nicht wie die Speisen umgelegt werden. Was ich denn so studiere? Dafür hätte ich ihn knutschen können. Ob der Jakobsweg eventuell zu einer optischen Verjüngung geführt hat? Wer weiß. Immerhin bin ich viel an der frischen Luft.
Erneut bin ich also in einer neuen Gruppenkonstellation der Senior. Betrachtet man aber die überwiegende Mehrzahl der Pilger, so senke ich den Altersschnitt deutlich. In meiner ersten Laufgruppe war Julie die Jüngste. Wo sie wohl gerade steckt? Allmählich schwindet ein wenig die Hoffnung, dass wir uns noch einmal wiedersehen oder uns zumindest telefonisch erreichen können. Seit Nájera habe ich nichts mehr von ihr gehört und ihr Telefon scheint noch immer nicht zu funktionieren. Von der Menge, die wir gekocht haben, hätten wir Julie locker noch satt bekommen und vegan ist es auch noch.
Das mit dem gemeinsamen Kochen und Essen gefällt mir und wird definitiv wiederholt. Beim gemeinsamen Schnibbeln kommt man ungezwungen ins Gespräch und selbst mit den beiden Flaschen Rotwein auf meiner Rechnung habe ich unter 10 Euro ausgegeben. So sehr die Meseta für einsame Stunden herhalten soll, so angenehm finde ich ein gutes Gespräch nach erbrachtem Tagewerk. Heute Nachmittag war ich beim Kaffee schon mit Annie aus Holland ins Gespräch gekommen, die bereits seit dem 1. März unterwegs ist. Sie ist doch tatsächlich getreu dem

Pilgermotto, dass die Pilgerschaft stets an der eigenen Haustür beginnt, eben dort in Amsterdam gestartet. Hätte ich meinen Hut noch aufgehabt, hätte ich ihn gezogen. Annie hat schon sage und schreibe um die 2.000 Kilometer in den bislang blasenfreien Füßen. Eine tolle, starke Frau.

Wie eigentlich immer, wird es ein kurzer Abend und nach dem Essen ziehen sich alle allmählich Richtung Schlafgemach zurück. In meinem Zimmer ist immerhin noch eins der Betten freigeblieben, was Hoffnung auf eine einigermaßen geruhsame Nacht macht – sofern unser Italiener im Vergleich zu seinem Mittagsschläfchen nicht doch noch gehörig aufdreht. Ansonsten muss es halt mal wieder die Kombination von Ohrenstöpseln und Rotwein richten. Die zwei Flaschen Vino Tinto haben wir selbstverständlich brüderlich durch Drei geteilt. Dennoch vermute ich, dass die beiden jungen Dinger morgen deutlich weniger Schädel haben werden als ich. Der Segen der Jugend.

Tag 13: Hontanas – Boadilla del Camino

Samstag, 18.5.2013

Tag 2 in der Meseta beginnt ähnlich wie der gestrige Tag: früh und feucht. Es muss in der Nacht ganz ordentlich geregnet haben, denn draußen ist alles klatschnass. Wenn ich mir so den Himmel anschaue, dann sieht das außerdem nach weiterem Regen aus. Na ja, wenn man mehrere Wochen auf dem Camino unterwegs ist, sind die Chancen gänzlich trocken durchzukommen vermutlich nahe Null. Also direkt nach dem Frühstück die Gamaschen an, die meine Schuhe und die Hose vom Knie abwärts schützen und deshalb Gold wert sind. Es mag Angenehmeres geben als bei Regen zu pilgern, aber mit gutem Regenschutz ist es halb so wild. Wichtig ist, dass der Inhalt des Rucksacks nichts abbekommt. Ein Water-Gate wie in Pamplona genügt mir völlig. Also wird der Rucksack zunächst in seinen eigenen Regenüberzug gepackt und dieser zur Rückseite hin verschnürt. Praktisch und wirkungsvoll, aber wenn man jetzt an den Inhalt möchte, hat man ordentlich zu tun. Besonders wertvolle und empfindliche Besitztümer wie beispielsweise meinen Pilgerausweis, der aus Papier ist, bewahre ich in einer mit einem Zipper verschließbaren Tüte, wie man sie am Flughafen für den Inhalt des Kulturbeutels braucht, auf. Natürlich kommt auch meine Cordula bei Regen mit in diesen wiederverschließbaren Gefrierbeutel. Sicher ist sicher, auch wenn ich dann nicht jederzeit nachschauen kann, wohin es geht oder was es unterwegs alles zu sehen gibt.

Mein Poncho bildet die zweite Schutzschicht, denn er umhüllt nicht nur mich, sondern außerdem auch den Rucksack. Ich muss von hinten vermutlich aussehen wie ein knallroter Quasimodo mit einem riesigen gebeugten Rücken. Wer pilgert, sollte Eitelkeiten direkt über Bord werfen – wie es aussieht, ist mir herzlich egal.

Die Variante „Pilger plus Rucksack unter Poncho" bietet in meinen Augen den effektivsten Schutz gegen Regen. Da sich unter dem Poncho aber Staunässe bildet, muss der Rucksack zusätzlich noch gesondert eingepackt sein. Wenn ich es mir genau überlege, herrscht unter dem Regenponcho

eine eigene Klimazone. Ohne Zweifel subtropisch und mit nur unwesentlich weniger Luftfeuchtigkeit als ein gängiger Landregen. Vermeiden ließe sich dies wohl nur, wenn man überhaupt kein Gepäck auf dem Rücken hätte und alles unterlassen würde, was irgendwie schweißtreibend wirkt. Wie Wandern zum Beispiel. Nun schafft es aber kein Poncho der Welt diese unvermeidliche Feuchtigkeit komplett nach außen abzuleiten. Regenponchos, die laut Hersteller besonders atmungsaktiv sind, kosten spielend das Doppelte wie herkömmliche Exemplare, aber machen unterm Strich nicht wirklich einen Unterschied – man fängt damit halt erst nach fünf statt nach vier Minuten an zu schwitzen. Mein netter Verkäufer in Köln war so fair, mir dies offen und ehrlich auch zu sagen und hat mir direkt zum „Normalen" geraten. Mehrausgaben, die man sich definitiv sparen kann.
Da das Anlegen des Ponchos angesichts der Tatsache, dass der Rucksack ja bereits auf dem Rücken sein muss, keine ganz einfache Angelegenheit ist, habe ich mir bei durchwachsenem Wetter angewöhnt, einfach die Vorderseite über den Kopf nach hinten auf den Rucksack zu stülpen. Dadurch ist die Front wieder Teil des Umgebungsklimas und sobald der nächste Schauer kommt, muss ich keine allzu großen Verrenkungen anstellen. Binnen weniger Sekunden bin ich dann wieder unter meinem roten Zelt verschwunden. Hat ein bisschen was von einem Cabrio, das auf Knopfdruck funktioniert.

So gegen die Wirren der Witterung geschützt und dank des Herbergsvaters bestens mit Frühstück und Proviant versorgt, breche ich gegen 6:30 Uhr und bei leichtem Regen auf. Gemeinsam mit Annie, die praktischerweise gerade an meiner Herberge vorbeikommt, geht es ein Stück durch die schlammigen Felder hinter Hontanas. Unterwegs beichtet mir die sympathische Krankenschwester und Mutter von zwei kleinen Kindern, dass sie gestern doch zum ersten Mal überhaupt eine kleine Blase an ihrer Ferse entdeckt hat. Und das nach 2.000 Kilometern! Sie ist wohl doch kein unkaputtbarer Laufroboter. So ärgerlich dies für Annie ist - mir gibt es ein wenig Hoffnung, dass ich meine angepeilten 1.000 Kilometer ja möglicherweise auch blasenfrei schaffen könnte. Noch etwas offenbart mir

Annie. Sie schafft es einfach nicht die Stimmen ihrer Kinder am Telefon zu hören ohne danach die Reise direkt abbrechen und nach Hause fahren zu wollen. Also hat sie mit den Anrufen in der ersten Woche aufgehört und schreibt seitdem nur noch SMS. Alles andere erträgt sie nicht. Ich frage nicht näher nach, aber ihr Päckchen muss offenbar gewaltig sein, dass sie sich solche eine lange Pilgerreise unter diesen Umständen überhaupt antut. Meinen allerhöchsten Respekt hat sie sich auf jeden Fall alleine schon für ihre immense Laufleistung verdient.
Leider muss sie nach den ersten Kilometern Tempo rausnehmen und wir wissen beide, dass dies mit einem baldigen „¡Buen Camino!" zwischen uns enden wird. Wir hoffen aber, dass wir uns am Abend in der Herberge wieder treffen werden. Denn falls wir beide den Tag in Boadilla del Camino beenden sollten, wollen wir unser Glück in der gleichen Herberge versuchen. Der Camino wird es schon richten – wenn es denn so sein soll.

Ich bin also wieder alleine unterwegs und gehe in Gedanken die heutige Etappe noch einmal durch. Landschaftlich habe ich zwei etwa gleich lange Abschnitte vor mir. Bis zum Alto de Mostelares führt der Weg in einer Art ausgetrocknetem und viele Kilometer breitem Flussbett, in welches ich gestern unmittelbar vor Hontanas hinabgestiegen bin. Daher auch die Senke, in der sich Hontanas versteckt. Zu beiden Seiten dieser Miniaturversion des Grand Canyon reihen sich Tafelberge, die jeweils gute hundert Meter über der Talsohle aufragen und naturgemäß oben flach sind – Tafelberge halt.
Mit anderen Worten: ich kam von einer Hochebene, muss jetzt zunächst unten durch das Tal wandern und dann kommt die nächste Hochebene nur eben auf der anderen Seite – der zweite Abschnitt der heutigen Etappe, der was die Ablenkung angeht, laut Cordula wieder sehr „reduziert" sein soll.
Die größte Ortschaft für heute ist Castrojeriz mit sage und schreibe etwas mehr als 500 Einwohnern. Wie auch für Hape ist sie mein 10 Kilometer entferntes Zwischenziel für das zweite Frühstück. Um im Bild mit dem Tal und dem Fluss zu blieben, könnte man Castrojeriz so beschreiben, dass der Ort am Fuße eines freistehenden kegelförmigen Berges liegt, der wie

ein Unterwasservulkan mitten im Fluss liegt. Oben auf dem Gipfel würde gerade noch die Burgruine aus dem Wasser schauen und Castrojeriz am Südhang wäre dann wohl Atlantis. Man stelle sich eine Uhr vor: ich betrete auf 3 Uhr den Ort, tausche die bisher genutzte Landstraße gegen die historische Dorfstraße, die touristisch durchaus wertvoll eine Etage höher am Hang führt und verlasse Castrojeriz nach einer leckeren Pause wieder auf genau 9 Uhr. Es geht also ein halbes Mal im Uhrzeigersinn um den Pudding, sprich den Berg mit seiner Burgruine. Einen Besuch des Castillo, von dem nicht mehr allzu viel übrig ist, ersparte ich mir. Spektakuläre Aussichtspunkte sind für heute noch genug auf der Karte verzeichnet. Außerdem genügen mir die Infos von Cordula, dass die Burg bereits im 9. Jahrhundert von den Westgoten gegründet wurde und viele hundert Jahre später als Steinbruch herhalten musste. Aus den alten ausrangierten Burgen wurden also Steinbrüche. Hm. Ich kann mich dem Gedanken nicht verwehren, ob dieses Schicksal in ein paar hundert Jahren nicht auch die wahnwitzigen Kirchengebäude hier in der Gegend ereilen wird. Wer weiß das schon.

Bevor es aber auf einer hübschen Allee schnurgerade auf den Berg und die Burg zugeht, kommt man noch an einer echten Skurrilität des Jakobsweges vorbei. Mitten auf dem Weg liegt das Kloster San Antón, bzw. das was davon noch übrig ist. Und viel ist das nicht, denn eigentlich geht man lediglich unter ein paar Bögen hindurch, die aber so riesig sind, dass man in Ansätzen erahnen kann, wie groß die Kirche zur Linken und das Klostergebäude zur Rechten der verbliebenen Bögen mal gewesen sein müssen. Von der Kirche sind außerdem noch ein paar abgebrochene Wände der Apsis übrig und auch wenn ich es kaum glauben kann, befindet sich in dieser Ruine eine Herberge. Eine müde Muschel und deutliche Warnungen was den Komfort angeht, lassen jedoch jeden, der genug Verstand hat Cordula zu vertrauen, aufhorchen und hoffentlich entschlossen daran vorbeiziehen. „Kann nachts kühl werden" – oh ja, ich bin mir sogar ganz sicher, dass dies aufgrund der fehlenden Türen, Wänden und Heizung der Fall ist. Hape scheint die Vorstellung, dass hier Menschen nächtigen derart abwegig gefunden zu haben, dass er San Antón mit keinem Wort erwähnt. Vermutlich war er auch einfach nur

unterzuckert und auf das nahende Frühstück in Castrojeriz fixiert. Wenig überraschend leben in der Klosterruine von San Antón schon seit langer Zeit keine Mönche mehr, die Brot für die Pilger bereitstellen. Dabei war dieses Brot die Geschichte hinter dem Sankt-Antonius-Orden, der unter anderem hier seine „Wunder" vollbracht hat. Heute weiß man, dass das Wunder lediglich durch die Verwendung von Weizen, anstatt von verunreinigtem Roggen für die Brotherstellung verursacht wurde. Indem die Pilger aufhörten sich weiter zu vergiften, wurden sie in Massen von ihrem Leid geheilt und schon sprach man von einem Wunder. Kein Wunder, dass sich heutzutage die Zahl der nachweislichen Wunder doch sehr in Grenzen hält.
Keine weitere Wunderheilung, aber eine Aufklärung hat San Antón noch zu bieten. Den Stempel meiner Herberge in Hontanas ziert nämlich eine Jakobsmuschel mit einem geschwungenen „T" darauf. Bisher hatte ich das noch nicht gesehen und ich konnte mir gestern darauf auch keinen Reim machen. Von Cordula erfahre ich aber im Kapitel zu San Antón, dass es sich dabei um den hebräischen, bzw. griechische Buchstaben „Tau" handelt, der einer Passage der Bibel zufolge Schutz und Heil bringen soll. Also Dinge, die Pilger suchen und brauchen. Kurzum, die Mönche des hiesigen Ordens hatten „Tau" für sich entdeckt, der Buchstabe wurde zum „Kreuz der Pilger" deklariert und fortan diesen als Heilsbringer mitgegeben. Da sag einer, Vertreter der Kirche seien nicht einfallsreich gewesen, wenn es um vermarktbare Symbole und Mythen rund um den Camino ginge. Hübsch ist das Cruz del Peregrino auf jeden Fall und wer sich seines Heils auch heute noch ganz sicher sein möchte, kann sich in Castrojeriz sein persönliches Kreuz aus Holz kaufen. Auch heutzutage betreibt die Kirche noch dieses Geschäft – das Kreuz wird inzwischen aber nicht mehr von Mönchen, sondern nun von Nonnen im Kloster Santa Clara gefertigt und dort auch verkauft. Ein Familienbetrieb im weitesten Sinne eben.

Kaum habe ich Castrojeriz im Rücken reißt der Himmel auf. Sofort wird es gefühlt 20 Grad wärmer und auch die Sonne steht mir im Rücken. Vor mir liegt nun die härteste halbe Stunde des Tages. Der Aufstieg auf den Alto de Mostelares hat es gewaltig in sich. Alleine der Anblick ist schon schweißtreibend, da hätte die Sonne gerne noch ein halbes Stündchen warten können. Von rechts unten zieht sich der Weg gut sichtbar nach links oben die Bergwand entlang. Keine Serpentinen oder dergleichen, nein, rund um Castrojeriz mag man ganz eindeutig eine gerade Linienführung. Nachdem die ersten 10 Kilometer schon mit einer einzigen sanften Rechtskurve auskamen, geht es nun ohne Umwege den Berg hoch – nur eben mit zusätzlichen 100 Höhenmetern. Aus der Ferne sieht es aus wie eine der außen angebauten Freitreppen am Centre Pompidou in Paris. Die 30 Minuten Schwerstarbeit werden allerdings mit einer grandiosen Aussicht zurück in Richtung des ausgetrockneten Flussbettes, Castrojeriz und der bereits bezwungenen Hochebene belohnt. Von hier oben sieht man auch, wie viele Windräder es hier gibt!

Die Augen geradeaus gerichtet, sieht man außerdem, wie es die nächsten Kilometer weitergeht, denn wie bei jeder Passüberquerung kommt nach dem Aufstieg so sicher wie das Amen in der Kirche auch der Abstieg und der hat es noch mehr in sich als der Aufstieg. Der Grund dafür ist die Beschaffenheit des Bodens. Abstiege sind für die Knie grundsätzlich unangenehm, aber hier kommt hinzu, dass es den Berg über bestimmt zwei Kilometer auf Betonplatten hinuntergeht. Auf Beton haben die Stöcke nur wenig Halt und anders als bei Erde federt jeder Tritt ungebremst zurück in den Körper. Es ist eine einzige Qual und könnte ich es mir aussuchen, wäre ich lieber noch zwei weitere Male den Alto hochgelaufen. Aber mit Jammern komme ich auch nicht bis Santiago und mit Musik auf den Ohren geht es für etwa eine Stunde stumpf durch spanisches Niemandsland.

Und dann treffe ich den Nikolaus. Er sitzt höchstpersönlich mit weißen Rauschebart in der Kapelle San Nicolás de Puente Fitero und verteilt Stempel und Kaffee. Der Nikolaus in San Nicolás Mitte Mai. Jetzt bin ich schon fast zwei Wochen unterwegs, aber der Camino schafft es immer noch mich zum Staunen zu bringen. San Nicolás ist für sich schon ein sonderbarer Bau. Als hätte man eine Seitenkapelle aus einer Kathedrale geschnitten und einfach irgendwo frei aufs Feld gestellt. Wie ein schmaler steinerner Schuhkarton, von außen schlicht, aber innen mit goldenem

Triptychon, Altar und sogar einer winzigen Empore. Und an einem Tisch neben dem Eingang sitzt der Nikolaus im Ornat und verteilt gegen eine Spende seine Heißgetränke. Die kleine Kapelle dient zugleich auch als Herberge, wenngleich ich nicht erkennen kann, wo die Pilger hier schlafen sollen. Vermutlich werden später am Tag hinter dem Altar Matratzen hervorgeholt und dann sucht man sich einfach ein Plätzchen. Am Morgen gibt es dann Kaffee für die Übernachtungsgäste und was übrig bleibt wird im Laufe des Vormittags an die vorbeikommenden Pilger verteilt.
Einen Stempel von hier möchte ich unbedingt im Pass haben und so ergibt sich beim Kaffee ein kurzes Gespräch mit dem heiligen Mann. Er kommt auch noch aus Italien und fungiert für seine Bruderschaft, die italienische *Confraternita di San Japoco di Compostella*, hier in dieser ehrwürdigen, nahezu fensterlosen Herberge als Pater und Hospitalero in Personalunion. Ich würde darauf wetten, dass er in der Adventszeit anderweitig schwer beschäftigt ist und Kinderaugen in Shoppingzentren zum Leuchten bringt.
Direkt hinter der Kapelle, bzw. Herberge, endet die Provinz Burgos und geht es über die mittelalterliche Bilderbuchbrücke Puente Fitero in die Provinz Palencia, die weiterhin in der autonomen Region Castillia y León liegt. Diese Region habe ich zwar noch lange nicht bezwungen, aber mit jedem Schritt komme ich Santiago ein Stück näher. ¡Ultreya!
Zur Abwechslung gibt es hinter der Brücke sogar mal wieder ein paar Bäume, denn bis zum Örtchen Itero de la Vega geht es recht idyllisch an einem Fluss entlang. Dahinter kommt dann wieder rund zwei Stunden lang zu Feld gewordenes Nichts. Es geht einfach nur platt geradeaus. Wie war das mit „wenig Ablenkung für die Sinne in den unendlichen Weiten der Meseta"? Cordula, du hast natürlich wie immer Recht.

Ich habe es also bis Boadilla del Camino geschafft und somit meinen Teil erfüllt, damit ein Wiedersehen mit Annie gelingen kann. Mal gespannt, ob sie später noch auftauchen wird. In der vereinbarten privaten Herberge „En el Camino" gibt es aktuell auch noch genug freie Betten, und ich bin ganz froh, heute mal unter 30 Kilometer Tagesdistanz in den Beinen zu haben. Der Camino hinterlässt seine Spuren. Heute ist zudem Waschtag und ich bin außerdem ziemlich verschnupft. Vermutlich waren es dann

doch ein paar unbeheizte Herbergen und Schneestürme zu viel. Hoffentlich geht das so schnell wieder, wie es kam.
Die heutige Herberge wurde Annie und mir unabhängig voneinander empfohlen und dies vollkommen zu Recht. Die Gebäude der Herberge sind um einen geräumigen schön angelegten Garten angeordnet, in dem es diverse Skulpturen und für die heißen Monate sogar einen Pool gibt. Die alte Scheune wurde zum Schlafsaal umgebaut, es gibt einen gemütlichen Aufenthaltsraum und außerdem wird im Haupthaus ein Pilgermenü für faire 9 Euro angeboten. Zwar habe ich nichts vom Pool, aber dafür sehe ich direkt ein paar bekannte Gesichter, die gerade am Ausspannen, Tagebuch schreiben oder Wäsche waschen sind. Hier werde ich heute definitiv bleiben und die Etappe beenden. Was bedeutet, dass ich Hape alleine weiter bis nach Frómista ziehen lassen muss. Der testet offenbar gerade seine Grenzen und ist heute erstmalig eine weitere Wegstrecke als ich gelaufen. Jeder scheint irgendwann wohl mal eine Langstrecke laufen zu wollen und so geht der Fleißpokal heute mit satten 36 Kilometern an Hape. Die eigentliche Belohnung ist aber, dass er erkannt hat, was er zu leisten in der Lage ist und wie sehr der Kopf dabei eine Rolle spielt. Ich freue mich richtig für meinen virtuellen Mitpilger und Leidensgenossen Hape. Wie es Cordula erging, als sie die Strecke – sicher mehrfach – gegangen ist, weiß ich leider nicht. Ihre Beschreibungen sind stets sachlich und erwähnen mit keinem Wort, wo sie ihre erste Blase bekommen hat oder vielleicht auch mal frustriert aufgeben wollte. Für die Emotionen ist bei uns Hape zuständig.

Nachdem die Wäsche zum Trocknen auf der Leine hängt suche ich mir im Garten eine ruhige Ecke, um mal wieder mit Marianne zu telefonieren. Gestern war ein weiterer Chemo-Termin und da hätte es nicht gepasst zu sprechen. Offenbar verträgt sie die Behandlungen nur so mittelprächtig und braucht sie mindestens einen Tag, bis sie wieder die Kraft zum Sprechen hat. Aber heute klappt es, und ich freue mich riesig sie zu hören. Ich erzähle ihr von Annie, die schon seit 78 Tagen unterwegs ist und eine so klare Mission hat. Ich glaube, dass meine Mutter noch intensiver als ich in ihrer Cordula liest und in Gedanken die Strecke 1:1 mitläuft. Auf jeden

Fall weiß sie sehr genau Bescheid, wo ich gerade bin und wir sprechen lange über die Meseta und die Gedanken, denen man hier nachhängt. Ihr Alltag besteht ja derzeit auch aus viel ruhen und vielen stillen Momenten – wir verbringen also beide gerade viel Zeit mit Reflektion und unterm Strich mit uns selbst. Erneut bekomme ich während des Gesprächs den Eindruck, dass eine innige Verbindung keine physische Gegenwart voraussetzt, sondern dass die Antennen zueinander auch über eine weite Entfernung funktionieren können.

Eine hervorragende Gelegenheit das Sozialverhalten meiner Mitpilger zu studieren, bietet sich stets beim gemeinsamen Abendessen. Man könnte leicht abgewandelt sagen: „Du bist, wie du isst". Hier kommen schließlich alle Nationen, Generation und Charaktere zusammen und interagieren. Ein Menschen-Zoo allererster Güte und eine wahre Fundgrube für Beobachtungen. Auch unter Pilgern gibt es selbstverständlich die klassischen Alpha-Tierchen, die die Gespräche führen, gefallen wollen und lauter als andere sind. Spannend wird es, wenn zwei oder mehr Alpha-Tierchen aufeinanderstoßen, da dann das Positionieren und Dominieren wollen Fahrt aufnimmt. Gruppendynamik erster Güte mit den Phasen Abtasten, Vertrauen aufbauen, sich öffnen und letztlich beurteilen, ob Potenzial für eine tiefere Pilgerfreundschaft vorhanden ist. Und beim Essen fallen teilweise auch die Masken. Da ist beispielsweise ein US-Amerikaner so Ende 40, der scheinbar von allen geliebt werden möchte, permanent am Senden ist und sich doch die mit Abstand größte Portion von der Platte nimmt und offenbar keinen Gedanken daran verschwendet, ob der Rest für die anderen nach ihm noch ausreichen könnte. Annie, die inzwischen eingetroffen ist, ist das genaue Gegenteil, denn sie scheint sich eher für andere zu opfern, als selbst zu bevorteilen. Die italienische Gruppe am Tisch ist gewohnt laut, fröhlich und ein bisschen arg machohaft. Die Weinkaraffe wurde von dort allenfalls attraktiven Damen gereicht, aber Herren hatten generell verloren, bzw. leere Gläser vor sich. Manchmal ist an Vorurteilen halt doch mehr dran als einem lieb ist. Carol und ihren Mann Paul finde ich interessant, da die beiden ähnlich wie Annie schon seit fast zwei Monaten unterwegs sind und Paul eine Geschichte

nach der anderen zum Besten gibt. Ein Alpha-Tier, aber eins, das sich halt gerne reden hört, dabei aber nicht unangenehm ist. Dennoch. Wer nur erzählt, lernt wenig Neues dazu, da man selbst seine Geschichten ja schon zu genüge kennt. Wie schade eigentlich, da doch gerade die Erlebnisse der Anderen die eigene Sicht bereichern. Ich möchte auch nicht wissen, wie oft Carol die Geschichten schon hören musste. Wieder Single zu sein, ist, wenn man es aus der Perspektive sieht, nicht nur von Nachteil. Ich bin nicht verwundert, dass sich das sympathische englische Pärchen mit Annie blendend versteht. Schließlich hat man schon den gleichen Blizzard in Frankreich überstanden und rangieren die Drei im Club der 1.000+ Kilometer-Pilger. Noch ein Rätsel löst sich an diesem Abend. Marte, die junge Lettin, deren Namen ich heute erfahren habe, und der ich schon so häufig am Etappenziel begegnet bin, läuft morgens stets um spätestens 5:30 Uhr los und kundschaftet dann für ihre Pilgerfreunde die Herbergen aus. Sie ist also tatsächlich jeden Tag vor mir auf dem Camino gewesen und da wir ähnliche Distanzen gehen, waren wir schon das ein oder andere Mal in der gleichen Herberge. Ein absolut bunter Haufen, der hier an der großen Tafel zusammenkommt und ein guter Grund, weiterhin in Herbergen zu übernachten, um genau solche Abende zu verbringen.
Die Beobachtungen des Abends passen zur historischen Sehenswürdigkeit des Ortes. Draußen vor der Herberge steht nämlich eine filigrane steinerne Gerichtssäule aus dem 16. Jahrhundert, an der früher Recht gesprochen wurde. Zu gerne würde ich den ein oder anderen aus der Runde mal kurz mit nach draußen nehmen und für einen Moment wieder als Jurist tätig sein. In Gedanken habe ich mir meine Urteile schon längst gebildet.

Alles in allem also ein schöner Abend mit spannenden Geschichten, gutem Essen – es gab Salat, Suppe, Fisch und zum Nachtisch Pudding – und einigen neuen Gesichtern.
Die Meseta erschöpft mich jedoch nicht nur physisch, sondern auch zunehmend psychisch. Sinnieren und ständig die Gedanken schweifen lassen ist harte Arbeit.
Mein Schnupfen gibt mir heute außerdem noch den Rest, so dass ich wie

Marte ein paar Betten weiter, um 21 Uhr im Bett bin und den Tag beende. Um 5:30 Uhr möchte ich dennoch nicht aufbrechen. Ich muss ja schließlich nicht jeden Quatsch mitmachen.

Tag 14: Boadilla del Camino – Calzadilla de la Cueza

Sonntag, 19.05.2013

Kurze Rückblende. Am vorletzten Sonntag bin ich zuhause in meinem bequemen Bett in Köln aufgewacht, weder Schultern noch Füße noch Muskeln noch Knochen taten weh, und ich war aufgeregt wie Bolle an Ostern und Weihnachten zusammen. Ich hatte außerdem absolut keine Ahnung wie mein Abenteuer verlaufen würde – ob ich nach wenigen Tagen schon abbrechen müsste oder falls nicht, wo ich zwei Wochen nach meinem Start sein würde. Das Ganze ist inzwischen mehr als eine gefühlte Ewigkeit her. Als wäre es ein anderes Leben gewesen. Ein anders Ich. Und auch vor meinen ersten Kilometern als Pilger lag ich bereits Stunden vor dem Wecker wach und hatte in der Nacht vor Aufregung kaum ein Auge zugetan. Ich mag mich verändert haben, aber zum letzten Punkt gibt es wenig Unterschied, denn heute Morgen in Boadilla del Camino sorgen meine lieben italienischen Mitpilger dafür, dass ich erneut viel vom Sonntag haben werde und bereits gut 90 Minuten vor meinem Wecker wach bin. Wie schon so manche Nacht auf dem Camino habe ich unruhig geschlafen, wofür ich jedoch weder die Aufregung noch die Italiener verantwortlich mache, sondern eher körperliches Gebrechen. Aktuell sorgt der Schnupfen für unruhige Nächste, wohingegen mir in den letzten beiden Wochen mal abwechselnd die Schultern, mal die Knochen in den Füßen, mal die Füße selbst oder überhaupt gleich alles zusammen weh getan hat. Das ist inzwischen alles deutlich besser geworden, ebenso wie die Aufregung. Natürlich freue ich mich jeden Tag aufs Neue, aber es ist nun auch ein bisschen Routine und Gewöhnung mit im Spiel.

Apropos Spiel. Gestern musste ich mir von den Italienern noch so manch hämischen Kommentar zur deutschen Halbfinalniederlage bei der Fußball EM 2012 anhören, heute Morgen wünsche ich den Azzurri, dass es bald schon eine bittersüße Revanche geben wird. Ganz aktuell würde ich nämlich gerne jede Menge Platzverweise erteilen wollen – für grob unsportliches Verhalten im Schlafsaal der Herberge in Boadilla del Camino. Kann man denn beim nächtlichen Aufbruch nicht einfach mal die Klappe halten? Für junge Italiener in einer Gruppe ist das offenbar *impossibile.*

Es ist noch vor halb 6, doch Marie ist tatsächlich schon wieder weg. Annie hatte gestern beim Essen verkündet, dass sie es heute von Beginn an langsam angehen lassen möchte und auf den ständig mit seinem Tablet bloggenden Ami habe ich so gar keine Lust. Somit geht es an meinem Meseta-Tag Nr. 3 erneut alleine los. Und zwar bei Regen.

Mit dem alleine laufen habe ich kein Problem – ganz im Gegenteil. Aber wenn das mit dem Wetter so weitergeht, dann wird die Getreideernte in diesem Jahr üppig ausfallen. Oder verfaulen, weil die Felder schlicht absaufen. Klamottentechnisch bin ich für den Regen gerüstet, nur gegen die matschigen Böden kann man wenig tun. Gutes Schuhwerk ist vorhanden und auch unerlässlich, aber es ist einfach irrsinnig mühsam, wenn man stundenlang durch Matsch stapft und dabei stets aufpassen muss, wie der Untergrund für den nächsten Tritt beschaffen ist. Man knickt verdammt schnell um und nur durch das beherzte In-die-Erde-rammen meiner Stöcke ließ sich schon der ein oder anderen Ausrutscher im letzten Moment verhindern. Der Camino hat wahrlich seine Tücken.

Als ob Wasser von oben nicht genug wäre, geht es heute die ersten Kilometer hinter Boadilla del Camino am Canal de Castilla entlang. Eigentlich ganz idyllisch und eine über 200 Kilometer lange technische Meisterleistung der Transportkunst, wodurch das Umland mit dem Getreide der Tierra de Campos versorgt werden konnte. Hape fand die Strecke von hier bis Frómista ziemlich unerfreulich, aber zu dem Zeitpunkt hatte er ja auch schon stolze 30 Kilometer in den Knochen. Und hätte er gewusst welch Ödnis ihn hinter Frómista erwartet, hätte er vermutlich auf der Böschung getanzt und den mit Bäumen gesäumten Weg entlang des alten Kanals in höchsten Tönen für die Nachwelt gerühmt.

Ich selbst hätte es eigentlich auch bereits vorab wissen müssen. Denn in allen bisherigen Kapiteln waren Cordulas Wegbeschreibungen eher ausführlich, an vielen Stellen mit kleinen Hinweisen gespickt und füllen diese je nach Etappe gerne mal mehrere Seiten. Die Beschreibung von

Boadilla del Camino bis Carrión de los Condes – immerhin gute 26 Kilometer – kommt mit wenigen Zeilen aus. Der Text lautet sinngemäß und nur unwesentlich vereinfacht: „Wir verlassen Boadilla, kommen nach 2 Stunden nach Ort X, nach einer Stunde nach Ort Y, biegen nach Verlassen von Ort Y nach 2,5 Stunden einmal rechts ab und kommen eine halbe Stunde später über die Brücke Z. Danach geht es an den Überresten der Kapelle San Was-auch-immer vorbei und dann 1,5 Stunden einfach weiter geradeaus. Die Herberge des Kaffs ist neben der riesigen Kirche das einzige Haus in der Calle Mayor und kann daher nicht verfehlt werden. Sie haben ihr Ziel erreicht".

Der nächste Wink mit dem Zaunpfahl oder vielmehr Schlag mit einem kompletten Laternenmast, hätte die Hymne „Highway to Hell" von AC/DC sein müssen, die in Frómista im Radio läuft, als ich in einer ranzigen Bar an meinem Café con Leche nippe. Deutlicher wäre es nun wirklich nicht mehr gegangen, aber es ist noch früh am Morgen, ich bin trotz Schnupfen und unruhiger Nacht irgendwie viel zu gut gelaunt und vielleicht auch ein bisschen naiv was die psychischen Herausforderungen der Meseta angeht. Dass die Meseta auch richtig üble Abschnitte in petto hat, blende ich weiter aus. Bisher sind die Meseta-Etappen schließlich viel besser gelaufen als ich zu hoffen gewagt hätte.

Heute der ganz hübsche Kanal, dann das Wehr rüber über den Kanal und die romanische Bilderbuchkirche San Martín in Frómista waren aber auch tadellos. Ein halbes Dutzend morgendliche Kilometer, die ich in bester Harmonie mit mir selbst und aufgrund des Regens mal wieder als rotes wandelndes Zelt unterwegs war.

Hinter Frómista beginnt dann aber das Pilgerelend. Es geht zunächst über Brücke, Kreisel, Brücke, Kreisel und dann mehr oder weniger konstante zwei Meter rechts neben der Landstraße her. Nun muss man wissen, dass dem Straßenbauer damals beim Asphaltieren das Lenkradschloss eingerastet ist und die Kilometer lange Straße nach Población de Campos nicht ein winziges Grad von einer mathematisch perfekten geraden Linie abweicht. Eine Gerade mag zwar die kürzeste und damit auch die schnellste Verbindung zwischen zwei Punkten sein, aber da es hier flach wie auf einem Salzsee ist, sieht man auch ein weit entferntes Ziel schon

von der Startlinie aus. Und angesichts der Tristesse der Landschaft ist das doch ziemlich niederschmetternd. Als Jugendlicher war ich mal in den schottischen Highlands unterwegs, wo die Strecke zwar auch karg und baumlos, aber dafür extrem hügelig war. Der gleiche See quasi nur bei Windstärke 8 und entsprechendem Wellengang, denn hinter einer erklommenen Anhöhe kam stets der nächste zu besteigende Hügel zum Vorschein. Allerdings hätte dahinter auch jeden Mal die ersehnte Hütte sein können. Die Hoffnung platze somit erst auf dem Gipfel und als Optimist denkt man sich eben „Ach, dann eben nur noch ein einziger weiterer Hügel". Auf der Piste nach Población hingegen ist kein Raum für Hoffnung. Es geht stur geradeaus und mit dem ersten Schritt ist klar, dass „endlos" bei Cordula auch wirklich „endlos" heißt.
Und wenn du meinst es geht nicht mehr, dann kommt von irgendwo ein Lichtlein her. Zumindest bei Hape, der auf genau dieser Strecke scheinbar anfängt zu halluzinieren und infolgedessen meint zu leuchten. Jawohl, zu leuchten. Ich bin kein Mediziner, aber für mich klingt das eindeutig nach Sonnenstich oder akuter Dehydrierung. Probleme, die ich nicht im Entferntesten habe, da ich einfach nur den Kopf nach links drehen müsste, um das Spritzwasser der vorbeifahrenden Autos direkt mit dem Mund aufzufangen. Das Wandern ist eindeutig nicht immer des Pilgers Lust.

Irgendwo hinter Frómista hat Petrus tatsächlich ein Einsehen und ein kleines Wunder geschieht: der Himmel reißt auf. Also raus aus dem Poncho und mein Outfit ändert sich von knallrot zu senfgelb.
Von oben kommt nun zwar kein neues Wasser mehr nach, aber die völlig aufgeweichten Böden stellen auf Höhe von Población de Campos ein praktisches Problem dar, bzw. sorgt der schlechter Zustand des Weges dafür, dass Cordula's Routenplanung über den Haufen geworfen werden muss. Am Ortsausgang, kurz vor einer Brücke, gibt es eine hochoffizielle Wegalternative, die mich ein gutes Stück von der Landstraße weggeführt hätte und die parallel zu einem Bach durch die Felder verläuft. Eigentlich eine denkbar einfache Entscheidung. Bloß weg von der eintönigen Straße und ab in die Natur. Genau so hätte ich es auch getan, wenn mich besorgte Wanderfreunde an besagter Gabelung nicht mit der Information

beglückt hätten, dass der unbefestigte Feldweg – laut einer angeblich vertrauenswürdigen Einheimischen – über weite Strecken eine einzige Schlammpiste sei. Mist. Es gilt nun also eine Wahl zwischen Pest und Cholera zu treffen: weitere 16 Kilometer an der Landstraße entlang oder zunächst gut 11 Kilometer durch die Felder schliddern und dann erst wieder für die letzten 6 Kilometer auf dem klassischen Camino weiter an der Straße bis Carrión de los Condes. Ich entscheide mich mit einem Seufzer für Pest, höre mich den Überbringern der Botschaft „Muchas Gracias!" sagen und biege links in Richtung Landstraße ab. Ob der Weg über die Felder wirklich so übel gewesen wären – ich habe keine Ahnung und werde es wohl auch nie erfahren. Zumindest Cordula macht mir Mut, denn zu dieser Etappe merkt sie an, dass man sich „von den endlosen Weiten nicht entmutigen lassen soll und diese zu den stärksten Erfahrungen des Weges gehören". Na dann mal los – P-980 ich komme.

Wartet die von Cordula prophezeite „intensive Erfahrung" an dieser elendigen Straße auf mich, die mir im Feld vielleicht entgangen wäre? Tut sie nicht. Ich wandere bis Revenga de Campos. Ich wandere bis Villarmentero de Campos. Ich wandere bis Villacázar de Sirga. Ich wandere bis Carrión de los Condes. Weder leuchte ich, noch läuft mein Lebensfilm an meinem inneren Auge vorbei, noch verändert sich mein Leben, weil ich mich in letzter Sekunde vor einem Auto dessen Fahrer hinterm Steuer eingeschlafen ist, in Sicherheit hätte bringen müssten. Oder so in der Art.
Was mich sogar ein bisschen wundert, ist, dass die Monotonie der Strecke rein gar nicht dazu führt, dass ich tiefgründigen Gedanken nachhänge. Der Camino bestimmt mal wieder, wann die Zeit für diese Gedanken reif ist. Hier droht vielmehr der Geist – und nicht nur der Geist – zu ertrinken. Denn die gleichhohen, gleichfarbigen und auch kaum unterbrochenen Getreidefelder zu beiden Seiten des Weges wiegen sich wie Wellen sanft im Wind und glänzen bläulich wie Wasser. Es sieht hier aus wie der Startbildschirm von Windows XP, nur flacher. Hätte ich den Weg durch die Felder genommen, wäre ich da mittendrin und zumindest von der Straße sieht es so aus als könnte man darin locker in ein nasses Grab hinabsinken. Rollende Wellen wie auf hoher See soweit das Auge reicht. Ok, ich

halluziniere wohl doch ein wenig. Es ist aber auch echt elendig.
Immerhin, jeder noch so mühsame Schritt hat mich erneut näher an mein heutiges Ziel gebracht und das zählt ja auch. Schön, etwas auf der Habenseite verbuchen zu können. Und niemand hat behauptet, dass der Camino nicht auch Opfer verlangt und genau so würde ich die letzten vier Stunden bezeichnen. Weil ich den Weg entlang der Straße gehe und dabei meinen inneren Autopiloten eingeschaltet habe, entgeht mir in Villacázar de Sirga leider ein hübsch gemachter Platz vor der – mal wieder – viel zu großen Iglesia de Nuestra Señora de la Virgen Blanca. Auf dem Platz steht eine aufwändige Pilgerskulptur und direkt daneben gibt es ein tolles Café, um sich für die nächsten Kilometer zu stärken. Wer den Alternativweg geht, kommt exakt hier zurück aus den Feldern und an besagtem Platz vorbei. Am Ortsausgang stößt man dann wieder auf den Hauptweg an der Straße. Sobald man leuchtende Pilger sieht, weiß man, dass man richtig ist.

Der Highway to Hell wäre also geschafft und dem Songtitel nach müsste Carrión de los Condes dann folglich die Hölle sein. Ich zitiere Cordula aus der Infobox zum Ort: „Vom einstigen Glanz der Hauptstadt der Tierra de Campos ist nicht mehr viel übrig." Na prima. Da läuft man über 26 Kilometer durch Regen und unzählige Wellen und dann stellt sich das Ziel auch noch als Enttäuschung heraus. Aber klingt „Carrión" nicht sowieso ein bisschen wie „Carry on", was ja quasi die exakte Übersetzung des Pilgermottos ¡Ultreya! ist und so viel wie „weiter, immer weiter" bedeutet? Ob dies vielleicht doch ein Zeichen des Camino-Schutzheiligen an mich ist?
Während der Mittagessenspause bei Bocadillo, Banane und Wasser wird Bilanz gezogen. Ich bin die 26,5 Kilometer inklusive Einkehr in Frómista in unter fünf Stunden gelaufen. Es ist noch vor 12 Uhr am Tag. Beine, Füße und Schultern machen sich nicht sonderlich bemerkbar. In der Stadt gibt es drei Herbergen, allerdings liegt die beste Bewertung bei zwei von drei Muscheln. Es ist Sonntag und die Stadt erscheint verschlafen und ausgestorben. Über kulinarische Spezialitäten ist nichts bekannt. Sehenswert ist in erster Linie das Real Monasterio de San Zoilo, welches

Hape aber so ausführlich beschreibt, dass ich beim Hören seiner Schilderungen das Gefühl bekomme, schon selbst einmal dort gewesen zu sein und im Kreuzgang meditiert zu haben. Im dortigen Hotel zu übernachten, wie Hape es getan hat, würde gegen meine Regel Nr. 6 verstoßen. Diese Regel ist im Laufe der letzten Tage entstanden und besagt, dass ich ausschließlich in Herbergen und nicht in Hotels übernachten werden bis ich in Santiago de Compostela angekommen bin. Die Regel hängt in gewisser Weise eng mit Regel Nr. 2 – Schlafplatz nicht vorab reservieren – zusammen. Ich möchte mit anderen Pilgern aus allen Generationen, Schichten und Nationen in Kontakt kommen, und die finde ich nun mal in erster Linie in den hiesigen Herbergen.

Bislang spricht also einiges dafür noch einen weiteren Abschnitt dranzuhängen. Wenn es da nur diesen kleinen Haken nicht gäbe. Laut Cordula liegen zwischen meiner Parkbank hier auf der Plaza Marqués de Santillana in der Ortsmitte von Carrión de los Condes und der nächsten Herberge über 17 Kilometer und ansonsten rein gar nichts außer „endloser Weiten". Rund 12 Kilometer beansprucht alleine die Vía Aquitana für sich, und die ist quasi die Hardcore-Version meiner heutigen Wegstrecke entlang der P-980. Gebaut anno Dazumal von praktisch denkenden Römern. Ihr nachvollziehbares Ziel war es, so schnell wie möglich ihr riesiges Reich mit Waren durchqueren zu können. Also baute man ochsenkarrenfreundlich. Da Ochsen nun aber ausgesprochen stur sind und daher auch nur ungerne gelenkt werden, bedeutete dies, dass die Straßen möglichst gerade sein mussten. Und bei flachem Land ohne Hindernisse oder nennenswerter Querungen geht das ausgesprochen gut mit dem gerade bauen. Bei der Vía Aquitana ist das sogar mit einer Eins mit Sternchen geglückt – die Straße ist wirklich mustergültig.

Nun sind mir masochistische Neigungen bislang nicht bekannt, aber irgendwie reizt es mich, heute noch eine weitere Grenzerfahrung zu machen. Vielleicht wandert dort ja der Geist zu den mitgebrachten Themen oder setzt zumindest das beseelende Leuchten ein. Wenn schon Monotonie, dann richtig und geballt. Um diese Uhrzeit werden sich zudem kaum noch Pilger am Anfang einer solchen Wegstrecke befinden, was bedeuten würde, dass auf der Vía eigentlich nichts mehr los sein sollte.

Beste Voraussetzungen also für Selbstfindung und „intensive Erfahrungen". Also los – Carry on und Adiós Carrión.

Direkt hinter dem Río Carrión, über den eine wuchtige steinerne Brücke führt, die der Brücke in Logroño nicht unähnlich ist, komme ich doch noch am Real Monasterio de San Zoilo vorbei. Wie Hape beschreibt, ist die Außenfassade eher unspektakulär und lässt diese mitnichten vermuten, dass sich dahinter ein monumentales Kloster mit einer fast tausendjährigen Geschichte verbirgt. Angeblich soll die dort zu bestaunende Handwerkskunst und Architektur, Kenner ihres Fachs vor Freude regelrecht zum quieken bringen. Auf mich wartet stattdessen die weniger faszinierende Weite der *Vía Aquitana*, die mich in etwa 3,5 Stunden nach Calzadilla de la Cueza bringen wird.
Christian, positiv denken. Heute Morgen habe ich so um die Hundert Rucksäcke überholt und der Weg war den ganzen Tag über extrem voll. Hinter Carrión de los Condes sehe ich dagegen kaum noch Pilger vor mir. Auch wenn es schlimm wird, habe ich die Strecke zumindest weitgehend für mich – sagt das Engelchen. Das Teufelchen auf der anderen Schulter meldet sich umgehend mit dem Hinweis, dass dann auch niemand in der Nähe wäre, der helfen könnte, wenn ich in Not geraten sollte. Seit Hape mit seinem Leuchten angefangen hat, habe ich doch etwas die Sorge, dass der Weg gefährlicher sein könnte, als es den Anschein hat. Zur Sicherheit creme ich mich gut ein und trinke bewusst und regelmäßig aus meinem frisch aufgefüllten Wassertank im Rucksack. Auch lasse ich meinen Sonnenhut auf – so dämlich der auch aussehen mag. Schatten ist hier nämlich in der Tat absolute Mangelware und ich werde schließlich bis weit in den Nachmittag hinein unterwegs sein. Es ist genau 12 Uhr Mittag als ich das Kloster hinter mir lasse.
Die Tanke, an der Hape sein Eiswasser gekauft hat gibt es sogar noch. Etwas pathetisch wehen dort mehrere große Europaflaggen und so könnte man fast meinen, nicht am Arsch der Heide zu sein. Ein kurzer Blick nach links und ein kurzer Blick nach rechts und man weiß, dass man definitiv am Arsch der Heide ist. Wie Sie sehen, sehen Sie nichts. Für eine gute Stunde geht es erst mal gemütlich an einer kleinen Landstraße entlang. Es kommt

mir in der Zeit exakt ein Traktor entgegen. Zahl der Rucksäcke vor oder hinter mir: Null. Die angekündigte Leere kündigt sich an. So richtig ernst meint sie es aber erst, sobald der Weg von Asphalt auf Sand wechselt. Und für alle, die noch nicht verstanden haben, dass sie nun für die nächsten 12 Kilometer auf einer alten römischen Originalroute unterwegs sein werden, liegt am Beginn der Vía Aquitana rechts ein Felsbrocken in den man „VIA AQUITANA: BURDEOS – ASTORGA" gehauen hat. Ob Burdeos für Burgos oder Bordeaux steht weiß ich nicht, aber Astorga ist eine Station auf dem Weg, sobald die Meseta geschafft ist und León in ein paar Tagen hinter mir liegt.
Na ja, und danach geht es halt wie angekündigt geradeaus. Schnurgerade wie Cordula es nennt, bzw. kerzengerade wie Hape es verflucht. Geradeaus eben. Ende Juni mag dies hier tatsächlich ein „Kornfeldinferno" sein, aber heute, am 19. Mai bei kräftig bewölktem Himmel halte ich die Gefahr eines Hitzeschlags für überschaubar. Ich marschiere einfach immer weiter und mache gut Strecke. Kein anderer Pilger am Horizont und diese Erfahrung ist eindeutig eine schöne Erfahrung. Nicht intensiv, aber mal eine willkommene Abwechslung zu den Pilgermassen, die man sonst häufig auf dem Camino Francés um sich hat. So muss sich pilgern wohl bis vor hundert Jahren angefühlt haben. Als in der Ferne plötzlich zwei bunte Rucksäcke auftauchen mobilisiert dies neue Kräfte. Ich möchte wieder eine freie Stecke vor mir haben und lege direkt einen Zahn zu. Gäbe es hier eine Radarfalle, wäre ich vermutlich mit gut 7 km/h geblitzt worden. Kaum hat man also ein konkretes Ziel vor Augen und nicht nur im Sinn, geht noch mal was. Die Freude am Wettbewerb, am Kompetitiven, kommt hier wieder zum Vorschein. Dabei helfen die Wanderstöcke ungemein, da sie mir Takt und Geschwindigkeit geben. Wie ein Metronom schlagen sie auf den Boden, und ich bin fest davon überzeugt, dass dies locker 1 km/h ausmacht. Natürlich hole ich die Zweiergruppe ein, sage brave „¡Buen Camino!", lasse mich aber nicht in ein Gespräch verwickeln. Die Vía Aquitana ist einfach nicht gemacht für Plaudereien.

Calzadilla de la Cueza liegt wie Hontanas in einer Senke, aber freundlicherweise hat man den örtlichen Friedhof auf eine Anhöhe vor dem Dorf verfrachtet und dort zudem einen stattlichen Glockenturm hingestellt. Es bietet sich also frühzeitig die Gelegenheit ein neues Ziel ins Visier zu nehmen. Allerdings muss man psychologisch verkraften, dass es auch dann noch fast eine Stunde dauert, bis man selbst bei schnellem Schritt zum Refugio gelangt. Wäre dieses bereits „completo" gewesen, hätte ich ein Problem gehabt, denn inzwischen bin ich schon deutlich über 40 Kilometer gelaufen. Die langen und geraden Strecken fand ich nicht wirklich grausam, aber für heute reicht es allemal. Ich bin müde und erschöpft, körperlich wie geistig. Leere um mich herum, Leere im Kopf – da scheint es einen Zusammenhang zu geben.

Nun, leer ist die Herberge zwar nicht, aber ein Bettchen im großen Schlafsaal gibt es zum Glück noch. Dem Universum oder wem auch sonst sei Dank. Ich bin so groggy, dass mir fast egal ist, dass es mal wieder ein vollgepferchter Raum mit metallenen Stockbetten ist, die dicht an dicht stehen. Das einladende Schild „Piscina" ist verlockend, aber nutzlos, dann noch während ich an der Rezeption stehe und meinen Pass stempeln lasse, fängt es an zu regnen. Halleluja. Ich habe also schon wieder enormes Glück mit dem Wetter gehabt und ohne es zu ahnen, gerade noch rechtzeitig Zuflucht gefunden. Hier in der Meseta scheint es ebenso plötzliche und unvorhersehbare Wetterwechsel zu geben wie an der See – mein Bild mit den Wellen war also gar nicht so weit herbeigeholt.

Ich glaube, so spät kam ich bislang noch nie in einer Herberge an. Es ist kurz nach 15 Uhr und allzu viel Zeit bleibt nach der Ankommensroutine gar nicht mehr bis zum Abendessen. Eine kleine Siesta ist dennoch drin und bitter nötig. Was man sich komplett sparen kann ist ein Spaziergang durch den Ort. Nicht nur, dass man in drei Minuten damit fertig wäre, Calzadilla de la Cueza hat auch die belangloseste Calle Mayor, die ich bislang gesehen habe. Tiefste Voreifelromantik mit einem Baustopp in den 70er Jahren. Gruselig.

Essen gibt es nebenan in einem Restaurant, das vermutlich zu dem Hotel gehört, in dem Hape damals das deutsche Pärchen belauscht hat.

Wenn der heutige Weg schon eine Herausforderung war, dann schließt sich der Kreis beim Pilgermenü. Für nicht unübliche 10 Euro gibt es Salat

als Vorspeise, dann ein nicht definierbares Stück Fleisch mit Fritten und danach einen Becher Joghurt. Hätten die Fritten einen Hauch Anstand gehabt, wären sie beschämt vom Teller gerutscht und hätten sich selbst kompostiert. Aber der Hunger zwängt zumindest eine kleine sättigende Portion rein. Bei meinem heutigen Pilgermarathon werde ich so viele Kalorien verbrannt haben, dass ich vermutlich locker drei weitere Pilgermenüs hätte essen können.
Stattdessen gönne ich mir noch zwei drei Gläser Rotwein, der pro Glas ungelogen 50 Cent kostet. Ich muss zwei Mal nachfragen, bis ich mir sicher bin mich nicht verhört zu haben.

In der Schänke lasse ich beim Wein den Tag Revue passieren. Ganze 43 Kilometer bin ich heute Santiago nähergekommen und morgen wird schon die zweite Halbzeit beginnen. Unglaublich. Mein Schnupfen wird und wird ärgerlicherweise nicht besser, aber dafür spielen die Beine und vor allem die Füße tapfer mit. Mein Bauch hat mir in Carrión gesagt, dass mein Tagesziel noch nicht erreicht ist und jetzt bin ich unglaublich froh, nach der Mittagspause auch tatsächlich weitergegangen zu sein. Die Vía Aquitana war ohne Frage kein Spaß, aber trotz Nachmittagssonne war es erträglich und der Mangel an Schatten war so auch kein echtes Problem. Die beinahe völlige Abwesenheit von anderen Pilgern hingegen war ein Traum.
Trotzdem erbrachte die Strecke auch heute kein wirklich tiefgründiges Erleben – vielleicht fehlte die Inspiration oder der Austausch mit anderen, den es heute quasi überhaupt nicht gab. „Et kütt wie et kütt!" lautet § 2 des kölschen Grundgesetzes und der Camino scheint sich dies zu Eigen gemacht zu haben. Die eigenen Planungen werden ganz schnell mal auf den Kopf gestellt. § 3 besagt aber auch „Et hät noch immer jot jejange!". Ich würde mich nicht wundern, wenn die weiteren Paragraphen auch in irgendeiner Weise zu meinen Pilgererfahrungen passen würden. Der Weg wird es schon richten und zu gegebener Zeit mit Impulsen aufwarten. Davon bin ich nach zwei Wochen Camino überzeugt.
Also packe ich mich – mit mir für heute durchaus zufrieden – in mein äußerst wackeliges Bett und genieße den fast schon heiligen Moment,

wenn man die Füße hochlegt und ein wohliges Kribbeln durch die Beine zieht. Die anderen 69 Pilger in unmittelbarer Nähe blende ich als alter Routinier einfach aus – Feierabend für heute.

Tag 15: Calzadilla de la Cueza – Calzadilla de los Hermanillos

Montag, 20.05.2013

Ein neuer Tag und ein weiterer Montag an dem keine klassische Arbeitswoche, sondern die nächste Etappe beginnt. Nun hat sich mein Alltag in den vergangen zwei Wochen zwar grundlegend verändert, aber die Montage sind annähernd vergleichbar geblieben. Als Unternehmensberater musste ich zum Wochenbeginn auch meist urfrüh aufstehen, um den ersten Flieger nach Berlin, München oder sonst wohin zu erwischen – den sogenannten Red Eye Flight, da um diese Uhrzeit alle Passagiere noch verschlafen aus der Wäsche schauen. Als heute Morgen die Ersten erneut weit vor 6 Uhr am Herumlärmen sind und wie selbstverständlich das Deckenlicht anschalten, ist das quasi auch nur ein ganz normaler Montag, wie ich ihn vor wenigen Wochen auch noch hatte.
Der Camino scheint jedoch allmählich dafür zu sorgen, dass ich die Dinge entspannter sehe. Ich rege mich darüber gar nicht mehr groß auf – zusätzlich hilft der Vergleich mit den früheren Montagen. Leicht fällt das angesichts des gestrigen Marathons dennoch nicht, denn meine Beine schreien: liegenbleiben! Am Ende gewinnt aber die Aussicht dieses Kaff möglichst schnell hinter mir zu lassen und in schönere Gefilde zu ziehen.

Gestern auf der Vía Aquitana hatte ich nicht wirklich „intensive Gedanken". Ganz so üblich oder zumindest wahrscheinlich, wie von Cordula in Aussicht gestellt, sind diese wohl nicht. Sie kommen, oder sie kommen eben nicht. Bei mir kamen sie auf der Strecke nicht. Dafür habe ich heute Nacht intensiv geträumt. Ich war in Köln, mein Blackberry funktionierte nicht, und so habe ich auf mehrere Mails nicht geantwortet, die mich mit wachsender Dringlichkeit dazu aufgefordert haben doch bitte meinen Schreibtisch im Büro aufzuräumen. Als ich dann eines Morgens nichtsahnend ins Büro komme, erfahre ich, dass man den gesamten Inhalt meiner Schubladen und Schränke einfach weggeschmissen hat –

schließlich hätte ich mich ja nicht gemeldet. Im Traum bin ich stinksauer. Die Erinnerungen werden ab dieser Stelle etwas brüchig, aber ich muss mich noch eine ganze Weile mächtig aufgeregt haben. Irgendwie verrückt das Ganze. Denn Cordula gehorchend, habe ich auf der gestrigen Wegstrecke mehrmals versucht die Gedanken in Richtung Job, altem Arbeitgeber und die nächsten beruflichen Schritte zu lenken. Antworten habe ich da keine bekommen. Und dann träume ich plötzlich, dass Andere für mich Fakten schaffen und durch das Entsorgen der Unterlagen ein mehr als nur symbolischer Schlussstrich gezogen wird. Mal wieder entscheidet der Camino und nicht ich, wann es Antworten gibt und in welchen Momenten dies passiert.

Wenn ich ehrlich bin, habe ich ab der Sekunde, wo die Unterschrift unter der Kündigung stand, mit der Entscheidung gerungen. War der Schritt richtig oder habe ich vielleicht einen riesigen Fehler gemacht? Mein Job hatte mir schließlich – nicht immer, aber doch in weiten Teilen – Spaß gemacht. Ich fand meine Aufgaben erfüllend und meist auch wertschaffend. Aber allzu häufig habe ich die irrwitzigen Arbeitszeiten oder den permanenten Druck einfach ausgeblendet oder mir das Berufsleben mittels der Business Class Flüge und Luxushotels schöngeredet. Die Realität sah dagegen meist anders aus. Wenn selbst enge Freunde mehrere Male hintereinander zu hören bekommen, dass man leider keine Zeit hat, hören sie spätestens nach dem fünften Mal auf zu fragen, ob man Lust hätte mit in den Biergarten zu kommen – um nur ein Beispiel zu nennen. Und selbst wenn man dann mal frei hat, schwebt ständig das Damoklesschwert in Form des blinkenden Blackberrys über einem. Die ständige Erreichbarkeit mittels der elektronischen Fußfessel, wie wir die Dinger genannt haben, hat mich im Laufe der Zeit immer stärker daran zweifeln lassen, ob das Jobprofil eines Unternehmensberaters für mich die richtige Work-Life-Balance bietet. Wer dagegen die physische, wie auch ständige psychische Belastung nicht als Belastung empfindet, der hat seinen Traumjob gefunden. In meinem heutigen Traum hat nun mein dauerblinkender Blackberry aufgehört zu blinken und dadurch dafür gesorgt, dass letzten Endes meine Arbeit für

beendet erklärt wurde. Schon verrückt, was man durch seine Träume alles verarbeitet.
Der Camino hat mir also doch noch eine erste Antwort auf meine beruflichen Fragen gegeben. Den Traum deute ich als klares Zeichen, dass die Entscheidung zu unterschreiben und mich neu zu orientieren die richtige war.
Somit wäre mit Calzadilla de la Cueza zumindest eine positive Erinnerung verbunden.

Direkt hinter dem Ortsausgang führt der Weg wieder an der vermaledeiten Landstraße N-120 entlang. Wir sind inzwischen ja gute Bekannte, denn sie war schon so häufig mein geräuschvoller Begleiter. Wirklich unschön, denn seit Beginn der Meseta bei Tardajos hatte es keine nennenswerte Berührung mehr gegeben. Man kann ja so manches über die vielzitierte endlose Weite hier sagen, aber die Distanz zu jeglichen Autobahnen und Landstraßen war einer der Seiten der spanischen Kornkammer, die in ihrer ganzen Absurdität einfach nur großartig war.
Was soll's – ich hatte immerhin schon einen frühen Kaffee und bin ganz gut gelaunt. Was angesichts der mäßig gut geschlafenen Nacht und vor allem der aktuellen Uhrzeit erstaunlich ist. Ich kann auch gar nicht genau sagen, woher das kommt. Der Camino macht das einfach mit einem. Zuhause wäre ich vermutlich grummelig – hier hat man einen absurden Gewaltmarsch vor sich und man freut sich auch noch darauf.
Allerdings muss ich heute auch mit Hape Schritt halten, der ebenfalls von hier aufgebrochen ist und in Wanderlaune war. Außerdem ich habe noch den Rest von Cordulas 16. Etappe zu erledigen, die mich als Tagesetappe von Carrión de los Condes bis ins neun Kilometer hinter Calzadilla de la Cueza gelegenen Terradillos de los Templarios geführt hätte. Also Rucksack auf und los. Es gilt die Reisegruppe wieder zusammenzuführen und dann bitte auch hübsch zusammenzuhalten.

Es sind heute nur wenige Wölkchen am Himmel und ich werfe in der Morgensonne mal wieder einen langen Schatten gen Westen über Weg und Felder. Mein Schatten weiß scheinbar ganz genau wohin ich will.

Allein für die Sonnenaufgänge lohnt sich das frühe Aufstehen. Jedes Mal. Selbst in der Meseta und ja, selbst hier in dieser staubigen Ecke der Meseta.

Der erste nennenswerte Ort des Tages ist Ledigos – ein Name wie bei Asterix & Obelix. Hier muss ich selbst die Wegentscheidung treffen und aktiv meinen Schatten lenken. Es geht nämlich entweder ganz offiziell in einem langen Bogen weiter an der N-120 entlang oder man kann stattdessen eine scharfe Linkskurve einschlagen, die zunächst ein Stück vom Camino wegführt und einem über die Felder nach Terradillos de los Templarios, bzw. knapp daran vorbei, bringt. Da heute Nacht keine Bäche über die Ufer getreten sind und die Feldwege knochentrocken zu sein scheinen, geht es selbstverständlich in Richtung geräuscharmer Wegalternative. Es ist allerdings ein komisches Gefühl, wenn man an einem Wegweiser bewusst nach links abbiegt, derweil der vertraute gelbe Pfeil nach rechts zeigt. Ich fühle mich ein bisschen rebellisch. Zumindest hat es einen Hauch von zivilem Ungehorsam und Treulosigkeit dem Camino gegenüber. So sehen das wohl auch fünf junge Spanier direkt hinter mir. Lautstark werde ich auf meinen vermeintlichen Fehler hingewiesen, um so wieder zurück auf den rechten Weg gebracht zu werden. Die Jungs meinen es gut, aber sie haben die Rechnung ohne meine Cordula gemacht. Ich fühle mich nämlich bestens darauf vorbereitet fremde Wege zu betreten und überzeuge die Rasselbande kurzerhand, dass sie mir doch einfach folgen sollen. Sicheres Auftreten bei völliger Ahnungslosigkeit – für irgendetwas muss die Zeit als Berater ja schließlich gut gewesen sein. Und es funktioniert, denn offenbar habe ich so überzeugend gewirkt, dass wir nun zu sechst die Autobahn hinter uns lassen und fernab der Wegweiser ins Kornfeld abbiegen.

Die nächste halbe Stunde sehe ich keine Muschel und keinen einzigen gelben Pfeil. Ich verspüre auch eine leichte Unruhe unter den Spaniern, die wie ich auf Muscheln und gelbe Pfeile konditioniert sind, und sich wohl langsam fragen, was sie wohl geritten hat, diesem Peregrino aus Alemania zu folgen. Ich spüre, wie mein Rucksack um ein paar weitere Kilo schwerer wird. Wie so oft hilft eine alte Fußballweisheit: Angriff ist die beste Verteidigung. Also gehe ich einfach eine Spur schneller und signalisiere

damit, dass ich ganz genau weiß, wohin die Reise geht. Der Bluff wirkt, die Gruppe hält Schritt und wenig später taucht tatsächlich Terradillos de los Templarios hinter einem Hügel auf. Mein Päckchen auf dem Rücken kehrt schlagartig zum Normalgewicht zurück. Geschafft. Die Strecke durch die saftigen Felder war grandios und ich bin vollkommen sicher, dass es die schönere Variante war. Mut wird also belohnt, und wer an eine Sache glaubt, überzeugt auch andere. Dabei schadet es allerdings nicht, wenn man vorher seine Hausaufgaben gemacht hat und mit fundierten Argumenten überzeugt und nicht nur mit leeren Phrasen überredet. Cordula sei gedankt. Sie hat mich mal wieder geleitet.
Zur Belohnung gibt es wenig später in San Nicolás del Real Camino ein hervorragendes Bocadillo con jamón ibérico, bei dem der Schinken direkt frisch vom Bein geschnitten wird. Das ist an sich schon richtig lecker, aber perfekt ist dieses landestypische Sandwich, wenn das frische Baguette zuvor noch mit einer angeschnittenen Tomate und danach mit etwas Olivenöl und Knoblauch eingerieben wird. Daran könnte ich mich echt gewöhnen. Gerade mal 3 Euro für solch ein meisterliches Bocadillo zusammen mit einem astreinen Café con Leche – auch daran könnte ich mich gewöhnen, denn das ist selbst für Camino-Verhältnisse in Nordspanien extrem günstig. ¡Ultreya!

Bislang ging es wie von Cordula beschrieben durch „sanft hügeliges Gelände" und an Weilern und Ortschaften vorbei, deren komplette Bevölkerung bei mir zuhause ins Wohnzimmer gepasst hätte. Weit und breit sind in diesen winzigen Siedlungen keine jungen Menschen zu sehen. Der oder die Letzte macht hier wohl im wahrsten Sinne des Wortes in den kommenden Jahren das Licht aus.
Die Landstraße verläuft zwar seit Ledigos ein gutes Stück entfernt, aber hinter San Nicolás del Real Camino muss die schönere Feld- und Wiesen-Variante erneut bewusst gewählt werden. Der direkte Camino führt nämlich wieder unmittelbar an der Straße entlang und von Straße hatte ich gestern wahrlich genug. Genug sogar für drei Caminos. Dann lieber ein paar Meter Umweg und dafür mitten in der Natur unterwegs. Wären bei dieser zweiten Gabelung des Tages Heerscharen von Pilger hinter mir

gewesen – ich hätte sie allesamt ins Feld gelotst bekommen. Wer mit Cordula unterwegs ist, kann gar nicht falsch liegen.
Mein werter Herr Hape hatte bis Terradillos de los Templarios üble Laune, aber konnte hier durch ein spätes Frühstück wieder besänftigt werden. Kann ich bestens verstehen, denn Unterzuckerung ist keine Freude – insbesondere nicht für das unmittelbare Umfeld. Aber er hat ganz ordentlich gemoppert hier in den Feldern. Nach der Stärkung geht es ihm besser und er sinniert über Schatten, Wut und seine Bekanntschaft mit Schnabbel und ihrem ergebenen Gerd. „Tiefgründiges Sinnieren" nenne ich das mal. Aber was hat er unterwegs auch für schräge Vögel getroffen! Mein Camino kommt mir dagegen ein gutes Stück weniger exzentrisch, ja fast schon langweilig vor.

Das Dampfablassen hat gewirkt, denn mit einem inzwischen wieder gut gelaunten Hape auf den Ohren, geht es über die erste wichtige Wegmarke des heutigen Tages: kurz hinter San Nicolás betrete ich die Provinz León. Mit der Provinz- und zugleich auch Regionalhauptstadt León naht die letzte größere Stadt vor Santiago. Nun, streng genommen ist es sogar die deutlich größere Stadt von den beiden. Bis dahin liegen aber noch die restlichen Kilometer der Meseta vor mir – rund 60 sind es noch bis León.

Die zweite wichtige Wegmarke für heute liegt bereits eine Stunde hinter der an sich unspektakulären Provinzgrenze: kurz vor dem Örtchen Sahagún befindet sich das geografische Zentrum des Camino Francés! Mit anderen Worten, die Hälfte des Weges wäre geschafft – Bergfest quasi.
Ich meine gehört zu haben, dass für die Berechnung der Strecke rein der spanische Teil und der Camino damit erst ab Roncesvalles zählt, weshalb ich dank meiner ersten Etappe über die Pyrenäen sogar schon etwas mehr als die Hälfte geschafft haben sollte. Die geplante Verlängerung bis Finisterre ist dann ja ohnehin „nur" noch die Kür.
Kurzum, wo genau die Mitte des Weges liegt ist ein Rechenspiel mit vielen Variablen, aber schließlich besteht ja der ganze Camino in erster Linie aus Symbolen und dem, was jeder einzelne Pilger davon glaubt und dann

daraus macht. Ich bin jedenfalls gerade stolz wie es ein Pilger nur sein kann. Ein Moment, der nicht nur fotografisch festgehalten werden muss, sondern geteilt werden sollte. Geteilte Freude ist doppelte Freude. Warum also nicht einfach mit meinem heute mir sehr präsenten Blackberry zuhause anrufen? Gedacht, gewählt, getan. Am anderen Ende der Leitung die Freude ähnlich groß. Primär für das Erreichen meines Zwischenziels, aber vielleicht gilt die Freude unterschwellig auch dem Umstand, dass ab jetzt nach meinem Bergfest die Heimkehr greifbarer wird. Es scheint mir sogar, dass es am anderen Ende der Leitung mit einer gewissen Erleichterung aufgenommen wird, dass ich so zügig vorankomme. Hm. Ob mir am Telefon wirklich die unverblümte Wahrheit zum tatsächlichen Gesundheitszustand meiner Mutter mitgeteilt wird? Ich kann es nur schwer einschätzen, aber ich sollte vielleicht noch stärker auf das hören, was zwischen den Zeilen gesagt wird. Vielleicht sehe ich Gespenster, aber auf dem Camino bleibt nun mal viel Zeit zum Grübeln. Noch so ein Unterscheid zum Alltag, wo viele Nuancen, die eigentlich wichtig sind, leichtfertig untergehen, nur weil man in Gedanken schon beim nächsten Thema oder Meeting ist und so die eigentliche Botschaft verpasst oder komplett missdeutet. Aber hier und heute bin ich auf dem Jakobsweg und habe Zeit über diese kleinen Dinge zu sinnieren.
Mit diesen Gedanken starte ich am Montag den 20. Mai um 10:45 Uhr in meine zweite Camino-Hälfte von Sahagún nach Santiago de Compostela. Die Hälfte wäre geschafft. ¡Ultreya!

Sahagún werde ich ebenso wenig gerecht wie schon Carrión de los Condes, Santo Domingo de la Calzada oder auch Viana. Dabei bin ich fest davon überzeugt, dass die genannten Städte allesamt herausragende Stationen auf dem Jakobsweg sind, hier beeindruckende kulturelle Sehenswürdigkeiten geboten werden und die Städte ohne Zweifel auch gute Etappenziele abgeben. Abgegeben hätten genauer gesagt, denn für mich passte es aus verschiedenen Gründen einfach nicht. Als ich Sahagún betrete, ist es „dank“ meines frühen Starts und zügigen Tempos, erst kurz nach 11 Uhr und ich habe bislang gerade mal 22,5 Kilometer hinter mir. Irgendwie noch zu früh, um den Tag zu beenden. Außerdem habe ich Lust noch ein Stück zu laufen. Der Magnet zieht wieder. Hinzukommt, dass Sahagún sich von Beginn an unter Wert verkauft. Beim Weg in die Stadt läuft man zunächst ein ganzes Stück an tristen Bahngleisen entlang, bevor es dann endlich in die Innenstadt geht, wo die Calle Mayor, die ein oder andere Kirche und auch ein paar Bronze-Pilger aufwarten. Die Überbleibsel des ehemals bedeutenden Benediktinerklosters Abadía de San Benito el Real de Sahagún befinden sich jedoch ein gutes Stück abseits der städtischen Camino-Route und die Pilger laufen im Zweifel südlich an dem imposanten Baudenkmal vorbei. Eigentlich schade, denn Hape schwärmt von den römischen und arabischen Monumenten, den Kolonnaden dieser „erhabenen und stolzen Stadt", seinem romantischen Hotel und auch von der Massage eines gewissen David, den er irgendwie ja schon von ein paar Tagen in Castrojeriz kennengelernt hat. Selbst seine dramatische Schilderung, wie er nachts im Hotel um Haaresbreite von Jugendlichen so gar nicht romantisch erschossen worden wäre, tut dem Lobgesang keinen Abbruch. Spannenderweise ist aus diesem Kontext heraus – in Sahagún am Bahnhof sitzend – die Idee gereift, aus seinen bereits umfassenden Notizen ein Buch zu schreiben. Ein großes Glück also für alle künftigen Kerkerinos und generell die nordspanische Tourismusindustrie, dass er hier viel Zeit hatte sich so seine Gedanken zu machen und Sahagún dabei offenbar positiv auf seine Stimmung gewirkt hat. Hätte er gewusst, dass er den vielgelesenen Camino-Büchern von Shirley MacLaine und Paulo Coelho einen weiteren „Steigbügel", wie er es nennt, hinzufügt, wäre ihm die lange Wartezeit auf seinen Zug nach León vermutlich herzlich egal gewesen. Rückblickend also kein Wunder, dass mein lieber Hape sich ganz blendend an Sahagún, die Geburtsstätte seines Buches, erinnert.

Cordula, die unerschrockene Dritte im Bunde, ist mit ihrem Urteil zu Sahagún gewohnt sachlich und konstatiert – fast identisch wie vor ein paar Tagen schon zu Carrión de los Condes – weniger schmeichelhaft, dass „nur noch wenige Spuren von der einstigen politischen, religiösen und kulturellen Größe von Sahagún zeugen". Cordula-Style eben.

Ich glaube, mit der Wahrheit verhält es sich wie mit der geografischen Lage der Stadt – sie liegt mehr oder weniger in der Mitte. Ich werde mir am besten selbst ein Urteil bilden und dabei auf meine innere Stimme hören. Also alle verfügbaren Eindrücke aufsaugen, differenziert reflektieren, dabei Gefühle zulassen und nichts vorschnell abtun.

Meinem Urteil mittels Bauchgefühl hilft ein ziemlich wirrer Pilger mit Berliner Schnauze, der mich vor der öffentlichen Herberge *La Trinidad* abfängt. Er tischt mir ohne Umschweife eine vollkommen fadenscheinige Geschichte über seine verlorene Geldbörse und seine zudem dummerweise geschrottete Bankkarte auf. Ich könne ihm doch sicher etwas ausborgen und natürlich würde er das Geld auch zurückzahlen. Hoch und heilig verspricht er mir dies und überhaupt sei es ja solch ein Glück, dass ich als Landsmann gerade jetzt hier auftauchen würde. Nun, aus seiner Sicht vielleicht. Falls seine Ausführungen zutreffen, ist er tatsächlich in einer misslichen Lage, aber ich glaube ihm kein Wort. Wie kann er mir auch mit dem angeblich nutzlosen Stück Plastik vor meiner Nase rumwedeln, wenn doch sein Geldbeutel geklaut wurde? So viel Weitsicht, dass er die Karte separat vom Geld aufbewahrt hat, traue ich dem aufdringlichen Kasper nicht zu. Mit viel Mühe kann ich ihn loswerden, aber meine gute Laune ist getrübt. Dafür kann Sahagún zwar nichts, aber so ist das halt im Leben. Ich bin mir ziemlich sicher einem Scharlatan über den Weg gelaufen zu sein, der alles andere als ein ehrlicher Pilger ist.
In der Herberge, die ganz hübsch in einer ehemaligen Kirche untergebracht ist, hole ich mir zumindest mal meinen Stempel für Sahagún und grüble was nun meine weiteren Optionen für den Tag sind. Ich wähle die einfachste aller Option: Prokrastination. Sprich erst einmal ruhige Ecke in der zweckentfremdeten Kirche suchen und Mittag machen.
Als ich wieder raus auf die Straße komme, hat der Berliner „Bandidogrino" doch tatsächlich den nächsten Neuankömmling an der Angel. Wie dreist der ist! Ich muss kurz an die Gauner in den Montes de Oca bei San Juan de Ortega denken, vor denen sich die Pilger so gefürchtet haben. Üble Kerle gab es halt schon immer und wird es wohl auch immer geben. Manche Dinge scheinen sich auf dem über 1000 Jahre alten Jakobsweg nicht geändert zu haben, nur dass die Methoden nicht mehr ganz so brachial sind. Wäre ich dem Typen vor ein paar hundert Jahren in den

Wäldern begegnet, wäre ich vermutlich froh gewesen, wenn er überhaupt gefragt hätte, anstatt mir direkt den Schädel einzuschlagen. Zum Glück sind diese Zeiten auf dem Jakobsweg längst passé. Hätte er mich vorhin nach Geld gefragt, weil er knapp bei Kasse ist, Hunger hat oder tatsächlich etwas Blödes passiert ist, hätte ich ihm womöglich sogar ein paar Euro gegeben, aber ich lass mich ungern für dumm verkaufen. Ein Schauspiel ist es trotzdem und jetzt in der Beobachterrolle kann ich nicht einfach wegschauen. Erneut schwenkt er mit Hundeblick seine angeblich kaputte Karte. Eindeutig, bei welcher Passage seiner Story er gerade angekommen ist. Vermutlich könnte ich die Sätze mitsprechen. Er macht seine Sache nicht schlecht, aber auch den nächsten Pilger kann er nicht überzeugen.

Auch wenn mein Kopf noch dort sitzt wo er hingehört, bin ich ein bisschen sauer diesem Typen über den Weg gelaufen zu sein. Es ärgert mich quasi vorauseilend, dass er am Ende wohl doch noch einen hilfsbereiten Pilger finden wird, bei dem seine Masche zieht. Denn nach der ersten Hälfte auf dem Jakobsweg lässt sich ganz eindeutig sagen, dass es hier von sympathisch-gutgläubigen bis sagen wir mal überraschend naiven Menschen eben ein paar mehr, als im Durchschnitt zuhause, bzw. in den Camino-fernen Gefilden gibt. Was ja auch kein Wunder ist, denn wer den Schritt gegangen ist, sich auf eine Pilgerschaft zu begeben und sich dazu bewusst öffnet mit dem Ziel sich selbst zu erfahren, macht sich dabei nun mal angreifbar und verletzbar. Die vielen positiven Eindrücke der letzten Wochen mit all den wildfremden Menschen bestärken einem zusätzlich, an das Gute im Menschen zu glauben und offen für die Sorgen und Meinungen Anderer zu sein. Das Biotop „Camino" zeichnet ja gerade ein ausgewogenes Geben und Nehmen durch die Pilger aus, wofür eben ein respektvoller Umgang essentiell ist.

Das System funktioniert aber nicht, wenn man nur nimmt und gleichermaßen macht man sich vermutlich selbst auch mittel- bis langfristig kaputt, wenn man nur gibt. Der Berliner gehört an den Rand der ersten Kategorie und sucht sein Gegenstück, das in die zweite Kategorie der Geber fällt. So systemmissbrauchend solche Typen auch sein mögen, ich möchte weiterhin erst einmal an das Gute glauben und nicht hinter jeder Aussage eine listige Gemeinheit vermuten. Vielleicht braucht es aber gelegentlich solch einer Begegnung, damit man weiter auf der Hut bleibt und sich nicht leichtfertig ausnutzen lässt. Er hat mir hier also eine Lektion erteilt, wofür ich ihm ein klein wenig dankbar bin. Allerdings nicht genug, um ihm aus der angeblichen Patsche zu helfen.

Das positive Fazit, das ich für mich als Pilger ziehe, ist, dass die aufrichtigen Mitpilger, die die Balance zwischen Geben und Nehmen mehr als ordentlich hinbekommen, mit riesengroßem Abstand in der Mehrzahl sind. Die Anzahl der unangenehmen Begegnungen mit anderen Pilgern kann ich weiterhin an einer Hand abzählen.

Ich rede mal wieder von den echten Pilgern, denn daneben gibt es noch die bereits geschilderte Kategorie der Tagespilger. Eine gänzliche eigene Sorte – kinderleicht am fehlenden Rucksack und den beseelten Gesichtszügen zu erkennen. Und davon sind wohl während meiner Rast zwei größere Gruppen in die Stadt eingefallen. Jedem sein Camino, aber für mich ist damit die Frage, ob es heute noch weitergeht entschieden. Fakten und Bauchgefühl decken sich – warum ich überhaupt so lange gegrübelt habe, weiß ich gar nicht. Ich bin nun mal ein Kopfmensch und Camino hin oder her – ich bezweifle, dass sich dies durch die Pilgerschaft wesentlich verändern wird. Objektive Eindrücke, Reflexion und die korrespondierenden Gedanken passend zusammenführen.

Die Strecke hinter Sahagún verläuft zunächst Allee-artig unter Bäumen daher. Wie in den letzten Tagen schon oft zu beobachten war, gibt es auch hier überall Störche in luftigen Nestern – oder eben auf Kirchtürmen. Sollte ich mich in vielen Jahren nur noch an zwei Dinge erinnern können, die die Landschaft auf dem Camino geprägt haben, dann wären dies ohne Zweifel neben den omnipräsenten Windrädern auf den Bergkämmen die vielen Störche.

Nach etwa 1,5 Kilometern endet die Allee und führt der Weg wieder für längere Zeit weniger beschaulich an der altbekannten N-120 entlang. Eine ganze Stunde lang geht es neben der Straße auf einem schnöden Sandweg durch flaches Land. Eine Stunde, die sich zieht wie zu besten Meseta-Zeiten. Bevor man nun allerdings komplett in Trance verfällt, steht kurz bevor der Weg auf die Autovía Camino de Santiago stößt, erneut

eine wichtige Wegentscheidung an. Wichtig deshalb, weil sich dieses Mal die beiden Varianten erst nach über 30 Kilometern wieder vereinen. Die Wahl muss also wohlüberlegt sein, da sich an dieser Gabelung logischerweise auch das heutige Etappenziel entscheidet.
Geradeaus geht es weiter auf dem *Real Camino Francés* auf „recht unspektakulären bis eintönigen Wegabschnitten, in denen oft nur das Quaken unzähliger Frösche zu hören ist". Oder aber man wählt den angeblich weniger stark frequentierten *Camino Alternativo*, auf dem man sich laut Cordula „gänzlich allein fühlt und ab einem gewissen Punkt auch der Glaube fehlt, überhaupt noch auf eine Ortschaft zu stoßen. Ein ganz „spezielles Erlebnis". Bezaubernd. Mal wieder lauten die Alternativen Pest und Cholera. Eine dritte Variante, die genau zwischen den beiden Alternativen hindurchführt, ist die Eisenbahnlinie und die versprüht bei solch liebreizenden Beschreibungen plötzlich einen fast schon magischen Charme. Wenn da nur meine selbst aufgestellten Camino-Regeln nicht wären. Hape hatte andere Regeln und er hat diesen Mittelweg gewählt. Auf jeden Fall konnte er auf diese Art gleich beide Streckenvarianten ausspähen, als er aus dem Zugfenster die „sich mühsam vorankämpfenden Pilger" beobachtet hat. Auch wenn wir uns erst in León wieder begegnen werden, weiß ich, dass meine kleine Reisegruppe zumindest im Geiste komplett ist. Hape litt schließlich in Gedanken mit.

Sorgen die entscheidende Weggabelung zu verfehlen, sind unbegründet, da es kurz vor der Brücke nur so von Infotafeln, Wegweisern und gelben Pfeilen wimmelt. Ich habe mich für den alternativen Camino und damit nach Ansicht von Cordula die Variante „Hauch von Afrika" entschieden. Ich fand die Lektüre ja schon an vielen Stellen höchst amüsant, aber bei der Beschreibung des zu erwartenden Elends ist meine liebe Cordula in Bestform. Ab Calzada del Coto – sprich auf der anderen Seite der Autobahnbrücke – soll der Weg je nach Wetter entweder „staubig" oder „morastig" sein. Das wird ja immer besser. Hilfe. Taxi! Da den ganzen Tag schon die Sonne scheint und es inzwischen bereits kurz nach Mittag ist, erwartet mich folglich ein staubiger Weg, der aufgrund der rötlichen Erde und kargen Landschaft an afrikanische Steppen erinnern soll. Daher also laut Cordula „Afrika". Offiziell heißt dieser touristische Bilderbuchabschnitt bis zum Örtchen Calzadilla de los Hermanillos *Vía Trajana*. Das Vía im Namen lässt gemischte Erinnerungen an gestern wachwerden und verrät, dass es sich mal wieder um eine alte Römerstraße handelt, die – Achtung, Spoiler-Alarm – weitestgehend gerade verläuft. Na das kann ja wieder mal heiter werden. Die Meseta will es offenbar noch mal wissen. Zumindest sehe ich vor mir keinen einzigen Rucksack – die meisten Pilger scheinen also den Real Camino Francés zu bevorzugen. Was ich nicht wirklich verstehe, denn mich hat in der Beschreibung die Nähe zur Autobahn sofort nachhaltig abgeschreckt. Wenn beide Varianten schon vergleichsweise eintönig sind, dann wähle ich doch zumindest die mit Historie. Und mit weniger Froschgequake. Ich bin ohnehin schon reichlich spät dran und muss wohl mal wieder das Universum um Mithilfe bitten, damit ich überhaupt noch einen Schlafplatz bekomme. In meinem neuen Tagesziel Calzadilla de los Hermanillos gibt es nämlich nur zwei Herbergen mit insgesamt gerade mal 42 Betten. Das macht mich doch ein bisschen nervös, denn danach kommt laut Streckenbeschreibung für über vier Stunden überhaupt gar nichts mehr, was im Entferntesten an eine menschliche Zivilisation, geschweige denn eine Herberge erinnern könnte. Über 50 Kilometer an einem einzigen Tag würden mich vermutlich auch ohne die gestrigen 43 Kilometer gehörig aus der Bahn werfen. Wird hoffentlich alles klappen oder wie war das noch gleich? Et hät noch immer jot jejange? Und ansonsten könnte es wohl meine erste Nacht unter freiem Himmel werden. Unter freiem afrikanischem Himmel. Immerhin.

Die Vía Trajana ist landschaftlich komplett anders als die Vía Aquitana. Würde ich es nicht besser wissen, hätte ich die beiden Römerstraßen in verschiedenen Ländern oder vielmehr sogar Kontinenten vermutet. Die Verortung nach Afrika unterschreibe ich sofort. Nur im ersten Drittel stört kurz die Überquerung der besagten Eisenbahntrasse, aber ansonsten gibt es hier nicht einmal wahrnehmbaren Ackerbau. Gestern bin ich durch nicht enden wollende Kornfelder gelaufen und hier ist einfach nur Nichts. Also es gibt hier und da ein bisschen flaches Gras und auch vereinzelt mal ein paar Blumen und Büsche, aber bis kurz vor Calzadilla de los Hermanillos könnte man meinen, dass die Menschen diesen Flecken Erde schlicht übersehen haben. Würde mich gleich eine Hyäne anspringen oder eine Löwenfamilie vorbeiziehen, würde ich mich kaum wundern. Hilfe wäre allerdings nicht zu erwarten, denn wie gestern bei der Vía Aquitana schon, bin ich am Nachmittag, und damit zu einer Zeit unterwegs, wo die meisten Pilger bereits längst in ihrer jeweiligen Herberge sind. Offenbar habe ich mir heute dazu noch die absolute Exoten-Route ausgesucht. Kein anderer Pilger weit und breit. Ich finde das großartig! Kaum Ablenkung durch die Natur und dann auch noch keinerlei Rucksäcke im Blickfeld.

Anstatt bei diesem Setting meinen eigenen Fragen nachzuhängen, hat mir Hape gestern in seinem letzten Kapitel zu Sahagún ein ordentliches gedankliches Päckchen mitgegeben, über das ist mir hier in der pseudo-afrikanischen Einsamkeit weiter den Kopf zermartere. Ich bin gerade in der Stimmung dazu und Zeit ist ja auch kein Thema.
Er verglich in seinen Ausführungen Gott mit einem hochdekorierten Film und die Kirche mit einem in die Jahre gekommenen Dorfkino, welches dem Meisterwerk „Gott“ aufgrund des Zustands nicht gerecht wird, wodurch in der Folge die Reputation des für sich genommen tadellosen Films Schaden nimmt.
Nun, ich kann absolut nachvollziehen, dass man Gott und Kirche nicht in einen Topf schmeißen sollte und gottesgläubig sein kann, ohne ein ergebener Kirchgänger zu sein. Ohne die naturgemäß polarisierenden Auslegungen der Weltkirchen ist es folglich auch unwichtig wie Gott genannt wird oder in welcher Gestalt er oder sie oder es daherkommt. Soweit bin ich mit Hape d'accord. Aber lässt sich Religion und Glaube wirklich so einfach erklären und um im Bild zu bleiben, überstrahlt der mehrfache Oscar-Preisträger so mir nichts dir nichts die eklatante Baufälligkeit des Kinos?
Unterm Strich wäre es in einer idealen Welt wie Mikel und Sarah in Burgos sagten: meine Religion ist das Ergebnis meiner persönlichen Glaubensvorstellung im Rahmen einer Religionsgemeinschaft, die dazu passt und doch Freiraum für meine Ansichten lässt. Bis sich meine Glaubensvorstellung ausgeformt hat, wird meist eine Religion prägend

wirken und so zwangsläufig die eigenen Werte beeinflussen. Dies führt dann mindestens unterbewusst dazu, dass man diese Religion nicht mehr rein objektiv bewertet. Meine Prägung war christlich – genauer gesagt römisch-katholisch. Dies war das Kino meiner Jugend, in der Schule und selbst in der Freizeit. So war das eben im Dorf – wir gingen fast alle ins gleiche Kino. Wie fast immer kamen meine Einflüsse also aus der Erziehung und den vorgelebten Traditionen. Man könnte es den kulturellen Hintergrund nennen. Für das eine Kino bekomme ich also per Geburt eine Dauerkarte. Ein anderes Kino liegt dagegen am anderen Ende der Stadt, wo vielleicht nicht mal ein Bus hinfährt und der Eintritt schier unerschwinglich ist.

Wenn nun aber die Reputation des Films aufgrund des schlechten Zustandes des Kinos leidet, besagt dies dann nicht, dass die Trennung zwischen Glaube und Kirche gar nicht möglich ist, bzw. ein Auseinanderhalten den meisten Gläubigen misslingt? Rührt nicht vielmehr alles, was wir über unsere mitgegebene Religion wissen von der zugehörigen Kirche her? Die Kirche bringt mir ihre Religion näher, sie betreibt Werbung in eigener Sache. Was sollte sie auch sonst tun.

Nun darf ich bemängeln, aber muss konstatieren, dass das Kino in einem schlechten Zustand ist. Kirche ist fehlbar und ich akzeptiere – um im Bild zu bleiben – mal eine defekte Anzeige oder dass es Popcorn nur gesalzen und nicht auch gezuckert gibt. Auch zur grundsätzlichen Fehlbarkeit stimme ich Hape uneingeschränkt zu. Hier auf Erden sind schließlich Menschen am Werk und da passiert nun mal jede Menge Unfug. Aber lassen sich die Unzulänglichkeiten der Kirche einfach mit „das ist menschlich" entschuldigen? Ich bin mir da nicht so sicher. Gerade in letzter Zeit ist mir einfach zu viel vorgefallen und wir reden von einem System, welches dies zugelassen hat. Mit anderen Worten: jede Kirche ist stets verantwortlich für den Glauben, den sie propagiert. Sie trägt die Verantwortung, gemeinsam mit ihrer Gläubigen deren Glauben zu entwickeln und somit Heimat für die Gläubigen zu sein. Anregungen sollten daher auch Gehör finden. Ein Kino, welches am Bedarf seiner Kunden vorbei Waren anbietet, wird auf seinen Waren sitzenbleiben.

Dabei muss sich die Kirche zudem an erhöhten Maßstäben messen lassen.

Denn in der Praxis treten die Kirchen – um weiter im Bild mit dem Kino zu bleiben – als Vorführer, Ansager und Kinobetreiber, der die Hausordnung macht, auf. Mitgebrachte Getränke sind natürlich nicht erlaubt, der Film wurde im Vorfeld zensiert und auf die Auslegung der Handlung hat die Kirche einen Monopolanspruch. Die Spielregeln sind also streng, außerdem ist das Soundsystem schon lange nicht mehr auf den neuesten Stand gebracht worden und sind die Sitze inzwischen durchgesessen. Mit anderen Worten: man hat vergessen, dass der Ton die Musik macht und sich rein auf den Film verlassen. Ich möchte einfach einer machtvollen Institution, die die Auslegungshoheit des Glaubens so absolut für sich beansprucht, nicht leichtfertig die Absolution für diese Nachlässigkeit erteilen. Wer seinen Job nur mäßig gut erfüllt und dazu auch nur sehr bedingt kritikfähig ist, muss sich schließlich nicht wundern, wenn sich die Leute abwenden.

All dies wäre nur ein kleines Ärgernis, wenn es sich tatsächlich nur um einen Kinobesuch drehen würde, ohne den es mir auch nicht bedeutend schlechter ginge, als wenn es in meinem Dorf kein Kino gäbe. Problematisch ist es in meinen Augen aber deshalb, weil die Monopolstellung in Kombination mit der Schlechtleistung ein Vakuum bei einem echten Bedürfnis erzeugt, in dem diejenigen verloren gehen, die ihren Glauben nur in Gemeinschaft leben und ausleben können. Bei denjenigen, die Direktive und Halt benötigen, um ihr Leben zu bewältigen. Es heißt ja nicht umsonst Glaubensgemeinschaft.

Meine Gedanken auf der Vía Trajana gehen dahin, dass ich einfach die Sorge habe, dass viele glaubenswillige Menschen nicht das Abstraktionsvermögen haben, eigenständig zu glauben und daher den Halt verlieren, wenn sie keine kirchliche Heimat und damit ihren passenden Zugang zu Religion finden. Vielleich bekennen sich auch deshalb nur so wenig Pilger dazu „religiös" zu sein. Lautet die Frage, ob man gläubig ist, sieht die Antwort völlig anders aus.

Ich finde es bedauerlich, dass generell die großen Kirchen der Weltreligionen diesem Wunsch nach Spiritualität und Gläubigkeit nur so unzureichend gerecht werden. An Kundschaft mangelt es ja wahrlich nicht. Schuld sind daher auch nicht die abgewetzten Sessel im Dorfkino. Ein

Meisterwerk würde ich auch im Stehen oder in mieser Qualität anschauen. In meinen Augen hapert es in erster Linie am gebotenen Gesamtpaket des Kinobetreibers. Sobald es zu viele Punkte gibt, die mich stutzig mache, höre ich irgendwann auf dieses Kino zu besuchen. Die sich daraus anschließende Frage ist dann, ob ich den Film anderswo für mich abspiele, mir ein neues Meisterwerk in einem anderen Kino suche oder gänzlich aufhöre Filme zu schauen.
Die Antwort muss wohl jeder für sich selbst beantworten, aber wäre ich Gott, wäre ich ziemlich sauer auf meine jeweilige Vermarktungsgesellschaft auf Erden.

Über Religion, Glaube und Kirche lässt sich die Zeit vergessen, denn urplötzlich taucht in der Ferne doch tatsächlich eine irdische Siedlung auf. Ich bin am Ende der Vía Trajana angelangt und die Häuser vor mir gehören zu Calzadilla de los Hermanillos – der Sträßchen der Mönchlein. Winzige Dörflein tragen verniedlichende Bezeichnungen.
Das Universum hat dankenswerterweise meine Bitte erhört, denn ich bekomme noch ein Bett. Zwar nicht in der angepeilten privaten Herberge, aber dafür in der „einfachen aber akzeptablen" öffentlichen Herberge. Nach dem heutigen Marsch über erneut fast 40 Kilometer fällt ziemlich viel in die Kategorie „akzeptabel". Meine Herberge verfügt über gerade mal 22 Betten, die sich bis zum Abend auch komplett füllen. Ich bekomme Bett Nr. 15 und hätte eine Stunde später vermutlich in die Röhre geschaut. Hier gibt jeder wie er möchte. Allzu viele Herbergen auf Spendenbasis hatte ich bislang noch nicht – ich entscheide mich für die üblichen oder zumindest durchschnittlichen 5 Euro als Betrag. Natürlich wäre die private Herberge komfortabler gewesen, aber für die Differenz zu den 15 Euro, die diese gekostet hätte, bekomme ich mein Pilgermenü zum Abendessen. Ich speise also quasi umsonst, was aber zulasten meiner Bettung und vermutlich auch Nachtruhe geht. Apropos Betten. Die ebenfalls eher kompakten Bettlein hier sind einfache Holzverschläge in einem vergitterten Raum auf zwei Etagen. Allerdings verteilt sich nicht etwa die Herberge auf zwei Etagen, sondern sind damit Stockbetten gemeint, wie sie fast in jeder öffentlichen Herberge stehen. Wer die Regel

mit der Herbergspflicht befolgt, hat sich ohnehin von erholsamen Nächten verabschiedet. Schönheitsschlaf? Ich weiß inzwischen nicht mal mehr wie man das schreibt. Ich würde es sogar absoluter formulieren: unzureichender Schlaf ist eine feste Komponente des Jakobsweges. Vielleicht soll man dadurch in eine Art Delirium versetzt werden, um Erscheinungen oder dergleichen zu haben, die dann als „intensive Erfahrungen" verbucht werden.

In Ermangelung eines Aufenthaltsraumes sitzen die nicht Siesta-machenden Gäste des hiesigen Etablissements auf den Parkbänken vor der Herberge oder streunen ansonsten ziellos – mangels Ziel – durch die wenigen Straßen des Ortes. Ich schreibe erst Tagebuch und dann die fällige Postkarte an meinen Neffen und komme dabei mit einer ziemlich sonderlichen Österreicherin ins Gespräch. Die verhärmte Mittfünfzigerin hat doch tatsächlich die falsche Abzweigung genommen und ist über die Autobahnbrücke in Richtung Vía Trajana eingebogen, obwohl sie den klassischen Weg über El Burgo Ranero nehmen wolle. Wie man sich an dieser mit Pfeilen übersäten Stelle verlaufen kann, ist mir ein komplettes Rätsel. Die Dame ist mir ohnehin vollkommen suspekt, aber ich finde, dass das Universum gerade mächtig viel Humor beweist, indem es mir just dann eine schräge Österreicherin auf die Parkbank zaubert, derweil Hape zum mehr oder weniger gleichen Zeitpunkt seines Caminos seine eigene sonderbare Österreicherin getroffen hat, die überall und jederzeit fragte, ob es „Hier irgendwo a G'schäfterl gibt". Ich schwöre beim heiligen Santiago, dass meine Österreicherin, deren Name ich leider nie erfahren habe, ohne Ablass den Satz „Ja wenn man's g'wusst hätt'" als Universalkommentar verwendet. Ist das etwa eine Marotte in Österreich? Eine gute Freundin von mir stammt aus Wien, aber bei ihr ist mir nie aufgefallen, dass sie einen solchen persönlichen „Signature Satz" hätte.
Ich muss ein paar Beispiele nennen, weil man das sonst ja gar nicht glauben kann: „An der Brücke hättest du geradeaus gehen müssen". Antwort: Ja wenn man's g'wusst hätt. „Die Stecke, die ab der Eisenbahn kam, war doch länger als gedacht und hat an die afrikanische Steppe erinnert". Antwort: Ja wenn man's g'wusst hätt. „Diese Herberge ist nicht

gerade das Ritz in Paris". Antwort: Ja wenn man's g'wusst hätt. „Der Kiosk hat noch geschlossen, weil die Spanier Siesta machen". Antwort: Ja wenn man's g'wusst hätt. Mit anderen Worten – die Dame ist komplett irre.
Aber kann es wirklich ein Zufall sein, dass ich genau hier und heute diese Dame treffe? Oder habe ich sie *herbeigehört*, weil ich das entsprechende Kapitel bei Hape mit „seiner" Österreicherin am Morgen gleich zwei Mal angehört habe? Ich habe absolut keine Ahnung. Ich glaube aber, dass sie aus Fleisch und Blut ist und die Situationen mit ihr schlichtweg saukomisch sind. Also muss ich permanent grinsen, wenn sie ihre dämliche Phrase raushaut. Vermutlich gibt es bei ihr einen Tagebucheintrag, der von einem sonderbaren Deutschen handelt, den sie besser erst gar nicht angesprochen hätte, wenn sie's g'wusst hätt.
Das abendliche Essen wird in der privaten Herberge angeboten, in der ich kein Bett mehr bekommen habe. Nun, wenn die Zimmer in der gleichen Güte wie das Essen sind, dann habe ich mit der einfachen öffentlichen Albergue keine ganz so grässliche Wahl getroffen. Als Hauptgang soll es Schnitzel Cordon Blue mit Pommes geben. Klingt gut, aber was dann kommt, lässt mich sowohl verzweifelt lachen, wie auch ungläubig weinen. Auf dem Teller liegen neben den verunfallten Pommes – Fritten kann man in Spanien schlichtweg nicht – ein „Schnitzel", welches sich ohne jegliche Dramatisierung wie folgt aufbaut: fettige Panade, dicke Scheibe Formschinken, Analogkäse, dicke Scheibe Formschinken, fettige Panade. Kein Witz. Ich musste es fotografieren, um es selbst zu glauben. Meine Österreicherin wäre bei ihrem quasi Nationalgericht sicher zu ungeahnten Höhen aufgelaufen, scheint aber nicht g'wusst zu haben, dass hier in der privaten Herberge ein Pilgermenü serviert wird. Zu meinem Cordon Blue-Imitat hätte sie jedenfalls keinen treffenderen Satz als den ihrigen sagen können. Wahrscheinlich hätte ich dieses eine Mal sogar zustimmend applaudiert.
Ansonsten ist der Abend sehr kurzweilig, da ich das Glück hatte an einen Tisch gesetzt zu werden, an dem ich den Altersschnitt ausnahmsweise einmal nicht senke. Richard ist Mitte 20 und kommt aus – tadda – Österreich, Jade ist etwa in meinem Alter und gebürtige Sydneysiderin und Küken Tim aus Hamburg ist zarte 19. Richard scheint ziemlich smart zu

sein und benutzt jedenfalls keinen gleichlautenden Satz mehr als ein Mal. Geht doch. Die andere Hälfte des Tisches ist wieder klassisch älter, aber sitzt auch so weit weg, dass wir uns nicht wirklich unterhalten können. Was auch nicht schlimm ist, denn wir Vier tun das, was Pilger mit mehreren hundert Kilometern Camino in den Beinen am besten können: wir tratschen über andere Pilger. Tim und Richard haben meinen dicken Italiener aus Hontanas auch schon getroffen und tatsächlich jeder der Anwesenden kennt die zierliche ältere Frau, die unfassbar laut schnarcht. Neu sind mir die beiden Polen, die sich angeblich morgens jeder ein halbes Huhn in die Mikrowelle der Herberge schieben und dieses dann mit ein paar Bier zum Frühstück verzehren. Respekt. Möglicherweise eine Camino Legende, aber von Jade vorgetragen zum Brüllen komisch. Andere Pilger faszinieren einfach und wir teilen unsere Geschichten und lachen viel. Mal wieder führt ein gemeinsames Essen zu einem tollen Abend in netter Gesellschaft und damit ist auch die Qualität der Speisen eher sekundär.
Die Runde macht richtig Spaß und ich wäre gerne noch auf einen Absacker geblieben, muss aber bis spätestens 22 Uhr in meiner öffentlichen Herberge sein. Während ich am Nachmittag von meiner Hospitalera meinen Stempel in Empfang genommen habe, wurde mir nämlich schon eingebläut, dass die Schließzeiten hier rigoros gehandhabt würden. Soll mir keiner sagen, dass er's ned g'wusst hätt. Bedauerlicherweise wollen Jade und die beiden Jungs morgen in ihren komfortablen Doppelzimmern ausschlafen und dann auch nur ein kurzes Stück zusammen bis Reliegos gehen. Die Frage nach einem Treffpunkt für eine gemeinsame Tagesetappe hat sich damit erübrigt, denn ich möchte – wenn Wetter und Beine mitspielen – bis nach León weiter.

Mangels eines veritablen Nachtlebens und vor allem in Ermangelung jeglicher Restenergie liege ich pünktlich zur Schließzeit in meinem äußerst spartanischen Bett und schlafe in der naiven Hoffnung auf eine halbwegs geruhsame Nacht ein. Wer hätte gedacht, dass nur eine Autobahnbrücke zwischen Spanien und Afrika liegt.

Tag 16: Calzadilla de los Hermanillos – León

Dienstag, 21.5.2013

Der Tag beginnt turbulent und bringt so ganz unvermittelt diverse Erkenntnisse. Erkenntnis Nr. 1: in Calzadilla de los Hermanillos bevorzugt man Pilger in Käfighaltung. Erkenntnis Nr. 2: Österreicherinnen, die zu allem und jedem den gleichen Satz sagen, mögen dies nicht und zeigen dies auch. Erkenntnis Nr. 3: ich habe doch tatsächlich meine erste handfeste Auseinandersetzung auf dem Camino.

Gestern bin ich früh wachgeworden, weil ich mich in meinem Traum so aufgeregt habe. Heute dagegen regt sich irgendwer an der Eingangstür der Herberge auf und rüttelt wie bekloppt daran herum. Die Tür wird folglich noch verschlossen sein. Außerdem dringt durch die vergitterten Fenster keinerlei Licht, weshalb ich kombiniere, dass es noch deutlich vor 6 Uhr sein muss. Laut Wecker ist es 5:20 Uhr, um genau zu sein. Halbwegs bei Sinnen, gelingt es mir, das Gezeter an der Tür meiner gestrigen Bekanntschaft von der Parkbank zuzuordnen. Nicht, dass es dazu der Wiedererkennung der Stimme bedurft hätte – der Satz „Ja wenn man's g'wusst hätt" genügt. Himmel Herrgott Sakra! An der Tür steht in voller Montur die Österreicherin, die verzweifelt versucht die Herberge zu verlassen. Warum die Tür abgeschlossen ist, erschließt sich mir auch nicht – Wertgegenstände gibt es hier wahrlich nicht. Und da die Fenster vergittert sind, sitzen wir strenggenommen in einer Falle ohne Fluchtweg. Wären jetzt die zwei trinkfreudigen polnischen Pilger hier und würden diese mit ihren Frühstücks-Hähnchen die altersschwache Herbergs-Mikrowelle in Brand setzen, hätten wir ein ernsthaftes Problem. Lustig finde ich das also auch nicht. Noch deutlich weniger lustig sieht das aber meine abmarschbereite Dame, die nicht g'wusst hat, dass die Tür erst nach Ende der Nachtruhe um 6 Uhr aufgesperrt wird. Dies besagt zumindest das Schild neben der Tür. Nachtruhe. Ein himmlisches Wort, welches in ihrem Wortschatz nicht vorkommt.

Ich verstehe solche Menschen einfach nicht und mir platzt der Kragen. In unserem Wortgefecht – inzwischen ist ja ohnehin die gesamte Herberge auf den Beinen – tut sie ihr Gelärme doch ernsthaft mit der lapidaren Bemerkung ab, dass sie auch schon mal um 4:30 Uhr wachgemacht worden sei. Eine wahrhaft grandiose Logik, nach der jedes noch so verwerfliche Verhalten gerechtfertigt wäre, solange es einen depperten Egoisten gibt, der noch mal eine Spur frecher ist. Faszinierend. Glaubt sie dies wirklich oder handelt es sich dabei um einen Schutzmechanismus von garstigen Menschen, um sich selbst irgendwie ertragen zu können? Wenn es eine einzige elementare goldene Regel gibt, dann doch die, dass man andere so behandeln soll, wie man selbst auch behandelt werden möchte. Darauf sollten sich doch alle einigen können. Schon erstaunlich, dass ihr Jakobsweg sie bislang nichts, aber auch gar nichts gelehrt hat. Ich wünsche ihr, dass sie die nächsten Etappen noch viele tiefgründige Momente haben wird – dass sie bis Santiago aber ihre Mitte findet, glaube ich nicht. Schade für sie, aber halt auch irgendwie bedauerlich für all diejenigen, denen sie begegnet. Den Start in den Tag hätte ich mir anders vorgestellt. Ich scheine einfach kein Glück mit den Calzadillas dieser Welt zu haben. Wach bin ich nun zumindest auch ohne Kaffee, den es hier natürlich nicht gibt.

Direkt hinter Calzadilla de los Hermanillos beginnt dann schon die nächste Römerstraße – die *Calzada romana* – die in Anbetracht ihrer beträchtlichen Länge von rund 18 Kilometern anders als mein Startpunkt Calzadilla fürwahr keine Verniedlichungsform verdient hat. Nach etwa einem Drittel der Strecke geht es über einen kreuzenden Feldweg – das war's. Ansonsten einfach nur geradeaus. Natur pur würde der Optimist sagen. Endlose Weiten der Realist und „keine Spuren menschlicher Besiedlung" meine liebe Cordula.
Als um Punkt 7 Uhr die Sonne aufgeht, bin ich alleine auf sehr weiter Flur inmitten der Felder. Weit und breit auch keine Österreicherin zu sehen, die es geschafft haben muss an der einzigen Wegkreuzung falsch abzubiegen. Ich würde auch nicht ausschließen wollen, dass sie direkt zurück auf die Vía Trajana geirrlichtert ist und dies bis jetzt noch immer nicht gemerkt hat.

Richtig so. Ein paar Extrakilometer werden ihr ganz guttun und möglicherweise Zeit für Selbstreflexion bieten.
Diesen Moment gerade, wo der neue Tag anbricht, möchte ich schlicht nicht mit dieser negativen Person teilen, denn es ist mal wieder wie schon vor ein paar Tagen in den Gänsebergen ein wahrhaft majestätischer Augenblick. Die unnötige Hektik des Morgens wird durch diesen unbeschreiblichen Sonnenaufgang fast wieder wettgemacht. Der Camino zeigt mir mal wieder, was wirklich wichtig ist und wie belanglos der Disput am Morgen doch an sich war. Schlechtes Benehmen ärgert mich aber dennoch – gerade unter Pilgern und ganz besonders am frühen Morgen. Nun denn, auf nach Santiago.

Der frühe Start in den Tag erhöht auf jeden Fall meine Chancen es heute bis nach León zu schaffen. 43 Kilometer hätte ich dann vor mir, die unterschiedlicher kaum sein könnten. Zunächst auf die einsame Calzada romana als krönender Abschluss der Meseta – was ich irgendwie auch passend finde. An deren Ende liegt der Ort Reliegos auf dem Weg. Nach Auskunft der Kellnerin vom gestrigen Abendessen soll es dort eine ziemlich abgefahrene Bar geben, die man einfach gesehen haben müsse. Dort würde ich zu gerne meinen ersten Kaffee des Tages trinken. Ab Reliegos folgt schließlich die Ebene um den Río Esla mit den Orten Mansilla de las Mulas direkt am Fluss und später dann Puente Villarente, wo es über den nächsten Río geht. „Puente Villarente", ich könnte das zig Mal hintereinander aufsagen und könnte nicht aufhören zu grinsen. Hinter der Brücke von Villarente gilt es schlussendlich noch eine letzte Anhöhe zu überwinden, was etwa zwei Stunden in Anspruch nehmen sollte. Kurze Zeit später taucht dann laut Cordula auch schon León mit seiner frühgotischen Kathedrale auf. Anders als in Burgos muss man angeblich nicht wieder stundenlang durch die langgezogene Vorstadt tapern, sondern soll es ab dem Moment, wo man die Turmspitzen sieht nur noch eine knappe Stunde dauern, bis man auf dem Platz vor der berühmten Catedral steht. Klingt doch machbar.

Die Bar La Torre in Reliegos kann man zum Glück gar nicht verfehlen, denn

der Ort ist mal wieder ein kleines Nest und das Eckhaus mit der Bar ist bis unter den Giebel mit buntem Graffiti und Sprüchen in allen möglichen Sprachen bemalt. Höchstens die dusselige Österreicherin wäre hier vermutlich daran vorbeigelaufen und hätte später gewohnt ahnungslos getan. Aber genug von ihr, schließlich bin ich sie los.
Im Inneren des Hauses setzt sich der eigenwillige Stil fort, denn auch hier sind sämtliche Wände auf jedem Quadratzentimeter beschrieben und vollgemalt. Ein Kaffee reicht da gerade mal, um einen winzigen Bruchteil der Kunstwerke zu bestaunen. Hier waren ohne Zweifel unzählige Pilgergenerationen am Werk und daher hole ich mir – obwohl es ja „nur" eine Bar und keine Kirche, Herberge oder dergleichen ist – einen Stempel. Womit der erste Pilgerausweis dann auch bis zum Anschlag voll wäre. Nach gerade einmal gut der Hälfte des Weges sind bereits alle 40 Felder gefüllt. Na ja, kein Wunder, wenn manche Stempel auch zwischen zwei Feldern hängen oder so groß sind, dass sie direkt zwei Felder benötigen. Dies bedeutet aber auch, dass man selbst bei einem Stempel pro Tag und dann den zwei Pflichtstempeln auf den letzten 100 Kilometern mit einem Pass für den kompletten Camino Francés auf keinen Fall auskommt. Praktischerweise gibt es für wenige Euro an viele Stellen auf dem Camino neue Pässe zu kaufen. Man sollte nur frühzeitig daran denken, um sich den Nachweis nicht in seine Cordula geben lassen zu müssen. Als Notfalloption ist dies zwar offiziell akzeptiert, aber so elegant sich die Stempel in meiner Cordula auch machen würden – ich möchte sie lieber alle beisammen in meiner Credencial haben. Ausweis Nummer 2 habe ich vor ein paar Tagen schon an den nun vollen Ausweis geklebt, womit mir wieder 40 neue Felder zur Verfügung stehen. Die bislang gesammelten 40 Sellos sind wie kleine Trophäen und mein Pass ist mir deshalb schon jetzt extrem wertvoll.
Um überhaupt meinen Kaffee wie auch den Stempel zu bekommen, musste ich dem Barmann gut zureden. Gestern scheint hier ordentlich gefeiert worden zu sein, denn die Tische sind ein einziges Schlachtfeld und mit leeren Flaschen und Gläsern übersäht. Halb 10 ist für den Diensthabenden eindeutig noch zu früh, um auch noch ein Bocadillo zu bekommen. Mal wieder zeigt sich, dass es doch ratsam ist, immer eine kleine Notration an Schokolade und Obst mit sich herumzuschleppen.

Trotzdem, ich kann verstehen, warum man hier gewesen sein muss – der Besuch hat sich auch so gelohnt.
Mangels eines richtigen Frühstücks gibt es dann in Mansilla de las Mulas eben ein frühes Lunch. Früher war das hier mal – dank der erteilten Stadtrechte und einer strategisch günstigen Lage am Fluss – eine prosperierende Siedlung bei der die Herrscher über die Jahre ständig wechselten. Genau hier am Ende der Meseta trafen aus allen Himmelsrichtungen kommende Römerstraßen zusammen und so lässt sich auch die hohe Dichte an Kirchen erklären. Es gab zudem diverse Pilgerhospize und Mansilla de las Mulas war ein gesetzter Ort auf der damaligen Camino-Route. Heute sind die besten Zeiten für Mansilla mit seinen Maultieren vorbei und wie auch andernorts dienen die vielen Kirchtürme auch hier primär als Nistplätze für die Störche. Immerhin zieht der Pilgertourismus seit Jahren ja wieder stetig an und so passt es ganz gut, dass der 25. Juli wie in Santiago ein lokaler Feiertag zu Ehren der Pilger ist – der *Día del Peregrino*. Dafür bin ich leider zu früh dran, aber offenbar hat man erkannt, von wem der verbliebene Glanz der Stadt rührt. Die Pilger lassen zumindest etwas Geld hier. Beispielsweise für Bocadillos und Getränke. Prächtig gestärkt und um ein paar Euro erleichtert, geht es vorbei an der gut erhaltenen Stadtmauer, auf der Westseite raus aus der Stadt und schnurgerade auf Puente Villarente zu. Was bin ich mal wieder froh, dass im Mai noch keine Ernte war. Hier im Hochsommer zu laufen, wenn die Felder abgemäht sind, muss der blanke Horror sein. Da hat man die zehrende Meseta gerade hinter sich und schwups kommt direkt das nächste Stück flaches Ödland. Jetzt im Frühjahr ist es hier noch einigermaßen grün, aber ein gerader Weg entlang der Straße bleibt ein gerader Weg entlang der Straße. Möglicherweise ist dies auch die sanfte Heranführung an die urbane moderne Welt nach den eher gestrigen Tagen in der spanischen Kornkammer.
Ausgesprochen „urban" ist Puente Villarente selbst, und ich meine dies wirklich nicht wohlwollend. Die mehrere Kilometer lange Straße mitten durch den Ort scheint dafür ausgelegt zu sein, dass LKWs hier Rennen fahren können und zwar mit drei Fahrzeugen nebeneinander – in beide Richtungen. Überhaupt hat man das Gefühl mitten auf einer Autobahn zu

sein, an die rein zufällig ein paar Häuser herangebaut wurden. Überall riesige Werbetafeln auf hohen Metallgerüsten, wie sie sonst nur an Flughafenzubringern stehen und jede Menge Brummis. Villafranca vor den Gänsebergen lässt grüßen.
Nach 30 Kilometern in den Beinen könnte man guten Gewissens für heute Feierabend machen, aber definitiv nicht hier. Nicht hier in diesem stadtgewordenen Rasthof und wo León nur noch rund 2,5 Stunden entfernt hinter dem nächsten Hügel wartet.
Hinter Puente Villarente führt das restliche Stück bis zum Autobahnring von León zwar wieder etwas abseits der Landstraße, aber auch hier zieht es sich doch ganz schön. Der heutige Weg hat es trotz aller Abwechslung in sich. Als aber die ersehnten Spitzen der Kathedrale von León am Horizont auftauchen, haben diese exakt die Wirkung auf mich, die Kirchtürme schon von Beginn des Pilgerwesens an auf Pilger haben: sie helfen die letzten Kräfte zu mobilisieren und das Ziel vor Augen auch tatsächlich zu erreichen. Allerdings geht es heutzutage seltener darum eine rettende Zuflucht zu finden, als unter die ersehnte heiße Dusche zu kommen. Und leider auch darum, den Wettlauf um die Betten nicht zu verlieren. Neue Kraft gibt mir das erspähte Ziel jedenfalls, und die braucht es für den Weg durch León dann auch. Die Strecke ist nicht allzu weit, aber bis zur erlösenden Stadtmauer, die die Grenze in die historische Altstadt darstellt, geht es wie schon in den größeren Städten zuvor, schier endlos an hässlichen Wohnsilos, Autohäusern und sonstigen Gewerben vorbei. Ich glaube, ich habe in der Meseta auch ein wenig mein Gespür für Entfernungen und Zeit verloren. Eine komplette Ortschaft war in den letzten Tagen ebenso schnell durchquert, wie man braucht, um hier an einem einzigen Wohnblock vorbeizulaufen. Gefühlt reihen sich also nun sämtliche Ortschaften der Meseta Block für Block aneinander, wodurch alles zu einem einzigen Großstadtbrei verschmilzt. Die Altstadt will und will einfach nicht auftauchen. Burgos 2.0.
Irgendwann verändert sich dann aber das Stadtbild und die Straßen werden zu engen verwinkelten Gassen – das echte León und damit auch mein Tagesziel ist erreicht. Es ist tatsächlich ein bisschen wie in Burgos. Mit Erreichen von León wäre nach meiner eigenen Zählung auch der vierte

Abschnitt meines Camino geschafft. Es bleiben der Abschnitt bis zur galicischen Grenze und dann die restlichen Kilometer in Galicien bis nach Santiago. Der siebte und letzte Abschnitt wäre dann der Weg ans Meer – die Kür.

Rund 125 Kilometer in nur drei Tagen zu gehen ist für mich selbst in der dritten Pilgerwoche noch grenzwertig und das merke ich auch ganz massiv in den Beinen. Objektiv betrachtet, waren die heutigen 43 Kilometer ein bisschen zu viel und noch eine weitere Anhöhe hätte ich auch nicht mehr nehmen wollen. Wären also in León alle Herbergen voll gewesen, hätte ich mir deshalb wie Hape ein Hotel genommen. Muss ich aber zum Glück nicht, denn in der bereits seit 11 Uhr geöffneten Herberge der Benediktinerinnen gibt es noch ein paar wenige freie Betten und somit kann ich meinen Regeln weiter treu bleiben. Ich habe heute auch keinen Waschtag und nach einer langen heißen Dusche ist das Hinlegen die wahre Wohltat des Tages. Meine Siesta fällt heute deutlich länger als üblich aus – ich bin körperlich fix und fertig. Immerhin wird mein Schnupfen täglich besser.
Die sehr katholische Klosterherberge ist recht einfach, aber die von Cordula vergebenen zwei Muscheln gehen nach dem ersten Eindruck in Ordnung. Streng werden hier bei der Zuteilung der Schlafplätze Männlein und Weiblein getrennt, wenngleich das am Ende des Tages nicht mehr aufgeht, da der etwas kleinere Schlafsaal der Frauen vor dem der Männer voll ist. Also war es das mit „streng" und man behilft sich mit Paravents, um eine Reihe Stockbetten bei den Männern für die überzähligen Damen zu separieren. Ich finde das irgendwie gleichermaßen albern wie auch niedlich. Dennoch ist Sicherheit gerade für weibliche Pilger ein Thema; häufig hängt davon sogar die Entscheidung, sich überhaupt auf den Camino zu begeben, ab – gerade, wenn es alleine losgehen soll.
Erfreulicherweise habe ich bislang noch von keiner einzigen Pilgerin gehört, dass es eine unangenehme oder gar belästigende Situation gegeben hat. Im Gegenteil, sämtliche allein reisende Peregrinas, mit denen ich mich bislang darüber unterhalten habe, zeigten sich überrascht, wie entspannt man als Frau auf dem Camino unterwegs sein kann.

Vielleicht sind Pilger ja doch anständige Menschen. Zumindest scheinen sich die Zeiten seit Hape's Pilgerschaft etwas geändert zu haben, denn er berichtet noch von diversen Bekannten, die solche Erfahrungen leider machen mussten. Wie schon gesagt, der Camino ist heutzutage kein unkalkulierbares, wildes Abenteuer mehr und in Sachen Sicherheit und gegenseitiger Kontrolle finde ich das auch ausgesprochen beruhigend.
Bevor es zum Sightseeing in die Stadt geht, mache ich mich ein wenig bei Cordula über León schlau. Der entscheidende Vorteil dieser theoretischen Stadtbesichtigung ist ganz einfach der, dass ich dies bequem im Liegen tun kann und jede Minute liegen tut gut.
Die Stadt ist knapp 2000 Jahre alt und damit mehr oder weniger der gleiche Jahrgang wie Köln. Beide Städte haben ihren Ursprung als römischer Stützpunkt und in beiden Städten prägt die Kathedrale, bzw. der Hohe Dom das Stadtbild. In León werden die Glasmalereien der Kathedralenfenster im Allgemeinen gefeiert, in Köln hat man vor allem das atemberaubende Richter-Fenster am Südquerhaus des Doms. Die beiden Städte sollten vielleicht eine Partnerschaft eingehen – in meinen Augen würde viel passen. Ansonsten gibt es natürlich wie in jeder spanischen Stadt jede Menge Kirchen und Klöster zu bewundern. Prominente Gebeine gibt es ebenfalls reichlich und besonders empfohlen wird ein Besuch beim Heiligen Isidoro, dem man eine romanische Kirche über seine Knochen gebaut hat. Die dortige königliche Grabkammer bringt es sogar auf den Titel „Sixtinische Kapelle der Romanik". Klingt ausgesprochen romantisch, aber danke nein. Auf Gräber habe ich keine Lust und meine eigenen Gebeine geben es auch gerade nicht her.
Spannender als den Besuch bei den Toten finde ich, dass Antonio Gaudí in León gewirkt hat – seine höchst lebendig wirkende *Casa Botines* möchte ich mir unbedingt anschauen. Für Hape, der ab León wieder mit dabei ist, hat die Stadt etwas von einem kleineren und unaufgeregten Madrid. Vielleicht wäre diese Beschreibung noch um das Flair von Barcelona zu ergänzen, wo Gaudí ja an vielen Ecken seine Spuren hinterlassen hat.
Die bitter nötige Siesta tat gut, aber jetzt muss ich doch in die Stadt und mir live und in Farbe anschauen, was ich mir im Bett liegend angelesen habe. Wie immer habe ich alle Wertgegenstände, also Geld, Karten,

Cordula, Pilgerpass, Handy und Fotoapparat bei mir. Meine wertvollen Schuhe trage ich für die Tour durch die Stadt an den Füßen. Bleibt der Rucksack, auf den ich natürlich auch nicht verzichten kann, den ich aber auch nicht mit mir rumschleppen möchte. In manchen Herbergen gibt es Spinde, aber falls dies – wie meistens – nicht der Fall ist, habe ich ein kleines Zahlenschloss dabei, aus dem man oben einen rund ein Meter langen Metalldraht ziehen kann, um damit durch die Schultergurte und beispielsweise das metallene Bettgestell zu gehen. Der Draht wäre zwar kein echtes Hindernis für eine halbwegs vernünftige Metallschere und natürlich könnte man auch die Gurte durchsäbeln. Aber einfach so den Rucksack schnappen, kann man mit dieser Sicherung nicht mehr und da es sich Diebe bekanntlich gerne einfach machen, würden sie vermutlich eher zum ungesicherten Nachbarrucksack greifen. Man muss dem Löwen nicht davonlaufen – man muss halt nur schneller als der Andere sein und schon wird der gefressen. Ich würde daher unbedingt dazu raten sich noch vor dem Aufbruch auf den Camino so ein kleines Schloss zu besorgen – egal ob man alleine oder in einer Gruppe unterwegs ist. Es wiegt und kostet nicht viel und jedes Mal, wenn man seinen Rucksack wo zurücklassen muss, tut man dies mit einem leicht besseren Gefühl.

Von meiner Herberge bis zur Catedral de León sind es nur ein paar Meter und die ist mein erstes Ziel. Weder Hape noch Cordula haben bei ihren Beschreibungen übertrieben. Natürlich hat Cordula nicht übertrieben, aber die Kathedrale gilt immerhin als eine der schönsten in ganz Spanien. Da sind die Erwartungen schon angemessen hoch. Dank der 125 Fenster ist es im Inneren der Kirche bunt und vor allem hell. Die gotische Bauweise sorgt außerdem dafür, dass der Innenraum luftig und hoch wirkt. Wirklich hübsch und absolut sehenswert. Der großzügige Platz davor lässt ebenfalls viel Raum, damit das Bauwerk in seiner ganzen Pracht wirken kann. Überhaupt macht die Stadt einen sehr aufgeräumten Eindruck. Das schätzt der Deutsche auf Reisen ja durchaus.

Gegenüber von dem mächtigen Hauptportal entdecke ich ein süßes kleines Café – *La Más Bonita* –, wo sich mit Blick über den Vorplatz vorzüglich Tagebuch schreiben lässt. Natürlich gibt es dabei einen Kaffee und hausgemachten Kuchen – 17 Uhr, die perfekte Uhrzeit dafür. Gerade fühlt es sich sehr nach Urlaub an und die Mühen des heutigen Tages sind erst mal vergessen. Draußen vor der Scheibe begegnen sich zwei alte Freunde, die sich dem Anschein nach seit langer Zeit nicht mehr gesehen haben. Ich muss direkt an Julie denken. Weiterhin Funkstille. Ein wenig hatte ich ja gehofft, sie hier in León zu treffen. Die beiden Herren direkt vor meinem Fenster liegen sich jedenfalls in den Armen und tanzen vor Freude eine Runde Wiener Walzer. Im Hintergrund die Kathedrale in der Abendsonne. Was für eine Kulisse!

León hat mich schon jetzt vollkommen gepackt und ich habe erst einen Bruchteil der Stadt gesehenen. Hierher komme ich irgendwann mal wieder zurück. Nicht zwingend als Pilger, aber auch dann möchte ich genau hier in diesem Café sitzen und Leute auf dem Vorplatz beobachten. Anschließend spaziere ich doch noch beim Heiligen Isidoro vorbei – bin ja eh in der Gegend. Die romanische Kirche ist im Vergleich zu der in den Himmel strebenden Kathedrale dunkel und gedrungen, wirkt aber dennoch friedvoll und auf ihre schlichte Art filigran. Auf jeden Fall lädt das Nationalheiligtum dazu ein, darin sein Nickerchen zu machen, denn in der letzten Bank schläft und schnarcht seelenruhig ein älterer Pilger. Keiner stört sich an diesem friedvollen Anblick. Herrlich.

Der kleine Parque del Cid entlang der Calle Cid verbindet die gerade besuchte Real Basílica de San Isidor mit der prächtigen Casa Botines von Gaudí. Kathedrale, Basílica und Casa bilden quasi ein Dreieck, das man gut ablaufen kann. Vor der Casa Botines sitzt mal wieder eine Figur aus Bronze auf der Parkbank – ich glaube es soll Gaudí selbst sein. Alles richtig schön und Pflicht bei einem León-Besuch, aber mein Geheimtipp ist die kleine Plaza del Grano. Der Boden des Platzes besteht aus tausenden von abgerundeten Steinen die gänzlich uneben und bunt verlegt sind, zwei stattliche Bäume stehen um einen schönen Brunnen in der Mitte, auf der Kopfseite gibt es eine unscheinbare kleine Kirche und am anderen Ende finden sich ein paar Arkaden. Alles sehr unaufgeregt und idyllisch. Der Platz strahlt ganz nach meinem Geschmack eine unglaubliche Ruhe aus. Vermutlich, weil er sich auch etwas abseits der Hauptwege befindet und damit weniger touristisch und vielmehr ein Juwel der Einheimischen ist.

Perfekt für ein Feierabendbier in der lauen Abendsonne.
Am Nachbartisch meiner Cervecería sitzt Tim aus Köln. Die Welt ist doch wirklich ein Dorf. Er ist vor knapp einer Woche in Burgos gestartet, wird aber morgen früh wieder zurück nach Köln fliegen. Geplant war das so nicht und gewollt ist es auch nicht, denn eigentlich hatte Tim den Plan bis ans Meer nach Finisterre zu pilgern. Unglaublich, aber er wirft tatsächlich hin. Auf mich macht er einen ausgesprochen durchtrainierten und fitten Eindruck. Leider lässt sich vom physischen Zustand alleine nur sehr bedingt auf die Wahrscheinlichkeit den Camino auch plangemäß zu beenden, rückschließen. Der Camino ist nämlich weit mehr als nur eine körperliche Herausforderung. Tim hat einerseits das nasskalte Wetter der letzten Woche überrascht, was ihm physisch zugesetzt hat. Er hat die gesamt letzte Woche permanent gefroren. Zudem gibt er offen zu, dass ihn die Etappen in der Meseta psychisch komplett zermürbt haben. Möglicherweise hatte er nicht die richtige Ausrüstung oder war er schlecht vorbereitet. Vor allem zeigt mir seine Geschichte aber, dass die Meseta ihrem Ruf als Pilgerhölle für den Verstand gerecht werden kann. Und es ruft mir ins Bewusstsein, dass man vorab nie sagen kann, wie der eigene Camino wohl verlaufen wird. An jedem nächsten Tag kann schon ganz plötzlich Schluss sein. Die Statistik belegt eindeutig, dass deutlich unter 50 % der Pilgerkandidaten, die sich einen Ausweis ausstellen lassen, den Camino auch beenden – deutlich weniger als ich zugegebenermaßen gedacht hätte.
Im Fall von Tim ist das auch aus ganz egoistischen Gründen doppelt schade, denn wir unterhalten uns bei einer riesigen Portion Patatas Bravas bestens, sind etwa ein Alter und ich wäre morgen gerne ein Stück mit ihm weitergelaufen. Sein Entschluss steht aber bereits fest; da ist nichts mehr zu machen. Und dass er traurig und enttäuscht ist, kann man ihm unverkennbar ansehen. Nur, wie man seinen Camino in Burgos, also direkt mit der Meseta beginnen kann, bleibt mir ein Rätsel. Das grenzt ein bisschen an Masochismus. Ich hoffe aber, dass er im nächsten Jahr einen neuen Anlauf unternehmen wird und es am Ende doch noch bis Santiago und nach Finisterre schafft. So schnell darf einem der Camino nicht klein kriegen. ¡Ultreya!

Auch wenn wir uns auf dem Jakobsweg nicht mehr wiedersehen sollten, werde ich beim nächsten Glas Tinto de Verano, den er mir schmackhaft gemacht hat, an ihn denken. Ich habe auf seinen Tipp hin diesen sommerlichen Rotwein probiert und Gefallen daran gefunden. Eine lokale Spezialität, die damit quasi unter die Kategorie „Kultur des Landes erkunden" fällt. Zusammen mit den scharfen Kartoffelwürfeln bin ich für heute kulinarisch rundum bedient. Das ursprünglich mal angepeilte Pilgermenü fällt heute somit aus, und ich muss nach zwei weiteren Gläsern Tinto auch nur noch in die um die Ecke gelegene Herberge meiner Benediktinerinnen fallen. Wie praktisch. Es war mal wieder einer dieser zufälligen Camino-Abende, die man nicht planen kann und die deshalb noch einmal schöner sind.

Nach den gewollt einsamen Tagen in der Meseta wirkte die Großstadt zu Beginn wie ein kleiner Schock, aber schon nach kurzer Zeit gewannen das Lebendige in den Straßen und das Abwechslungsreiche, das Bunte fürs Auge die Oberhand. Ein Kornfeld hat halt doch weniger zu erzählen als eine 2000 Jahre alte Stadt – selbst, wenn es eine ebenso alte römische Vía ist, auf der man das besagte Feld durchquert.

León, du spanische Schönheit, hast heute definitiv einen neuen Fan gewonnen.

Tag 17: León – Hospital de Órbigo

Mittwoch, 22.5.2013

Sowohl die Männlein vor, als auch die Weiblein hinter der mobilen Trennwand haben mir zur Abwechslung mal eine ruhige Nacht gegönnt. Erstaunlich, bei einem Schlafsaal dieser Größenordnung, mit erneut eng gestellten quietschenden Stockbetten. Falls der Tinto de Verano für meinen geruhsamen Schlaf verantwortlich gewesen sein sollte, sehe ich mich gefährdet zum Alkoholiker zu werden – zumindest auf dem Camino.

Zugegeben, eine Rolle wird sicher auch meine körperliche Erschöpfung gespielt haben. Die acht Stunden Schlaf waren zwar durchaus erholsam, aber die Schmerzen in den Beinen und sämtlichen vorhandenen Muskeln sind auch am Morgen noch da.

Ein Frühstück gibt es bei den Benediktinerinnen nicht, also bin ich um 6:45 Uhr fertig gepackt und ab durch die Tür. Wie schon einige Male zuvor stellt sich dies als Glücksfall heraus, denn der Sonnenaufgang vor der Kulisse der Catedral de León ist wie gemalt. Wirklich. Mir ist bewusst, dass ich das nicht zu erstem Mal sage, denn bisher waren schon so einige Sonnenaufgänge bemerkenswert. Jeder war für sich durch die Szenerie einzigartig. In León steht aber erstmals nicht die Landschaft, sondern das bekannteste Bauwerk der Stadt im Mittelpunkt dieses Naturschauspiels. Ehre wem Ehre gebührt. Kurz vor 7 Uhr ist es soweit. Rund um die Kirche glüht der Himmel orange-rot und es wirkt, als würden sich die wilden Zacken und Spitzen der Türme nahtlos in den leuchtenden Wolken fortsetzen. Der Baustil der Gotik möchte stets hoch und luftig in den Himmel ragen – bei diesem Sonnenaufgang verschmilzt dieser sogar regelrecht mit dem irdischen Gebäude. Hätte ich im Vorfeld gewusst, wie magisch dieser Moment sein würde, hätte mir den Wecker gestellt, um diesen Augenblick auf gar keinen Fall zu verpassen. So ist es purer Zufall, dass mein Timing stimmt. Aber was passiert auf dem Camino schon zufällig.

Der heutige Tag beginnt jedenfalls schon mal deutlich harmonischer als der gestrige.

León hat kurz danach direkt ein weiteres Highlight für alle Pilger, die die Stadt auf der offiziellen Camino-Route verlassen, zu bieten. Zunächst geht es hinter der Kathedrale durch verwaiste Gassen beim alten Isidoro vorbei und jenseits der mächtigen Stadtmauer wieder durch – sagen wir – eine eher funktionale Bebauung gen Westen. Wer aber glaubt, dass nun nur noch vorstadttypische Wohnsilos kommen, reibt sich auf dem Plaza San Marcos beim Anblick des Monasterio de San Marcos verwundert die noch müden Augen. Mir geht es jedenfalls so. Ich habe selten eine so prunkvolle Fassade gesehen. Vor diesem gigantischen Baudenkmal sitzt mitten auf der Plaza ein bronzener Pilger unter einem Kreuz und schaut auf das Gebäude. Gute Idee. Ich hocke mich eine Weile daneben und lasse die über 100 Meter breite Fassade mit ihrer aufwändigen Verzierung auf mich wirken. Von Cordula lerne ich, dass die Fassade um das 17. Jahrhundert herum gestaltet wurde und der Baustil plateresk genannt wird. Kaum zu glauben, dass ein solch prächtiger Bau mal eine normale Pilgerherberge war. Auch heute bietet es als Parador-Hotel Obdach – allerdings kommt man hier mit 5 Euro nicht weit. Zumindest für den Eintritt im hiesigen Museum würde es aber reichen, denn neben dem 5*****+ Luxushotel beherbergt das „Hostal" de San Marcos auch das Museo de León. Alles andere als ein Ort der Zuflucht war das Kloster allerdings unter Franco, als hier ein Konzentrationslager des Regimes untergebracht war. Selbst die schmucke Fassade wird wohl kaum darüber hinweggetäuscht haben, dass dahinter grauenvolle Dinge passiert sind. Über das Metaphorische dieses Gedankens könnte ich noch eine ganze Weile grübeln, derweil ich neben meinem stummen Pilgerfreund unter dem Kreuz sitze und auf besagte Fassade schaue. Auch wenn meine Regel Nr. 6 es mir verbietet hier zu übernachten, bin ich heilfroh, dass das Gebäude heute wieder als Hotel genutzt wird.
Nach der Brücke über den Río Bernesga direkt hinter dem Parador gilt es mal wieder ein paar Kilometer lang tapfer zu sein. Vorstadthölle, Möbelhäuser, Autohäuser – scheinbar der Standard, um aus der Altstadt einer spanischen Großstadt wieder hinaus ins Grüne zu kommen. Hinter León haben sich die Camino-Verantwortlichen zumindest bemüht, ruhigere

parallellaufende Straße für die Strecke zu finden, aber auch diese führen an den Lagerhallen der zuvor gesehenen Möbelläden oder an Speditionen und Fabriken vorbei. Immerhin ist hier weniger Verkehr und das ist ja auch was wert.

Was dagegen das Pilgeraufkommen angeht, so ist heute auffallend viel los – ich überhole unzählige Rucksäcke, aber Lust auf eine Unterhaltung habe ich nur selten. Hinter Trobajo del Camino, einer kleinen Ortschaft, die sich am westlichen Stadtrand von León anschließt, grüßt dafür die altbekannte N-120 wieder recht unfreundlich. Erst ein endlos langes Stück später, in etwa am Stadtausgang von La Virgen del Camino und auf Höhe des Flughafens von León, geht endlich wieder weg von der Straße und ab in die Felder.

Ich kann nur hoffen, dass Tim die Strecke bis hierher nicht als „krönenden" Abschluss seines abgebrochenen Jakobsweges gelaufen ist und dies somit sein letzter Eindruck von Camino ist – die Wahrscheinlichkeit, dass er im nächsten Jahr doch noch einen Versuch startet, läge nahe Null. Ich vermute aber, dass er mit dem Flughafenbus gefahren ist und sich beim Blick aus dem Fenster still und heimlich darüber gefreut hat, dass ihm zumindest dieser Abschnitt erspart geblieben ist. Ich kann es ihm nicht verdenken.

Cordula veranschlagt für diese Durststrecke runde zwei Stunden und die braucht man leider auch. Also Augen zu und durch. Mich tröstet, dass ich nur noch dieses letzte Mal durch das Einzugsgebiet einer Großstadt muss – die nächste größere Stadt auf dem Camino wird schon Santiago de Compostela sein. Außerdem war León, *la belleza*, jeden Kilometer wert. Basta.

Just hier in der Gegend rund um La Virgen del Camino muss Hape seinem peruanischen Schamanen Ruco Urco begegnet sein. Wäre mir hier solch ein „Pilger" ohne Rucksack, in Hemd und Jeans und mit blutigen unbesockten Füßen in Lederschuhen begegnet, hätte ich es vermutlich für eine Erscheinung gehalten und mich postwendend ins Pilgerhospiz de San Marcos einweisen lassen. Für Hape aber war das Zusammentreffen erst irritierend, dann hitzig und am Ende hat es bei ihm einen Knoten gelöst. Man kann am Anfang einfach nie wissen, was selbst ein noch so wirrer

Kontakt für Erkenntnisse hervorbringt. Ich sollte mich vielleicht wieder mehr auf andere Pilger einlassen, denn ein bisschen neidisch bin ich schon auf Hape, der aufgrund seiner vielen verrückten Begegnungen hier auf dem Camino nun wirklich keine Langeweile hatte. Und Geschichten für ausgiebige Kaffeekränzchen zuhause hat er auch reichlich erlebt. Richtig, so viele sogar, dass daraus ein umfangreiches Buch entstanden ist. Das Hörbuch davon habe ich wie meistens zum Etappenstart gerade auf den Ohren und in diesen Momenten bin ich ganz froh alleine unterwegs zu sein. Schließlich ist das meine ganz private Zeit mit Hape und es macht mir großen Spaß, fast zeitgleich zur gehörten Passage an den gleichen Wegpunkten vorbeizukommen, Orte mit dem dazugehörenden Erlebnis wiederzuerkennen und sich dabei vorzustellen, wie es ihm hier vor 12 Jahren wohl ergangen ist. Aktuell läuft „Irgendwo im Nirgendwo hinter León" und Hape hat gerade seinen Mut entdeckt. So ganz alleine bin ich also doch nicht unterwegs.

An der neuralgischen Weggabelung am Ortsausgang verhält es sich ein wenig wie bei der Brücke vor der Vía Trajana: überall Wegweiser und gelbe Pfeile. Es scheint fast, als wolle man es den Pilgern mit aller Kraft ersparen, noch länger an der Landstraße wandern zu müssen. Strenggenommen wäre dies sogar die Originalroute – ein Alptraum und niemandem zu empfehlen, der nicht mit dem Fahrrad oder einem Esel unterwegs ist. Wer hier dennoch geradeaus geht, kommt zwar gleichfalls nach Hospital de Órbigo, setzt sich in meinen Augen aber der latenten Gefahr aus, sich spätestens nach 20 weiteren Kilometern vor einen der vielen Lastwagen zu werfen.
Ich folge also ohne zu hadern den nach links zeigenden Pfeilen und mit jedem Schritt, mit dem der Straßenlärm leiser wird, geht es mir ein bisschen besser. Zwar muss man kurze Zeit später noch mal ein Autobahnkreuz überwinden, aber das ist quasi geschenkt. Ab Fresno del Camino ist es dann geschafft und man ist zurück in der Natur. Also erst mal Kaffee- und Bocadillo-Pause und beide Schienbeine dick mit Voltaren Schmerzgel einreiben. Meine Füße fühlen sich ganz ok an und bluten dank meiner Yak-Stiefel auch nicht, aber beide Sehnen vorne an den Beinen

haben die Gewaltmärsche der letzten Tage scheinbar nicht ganz unbeschadet überstanden. Kein Wunder bei der Belastung. Sofern es so bleibt und nicht noch schlimmer wird, sollte es irgendwie gehen. Den Jakobsweg komplett schmerzfrei zu überstehen erscheint mir ohnehin als ein Ding der Unmöglichkeit. Zumindest kenne ich niemanden, der dieses Wunder je vollbracht hat. Also Zähne zusammenbeißen, Rucksack auf und weiter Richtung Santiago. ¡Ultreya!

Der etwa dreistündige Weg bis Villar de Mazarife führt über eine Hochebene, die sich südlich von León spitz zulaufend erstreckt – *el páramo*, was so viel wie Ödland bedeutet. Ödland ist zwar nicht gerade schmeichelhaft, aber es passt irgendwie. Man kann klar erkennen, dass dies hier keine Flussebene ist, wie beispielsweise die Strecke zwischen Manzillas de las Mullas und Puente Villarente. Vielmehr erinnert die Landschaft hier mit der roten Erde und der kargen Vegetation eher an meine römischen Straßen vor kurzem noch im nahen Afrika.

In Villar de Mazarife endet dann die kleine Hochebene und dort hätte auch besser meine Tagesetappe geendet. Ob Hape hier im Ort ein Hotel für die Nacht gefunden hat, weiß ich nicht und er offenbar auch nicht so genau, denn das Ödland und der Schamane scheinen ihn ein wenig um den Verstand gebracht zu haben. Auf jeden Fall wäre dies für mich die empfohlene Tagesdosis von Cordula gewesen. Hätte ich doch nur auf meine Meisterin gehört! Nun, habe ich aber nicht.

Mein Kopf hat mir nämlich prompt ein paar Argumente fürs Weitergehen aufgezählt:

Punkt 1: Im Hintergrund sind hohe schneebedeckte Berge zu sehen und das Panorama der vor mir liegenden Montes de León zieht mich regelrecht an. Nach den endlosen Weiten der Meseta ist dies genau wonach mir gerade der Sinn steht. Und hinter diesem westlichen Ausläufer des kantabrischen Gebirges liegt auch schon Santiago de Compostela – die Stadt, die mich immer stärker anzieht.

Punkt 2: Von Afrika war ab Chozas de Abajo rein gar nichts mehr zu spüren. Ab dem kleinen Örtchen ging es nämlich anstatt auf rotfarbenem Sand für eine zähe Stunde lang nur auf graufarbenem Asphalt einer einsamen Straße weiter bis nach Villar de Mazarife. So möchte ich meinen

Tag wandertechnisch nur ungerne beenden.
Punkt 3: Es ist erst 11 Uhr. Was ich mit den restlichen 10 Stunden bis zur üblichen Schlafenszeit hier in diesem Nest anfangen soll erschließt sich mir nicht wirklich. So viel Wäsche kann ich gar nicht waschen und zu besichtigen gibt es hier: nichts. Zwar soll laut Pilgertratsch die private Herberge *Refugio de Jesús* recht hübsch sein, aber meine Begegnung mit Jesús auf dem Camino habe ich mir dann doch ein wenig anders vorgestellt. Einfach 5 Euro zu bezahlen, um dann behaupten zu können, dass man zu Gast bei Jesús gewesen ist, erscheint mir doch etwas billig.

Also sachlich gesehen alles gute Gründe, um die Stiefel anzulassen und heute noch ein paar Kilometer näher an Santiago heranzukommen. Mein Bauchgefühl sagt mir allerdings etwas völlig anderes. Die Sehnen an den Schienbeinen schmerzen stärker als am Morgen, und warum soll ich nicht mal einen kürzeren Tag einlegen, Tagebuch schreiben, ein langes Telefonat mit Marianne führen, lesen, mich mit anderen Pilgern unterhalten oder einfach eine Runde schlafen. Dass ich all dies nicht beachte, ist am Ende reine Selbstüberschätzung nach dem „Flow" der letzten Tage – Magnet Santiago hin oder her. „Stärker auf meinen Bauch hören" hatte ich mir vorgenommen. Na, das klappt heute ja wieder super! Dabei sollte das Bauchgefühl doch eigentlich eine Art ständiges Vetorecht haben. Ich glaube, damit könnte man sich jede Menge Fehlentscheidungen oder Dummheiten ersparen. Mit anderen Worten: die sachlichen Argumente müssen erhoben und miteinander abgewogen werden, aber das Bauchgefühl hat das letzte Wort. So besteht doch die beste Chance, ein stimmiges Gesamtbild hinzubekommen. Aktuell habe ich hingegen nicht mal alle Fakten in die Waagschale geworfen, denn hätte ich bei Cordula den Anfang der nächsten Etappe gelesen, wäre auch Punkt 2 direkt hinfällig gewesen: „Ab Villar de Mazarife ist ein letztes Mal Nervenstärke gefragt". Autsch. Wie sie ausführt, geht es erneut auf „schnurgerader Asphaltstraße" und dann zwar „immerhin" auf Schotter weiter, aber in Summe eben stolze drei Stunden lang. Von wegen, „so möchte ich meinen Tag nicht beenden".
Und Punkt 3 könnte mir – als dessen Kehrseite – am neuen Zielort

Probleme bereiten, denn auch wenn es jetzt noch früh am Tag ist, werde ich bei der nächsten Herberge vergleichsweise spät ankommen. Der leidige Wettlauf um die Betten eben.

Nun denn. Mit frisch geschnürten Schuhen verlasse ich also Villar de Mazarife und biege auf die wie mit einem Lineal ins Feld gezogene Landstraße, die jeden römischen Straßenbauingenieur in pure Ekstase versetzen würde. Schon nach dem ersten Kilometer auf dem unnachgiebigen Untergrund fangen beide Sehen an mir ernsthafte Sorgen zu machen. Der Schmerz nimmt mit jedem Schritt spürbar zu. Nach dem zweiten Kilometer beginne ich deshalb meinen Laufstil zu verändert, um die Sehnen zu entlasten. Ich versteife dafür die Beine etwas und habe so gefühlt weniger Reibung in der Sehne. Ob dies aus medizinischer Sicht zutreffend ist, kann ich zwar nicht sagen, aber es fühlt sich nun besser an. Eine Weile geht das auch gut. Nach dem dritten Kilometer auf der Asphaltpiste tun mir dafür von der Entlastung der Sehnen die Fersen höllisch weh und nach dem vierten Kilometer merke ich bei einer Rast, dass ich mir hinten mittig unter der rechten Ferse – tadda – eine Blase gelaufen habe. Jetzt ist es also passiert. Und dann auch noch an so einer saublöden Stelle, über die man beim Gehen eigentlich entlastend abrollen sollte. Die kurzfristige Lösung sieht nun so aus, dass ich mehr oder weniger staksend komplett auf den Ballen laufe. Das sieht nicht nur bescheuert aus, sondern belastet auch die Sehnen stärker. Und es tut verdammt weh. Mit anderen Worten: neben der geforderten mentalen Nervenstärke sind nun auch die massiv stärker werdenden physischen Schmerzen zu ertragen. Ohne den massiven Einsatz der Stöcke, auf die ich jetzt noch mehr Gewicht verlagere, komme ich kaum voran. Auch dies hat seinen Preis, denn dafür bedanken sich nun die Schultern, die hierdurch übermäßig beansprucht werden und das auch nur bedingt lustig finden. Es ist ein echter Teufelskreis, da die Entlastung der einer Stelle direkt zu einer Überlastung einer anderen Stelle führt. Wie passend, dass der Ort mit der nächstbesten Herberge das Wort Hospital im Namen trägt. Wäre mir gerade nicht zum Heulen zumute, würde ich das sogar witzig finden.

Wie ich es letztlich bis nach Hospital de Órbigo geschafft habe ist mir ein kleines Rätsel. Ohne die bewährte Straßenfeger-Philosophie, dass jede sauber gekehrte Bodenplatte ein Erfolgserlebnis beschert, hätte ich es wahrscheinlich nicht ins Ziel geschafft. Meine Bodenplatten sind die Strommasten, die erst die Landstraße und dann den Schotterweg mehr oder weniger regelmäßig säumen. Mit diesem kleinen Psychotrick schleppe ich mich auf die Stöcke gelehnt von Mast zu Mast. Das große Ziel „Herberge" erscheint nahezu unerreichbar – es gilt einfach nur immer wieder aufs Neue das nächste kleine Zwischenziel zu erreichen. Ich mache mir eine gedankliche Notiz, dass ich daraus etwas für den Lebensalltag lernen kann, aber für tiefgreifende Erkenntnisse habe ich gerade keine Nerven. Von Mast zu Mast denken ist mir gerade Herausforderung genug.
Aber der Trick mit dem kleinen Selbstbetrug funktioniert und nach unzähligen schmerzhaften Zwischenzielen tauchen am Horizont doch tatsächlich Häuser auf.
Nach einer nicht ganz offiziellen Überschreitung von Eisenbahngleisen, der dafür dann ordnungsgemäß erfolgten Überquerung einer Autobahn und einer kurzen Konfusion, welchem der in beide Richtungen zeigenden gelben Pfeile ich am Ortseingang folgen soll, bin ich tatsächlich am Hauptziel angekommen. Hola Hospital de Órbigo – ich möchte mich gerne selbst einweisen und ein Einzelzimmer mit Chefarztbehandlung wäre toll.

Ich wähle am Ende nicht den offiziellen Weg durch die Calle el Passo Honroso, der mich zur Puente de Órbigo geführt hätte, sondern steuere auf direktem Wege die ersehnte Herberge an. Die spektakuläre Brücke über den Río Órbigo mit einer Länge von über 300 Metern und sage und schreibe 20 steinernen Bögen muss erst mal warten.
Meine Wahl unter den vier zur Auswahl stehenden Herbergen fiel auf die eher kleine private *Albergue Verde*, die laut Cordula neben einem Garten und Yoga-Stunden mit einem vegetarisch-indischem Gemeinschaftsessen und Frühstück aufwarten soll. Wenn dort also gekocht wird, würde das bedeuten, dass ich die Herberge heute nicht mehr verlassen müsste. Bloß keine unnötigen Meter mehr.
Auf dem Weg zur Herberge habe ich das liebe Universum nicht etwa

darum ersucht, dass noch ein Bett frei sein wird. Nein, ich habe es angefleht. Schmerzerfüllte Stoßgebete haben das Universum in noch kürzeren Abständen erreicht als hier Strommasten am Feldwegrand stehen und es hatte tatsächlich ein Einsehen. Ungeachtet der späten Stunde ist die grüne Herberge zu meiner grenzenlosen Freude erst halb voll und katapultiert sich außerdem bereits mit dem ersten Eindruck in die Top 3 der bisherigen Herbergen.

Die Albergue ist in einem schön hergerichteten Hinterhaus aus Fachwerk untergebracht und liegt – wie der Name ja schon sagt – im Grünen. Der Blick geht Richtung Nordwesten auf einen fernen Bergkamm und wäre treffend mit „frei und unverbaut" beschrieben. Im hübsch angelegten Garten gibt es Hängematten, Sonnenliegen und jede Menge schattige Plätzchen, um seine geschundenen Beine hochzulegen. Der rundum gute Eindruck setzt sich im Inneren der Herberge fort. So ordentliche Betten hatte ich seit Wochen schon nicht mehr. Wäre dies eine öffentliche Herberge, so stünden auf gleicher Fläche nicht 13 solide Stockbetten aus Holz, sondern locker die doppelte Anzahl mit klapprigen Metallgestellen. Als mir dann noch zur Begrüßung ein Stück selbstgebackener Kuchen angeboten wird, sind die Schmerzen zwar nicht weniger, aber mir geht es schlagartig besser. Woher wussten die bloß, dass ich für Kuchen auch durch Feuer gehen würden – und heute ja in gewisser Weise auch gegangen bin? Ich muss im Garten Eden gelandet sein. Natürlich ist die Farbe des Stempels ebenfalls grün. Überhaupt heißt die Albergue Verde nicht nur „grüne Herberge", weil es einen üppigen Garten gibt, sondern weil „grün" vielmehr die Philosophie des ganzen Hauses ist – für Körper und Geist.

Für den Geist ist Miño zuständig. Hospitalero ist er für den Broterwerb, aber Yoga-Meister aus Berufung. Miño scheint sehr eins mit dem Universum zu sein. Vor allem ist er ein Yogi wie aus dem Bilderbuch. Lange Haare bis weit über die Schulter, stets ruhig und gelassen – erhaben. Das ist das Wort. Für mich strahlt er eine unglaubliche Erhabenheit aus. Als ich ihn frage, was er mir angesichts der Blase an meiner Ferse empfehlen würde, grinst er nur milde und meint „take a picture". Ich glaube, ich habe heute meinen eigenen Schamanen gefunden.

Bei dem Foto bleibt es aber nicht, denn die Blase wie auch die Beine wollen versorgt sein. Dass das Universum das über Nacht durch ein Foto richten wird, glaube ich dann doch nicht. Irdische Hilfe liegt allerdings schon zwei Betten weiter und beäugt kritisch, was ich da mit Nadel und Salbe anstelle. Elisabeth kommt aus Bonn und ist Ärztin mit einer Zusatzausbildung als Schmerztherapeutin. Danke liebes Universum, du bist unglaublich. Gemeinsam piksen und desinfizieren wir, dann kommt ein Compeed-Pflaster drauf und die Beine werden dick mit Voltaren Schmerzgel eingerieben. Hospital de Órbigo macht dank der großartigen Elisabeth seinem Beinamen alle Ehre und eine bessere Chefarztbehandlung hätte ich mir nicht wünschen können. Ich lerne, dass meine Sehnen durch schiere Überlastung stark gereizt sind, dies aber keine echte Sehnenentzündung ist, auch wenn Pilger davon meist sprechen, wenn sie sich gegenseitig vorjammern, was man alles für Wehwehchen hat. Wie bei einer klassischen Tendinitis lautet aber auch in meinem Fall die Therapieempfehlung: Schonung. Nicht ganz einfach, wenn man noch ein paar hundert Kilometer vor sich hat. Zum ersten Mal überhaupt seit ich unterwegs bin, frage ich mich ernsthaft, ob ich es bis Santiago schaffe oder doch zu der Mehrzahl der Pilger gehören werden, die vorher abbrechen oder gesundheitsbedingt aufgeben muss.
Was musste ich es die letzten Tage auch so übertreiben. Auch heute waren es wieder 35 Kilometer, wovon knapp die Hälfte äußerst schmerzvolle Kilometer waren. Die Strecke war insgesamt – bis auf die wenigen schönen Kilometer in der afrikanischen Hochebene – gelinde gesagt sowohl eine optische wie auch nervliche Zumutung. Meine Cordula hatte es ja angekündigt: „Nervenstärke ist gefragt". Aber könnte ich die Etappe erneut gehen, würde ich den größtenteils tristen Weg aus León hinaus mitsamt der Landstraße ab Chozas de Abajo bis Villar de Mazarife auf einen Tag und das endlose Stück an den Strommasten entlang auf die Etappe am Folgetag verteilen. Alle drei Abschnitte an einem Tag sind, bzw. waren einfach zu viel „des Guten".
Richtig gut ist dafür das gemeinsame Abendessen mit frisch gebackenem Brot und verschiedenen Hummus-Dips, sommerlichem Salat, gebratenem Gemüse und Couscous – eine leckere und dazu gesunde Wohltat nach den

oft wenig abwechslungsreichen Pilgermenüs, die leider nur selten eine kulinarische Offenbarung waren. Hier in der grandiosen Albergue Verde gibt es zum Nachtisch sogar selbstgebackenen Karottenkuchen. Ein Tag, an dem es zwei Mal Kuchen gibt, kann eigentlich gar nicht so übel gewesen sein. Na ja, sagen wir, er geht zumindest versöhnlich zu Ende. Auf jeden Fall ist es die Bestätigung, dass meine Regel Nr. 5 eine goldene Regel ist: wenn in der Herberge frisch gekocht wird, dann schmeckt es einfach am besten.

Nach dem Abspülen sitzen wir noch länger zusammen und erzählen, Miño spielt Gitarre und der Abend ist – wie könnte es hier auch anders sein – friedvoll harmonisch.

Das eigentliche Highlight hält der Tag aber noch bereit: völlig unerwartet meldet sich Julie. Sie ist in León und konnte dort in einem Shop ihr Telefon reparieren lassen. In León! Ich hätte meine Stöcke verwettet, dass meine vor Energie sprühende Dänin schon weit vor mir auf dem Camino unterwegs ist. Nie hätte ich es für möglich gehalten, dass ich sie irgendwo zwischen Nájera und León überholt haben muss. Ich bin quasi an ihr vorbeigesprintet und ihr nun einen ganzen Tag voraus.

Einen Moment. Kopf und Bauch, eure zweite Chance naht. Ich bin also gerade mal einen Tag vor ihr. Hat mir meine persönliche, vom Universum geschickte Schmerzärztin nicht eindringlich zur Schonung geraten? Außerdem bin ich hier in einer wahren Oase mit herrlichem Garten gelandet. Die Albergue Verde ist eine private Herberge, was bedeutet, dass ich noch eine zweite Nacht bleiben könnte, ohne am frühen Morgen aus dem Paradies vertrieben zu werden. Außerdem könnte ich morgen früh an der Yoga-Stunde teilnehmen, was ich bislang noch nie gemacht habe. Von Hospital de Órbigo habe ich auch noch so gut wie nichts gesehen. Als wäre dies nicht genug, ist meine liebe Julie Veganerin und würde angesichts des tollen Essens garantiert ausflippen.

Mein Bauchgefühl muss bei dieser eindeutigen Sachlage gar nicht groß gegen meinen Kopf ankämpfen – die Entscheidung morgen einen Pausentag einzulegen ist eindeutig. Ein zweites Mal kämpfe ich heute nicht gegen meinen Bauch an.

Bevor ich es mir doch noch anders überlegen kann schreibe ich ihr zurück, dass ich hier in Hospital de Órbigo auf sie warten werde, und sie – sofern Sie die Distanz nicht abschreckt – doch die Albergue Verde ansteuern soll. Dass der Weg der blanke Horror ist, verschweige ich freundschaftlich wohlmeinend.

Das letzte was ich an diesem äußerst wechselhaften Tag lese, als der Blackberry erneut blinkt, ist: „Amazing!!! See you tomorrow!!! So happy ☺ Kiss Julie"

Tag 18: Hospital de Órbigo

Donnerstag, 23.5.2013

Man schläft gut im Paradies. Satte neun Stunden lang – an einen solch ausgiebigen und tiefen Schlaf kann ich mich seit ich auf dem Camino bin nicht erinnern. Ein ordentliches Bett ist schon eine feine Sache – Hape kann davon ein Lied mit vielen Strophen singen. Nicht minder ursächlich für den erholsamen Schlaf waren meine rücksichtsvollen Zimmergenossen, die beim Verlassen der Herberge zur Abwechslung ausgesprochen geräusch- und lichtarm vorgegangen sein müssen. Als ich um sage und schreibe 7:15 Uhr wach werden, ist die Hälfte der Betten bereits leer. Der friedvolle Geist dieser durch und durch grünen Herberge scheint die Pilger auch am Morgen noch geküsst zu haben. Wenn das hier so weitergeht, entdecke ich womöglich noch eine bislang verborgene esoterische Seite in mir.

Mein Plan für heute: Nichtstun. Also von medizinischem Fachpersonal verordnetes Nichtstun. Trotzdem bekomme ich beim Anblick meines in der Ecke stehenden Rucksacks Schuldgefühle. Es ist ein bisschen wie bei einem Hund, der schon voller Vorfreude an der Haustüre sitzt, mit dem Schwanz wedelt und dem man dann klarmachen muss, dass das Herrchen nicht daran denkt mit ihm vor dir Tür zu gehen. Der Blick kann herzzerreißend sein. Zwar zeigt sich mein Rucksack angesichts der Tatsache, dass er heute nicht durch Nordspanien getragen wird, eher gleichgültig bis desinteressiert, aber nach fast drei Wochen auf dem Camino ist es zumindest für mich nicht leicht, mein morgendliches Muster zu durchbrechen.

Stattdessen mache ich noch etwas zum ersten Mal – Yoga. Miño hat gestern alle Gäste eingeladen, doch um 8 Uhr zur Yogastunde zu kommen. Alle, die bislang noch nicht aufgebrochen sind, folgen seiner Einladung. Es gibt Klangschalen in allen denkbaren Größen, es wird reichlich geoooommmmmmt und zu sechst grüßen wir den Morgen, die Sonne; sind mal Tiger, mal Hund, mal Kobra. Da ich unfassbar ungelenkig bin, sehen die Tierfiguren bei mir eher aus wie das, was man gelegentlich

am Straßenrand einer vielbefahrenen Landstraße zu sehen bekommt.
Christian, du musst dich darauf einlassen. Nicht grinsen. Nicht kichern. Ernsthaft bleiben. Jede Übung soweit mitmachen, wie es die Dehnbarkeit halt zulässt und die innere Mitte finden. Eins mit dem Universum werden. Ooooommmm. Etwa nach der Hälfte der Stunde zeigen Räucherstäbchen, Klangschalen und mein redliches Bestreben mich auf das Konzept „Yoga" einzulassen eine erste Wirkung – ich empfinde eine beruhigende meditative Ruhe. Wie spannend! Hätte nicht gedacht, dass das überhaupt funktioniert.

Miño fordert uns dann auf, die Gedanken wandern zu lassen und eine Verbindung mit den Menschen herzustellen, die uns am Herzen liegen. Wohin ich meine Gedanken lenke, ist keine Frage. Und plötzlich sitze ich vor meinem inneren Auge zuhause mit meinen Eltern am Küchentisch. Es ist weniger real als in einem Traum, denn wir sprechen nicht. Vielmehr komme ich mir vor wie ein stummer Beobachter, der mal unbemerkt nach dem Rechten schaut. So verrückt das auch klingen mag, so realistisch und überhaupt nicht verrückt fühlt es sich in diesem Moment an. Es ist ein ähnlich intensiver Moment, wie damals in der Kirche, als ich meine Fürbitte auf den kleinen gelben Pfeilen geschrieben und neben das Kreuz gepinnt habe. Ein bewegender Camino-Moment, und ich hoffe sehr, dass die positiven Wellen, die ich verspürt habe auch daheim angekommen sind.

Am Ende der Stunde wünscht uns Meister Miño einen bewussten und erfüllenden „Camino of peace and life". Das muss ich mir unbedingt merken und viel stärker beherzigen, denn es beschreibt so unheimlich gut, was der Camino sein kann und sich so viele von ihm erhoffen: nämlich durch den Weg inneren Frieden zu finden und damit dem eigenen Leben eine neue Wendung geben zu können. Wer sich und sein Leben sortiert hat, kann glücklich werden und andere glücklich machen. Wer sich im besten Sinne des Wortes selbst liebt, sprich mit sich im Reinen ist, der kann auch andere lieben.

Die Stunde heute Morgen war eine innige und rundum positive Erfahrung, die ich sehr wahrscheinlich nicht wahrgenommen hätte, wenn meine Beine mich nicht zu dieser Pause gezwungen hätten. Einmal mehr steuert der Camino mich und nicht umgekehrt. Ich muss mich endlich von der

Vorstellung befreien, dass auf dem Camino etwas ohne Grund passiert. Der Gedanke, dass dieser Pausentag eine persönliche Niederlage darstellt, beschäftigt mich ab diesem Moment keine Sekunde länger.
Auch wenn ich an die Macht der Gedanken glaube, telefoniere ich nach dem Frühstück lange mit meinem Vater. Meine Mutter schläft nach seiner Auskunft gerade, da sie aktuell wohl ziemlich schwach sei und Kraft sammeln müsse. Hm. Ich hätte gerade nach dieser Erfahrung gerne mit ihr gesprochen, aber vielleicht träumt sie ja gerade, dass sie auf dem Camino ist und wir ein Stück zusammen gehen. Warum sollen unsere Antennen füreinander nicht in beide Richtungen funktionieren. Buen Camino, liebe Mama!

Um 10 Uhr habe ich alles erledigt was es im Rahmen des noch zulässigen Nichtstuns zu erledigen gab. Ich habe ausgiebig gefrühstückt, die Wäsche hängt auf der Leine und die Blase am Fuß ist versorgt. Also ab in die Hängematte und die Zeit bis die neuen Pilger eintreffen genießen. Mit Julie rechne ich nicht vor 14 Uhr.
Derweil also meine gesamten elektronischen Geräte an der Steckdose hängen, lade ich meine eigenen Akkus auf. Nichtstun kann großartig sein, wenn man es bewusst tut. Ich glaube, dann darf man es auch getrost „Entschleunigung" nennen. Klingt gleich viel besser.
Dazu fällt mir die Geschichte eines Reisenden ein, der nach seiner Ankunft am Flughafen erst einmal eine Weile sitzen blieb. Gefragt, warum er denn warten würde, wo er doch am Ziel sei, erwiderte er, dass seine Seele noch Zeit bräuchte um nachzukommen. So ähnlich fühle ich mich gerade auch. Ich möchte heute ganz unabhängig von meinen Beinen mit dem Kopf innehalten. Die letzten Tage bin ich meiner Seele davongerannt und hier in der Albergue Verde hat sie nun Zeit mich wieder ein Stück einzuholen. Der Camino ist ja ein bewusster Schritt zur Seite und gerade nicht geprägt vom Alltag, wo man ganz häufig fremdgesteuert und getrieben wird. Gerade hier ist es wichtig, seine Seele – oder wenn man es neutraler nennen mag, seine Mitte – im Blick zu behalten.
Die Zwangspause hat mich zudem gelehrt, stärker auf meinen Körper zu hören und diesen durch die Vorstellungen im Kopf und dort formulierten

Ansprüchen nicht zu überfordern. Schließlich kam die Blase ja auch nicht von den Schuhen, sondern wie auch die Reizung der Sehnen durch die extreme Belastung. Ich hatte also meine Balance nicht beachtet, sondern habe es schlicht und ergreifend übertrieben. Und da bekanntlich kein Lernprozess frei von Schmerz ist, schenkt mir das Universum hier im Garten in der Hängematte als weitere Erinnerung an mein bewusstes Seele-baumeln-lassen auch postwendend einen Sonnenbrand. Man hört wirklich niemals auf zu lernen.

Da ich gestern vor lauter Schmerzen keinerlei Muße hatte ausgiebig in meiner Cordula zu schmökern, gibt es hier heute gehörig Nachholbedarf. Ich erfahre zu meinem Etappenziel, dass es zunächst nur den Río Órbigo, dann die Brücke – die Puente de Órbigo – über besagten Fluss gab und später der *Souveräne Ritter- und Hospitalorden vom Heiligen Johannes zu Jerusalem* hier ein Hospital errichtet hat. Schon war aus dem Namen des Ordens und dem des Flusses der Name der Stadt geboren: Hospital de Órbigo. Da der Orden aber neben einem Hospital- auch ein bekennender Ritterorden war, passt es prima ins Bild, dass im Jahr 1434 der leonesische Ritter Suero de Quiñones meinte hier den südländischen Helden spielen zu müssen. Er forderte über mehrere Wochen lang alle ankommenden Ritter – und derer waren es viele, denn 1434 war ein Heiliges Jahr – zum Zweikampf mit der Lanze heraus. Natürlich konnte kein Edelmann ablehnen und so wurde auf der Brücke Duell für Duell ausgefochten. Die Legende besagt, dass der honorige Ritter an die 300 Lanzenkämpfe gefochten haben soll, jeden einzelnen davon gewonnen habe und „lediglich" ein Edelmann dabei zu Tode gekommen sei. Eine wahrlich märchenhafte Bilanz. Da jeder der Kämpfe nach zeitgenössischem Ehrenkodex ausgetragen wurde und es eine königliche Erlaubnis dafür gab, ging es um die Ehre und nicht das Leben. Nun, bis auf eine unglückliche Ausnahme. Nachdem der siegreiche Ritter nach eigenem Dafürhalten genug Lanzen gebrochen hatte, zog er gemeinsam mit dem Heer der Besiegten zum Grab des Apostels nach Santiago. Warum der stolze Ritter dies tat, ist nicht ganz unumstritten, aber es ging wohl wie so oft um eine unerwiderte Liebe und am Ende natürlich um die Ehre.

Dieser sogenannte *Passo honroso* machte Hospital de Órbigo vor knapp 600 Jahren berühmt und seit einigen Jahren lässt der kleine Ort diese Tradition in Form von farbenfrohen Ritterspielen wieder aufleben. Zwar bin ich für das Spektakel ein paar Tage zu früh, aber die Buden und Tribünen sind vor der imposanten mittelalterlichen Brücke bereits aufgebaut. Beim Passo honroso der Neuzeit soll bislang noch niemand zu Schaden gekommen sein und Pilger werden angeblich nicht zum Kampfe aufgefordert, sondern dürfen die Puente de Órbigo weiterhin ganz ohne Gesichtsverlust überqueren.

Und zack, eingeschlafen. Vermutlich zu viel historische Fakten. Müde bin ich gar nicht, aber die Ruhe des Gartens – wer kennt das nicht. Jetzt ein Gin Tonic und die Welt wäre perfekt. Da dafür jedoch keine einzige Zutat – vermutlich mit Ausnahme von Zitronen – verfügbar ist, gestaltet sich die weitere Perfektionierung der Welt selbst hier im Paradies schwierig. Dafür betritt Julie die Bühne der Albergue Verde und schon ist die Welt sehr in Ordnung. Wie fallen uns um den Hals als hätten wir uns seit Jahren nicht gesehen. Na ja, immerhin haben wir seit Nájera erfolgreich die Meseta bewältigt, sind wir immer noch im Rennen – wenn auch körperlich angeschlagen – und hatte zumindest ich fast schon die Hoffnung aufgegeben, dass wir uns noch mal auf dem Camino treffen würden. Wie erwartet, ist Julie von der Herberge begeistert und schon sind die Qualen der zurückliegenden Tagesetappe vergessen. Leider plagt auch sie die Sehne, und ich befürchte, dass ihr ähnlich schnelles Lauftempo auch hier der Auslöser war. Es scheint, als wären 30 Kilometer im eingelaufenen Zustand gerade noch ok, aber ginge jeder Kilometer darüber an die Substanz. Mehrere Tage hintereinander über 35 oder gar 40 Kilometer ist eindeutig zu viel für den Körper.
Ein paar Kilometer traue ich mir heute aber doch zu. Also ab in die Stadt, um das Wiedersehen zu feiern und die Sehenswürdigkeiten zu erkunden. Die Puente de Órbigo ist gar nicht weit von der Herberge entfernt, aber da meine Albergue Verde zuvor schon auf dem Weg liegt, kam ich gestern nicht daran vorbei.
Um die Brücke in Gänze zu erfassen bräuchte man ein ordentliches

Weitwinkelobjektiv. Es gibt garantiert zahlreiche Bildbänder über die diversen historischen Brücken des Camino Francés, aber jedes Kompendium, das diese Brücke nicht auf dem Cover hat, kann getrost zur Seite gelegt werden. Auf über 300 Meter Länge winden sich die 20 Bögen – aber gerade mal durch schlappe drei der Bögen fließt der gemächliche Fluss dahin. Damit sind strenggenommen 17 Bögen überflüssig, aber so hat es halt für den Titel „Längste Brücke des Camino Francés" gereicht. Ich frage mich aber dennoch, welcher Weissager hier den Klimawandel derart fehlgedeutet hat. Würde der Wasserspiegel nämliche so stark ansteigen, dass wirklich alle Bögen auf voller Breite die Brücke zu einer echten Brücke werden ließen, wäre die halbe Stadt längst abgesoffen. Zur Ehrenrettung der Erbauer halte ich es aber für nicht gänzlich ausgeschlossen, dass das Flussbett beim Bau vor 1000 Jahren noch weniger stark versandet, die Stadt noch überschaubarer und der Río Órbigo tatsächlich mal ein reißendes Hindernis für alle querenden Pilger war. Jedenfalls gibt die Puente eine famose Kulisse für die Ritterspiele ab. Vermutlich war dies ja damals schon der Zweck für die ganzen unnützen Bögen.

Unstreitig ist die Brücke damit das zentrale Bauwerk der Stadt – der Ort ist recht unspektakulär. Böse Zungen könnten behaupten, dass die Puente de Órbigo das einzige sehenswerte Bauwerk der Stadt ist.

Zufällig kommen wir aber an der Herberge *San Miguel* vorbei, die auf ihre eigene Art sehenswert ist, denn die Wände hängen voller Zeichnungen und Gemälde. In allen möglichen Ecken des Gebäudes haben sich hunderte Pilger – mit höchst unterschiedlichem Talent – verewigt, aber das Gesamtbild sieht super aus. Also eine weitere Herberge auf dem Camino, die sich einen ganz besonderen Stil gegeben hat und zum Bleiben einlädt. Auch wenn Hospital de Órbigo als Stadt nur die Brücke zu bieten hat – vom Herbergen-Business versteht man hier was. Ein weiteres Highlight unserer kleinen gehumpelten Tour durch das Städtchen ist der Besuch in der hiesigen Apotheke. Auf mindestens drei Meter Regalbreite gibt es alle möglichen Blasenpflaster verschiedenster Anbieter – die Nachfrage bestimmt eben das Angebot. Quält einem keine Blase, sondern schmerzen die Sehnen, so dreht sich die Apothekerin nach links und greift in einen

riesigen Stapel Sportgel. Hat man dagegen eher allgemeine Schmerzen oder kann man nicht genau sagen wo es zwickt, erfolgt die Drehung nach rechts, wo sich ein weiterer Stapel mit Ibuprofen-Tabletten auftürmt. Damit scheinen die Pilgerkunden bestens versorgt zu sein. Blasenpflaster, Schmerzgel zur äußeren Anwendung oder Universal-Schmerztabletten, fertig ist die Krankenakte eines typischen Jakobspilgers.
Versorgt mit je einer neuen Tube Voltaren-Gel forte tauschen wir uns bei Kaffee und später dem ein oder anderen Glas Tinto de Verano – natürlich zur rein medizinisch indizierten inneren Anwendung gegen die Schmerzen – über unser Camino-Leben der letzten Tage aus. Schneesturm, kurzzeitiger Frust und die Frage warum man sich das antut, die bauliche Schönheit von Burgos, die unendliche Weiten der Meseta, die majestätische Kathedrale von León und das tolle Licht in der Stadt, die erste Blase, Schmerzen in der Sehne am Schienbein, neu gewonnene und wieder verlorene Camino-Freunde, weil sie aufgeben mussten oder im Tempo zurückfielen, Completo-Schilder und dadurch unfreiwillige Verlängerungen, atemberaubende Sonnenaufgänge, „atemintensive" Schnarcher und vor allem die Resultate der „Me-Time" aufgrund der einsamen Strecken, um den eigenen Gedanken und mitgebrachten Fragen nachzuhängen. Überraschend häufig haben wir zu einer ähnlichen Zeit auch gleiche Situationen erlebt. Spannenderweise ist mir dies auch schon bei Hape aufgefallen. Immer wieder mal dachte ich „das kann doch jetzt nicht wahr sein, dass ihm gerade jetzt die Schmetterlinge auffallen oder er genau auf dieser Etappe auch das Gefühl hatte auf dem Camino angekommen zu sein". Meine anfangs geäußerte Vermutung, dass die Dramaturgie des Camino und somit auch die Erlebnisse für jeden zwar ähnlich, aber die daraus gezogenen Erkenntnisse in erster Linie von der eigenen Geschichte geprägt und dadurch doch ganz individuell sind, scheint sich zu bewahrheiten. Mit anderen Worten: Obwohl alle Pilger die gleiche Strecke laufen, erlebt doch jeder seinen ganz eigenen Camino.

Der Nachmittag rast einfach nur vorbei und wir sind zum Glück gerade noch rechtzeitig zum erneut köstlichen Abendessen zurück in der Herberge. Julie ist im siebten Himmel und wäre die für das leibliche Wohl der Gäste zuständige Gattin des Yoga-Meisters nicht mit Kochlöffel und Argusaugen zugegen, wäre sie Miño vermutlich um den Hals gefallen. Ich kann sie gut verstehen, dann als Veganerin muss Spanien die kulinarische Höchststrafe sein. Noch mehr Fleisch ist scheinbar der Beilagenersatz zur Hauptkomponente Fleisch, und die seltenen vegetarischen Gerichte haben nahezu immer Ei oder Käse mit dabei. Selbst ein „Bocadillo con tomate" besteht nicht etwa aus einem Baguette das dick mit Tomate belegt ist. Vielmehr bedeutet „con tomate", dass das Baguette mit dem Stück einer Tomate eingerieben wurde – auf das so bearbeitete Backwerk kommt dann primär natürlich Schinken oder zur Not auch ein Stück Tortilla, also Kartoffel mit reichlich Ei, oder eben Käse. Alles andere kann sich der Nordspanier nicht im Entferntesten vorstellen und in der Konsequenz werden Veganer während des Camino mit jeder Etappe immer dünner und dünner bis sie schließlich in Santiago als Abbild eines Pilgerstabs ankommen. Oder aber sich zum temporären Not-Vegetarier „downgraden" wie Julie, die irgendwann nicht mehr konnte und in ihrer Verzweiflung ein mit Käse belegtes Bocadillo gegessen hat. Ich war dabei und kann bezeugen, dass beim ersten Biss in besagtes Käsebrot in ihrem Blick eindeutig pure Ekstase zu sehen war. Käse ist nun mal ein Geschenk des Himmels.

Erneut wird nach dem Abendessen zusammen gesungen und viel gelacht und wer Lust hat verabschiedet sich auf der Balustrade von der untergehenden Sonne. Das Ritual war mir gestern noch neu, aber heute fühle ich mich schon als alter Hase und erkläre Julie, warum die anderen wie hypnotisiert in die Sonne glotzen. Sobald die Kugel tief orange leuchtet und man diese dann mit aufgerissenen Augen möglichst ohne zu blinzeln fixiert, fängt die Sonne an zu flackern. Angeblich wird so das Energiezentrum hinter der Stirn aufgeladen. Ich denke in erster Linie darüber nach, was mein Augenarzt hierzu sagen würde, aber etwas Beruhigendes hat es durchaus. An die energetische Wirkungsweise glauben muss man allerdings schon. Nun ja. Dass ich mir eher über die gesundheitlichen Aspekte Gedanken mache, bedeutete wohl, dass meine esoterische Seite auch nach zwei Tagen Albergue Verde noch nicht ganz den Durchbruch geschafft hat. Hätte mich auch ein wenig gewundert – Yoga und Sonnenanbetung hin oder her.

Später im Bett gehe ich in Gedanken noch mal die Charaktere durch, die mir hier in der Albergue besonders aufgefallen sind. Schon verrückt, wer so alles auf dem Camino unterwegs ist und wie breit das Typen-Spektrum derer ist, die man mal mehr, mal weniger kennenlernt. Elisabeth, die Schmerzärztin, war nicht nur zur richtigen Zeit am richtigen Ort, sondern ist zudem auch wahnsinnig sympathisch gewesen. Ich würde mich freuen, wenn sich unser Weg erneut kreuzen würde. Dann gab es Jérôme, einen jungen Franzosen, der so unglaublich verloren und auf der Suche nach seinem Platz im Universum wirkte. Ich glaube, er stand noch eine volle Stunde nachdem die Sonne untergegangen war am Geländer und war in einer komplett anderen Welt. Tagsüber hatten wir uns im Garten lange über das Leben an sich unterhalten und jede noch so triviale Weisheit meinerseits hat er dabei wie ein Schwamm aufgesaugt. Für ihn ist der Camino vermutlich eine sehr lange Therapiesitzung – nur halt auf den eigenen Füßen und nicht auf der Couch eines entsprechend geschulten Profis. Ich drücke ihm die Daumen, dass er sich unterwegs noch finden wird. Lustig war er auf jeden Fall – „Camino de Shanti-ago", über diesen Spruch musste ich herzlich lachen und er passt so exzellent zu meiner aktuellen Herberge und seinen teils exzentrischen Bewohnern. Natürlich gab es auch den Typ „pensionierter Oberstudienrat mittleren Alters aus Herne-Eickel, der in seiner Midlife-Crisis Kamasutra für sich entdeckt hat, früher mal einen ökumenischen Bibelkreis geleitet hat und wo der Bart inzwischen länger als das lichte Haupthaar ist". Mein Exemplar hier in Hospital hieß auch noch Hubertus und mehr Klischee geht nun wirklich nicht. Oder Max aus Österreich, der mit seinen Piercings und Tattoos für einen Pilger ungewöhnlich wild und erfrischend durchgeknallt wirkte. An ihm hat mich seine spürbare Lebensfreude fasziniert, aber gleichzeitig irritiert, dass ihm nur das Extrem zu genügen scheint. Überall mit dabei, bloß nichts auslassen und das Leben in vollen Zügen leben – aber in fünf Jahren dann Familienvater mit Reihenhaus und Kombi in der Auffahrt.
Definitiv in einer komplett anderen Welt war Terra aus Indonesien. Sie

versteht sich als eine Art Neutrum, das im Einklang mit der Welt und dem ganzen Universum existiert. Alles passiert in ihrer Denke von fremder Hand gesteuert und daher wird Alles und Jeder in ihrem Umfeld auch bloß wahrgenommen und niemals bewertet. Nach ihrem Weltbild kann sie die Geschehnisse schließlich nicht beeinflussen. Bus verpasst? Egal. Fuß verstaucht? Eine Botschaft des Universums.

Wir führen eine durchaus interessante, wertschätzende, aber doch irgendwie absurde Diskussion, als ich ergründen will, wie man denn niemals auch nur den Versuch unternehmen kann, sein eigenes Leben aktiv in die Hand zu nehmen, Ziele zu haben oder etwas planvoll anzustreben – es fruchtet kein bisschen. Sie treibt einfach nur vor sich dahin und mir scheint, dass wir auf zwei komplett unterschiedlichen Planeten leben. Als ich sie fragte, ob es denn etwas Gutes sei, dass ich nach ihren Worten „funny" sei, weil meine Augen strahlen würden, wusste sie überhaupt nicht, was ich damit meine. Sie konnte mit den Kategorien Gut und Schlecht schlicht nichts anfangen. Die Augen funkeln. Punkt. Immerhin habe ich aus ihr herausbekommen, dass es bei ihr „Good Vibes" auslöst. In meiner Welt würde ich „gute Schwingungen" als Kompliment betrachten, was aber natürlich einer Wertung gleichkäme.

Ich bin fest davon überzeugt, dass man gewisse Einschläge im Leben nicht steuern oder vorhersehen kann – nehmen wir beispielsweise die Diagnose Krebs – und man damit dann entsprechend umgehen muss. Aber darauf zu warten, dass das Leben einfach nur „passiert"? Nein. Das ist mir zu passiv und erscheint mir auf eine zu bequeme Art verantwortungslos. Miño hingegen leuchtete Terras entrückte Sicht vollkommen ein. Ihm hat es auch einen riesen Spaß gemacht, zu beobachten, wie ein Kopfmensch auf einen solch bedingungslosen Herzmenschen wie Terra trifft. Wie hier zwei konträre Philosophien miteinander kollidieren. Ich glaube, über diese höchst unkonventionelle Weltsicht werde ich auf dem ein oder anderen Kilometer der nächsten Tage noch gut zu grübeln haben. Ich lerne hier wirklich viel fürs Leben und wo bitte hätte ich ansonsten in meinem Alltag mal solche Berührungspunkte gehabt? So viele Seelen auf der Suche nach dem eigenen Sinn des Lebens und nach Glück. Wie mich meine Mitpilger wohl einschätzen?

Für heute aber genug gegrübelt und mein Fundus an Erlebnissen ist in den letzten zwei Tagen, an denen ich Gast in der Albergue Verde sein durfte, gehörig bereichert worden. Morgen möchte ich mich dann wieder auf den Weg machen und sofern die Beine mitspielen bis Astorga laufen – endlich wieder zusammen mit Julie, die zwar ebenfalls angeschlagen ist, aber zum Glück ohne einen Pausentag auszukommen scheint.
Weiter geht's auf meinem „Camino of peace and life nach Shanti-ago".

Tag 19: Hospital de Órbigo – Astorga

Freitag, 24.5.2013

Direkt nach dem Aufwachen wird als erstes die Ferse in Augenschein genommen. Die Blase ist über Nacht deutlich zurückgegangen und sollte hoffentlich keine größeren Probleme mehr darstellen. Die Sehnen merke ich zwar noch und beide Knöchel wirken zudem dicker als normal, aber einen weiteren Pausentag brauche ich deswegen nicht – ich möchte weiter und kann auch weiter. Julie geht es zum Glück ganz ähnlich. Die Jakobsmuschel am Rucksack klimpert jedenfalls, als der Rucksack auf den Rücken gehievt wird. Ich deute dies als Zeichen der Zustimmung fürs Weitermarschieren. Überhaupt fühlt es sich richtig an, wieder das altbekannte Gewicht zu spüren und statt der Badelatschen wieder die Wanderstiefel an den Füßen zu haben. Ein Pilger gehört schlicht und ergreifend auf den Weg, denn der Weg – der Camino – ist das Ziel.

Heute also keine Yoga-Stunde, sondern ab durch die Hecke hinten raus direkt übers Feld auf den Camino. Miño hat uns gestern Abend nämlich schon den schöneren Weg raus aus Hospital de Órbigo erklärt. Es gibt am Ortsausgang mal wieder zwei Alternativen und die Carretera-Stecke an der N-120 entlang ist zwar die Original- aber nicht die Panoramaroute. Also lieber ein paar Meter mehr und auf den alternativen *Camino Señalizado*, der etwas nördlich der Straße über Villares de Órbigo nach Astorga führt.

Es ist eine schöne Abwechslung endlich wieder Gesellschaft zu haben und da wir es beide langsam angehen lassen, passt erneut unser Lauftempo zusammen. Erfreulicherweise bleibt es dadurch auch bei dieser Gesellschaft, denn meinem Schatten Thomas sind wir schon nach wenigen Metern viel zu langsam. Er war in Villares plötzlich aufgetaucht und hatte sich uns ungefragt angeschlossen. Da half auch kein noch so beherztes „¡Buen Camino!". Vielleicht war dies seine Rache, dass ich in Burgos nicht mit ins Taxi gestiegen bin und ihm die aus seiner Sicht gebührende Ehre erwiesen habe. Heute kommt er zwar etwas besser weg – der Camino scheint ihm gut zu tun – aber erneut passt es einfach nicht. Seine Versuche uns anzutreiben blitzen daher auch komplett ab. Immerhin scheint er seine Grenzen als selbsternannter Anführer und Motivator zu kennen und gibt relativ schnell auf. Bevor er aber weiterzieht, erzählt er noch, dass das Restaurant in Burgos doch unverschämterweise geschlossen und die Truppe am Ende doch wieder in der Innenstadt gelandet war. Meine Intuition hat mich also an dem Abend vor einem sinnlosen Herumgegurke bewahrt. Braves Bauchgefühl.

Die heutige Strecke ist relativ leicht, was auch ganz gut ist, denn die Sehne pocht und schmerzt mit jedem zurückgelegten Kilometer einen Deut stärker. Viel trinken soll helfen, aber es tut trotzdem einfach verdammt weh. Die Stiefel während einer Pause auszuziehen traue ich mich gar nicht, denn am Ende könnte es sein, dass ich die dick geschwollenen Knöchel dann gar nicht mehr vernünftig zurück in den Schuh bekomme. Aber mit jedem noch so kleinen Schritt kommen wir zwei Invaliden Astorga näher und zu wissen, dass es heute nur bescheidene 17 Kilometer sind – also quasi ein halber Wandertag – macht es halbwegs erträglich.
Außerdem ist das Wetter fantastisch und so kommt auch die Sonnencreme mehrmals zum Einsatz. Diese Lehre habe ich nach dem gestrigen Sonnenbad schnell verinnerlicht.
Und der Camino hat auch heute mal wieder eine Skurrilität zu bieten: die *Casa de los Dioses*. Direkt am Weg haust seit drei Jahren David und teilt alles, was er bieten kann, mit den vorbeikommenden Pilgern. Als Seelenverwandter von Terra sieht er sich als Teil des Universums, aber da er nur ein Individuum ist, muss er teilen, um sich zu vernetzen – so seine Logik. Also schafft er eine Verbindung mit den vorbeispazierenden Pilger-Individuen, indem er Obst, Getränke, die Möglichkeit zur Rast, einem Fußbad oder einer Massage anbietet. Es gibt dazu als bleibende Verbindung einen hübschen Stempel in den Pilgerpass und von den erhaltenen Spenden besorgt er die neuen Gaben, die er an die nächsten Pilger verteilt. So schließt sich im Haus der Herzen der Kreis und nebenbei ernährt es ihn auch – zumindest ja schon seit drei Jahren.
Was mich aber gerade angesichts seiner einfachen Lebensweise hochgradig irritiert, ist, dass jemand, der in einem Verschlag im spanischen

Nirgendwo haust, so heftig frisiert und geradezu bizarr gestylt ist. Er ist zurechtgemacht, als hätte er gleich einen Auftritt als Background-Sänger im Musikantenstadl. Schräger Vogel dieser David, aber was wundern mich solche Begegnungen überhaupt noch. Hier lebt einfach nur ein Aussteiger, der viel Liebe zu geben hat und offensichtlich seinen Spaß daran hat sich schriller zu schminken als so manche Transe in der Kölner Bahnhofsgegend. Jedem sein Camino. Terra hätte es sicher noch eine Spur neutraler beschrieben, aber ich finde das schon ziemlich wertfrei. Was mich hingegen nicht im Geringsten wundert, ist der Anblick von Max, dem leicht irren Österreicher aus der Albergue Verde, den ich im Hintergrund der Casa de los Dioses herumspringen sehe. Das passt nun wirklich wie Arsch auf Eimer.

Die letzten Meter rein nach Astorga bereiten Julie deutlich mehr Probleme als mir und ich mache mir ein wenig Sorgen, ob das morgen mit ihr auf dem Weg in die Montes de León gutgehen wird. Aber eine geruhsame Nacht kann ja manchmal Wunder bewirken. Und et kütt wie et kütt – da würden mir Terra, David und mit Sicherheit auch Neu-New Ager Max sofort zustimmen.

Schon weit aus der Ferne sieht man die stolzen Türme der Catedral de Santa María von Astorga. Kathedralen gibt es auf dem Camino ja bekanntlich wie Sand am Meer und auch wenn mein heutiges Etappenziel gerade mal 11.500 Einwohner hat, so ist das Bistum Astorga doch eine der größten Diözesen in ganz Spanien. Da geht eine Kathedrale dann schon in Ordnung. Die Bedeutung von Astorga kommt nicht von ungefähr, denn es scheint sich in der Stadtgeschichte ausgezahlt zu haben, dass sich genau hier der Camino Francés und die ebenfalls sehr bedeutende Handels- und Pilgerroute, die *Vía de la Plata* aus Sevilla kommend, kreuzen. Heutzutage kommen über die zentralspanischen Hochebenen zwar weniger Waren aus der Hafenstadt Sevilla, aber dafür doch so mancher Pilger, der sich für diese alte römische Vía als Alternative zum Camino Francés entschieden hat. Es wird also noch mal ein wenig voller werden auf meinem Camino.

Hinter dem Wegkreuz Cruz de Santo Toribio geht es quasi auf der Zielgeraden noch ein unangenehm zu laufendes Stück hinunter in die

Ebene von Astorga – wobei Ebene relativ ist, denn Astorga liegt auf rund 870 Meter Höhe und nennenswerte Höhenunterschiede gab es auf der Etappe so gut wie keine. Unangenehm ist der letzte Abschnitt vor Astorga aber deshalb, weil der Weg bei leichtem Gefälle und auf hartem Untergrund ordentlich auf die Knie geht. Sämtliche Pilger die ich vor und hinter mir sehe, laufen daher auch wie ich neben der aufwendig mit Steinen gepflasterten Straße im Gras, um zumindest etwas Dämpfung für die Beine zu bekommen. Aber so haben wenigstens die Tagespilger einen schmucken Untergrund, wenn sie mit dem Bus zum steinernen Kreuz des vor langer Zeit aus der Stadt getriebenen Bischofs Toribio gefahren werden. Unten angekommen, geht es dann noch durch San Justo de la Vega und erst nach einer weiteren Stunde sehen wir die Türme aus der Nähe.

Astorga mag zwar klein sein, aber es beeindruckt sofort, sobald man die Calle Puerta Sol erklommen hat. Aufgeräumt, weite Plätze, Skulpturen, Ausgrabungen, duftende Schokoladenmanufakturen und direkt am Anfang der historischen Innenstadt die erste Wahl der vielen verfügbaren Herbergen. Die *Asociacion de Amigos del Camino de Santiago Astorga* betreibt in einem prächtigen ehemaligen Konvent eine große Herberge – aktuell in chinesischer Hand, bzw. meine beiden Hospitaleras sind zumindest Chinesinnen, was deshalb leicht amüsant ist, weil beide kein Wort Spanisch sprechen. Was ihnen an Sprachkenntnissen fehlt, wird dafür mit Freundlichkeit wettgemacht. Und 5 Euro für ein Zimmer mit gerade mal vier Betten, einer herrlichen Aussichtsterrasse, top Lage, saubere Duschen und nebenan ein hübscher Park? Was will man – außer einem kühlen Bierchen – mehr!

Die 17 Kilometer waren heute das höchste der Gefühle und für Julie vielleicht sogar ein wenig zu viel des Guten. Nach den üblichen Aufgaben nach dem Ankommen, bleibt sie daher auch in der Herberge und kommt gar nicht mit in die Stadt.

Beim Bierchen auf der Plaza España leistet mir dafür überraschend Max Gesellschaft. Er hat, während ich meine zweite Nacht in der Albergue Verde geschlafen habe, die Nacht zusammen mit David in der Casa de los Dioses, die eigentlich gar keine Herberge ist, verbracht. Weitere Details

möchte ich gar nicht wissen. Aber er kann mich aufklären, warum David so aufgebrezelt war: gestern war ein amerikanisches Filmteam vor Ort, die eine Dokumentation zum Film *The Way* gedreht haben. Wie man es von Hollywood nicht anders erwarten kann, wurde David für das Publikum optisch brutalst hergerichtet und da es ihm gefiel, habe er darauf verzichtet wieder abgeschminkt zu werden. Der Grund für seinen schrägen Auftritt ist also vergleichsweise trivial aber taugt mir als Erklärung. Max wurde ebenfalls interviewt und hofft jetzt als Star entdeckt zu werden. Ich tippe, dass er bereits seine Filmkarriere plant und ein Stern auf dem Hollywood Boulevard in seinen Augen nur noch eine Frage der Zeit ist. Durch den Jakobsweg auf den berühmten Walk of Fame – nun ja, zumindest mit Sternen, bzw. gleich einem ganzen Sternenfeld hat Santiago de Compostela ja schon im Namen zu tun.
Meine Entdeckung ist dagegen nicht Max, sondern der aberwitzige Bischofspalast, der *Palacio Episcopal*. Ende des 19. Jahrhunderts von Antonio Gaudí geplant, hat hier nach seiner Fertigstellung zwar nie ein Bischof gewohnt, aber als Heimat des Museo de los Caminos hat das Bauwerk eine äußerst vernünftige Verwendung gefunden. Vielleicht könnte man dies ja beispielhaft auch mal nach Limburg durchgeben.
Jede Beschreibung des Gebäudes wäre weniger treffend als die Worte, die Hape für Gaudís neugotischen Bau gefunden hat, der darin eine Mischung aus Neuschwanstein und Dracula-Schloss sah. Man merkt, dass er zwei Tage hier in Astorga war und damit hinreichend Zeit hatte, die Stadt zur optimalen Wortfindung auf sich wirken zu lassen.
Wie bei der *Sagrada Família* in Barcelona gibt es auch bei diesem Bischofspalast nicht wirklich eine Vorder- oder Rückseite – jede Seite des Gebäudes ist anders, sehenswert und verrückt zugleich. Der Kontrast zur wuchtigen rötlichen Kathedrale im Hintergrund macht den Anblick noch intensiver. Sprich, einen schöneren Platz zum Tagebuchschreiben hätte ich mir heute nicht wählen können. Ich sitze direkt vor diesem irren Spukschloss auf der alten Stadtmauer, der Himmel ist strahlend blau und es ist sogar so warm, dass ich mir die Hosenbeine so weit es geht hochgekrempelt habe. Mal wieder einer von diesen Urlaubsmomenten auf dem Camino. Und einen hübschen Gaudí-Stempel in den Pilgerausweis

gibt es im Shop des Palacio sogar auch noch. Grund zu feiern.
Geteilte Freuden sind doppelte Freuden und so besorge ich ein paar *Hojaldrados* – Blätterteiggebäck, für das Astorga berühmt ist – und schnappe mir Julie für ein süßes Picknick auf der Dachterrasse der Herberge. Geteilte Hojaldrados sind erfreulicherweise auch geteilte Kalorien, denn die kleinen Teilchen haben es in sich. Aber wer achtet nach kilometerlangen Märschen schon ernsthaft auf Kalorien, zumal es sich hier laut Cordula um die kulinarische Spezialität der Stadt handelt – neben den Schokoladentafeln mit ganzen Mandeln, den Angélicas. Den Seeaal in Knoblauch lasse ich mit leichtem Schaudern mal unter den imaginären Esstisch fallen.
Ich hatte ja schon ein wenig die Sorge, dass die nächste Herberge nach der Albergue Verde nur verlieren könnte. Diese Herberge hier ist vom Stil völlig anders, eher klassisch und das Hotel Gaudí von Hape ist es auch nicht, aber nicht weniger ist sie ein Glücksfall und darf sich völlig zurecht mit allen drei Muscheln schmücken. Neben der guten Lage und der entspannten Atmosphäre ist sie nämlich eine ganz formidable Begegnungsstätte. Carol und Paul aus England sind auch hier, zusammen mit Marte, der netten Lettin, der ich schon seit Roncesvalles mehr oder weniger hinterherlaufe. Außerdem der dauerbloggende Ami, mit dem ich noch kein einziges Wort gewechselt habe und darauf auch keinen gesteigerten Wert lege. Nur Annie, die Ironwoman aus Amsterdam, ist der eingeschworenen Gruppe inzwischen davongezogen. Scheinbar hat sie ihre erste Blase in Boadilla del Camino nach fast 2.000 Kilometer Camino nicht bremsen können. Ich freue mich riesig für sie, dass es so gut vorangeht und sie damit bald schon ihre Kinder wiedersehen wird. Kurzum, hier auf der Dachterrasse kann man sich rundum wohlfühlen und die freie Sicht in Richtung Südosten ist so schön, dass wir beschließen am Abend zusammen zu kochen und hier bei Sonnenuntergang zu tafeln.
Eine Überraschung hat Julie noch für mich, denn während ich in der Stadt war, hat sie im Park nebenan Jérôme getroffen. Er wollte heute Morgen noch zur Yoga-Stunde und ist daher erst nach uns aufgebrochen. Unterwegs haben wir ihn zwar nicht mehr gesehen, aber richtig vermutet, dass er die Route an der Straße genommen hat. Heute Nachmittag stand

er dann plötzlich vor ihr. Als wäre dies nicht schon Zufall genug, scheint er geahnt zu haben, dass ich nicht dabei sein würde, denn er hatte eine fertig geschriebene Karte an mich dabei und diese Julie mitgegeben. Ich bin gerührt und nach der Lektüre seiner Worte ergriffen. Es scheint, als hätten unsere Gespräche im Garten der Albergue Verde bei ihm einen bleibenden Eindruck hinterlassen. Er mag vielleicht auf der Suche nach sich selbst sein, aber ganz so schlecht im Finden Anderer ist er schon mal nicht.

Ihre zweite Überraschung ist weniger erfreulich, denn Julie hat die letzten Stunden auch dazu genutzt, sich über die nächsten Schritte Gedanken zu machen und die werden sie morgen nicht in die Berge von León führen. Ich hatte das zwar schon befürchtet, aber erst durch die ausgesprochene Wahrheit stirbt nun mal das zarte Pflänzchen Hoffnung. Umso wichtiger also, dass wir den heutigen Abend zu unserem Abend machen. Und genau das tun wir auch. Es gibt eine riesige Pfanne voll mit Gemüse, Tofu und Nudeln, dazu billigen aber guten Rotwein und weil am Ende so viel übrigbleibt – vom Essen, nicht vom Rotwein – verteilen wir die Reste an die anderen Gäste. Die Reaktionen in den Gesichtern, wenn man wildfremden Menschen einen Teller mit duftendem Essen unter die Nase hält, ist jedes Mal ein Traum. Leichter Unglaube weicht schnell purer Freude und von Herzen kommender Dankbarkeit. Offenbar können Pilger jederzeit jedwede Menge an Nahrung vertilgen und natürlich ist am Ende alles restlos aufgefuttert. Dabei haben wir nicht nur für gutes Wanderwetter gesorgt, sondern auch in Rekordzeit neue Freunde gefunden. Geben ist bekanntlich seliger als Nehmen und es bietet einen denkbar leichten Aufhänger, um miteinander ins Gespräch zu kommen. Andere glücklich machen kann so einfach sein und macht am Ende selbst glücklich.

Das Ergebnis ist ein geselliger und kurzweiliger Abend auf der Dachterrasse der *Albergue Sievas de María* in Astorga – ein Abend der in bester Erinnerung bleiben wird. Fast hätte ich dabei vergessen, dass sich morgen früh schon zum zweiten Male unsere Wege trennen werden.

Tag 20: Astorga – Foncebadón

Samstag, 25.5.2013

Erste, wenn auch nicht erstmalige Erkenntnis direkt nach dem Aufwachen: man trinkt recht viel auf diesem Camino. Hätten wir zwei Hübschen noch eine dritte Flasche Rotwein gehabt, wäre diese auf der Dachterrasse sicher auch noch geleert worden. Mit einer Flasche pro Person halten sich die Kopfschmerzen halbwegs in Grenzen – der Camino sorgt wahrlich dafür, dass man diesbezüglich im Training bleibt.

Auf die heutige Etappe freue ich mich sehr, denn auch wenn in den letzten Wochen immer wieder mal Hochebenen und kleinere Berge zu bezwingen waren, wird der Camino ab Astorga wieder deutlich dreidimensionaler. Seit Pamplona, sprich schon mehr als zwei Wochen lang, ging es primär durch Gegenden, die von Landwirtschaft geprägt waren – Wein oder Getreide soweit man schauen konnte. Heute stehen endlich wieder ausgewachsene Berge auf dem Programm. Die Montes de León führen mich auf über 1.400 hoffentlich schneefreie Meter über Null und noch viel wichtiger: dahinter kommt bis Santiago nur noch saftig grünes, wenn auch zerklüftetes, aber damit auch landschaftlich reizvolles Terrain. Der Preis für die Erlösung von den endlosen, flachen Durststrecken werden die nun kommenden Auf- und Abstiege sein. Ein Preis, den ich ohne mit der Wimper zu zucken zu zahlen bereit bin, denn in meinen Augen bieten die abseitigen Etappen das intensivste Camino-Erlebnis. Wäre darüber hinaus noch weniger Betrieb auf der Wegstrecke, würde ich liebend gern noch einen Schnaps drauflegen.

Julie bleibt wie angekündigt in Astorga und so übe ich mich in wertfreier Hinnahme. Das Universum wird sich schon etwas dabei gedacht haben und alleine pilgern liegt mir ja. Zumindest rede ich mir das ein. Dieser kleine Selbstbetrug funktioniert an sich auch ganz gut, gelingt aber heute überhaupt nicht. In Köln heiraten nämlich in ein paar Stunden gute Freunde von mir und natürlich wäre ich da gerne dabei gewesen. Ich bin zudem der Einzige, der abgesagt hat – was ich mir garantiert noch jahrelang werde anhören dürfen, schließlich habe ich damit die perfekte Teilnahmequote von 100 Prozent versaut. Mea culpa. Aber ich musste ja unbedingt „dann auch mal weg sein". Tja, stattdessen bin ich also an diesem wolkenlosen Samstagmorgen bereits vor 6:30 Uhr auf den Beinen. Damit ich die Hochzeit auch ja nicht vergesse, laufe ich schon nach wenigen Metern prompt am Haus zweier Frischvermählter vorbei. Die Haustür von „Fátima y José" ist bis zur Hälfte mit Heu zugeschüttet und um den Eingang ist ein Blumenband angebracht. Auf der Straße stehen mit Kreide die Namen des Paares und das Datum. Außerdem hat Amor daneben ein Herz mit seinem Pfeil durchbohrt. Danke liebes Universum, ich habe ja verstanden und werde meine Gedanken heute sehr bewusst nach Köln lenken. Meine Glückwünsche natürlich auch für Fátima und José.

Bis es in die Berge geht, muss man noch quer durch Astorga, was aber selbst von meinem Startpunkt im Osten der Stadt kein Problem darstellt – Astorga ist absolut überschaubar. Sobald man die kleine Kapelle *Ecce Homo*, in der eine nette ältere Dame bereitwillig den Ausweis stempelt und Auskunft zur Geschichte der fast 600 Jahre alten Ermita gibt, hinter sich gelassen hat, geht es noch über eine Autobahn, dann kurz an einer erträglichen, weil ruhigen Landstraße entlang und ab Murias de Rechivaldo hat man nur noch die majestätischen Montes de León vor sich. Die meisten Gipfel sind sogar noch schneebedeckt und ich frage mich, was mich diesbezüglich heute wohl noch alles erwarten wird, denn mein angepeiltes Tagesziel Foncebadón liegt auf über 1.400 Meter. In Sachen Aufstieg relativiert sich die Höhe ein wenig, denn Astorga selbst liegt ja schon auf knapp 900 Meter über Null. Der Netto-Aufstieg ist also gar nicht so wild und kein Vergleich zum erklommenen Col de Lepoeder in den Pyrenäen, der die gleiche Höhe hat.
Entlang der langsam aber stetig ansteigenden Strecke reihen sich laut Cordula mehrere winzige Ortschaften in recht regelmäßigen Abständen, die für Pausen ideal sind. Der erste Ort liegt nur fünf Kilometer hinter Astorga und hier beginnt dann auch der sanfte Anstieg. Gut vier weitere Kilometer sind es dann ab Murias de Rechivaldo bis Santa Catalina de

Somoza, weitere vier Kilometer bis El Ganso, gefolgt von einem etwas längeren Stück von rund sieben Kilometer bis Rabanal del Camino. Der letzte Abschnitt bis Foncebadón beträgt dann noch mal gute fünf Kilometer. Insgesamt also knapp 26 Kilometer und damit mehr als ausreichend angesichts der noch nicht vollständig verheilten Blase und der vorsorglich dick mit Voltaren Forte eingecremten Schienbeine.

Trotz der Zipperlein geht es gut voran, und ich lasse die Gedanken tatsächlich nach Köln zur Hochzeitsfeier schweifen – wo und wie haben wir uns damals kennengelernt, was haben wir schon alles zusammen erlebt, welche Feste haben wir zusammen gefeiert. Solche Sachen eben. Die ganzen Erinnerungen sorgen für ein beschwingtes Tempo und sind dabei so intensiv, wie es eben nur der Camino fernab des Alltags möglich macht. Vielleicht bin ich auf diese Weise sogar intensiver bei den beiden, als wenn ich physisch und nicht nur in meinen Gedanken mit dabei wäre.

Richtig schön ist auch die bisherige Tagesetappe. Extrem schön sogar. Über mir kreist ein Adler, überall wächst wilder Ginster, der gelb blüht, und wenn mich nicht alles täuscht, müsste das Lilafarbene dazwischen Heidekraut oder ein spanisches Pendant dazu sein. Oder auch etwas komplett Anderes. Jedenfalls blüht es sehr hübsch und rund um mich herum leuchten die Hänge gelb und lila.

Es lohnt sich auch sich immer wieder mal umzudrehen und zurück zu schauen, denn mit jedem Meter den ich an Höhe gewinne, wird der Blick spektakulärer. Von hier oben zahlen sich die ganzen leidlich flachen Etappen der letzten Tage nochmals aus – soweit das Auge reicht, erstreckt sich unter mir die Ebene von León.

Eine nennenswerte Zäsur auf dem heutigen Anstieg stellt Rabanal del Camino dar, denn einerseits geht es hinter dem Örtchen spürbar steiler bergan als bislang und darüber hinaus ist der Ort ein echtes Pilgerjuwel. Das kleine Bergdorf auf 1.151 Metern Höhe wirkt auf mich wie ein Museumsdorf. Es gibt kaum erkennbare Wohnhäuser, aber dafür jede Menge Herbergen, Kirchen und Bars. Für einen Ort mit sage und schreibe 65 Einwohnern finde ich das ziemlich bemerkenswert.

Cordula hat natürlich eine Erklärung parat, warum Rabanal dergestalt heraussticht: zu den Zeiten, als die Überquerung der Berge von León noch

ein riskantes Abenteuer war, stellte der kleine Ort die letzte sichere Station auf der Ostseite der Berge dar. Die Tempelritter von Ponferrada hatten es sich daher zur Aufgabe gemacht die Pilger sicher über die gefährlichen Bergetappen zu bringen, und da auch edle Tempelritter es gerne bequem mögen, wurde der Ort immer weiter ausgebaut.
Heute ist die Strecke zwischen Rabanal und Ponferrada ohne Probleme in zwei Tagen zu meistern, aber vor ein paar hundert Jahren wird das noch ein gutes Stück länger gedauert haben. Ich bin mir auch ziemlich sicher, dass trotz der Hilfe der Tempelritter nicht jeder auf der anderen Seite der Berge angekommen sein wird. Wölfe und Banditen machten damals den Pilgern so kurz vor ihrem Ziel das Leben noch einmal zur Hölle. Selbst als Hape hier 2001 unterwegs war, gab es noch eindringliche Warnungen vor den wilden Hunden von Foncebadón, die angeblich gerne mal im Rudel angreifen würden. Erneut kommt mir mein Pilgerweg im Vergleich zu Hape's Camino vor 12 Jahren trivial und verglichen mit den Zuständen im Mittelalter wie der reinste All-inclusive-Urlaub vor. Wilde Hunde scheinen heutzutage absolut keine Bedrohung mehr zu sein, denn ansonsten hätte mir Cordula garantiert eine entsprechende Warnung mit auf den Weg gegeben. Hat sie aber nicht, und damit besteht auch keinerlei Gefahr. Auf Cordula ist schließlich stets Verlass.
Mitten in Rabanal treffe ich Carol und ihren redseligen Mann Paul wieder. Die beiden wollen in der englischen Herberge des Ortes einen Tee trinken und da schließe ich mich doch gerne an. Ich kenne mich. Wenn ich unterzuckert bin, dann ordne ich alles dem Ziel „Blutzuckerspiegel wieder in Ordnung bringen" unter. Ähnlich verhält es sich scheinbar mit Engländern, die fernab ihrer Heimat die Aussicht auf eine von Landsleuten fachmännisch zubereitete Tasse Tee haben. Paul pflügt auf der Suche nach der *Albergue Gaucelmo* wie von Sinnen durch die Gassen. Das Strahlen in seinem Gesicht, beim Anblick der gesuchten Herberge, hält genau bis zu dem Moment, in dem er ungebremst mit der verschlossenen Tür kollidiert. Nicht, dass ihn dieser kleine Rückschlag von seiner Mission „Tee Time" abbringen würde. Als hätte er bereits den vertrauten Duft von frisch aufgebrühtem Earl Grey gewittert, wird die Tür so lange mit den Fäusten malträtiert, bis ein verstört dreinschauender Vertreter der zuständigen

Saint-James-Bruderschaft erscheint, ihm aber sehr bestimmt zu verstehen gibt, dass hier bis 14 Uhr definitiv kein Tee zu bekommen ist. Aktuell ist es kurz vor 11 Uhr und Paul ist „not amused". Als sich dann zu allem Elend auch noch herausstellt, dass der renitente James-Bruder gar kein Engländer, sondern Amerikaner ist, verlieren meine beiden britischen Freunde schlagartig das Interesse an ihrer Tasse Tee. Richtigen Tee können schließlich nur waschechte Briten zubereiten. Immerhin bekommen wir einen Stempel in den Pass und das scheint zumindest Carol ein wenig zu versöhnen. Ihre Stempelsammlung umfasst bereits fünf aneinandergeklebte Pässe und ist dick wie ein Telefonbuch.
Der Ersatz für den verweigerten Tee fällt dann überraschend teutonisch aus, denn Paul verkündet in einem Ton der keinerlei Diskussion zulässt: „Now we should all have a beer". Für ein Feierabendbierchen ist es mangels Feierabend noch etwas früh – mein Feierabendgrund liegt noch gut sieben Kilometer und rund 300 Höhenmeter entfernt weiter den Berg hoch. Überhaupt ist es strenggenommen noch viel zu früh am Tag für Alkohol, aber Paul besteht darauf. Was soll man machen, wenn das Universum es so bestimmt hat. Heute ist schließlich der Tag des duldsamen Hinnehmens, und so sage ich artig „Thanks" als wir noch vor Mittag darauf anstoßen, dass es uns doch eigentlich verdammt gut geht.

So hübsch und verwunschen Rabanal del Camino mit seinen einladenden Herbergen auch sein mag, so sehr reizt mich Foncebadón als Tagesziel. Alleine der Namen klingt wie spanische Musik in meinen Ohren. Vom Namensgeber der genannten englischen Herberge bereits im 12. Jahrhundert gegründet, war von dem Ort bis noch vor wenigen Jahren nicht viel mehr als bloße Ruinen übrig. Es gab weder Strom noch fließend Wasser und auch keine Herbergen. Auch zu Beginn des 21. Jahrhunderts mussten Pilger daher – wie vor der Zeit, bis der mutige Eremit Gaucelmo den Ort errichtet hat – in einem Rutsch über den Berg Puerto de Foncebadón und weiter bis zur Siedlung El Acebo marschieren. Für die Passüberquerung waren die Pilger wohl gut beraten, keine Lebensmittel mit sich zu führen, denn ansonsten wären die wilden und chronisch ausgehungerten Hunde zu sehr in Versuchung geführt worden ein

Pilgermenü der ganz buchstäblichen Sorte zu vertilgen. Hape hat Foncebadón im Jahr 2001 trotz der geltenden Warnungen passiert und zu seiner eigenen Überraschung ohne einen einzigen Kratzer oder Biss überlebt. Zwar hat er keine Herberge entdeckt, aber dafür erste Zeichen einer zurückkehrenden Zivilisation. Anstatt nämlich von wilden Bestien angefallen zu werden, wurde ihm und seiner englischen Freundin Anne ein mittelalterliches Mahl im Paleo-Stil angeboten. Schon damals schlossen sich also ganz allmählich die Versorgungslücken auf dem Camino. In den Jahren danach wurden dann offenbar weitere Ruinen mit einem Dach versehen und irgendwann gab es sogar den Luxus von fließendem Wasser und – man höre und staune – Strom. Nun, bei den ganzen Hochspannungsleitungen, die hier kreuz und quer über die Berge gezogen sind, wäre es auch verwunderlich, wenn eine solch historisch bedeutende Station auf dem Jakobsweg noch nicht wieder vollends erschlossen wäre. Der zunehmende Strom an Pilgern sorgte also dafür, dass die von Gaucelmo begonnene Tradition auflebte und Pilger heute in Foncebadón wieder Zuflucht finden können.

Noch heute sieht man aber an allen Ecken, dass der Ort bis vor gar nicht allzu langer Zeit noch eine verwaiste Geisterstadt war. Von den meisten Behausungen entlang der Calle Real sind lediglich Mauerreste übrig und auch die funktionsfähigen Häuser sind erkennbar mit allen möglichen Baumaterialien, die in den Ruinen zu finden waren, behelfsmäßig zusammengezimmert. Irgendwie aber ganz charmant diese improvisierte und sehr alternative Atmosphäre hier. Autofrei ist Foncebadón auch, denn die Landstraße führt in einem weiten Bogen um die neue alte Siedlung herum.

Die wenigen Herbergen in Foncebadón operieren passend zum Erscheinungsbild auf Spendenbasis und Cordula weist darauf hin, dass es in manchen nachts „kühl sein kann". Was als Code nichts Anderes bedeutet, als dass es sich um ein spartanisches Gemäuer ohne Heizung und vernünftige Fenster handelt – San Juan de Ortega lässt grüßen. Meine *Albergue Monte Irago* hingegen muss sich im Vergleich mit so manch etablierter Herberge auf dem Camino nicht verstecken. Ein Matratzenlager auf dem Dachboden hatte ich bislang zwar noch nicht, aber dafür scheint es eine Heizung zu geben. Das Panoramadachfenster direkt über meiner Matratze und damit den Blick in die Sterne gibt es gratis dazu. Ich bin in Foncebadón de Compostela gelandet.

Die Herberge bietet außerdem eine Art Wellness-Bereich. Also ohne Saunen oder Pools, aber dafür bieten zwei Hipster-Hippies, die in einem der Schrottpresse entkommenen Minibus im Garten wohnen, für 10 Euro Reiki-Massagen an. Das Einzige was ich über Reiki weiß, ist, dass es etwas mit Lebensenergie, Handauflegung und ganz viel dran-glauben-müssen zu tun hat. Mit anderen Worten: medizinisch gesehen ist es kompletter Kokolores, aber vielleicht taugt es ja für Pilger, die am Ende ihrer Kräfte sind und nach der Reiki-Behandlung daran glauben, dass ihre Energiezentren wieder aufgeladen sind. Jedem sein Camino. Wäre Reiki dagegen ein nachgewiesenes Heilmittel gegen stechende Schmerzen in den Beinen wäre ich heute ihr Kunde.

Etwas seriöser erscheint mir dagegen das kulinarische Angebot meiner Herbergseltern, die ihren Gästen allabendlich frische Paella kredenzen. Viele Alternativen habe ich ohnehin nicht, daher melde ich mich dafür schon mal an. Genau genommen gibt es hier oben am Berg nur noch eine einzige weitere Option, denn in der *Taberna de Gaia*, die Hape noch als sehr urzeitlich erlebt hat, wird bis heute gebrutzelt – wenngleich inzwischen über einem Herd und nicht mehr über einer offenen Feuerstelle.

Kurzum, meine Erwartungen, die ich an mein heutiges außergewöhnliches Etappenziel hatte, werden mehr als erfüllt. Trotz der sehr einfachen Bedingungen fehlt es mir bei gemäßigten Ansprüchen an nichts. Meine Herberge – scheinbar der Platzhirsch hier im Dorf – verfügt sogar über einen kleinen Laden, in dem man sich mit Proviant für den nächsten Tag eindecken kann. Alles, was nicht verkauft wird und von der Haltbarkeit her verzehrt werden muss, wird vermutlich am Abend zu einer täglich neu komponierten „Paella de la casa" verarbeitet. Ich habe schon schlechtere Paella gegessen.

Vor allem aber ist der Ausblick in die Ebene atemberaubend. Vollkommen unentgeltlich und ganz ohne Hokuspokus kann man hier ganz einfach seine Energiezentren aufladen. Zwar stören ein wenig die vielen Stromtrassen zu beiden Seiten des Ortes, aber ich könnte dennoch stundenlang hier sitzen und Blick wie auch Gedanken schweifen lassen.

Außer, dass ich das nicht stundenlang tue. Denn Foncebadón bietet noch einen unschlagbaren logistischen Vorteil: das berühmte *Cruz de Ferro* steht nämlich nur etwas mehr als einen Kilometer von Foncebadón entfernt. Hinter dem „Eisenkreuz" verbirgt sich eine höchst symbolträchtige Wegmarke, die jeder Pilger spätestens mit dem Abarbeiten seiner Packliste kennenlernt. Warum? Nun, das kleine eiserne Kreuz schmückt die Spitze eines rund fünf Meter hohen Holzpfahls, der wiederum aus einem riesigen Steinhaufen ragt. Die Steine stammen von Generation von Pilgern, die diese von zuhause mitgebracht und somit den gesamten Camino schon mit sich herumgetragen haben. Der Stein steht dabei für eine Last, die einem auf der Seele liegt, und die nun befreiend am Cruz de Ferro abgelegt wird. Meine physische Last wiegt zwar nur 38 Gramm, fühlt sich aber wie ein Wackerstein an. Ich habe nämlich zwei Steine dabei. Den Einen habe ich mir im Garten meiner Eltern für mich selbst ausgesucht und den Anderen hat mir meine Mutter mitgegeben. Bei meiner Verabschiedung war dies ein hoch emotionaler Moment zwischen uns, denn ihr Stein hat mir damals das erste Mal so richtig bewusstgemacht, dass ich den Weg auch für sie gehen würde. Wenn alles gut geht, würde sie irgendwann selbst einen Stein ablegen können, aber hier und jetzt gehe ich den Weg eben für uns beide. Hätte ich unsere Pilgerreise vor dem Cruz de Ferro aus welchen Gründen auch immer abbrechen müssen, wäre es vermutlich extrem bitter gewesen ihr den Stein wieder unverrichteter Dinge zurückgeben zu müssen. Indem ich nun ihre Last ablegen kann, fällt mir also selbst eine Last ab. Darüber hinaus kann ich nur erahnen, welche Bedeutung der Stein erst für sie selbst haben muss und spüre die Bedeutung des symbolischen Ablegens auch mittelbar.

Cordula zitiert in der entsprechenden Infobox ein Gebet, das Pilger schon seit vielen hundert Jahren sprechen, wenn sie diesem alten Ritual nachkommen. Es lautet wie folgt:

„Herr, möge dieser Stein, Symbol für mein Bemühen auf meiner Pilgerschaft, den ich zu Füßen des Kreuzes des Erlösers niederlege, dereinst, wenn über die Taten meines Lebens gerichtet wird, die Waagschale zugunsten meiner guten Taten senken. So möge es sein."

Da die Pilgerreise ja bekanntlich zuhause beginnt und unter „Bemühen" so ziemlich alles frei hineininterpretiert werden kann, kann ich den schwülstigen Worten durchaus folgen. Für Marianne bedeutet ihr Bemühen der Kampf gegen die Krebserkrankung und ich kann nur hoffen, dass die befreiende Wirkung zuhause bei ihr zu spüren ist. Es handelt sich wie mit den Gebeinen des Apostels oder selbst den Steinmännchen auch hier in erster Linie um ein weiteres Symbol des Camino, aber es kann Kraft geben und vielleicht reicht dieser Impuls ja aus, damit eben besagte Waagschale kippt und der Krankheitsverlauf doch noch eine gute Wendung nimmt. Auch wenn unsere Antennen zueinander meist ganz gut funktionieren, so erscheint mir das Cruz de Ferro wie eine Art Sendemast, um mit denen in Kontakt zu treten, die einen Bezug zum abgelegten Stein haben. Die telefonische Nachricht, dass der Stein es auf den Steinhaufen geschafft hat, schickte ich aber dennoch hinterher und es ist ein freudiges und emotionales Telefonat. Sicher ist sicher. Ein bislang schon schöner Tag, wird dadurch zu einem ganz besonderen Tag.

Ich glaube, es gibt keinen Pilger, den die Ankunft an diesem Punkt des Jakobsweges unberührt lässt. Daher muss ich die Umstände vor Ort am Kreuz etwas näher schildern. Es ist nämlich gar nicht so einfach, diesen bedeutenden Moment mit der nötigen inneren Einkehr erleben und angemessen zelebrieren zu können.
Als ich am Cruz de Ferro ankomme, stehen auf dem riesigen Parkplatz drei Reisebusse. Der Parkplatz selbst liegt nur einen buchstäblichen Steinwurf vom Kreuz entfernt. Die Fahrer unterhalten sich lautstark und die Fahrgäste des einen Busses tummeln sich gerade am Fuße des Kreuzes. Es werden Fotos gemacht, Steine abgelegt und eine kleine Gruppe älterer Damen trällert ein Lied, das sich nach „Halleluja" von Taizé anhört. Die Herrschaften sind dem Akzent nach zu urteilen aus dem tiefsten Bayern.

Die Passagiere des zweiten Busses sind noch etwa 300 Meter vom Ziel entfernt und schlendern gemütlich den Hügel empor. Die Damen und Herren aus Bus Nummer 3 befinden sich noch etwas weiter unten am Hang des Monte Irago.
Von Foncebadón kommend, konnte ich diesen „Tanz der Tagespilger am Vulkan" schon aus der Ferne beobachten. Es funktioniert folgendermaßen: etwa einen Kilometer vor dem Kreuz steigen die Ausflügler aus dem Bus und „pilgern" dann auf einem parallel zur Straße verlaufenden Pfad zum höchsten Punkt des gesamten Camino Francés – dem besagten Cruz de Ferro. Die Busse fahren derweil zum Parkplatz vor und warten dort. Wenn alle mitgebrachten oder noch schnell auf dem kurzen Weg eingesammelten Steine abgelegt und alle Lieder gesungen sind, geht es wieder in den Bus und weiter zum nächsten Ziel. Wie viele Busse heute an diesem sonnigen Wochenendtag schon hier waren, will ich gar nicht so genau wissen. Jedenfalls sind die drei Gruppen, die ich noch mitbekomme, die letzten mobilisierten Gäste für heute.
Da sitze ich also mit hunderten von Camino-Kilometern in den Knochen am Rande dieses Schauspiels und weiß einfach nicht, wie ich die dargebotene Inszenierung mit Kruzifix, Steinhaufen, Bussen, Tagespilgern und meinen zur Ablage bereiten Steinen finden soll. In mir tobt ein regelrechter Kampf der Emotionen. Eine Stimmung ist Verärgerung. Eine ziemlich vorherrschende Stimmungslage sogar. Was machen die bitte alle hier? Ich habe mir dieses Erfolgserlebnis entbehrungsreich erlaufen und mich seit Tagen darauf gefreut diesen mir so wichtigen Moment bewusst und feierlich zu begehen. Die beiden mitgebrachten Steine einfach mal so mir nichts dir nichts zwischen zwei Busladungen von Touristen abwerfen – undenkbar. Daher warte ich auch neben der kleinen Santiago-Kapelle und übe mich in stoischer Gelassenheit. Als ich da so sitze und ausharre, macht sich neben der Verärgerung ein gerüttelt Maß Enttäuschung darüber breit, dass mir dieser einmalige Moment in gewisser Weise genommen wurde. Ich hatte mir das Ablegen der Steine am Cruz de Ferro in allen Belangen anders vorgestellt. Nun kann Enttäuschung dadurch entstehen, dass einem das Leben einen Strich durch die Rechnung macht – nicht alles ist planbar. Enttäuschung kann aber auch daher rühren, dass man im Vorfeld

fehlerhafte Erwartungen hatte oder die Sachlage schlicht falsch eingeschätzt hat. Als ich mir die Situation am Kreuz ausgemalt habe, spielten die Tagespilger keine Rolle. Ich hatte sie in meine erwartete Wirklichkeit nicht einkalkuliert. Die drei Busse sagen mir aber sehr deutlich, dass die Realität eine andere als in meiner Vorstellung ist. Wäre ich also auch enttäuscht gewesen, denn ich davon gewusst hätte? Es lohnt sich wohl den Faktor „Tagespilger" näher zu überdenken. Zeit habe ich ja und hier neben der kleinen Kapelle habe ich einen guten Platz, um die Steinhaufenbesetzer zu studieren.
Zum einen gibt es die Gruppe der Touristen, die etwas teilnahmslos dabeistehen, Punkt für Punkt ihrer „Auf den Spuren von Santiago in 10 Tagen"-Pauschaltour abhaken, nicht selten gegen ihren Willen mitgeschleift wurden und damit rein des lieben Ehefriedens wegen dabei sind. In Gedanken sind die schon längst beim Abendessen. Das komplette Gegenteil stellt der Mitschleifer selbst dar, der die historischen Orte voller Andacht und Inbrunst in sich aufsaugt und die Tour akribisch verfolgt. Sie oder er versteht sich als ernsthafter Pilger, der hier nicht zum Spaß unterwegs ist. Man erkennt den ernsthaften Tagespilger meist an einer um den Hals getragenen Jakobsmuschel oder sonst einer gut sichtbaren Jakobs-Devotionalie.
Beide Archetypen sind meist ein Stück jenseits der Lebensmitte, aber dennoch gibt es in jeder typischen Reisegruppe den ein oder anderen Zeitgenossen, der es nur mit größter Mühe schafft, überhaupt wieder zurück in den Bus zu steigen. Zwar sind Pilgerschaft und körperliches Gebrechen kein Widerspruch – ganz im Gegenteil – aber als „pilgernde Pilger" mit 15 Kilo-Rucksack sehe ich diese Damen und Herren nun auch wieder nicht.
Und wer kann als Außenstehender darüber hinaus beurteilen, ob der abgelegte Stein nicht ebenfalls emotional aufgeladen ist und als Ballastabwurf verstanden wird. Die Symbolik ist schließlich für alle, die darin einen befreienden Akt sehen, gleich und ohne das Transportmittel Bus wäre es den Gebrechlichen nicht möglich gewesen, sich diese Stärkung zu verschaffen. Mein abwertendes Bild über die Tagespilger bröckelt bei diesen Gedanken zugegebenermaßen ein wenig.

In die Kategorie der ernsthaften Tagespilger fällt die bayerische Gruppe, die ich vorhin singen gehört habe. Da ich nicht unweit entfernt auf meiner Bank sitze, kann ich hören, dass es nun im gemeinsamen Gebet um eine jüngst verstorbene Freundin geht. Sie hätte heute eigentlich dabei sein sollen und für sie wird nun gebetet. In den Gesichtern sehe ich die ein oder andere Träne. Es ist ganz eindeutig, dass diese Frauen und Männer – Tagespilger hin oder her – gerade einen Moment tiefer Verbundenheit erleben. Sie umarmen sich und man sieht, dass sie sich gegenseitig Kraft geben und dankbar dafür sind. Dieser Moment gerade unterhalb des Cruz de Ferro ist für jeden einzelnen also kein bisschen weniger wichtig, als mein Moment, den ich mir nur etwas anders – privater – ausgemalt habe. Jedem sein Camino. Dieser Spruch ist so abgenutzt, wie er aber auch wahr ist. Gerade jetzt in diesem Moment.

Meine Verärgerung ist inzwischen nahezu verflogen. Vielmehr komme ich mir reichlich egoistisch vor, dass ich das Cruz de Ferro für mich alleine beansprucht habe und dabei verkannt habe, dass ein jeder hier etwas mit seinem Stein verbindet und für sein weiteres Leben mitnimmt. Vielleicht einzig mit Ausnahme der Gruppe der widerwilligen Mitläufer, die sich für den Seelenfrieden aller Beteiligten besser das Originalkreuz in Astorga im Gaudí-Bischofspalast angeschaut hätten.

Die salomonische Lösung sieht so aus, dass sich Tagespilger und Rucksackpilger den Ort teilen und dieser somit den verschiedenen Erwartungen gerecht werden kann. In meinem Fall ist das ganz einfach. Ich muss einfach nur warten, bis die Busse wieder von dannen gezogen sind.

Wäre ich ein bisschen später von Foncebadón aufgebrochen, hätte ich mich vielleicht über den großen Parkplatz gewundert, aber von den Bussen gar nichts mitbekommen. Wie der Name schon sagt: tagsüber sind die Tagespilger dran und zu den Randzeiten am frühen Morgen und Abend eben die Fußpilger.

Unproblematisch sollte dies für alle Pilger mit Station in Foncebadón sein, die am Morgen nach dem Aufwachen hier vorbeikommen. Ich kann mir nun wirklich nicht vorstellen, dass schon vor 7 Uhr hier Busse anfahren und Tagespilger ausspucken. Überschneiden könnte es sich allerdings für Pilger aus Rabanal del Camino mit Ziel El Acebo, die nicht ganz so früh loskommen. Hape ist grundsätzlich solch ein Kandidat, aber offenbar hatte der Pilgertourismus zu seiner Zeit noch deutlich geringere Ausmaße. Anstatt auf Busladungen deutscher Katholiken zu treffen, musste er sich mit Anne das eiserne Kruzifix lediglich mit einem verdutzten Ehepaar aus Mettmann teilen.

Das Warten hat sich gelohnt, denn sobald die Busse weg sind, ist die Atmosphäre hier oben auf dem Steinhaufen des Cruz de Ferro einmalig. Vor mir liegen tausende Stein gewordene Geschichten, die über so viele Jahre zusammengetragen wurden und doch lässt sich das wahre Gewicht der ganzen Schicksale weder messen noch in Tonnen angeben. Ich bekomme also doch noch den Moment, den ich mir gewünscht habe und verbringe insgesamt bestimmt zwei Stunden hier oben am Cruz.

Die Rückkehr verzögert sich auch, weil plötzlich Jérôme auftaucht. Er habe in seinem Innersten gewusst, dass wir uns hier wiedertreffen würden. Verrückt. Aber er sagt dies derart überzeugend, dass ich geneigt bin ihm zu glauben. Ich glaube inzwischen ohnehin viel mehr Dinge, die ich rational nicht nachvollziehen kann. Der Camino verändert mich.

Da Jérôme aber nun mal Jérôme ist und natürlich vergessen hat einen Stein von zuhause mitzubringen, sucht er sich am Hang erstmal einen aus. Welche Seelenlast er seinem Stein übertragen hat, verrät er mir nicht und ich frage ihn selbstverständlich auch nicht danach. Der Stein ist allerdings von beachtlichem Gewicht.

Die Magie dieses Ortes scheint neben Jérôme auch zahlreiche andere Pilger aus Foncebadón angezogen zu haben, denn auf dem Rückweg sehe ich viele bekannte und unbekannte Gesichter im Hang sitzen und gedankenversunken in die Ebene schauen.

Fast schon surreal schön steht dabei im Osten bereits der volle Mond über León und ist im Westen über dem Cruz de Ferro noch die untergehende Sonne zu sehen. Es scheint, als würde man von einem anderen Planeten hinab auf die Erde schauen. Magisch eben.

In gewisser Weise ist mit dem Ablegen der beiden Steine mein erstes offizielles Ziel der Pilgerreise erreicht. Mein Rucksack ist fortan ein kleines bisschen leichter, aber vor allem habe ich das ersehnte Erfolgserlebnis für meine Mutter und mich verbuchen dürfen. Als nächstes Ziel noch die Gebeine des Apostels in der Kathedrale von Santiago besuchen und dann zu guter Letzt am Kap von Finisterre im Meer baden, ein auf dem Camino getragenes Kleidungsstück verbrennen und anschließend den Sonnenuntergang anschauen – zum ersten Mal fühlt es sich nach der Zielgeraden meines Camino an.

Tag 21: Foncebadón – Ponferrada

Sonntag, 26.5.2013

Gestern ging es mit dem folgenden Kalkül ins Bett, bzw. auf meine Matratze: wenn gestern die Sonne im Westen hinter dem Cruz de Ferro untergegangen ist und ein riesiger Vollmond im Osten über León stand, dann müsste das am Morgen doch mehr oder weniger umgekehrt wieder der Fall sein. Also Wecker auf 5:45 Uhr und pünktlich zum Sonnenaufgang noch ein Stück weiter rauf auf den Berg. Foncebadón selbst liegt was die Sicht angeht schon nicht übel, aber ich möchte für diesen besonderen Moment komplett in der freien Natur sein. Bis zum Kreuz sind es ja nur ein paar hundert Meter. Als ich oben ankomme, ist von der Sonne zwar noch nichts zu sehen, aber der Mond steht noch voll und majestätisch über dem hölzernen Cruz.

Nur Minuten später, um Punkt 6:51 Uhr genau, betritt dann die Sonne die Bühne und schiebt sich als tiefroter Feuerball über eine entfernte Bergkette im Osten. Würde jetzt ein Raumschiff landen, müsste ich mich ernsthaft fragen, wer von uns der Außerirdische ist. Meine gestrige Einschätzung bestätigt sind: dieser Anblick wirkt nicht wie von dieser Welt. Und wenn mir das schon so vorkommt, wie muss dies dann erst auf die Pilger des Mittelalters gewirkt haben?

In meinem bisherigen Leben durfte ich dankenswerterweise schon so einige schöne Ecken der Welt bereisen und trotzdem zieht mich der Anblick komplett in den Bann. Für meine Pilgervorfahren, die vor ihrem Lebensabenteuer „Camino" meist nur ihr Heimatdorf und einen sehr begrenzten Radius darum herum gesehen hatten, wird die Schönheit der Natur einem unumstößlichen Beleg für die Allmacht Gottes gleichgekommen sein. Passte schließlich auch zu dem, was die Pfaffen nicht müde wurden zu predigen: preiset Gott, denn Er hat dies alles in nur wenigen Tagen erschaffen. Und lobpreisen konnte man mit Gebeten, aber auch nicht weniger gerne gesehen mit ganz irdischen Gütern wie beispielsweise Münzen aus Edelmetall. Ein Schelm, wer eine Kausalität zu den völlig überdimensionierten Altären aus Gold und überhaupt dem

aberwitzigen Prunk der hiesigen Gotteshäuser am Wegesrand vermutet.
Das morgendliche Schauspiel dauert etwa eine Viertelstunde an, dann ist aus den ersten goldenen Sonnenstrahlen bereits helles Tageslicht geworden und ist der Mond nur noch eine blasse Kugel am Himmel. Sei's drum. Wer auch immer hinter diesem Naturschauspiel steckt, hat Ruhm und Ehre und von mir aus auch den ein oder anderen Groschen der Pilger verdient. Apropos Groschen. Es sollte wirklich einen Bildband mit den schönsten Sonnenaufgängen des Camino Francés geben – das Buch wäre ein Bestseller. Tag 21 kann gerne so weitergehen.

Am Cruz den Ferro ist wie erwartet noch weit und breit kein Bus mit Tagespilgern zu sehen. Dafür waren aber andere Pilger ähnlich früh auf den Beinen und erledigen, was man hier halt so tut: Stein ablegen, Foto machen, innehalten. Wobei ich für mich jetzt ein Innehalten direkt nach Beginn meiner Tagesetappe überhaupt nicht passend fände. Die nötige Ruhe hätte ich gar nicht. Wie soll ich mir jetzt auch ein oder zwei ruhige Stunden gönnen, derweil die Wanderschuhe gerade mal seit wenigen Minuten an den Füßen sind? Nur schwer vorzustellen.
Vermutlich bleiben die Pilger, die hier am Morgen vorbeikommen auch nur kurz stehen. Ich schätze, dass die innere Unruhe auch sie direkt weitertreibt. Schade, denn nur mit der nötigen Muße wird dieser Ort auch seiner Bedeutung gerecht. Wer die Prozedur „Stein ablegen" innerhalb weniger Minuten im Vorbeimarsch erledigt, verpasst etwas. Die Entscheidung für Foncebadón als gestriges Tagesziel und zudem von dort am frühen Abend schon hochgelaufen zu sein, war also auch im Nachhinein goldrichtig. Ich würde es genau so wieder tun und kann es jedem nur eindringlich empfehlen.

Mein früher Start heute Morgen und der nur kurze Zwischenstopp am Kreuz hat einen weiteren Vorteil: ich bin von Anfang der Etappe an vor dem Hauptpulk der Pilger und das ist ganz wunderbar. Wer schon mal gepilgert ist, weiß was ich meine. Eine freie Strecke macht das Erlebnis nämlich so viel intensiver und es ist einfach etwas anderes, wenn permanent ein bunter Rucksack vor einem auftaucht der überholt werden

möchte. Hape hatte vor 12 Jahren noch deutlich weniger Pilger auf der Strecke und empfand selbst dies schon als viel zu überlaufen. Seitdem haben sich die Pilgerzahlen Jahr für Jahr erhöht und im Vergleich zu 2001 fast vervierfacht. Ich will gar nicht wissen, wie es 2010 – im letzten Heiligen Jahr während der Hauptsaison, also zwischen Juni und August – hier zugegangen sein muss, bzw. wie sich zum nächsten Heiligen Jahr im Jahr 2021 die Pilgermassen über den Camino Francés schieben werden.
Es ist nun mal wie es ist. Also gilt es, sich dieses pure Wandererlebnis durch eine wohlüberlegte Taktik bei der Tages- und Etappenplanung zu verschaffen. Den Camino zeichnet an sich ja aus, dass man so gut wie überhaupt gar nichts vorab planen muss, aber ein wenig Weitsicht schadet sicher nicht. Und „Weitsicht" klingt auch gleich viel Camino-esker als „Planung".
Apropos Planung. Heute steht mit gut 27 Kilometern eine nur mittellange, aber in Sachen Höhenunterschied extreme Etappe an. Es geht ab dem Cruz de Ferro beachtliche 1.150 Meter die Montes de León hinab und Abstiege sind erfahrungsgemäß deutlich heftiger als Aufstiege. Heftiger zwar nicht für die Kondition, die nach drei Wochen auf dem Camino so gut wie noch nie ist, aber eben für die Knie – speziell, wenn die dazugehörigen Beine schon von Beginn an schmerzen. Ein Schmerz, der im Laufe des Tages absehbar stärker werden wird. Keine ganz angenehmen Aussichten, um die wohl anspruchsvollste Bergstrecke des gesamten Camino zu meistern.
Wenn ich heute schon eine Herkulesaufgabe habe, dann möchte ich alle Fakten wissen. Also recherchiere ich vorwärts und rückwärts in meiner Cordula. Und voilà, auf dem Camino Francés ist der heutige Abstieg tatsächlich ein Höhenrekord, denn selbst die Strecke ab dem Lepoeder-Pass in den Pyrenäen bringt es nur auf rund 900 Meter Höhe. Vom Somport-Pass auf dem alternativen Camino Aragonés bringt es der dortige Abstieg auch „nur" auf knapp 1.000 Meter und der noch bevorstehende Alto do Polo hinter O Cebreiro wartet erneut mit 900 Höhenmetern auf. Ein Klacks also im Vergleich zu heute.

Hinter dem Cruz de Ferro geht es zunächst noch eine ganze Weile gemütlich neben der Straße entlang. Damit kann ich bestens leben, denn um diese Uhrzeit sind nahezu keine Autos unterwegs. Zwei Dinge fallen mir auf dieser kurvigen Passstraße aber auf:

1. Am Straßenrand befinden sich in regelmäßigen Abständen in den Boden gerammte Holzstangen, wie man sie aus Skigebieten kennt. Die Aufgabe, die sie erfüllen sollen ist identisch und wäre ich nur eine Woche früher hier vorbeigekommen, hätten diese bunt angemalten Stangen ihre Funktion, nämlich bei Schnee die Lage der Straße anzuzeigen, auch tatsächlich noch zu erfüllen gehabt. Vor gerade mal einer Woche lag hier oben noch dick Schnee. Ich muss mir immer wieder bewusstmachen, dass „Spanien" und „Schnee" sich selbst im Mai nicht ausschließen.

2. Es gibt hier auffallend viele Holzkreuze neben der Straße. Zwar sind die Zeiten vorbei, als in erster Linie die Alten und Kranken gepilgert sind, um eine wundersame Heilung zu erfahren. Nicht immer war dies erfolgreich und Kreuze am Wegesrand gehören daher fest zum täglichen Bild des Camino. Die ungewöhnlich hohe Dichte an Kreuzen hier oben muss dagegen etwas mit der Umgebung zu tun haben. Die Antwort ist einfach, wenn man sich vor Augen führt, wer hier stärker als sonst gefährdet ist und woran dies liegt. Die Straße hier oben gehört weniger den Rucksackpilgern, die auf gut geschützten Wegen daneben wandern, sondern in erster Linie den Bicigrinos – den Fahrradpilgern. Die Straße lädt regelrecht dazu ein „es mal ordentlich laufen zu lassen" und Strecke zu machen. Schließlich hat man sich mühevoll den Berg hochgequält, da dürfen die Beine auch mal pausieren. Die kurvige Passstraße ist aber ab dem höchsten Punkt am Cruz logischerweise abschüssig und so rauschen immer wieder Fahrradfahrer mit einer aberwitzigen Geschwindigkeit an mir vorbei. Die Schönheit der Natur ist in deren Fall auch noch Fluch und Segen zugleich, denn sie verleitet dazu, ständig in alle möglichen Richtungen zu schauen – und somit immer wieder mal den Blick von der Strecke vor einem zu nehmen. Mal bietet sich eine grandiose Fernsicht in die nächste Tiefebene, dann ist gegenüber am Hang alles gelb und lila von Büschen und Blumen gefleckt, weiter hinten sieht man noch Schnee auf den Gipfeln und überhaupt ist es halt einfach ein unglaublich schönes Fleckchen Erde das zum Träumen einlädt. Bis die Träumerei dann an

einem Baum oder auf dem Kühlergrill eines entgegenkommenden Autos ein jähes Ende findet. Kein Wunder also, dass sich hier leider die mitunter tödlichen Unfälle häufen – so sehr man auch mit Warnschildern zur Vorsicht mahnt.

Als ich nach etwa einer Stunde auf meinem Pfad neben der Straße – glücklicherweise ohne Ersthelfer spielen zu müssen – auf den verfallenen Weiler Manjárin zulaufe, läutet der diensthabende Hospitalero doch tatsächlich wie damals bei Hape die Glocke. Und zwar so, als wolle er seinen Kapitän vor einem Eisberg warnen. Mit der Glocke werden hier seit eh und je nahende Pilger ankündigt, bzw. soll diesen der Weg zum Refugio gewiesen werden. Nebel ist hier oben angeblich ein echtes Problem. Heute wäre die Glocke kaum nötig gewesen, denn weder möchte ich hier einkehren, noch hängt dichter Nebel in den Bergen.
Manjárin gilt ähnlich wie Foncebadón als Hippie-Paradies, da die hiesigen Ruinen gleichermaßen vor allem esoterische Aussteiger anziehen. Der Irre an der Glocke muss folglich ein höchst diensteifriger Hippie sein, der in meinen Augen überraschend früh schon auf den Beinen ist. Ein seltener Frühaufsteher-Hippie also.
Warum muss ich bei „Hippie“ im Zusammenhang mit „exzentrisch“ und „irre“ bloß an Max aus der Albergue Verde denken? Hätte ich um ein Pilgermenü gewettet, dass ich nämlich genau den, der ja schon Gefallen an der höchst sonderlichen Casa de los Dioses kurz vor Astorga gefunden hatte, hier antreffe – mein Abendessen wäre heute umsonst gewesen. Max strahlt über beide Backen und läutet als er mich erkennt noch mal stärker. Hier ist er also gelandet, nachdem sich in Astorga unsere Wege getrennt haben. Was wundere ich mich auch überhaupt noch über irgend etwas hier auf dem Camino. Natürlich ist Max hier – es passt einfach zu gut. Fehlt jetzt eigentlich nur noch mein drollig verlorener Jérôme, wie er im Ornat der Tempelritter die Pilger bewirtet. Nicht, dass ich überrascht gewesen wäre, aber vermutlich wäre dies dann doch etwas zu viel des Guten gewesen. Aber auch ohne den schrägen Franzosen ist die Herberge von Manjárin wie Cordula schreibt wahrlich „sehr speziell“. Worte also, die Selbsterfahrungspilger wie Max und Jérôme magisch anziehen. Einer hat

den Weg hierher ja schon gefunden. Jérôme müsste vermutlich noch ein Stück hinter mir auf dem Weg sein, aber wird der Versuchung hier zu verweilen, sicher ebenfalls nicht widerstehen könne. Darauf wette ich jetzt aber.

Für Fußpilger wie mich, ist ab Manjárin der Weg runter nach El Acebo zwar weniger gefährlich als für die Radfahrer, aber die „teils sehr steilen und steinigen Pfade" haben es dennoch in sich. Cordula übertreibt mal wieder kein bisschen, denn wenn der Abstieg über ausgewaschene schmale Pfade führt, muss man ganz genau schauen, wohin man den nächsten Schritt setzt. Teilweise ist der Weg ein einziges Meer an Steinen und ähnelt eher einem Flussbett mit ordentlich Gefälle. Ohne meine Stöcke wäre ich hier verloren. Wie eine vierbeinige Spinne bewege ich mich Stück für Stück den Berg hinunter zu meinem nächsten Zwischenziel El Acebo.
Von diesem kleinen Örtchen war Hape so angetan, dass er direkt zwei Nächte geblieben ist. Der Ort mit seinen gerade mal 35 Einwohnern ist ohne Frage idyllisch, aber 35 Einwohner passen nun mal in eine buchstäbliche Handvoll Häuser, und so ist El Acebo auch eine ziemlich winzige Idylle. Zu winzig nach meinem Geschmack und es ist ohnehin noch viel zu früh am Tag, um hier schon Feierabend zu machen. Im Geiste murmle ich ein „¡Ultreya!" und behalte weiter Ponferrada als Tagesziel im Blick.
Meine Beine würden sich zwar über eine längere Pause freuen, aber irgendwie zieht mich Santiago de Compostela von Tag zu Tag stärker an. Ich nähere mich jetzt schon der 200 Kilometer-Marke und je nachdem wie die Beine mitspielen, könnte ich in einer Woche mein Ziel erreichen – was ein Sonntag wäre. Und an einem Sonntag in Santiago anzukommen wäre bestimmt großartig. Ich vermute nämlich, dass dann eine derartig katholische Stadt noch einmal eine Spur festlicher wirkt. Mal schauen, ob es klappt.

Vielleicht würde ich es so kurz vor dem Ziel gemächlicher angehen lassen, wenn ich auf jemanden warten würde. Mit Julie stehe ich zwar in Kontakt,

aber leider kann sie trotz ihres Pausentages in Astorga derzeit nur kurze Strecken gehen und fällt dadurch immer weiter zurück. Bin gespannt, ob wir uns doch noch mal sehen werden. Sollte bei mir nichts mehr schiefgehen, werde ich wohl ohne Julie in Santiago einlaufen müssen. Hape hingegen scheint sich überhaupt nicht mehr vorstellen zu können alleine zu pilgern. Er hat mit Anne und Sheelagh seine Pilgerfamilie gefunden und die Drei passen aufeinander auf, machen sich immer wieder Mut und sind bedingungslos füreinander da. Zugegeben bin ich schon ein bisschen neidisch auf ihn, dass er solche Seelenverwandte gefunden hat. Sollte ich das Universum vielleicht darum bitten, dass ich auf den letzten Metern noch eine ähnliche Bekanntschaft mache? Nun ja, für ihn ist das hier und jetzt offenbar genau die richtige Art seinen Camino zu einem guten Ende zu bringen. Es ist seine Art den Camino zu gehen. Ich ticke halt anders. Mir macht es Spaß, immer wieder neue Leute kennenzulernen und nicht direkt als Gruppe aufzutauchen. Wer auf dem Camino in Gesellschaft ist, wird seltener angesprochen. Und dass ich gerne alleine pilgere, hat mich ja spätestens die Zeit in der Meseta gelehrt. Jedem sein Camino.
Ob diese Einstellung möglicherweise etwas mit meiner Trennung vor wenigen Monaten zu tun hat? Man sagt doch, dass man sich nach langjährigen Beziehungen nicht direkt wieder vertieft auf Andere einlassen kann und es Zeit braucht, bis man sich wieder öffnet. Es könnte sich lohnen, da mal ein paar Schritte lang drüber nachzudenken. Muße und Thema passen gerade zusammen. Die heutige Etappe mit dem Abstieg aus den Montes de León wird also zum Trennungs-Reflexions-Tag – eins der großen Themen, die ich mir mit auf den Camino genommen hatte. Spannend, dass es ganze drei Wochen gedauert hat, bis die Zeit dafür reif war, um diese Frage erstmals richtig anzupacken.

Trotz der willkommenen inneren Einkehr ist es doch auch schön, wenn man regelmäßig bekannte Gesichter sieht und so durch die Gegenwart aus seinen Gedanken gerissen wird und in eben diese wieder zurückgeholt wird. Voilà, am Ortseingang von El Acebo sitzen zu meiner Überraschung Carol und Paul. Die beiden Hardcore-Pilger sind doch allen Ernstes vor 5

Uhr in Rabanal del Camino aufgebrochen und haben mich so trotz meines frühen Starts überholt. Meine Chance, mich für das Bierchen von gestern zu revanchieren, und die beiden zu einer Runde Café con Leche einzuladen, ist gekommen. Nach bislang immerhin schon rund 500 Metern den Berg runter können die Beine zumindest eine kleine Pause ganz gut vertragen – sagt mir nicht nur mein Bauchgefühl.

Gemeinsam geht es danach über Riego de Ambrós die nächsten 600 Höhenmeter runter bis nach Molinaseca. Geteiltes Leid ist zugleich halbes Leid, denn Carol plagen ähnliche Schmerzen in den Beinen wie mich. Überhaupt gibt es an diesem Punkt des Camino wohl kaum noch Pilger, die ohne irgendwelche Beeinträchtigungen unterwegs sind. Überall wird gehumpelt und geächzt. Alle leicht angeschossen, aber noch im Spiel. Immerhin.

Dass Schmerzen nicht schön, aber doch relativ sind, sehen wir am Ortsausgang von El Acebo. Hier hat ein deutscher Fahrradpilger traurige Berühmtheit erlangt, der an dieser Stelle vor einigen Jahren tödlich verunglückt ist. Ein stilisiertes Fahrrad erinnert an seinen Unfall und damit stellvertretend an die trügerischen Gefahren dieser an sich so reizvollen Bergetappe. Schmerzende Beine wären dem Unglücksraben garantiert lieber als ein eigenes Denkmal gewesen.

Ab der Skulptur geht es noch für zwei weitere lange Stunden den Berg hinunter. Vor lauter Zähne zusammenbeißen unterhalten wir uns dabei nur wenig. Die Münder stehen uns allerdings weit offen, als an einem besonders steilen und ausgewaschenen Abschnitt ein Fahrradfahrer entgegenkommt. Er fährt nicht nur in die falsche Richtung bergauf, sondern auch noch abseits der Straße auf dem mit Steinen übersäten schmalen Pfad für die Rucksackpilger. Jedem wie gesagt sein Camino, aber ganz bei Sinnen ist dieser Bicigrino sicher nicht.

Mehr Zeit zum Quatschen bleibt dann in Molinaseca, einem hübschen Ort mit allem was das Pilgerherz höherschlagen lässt: einer uralten Steinbrücke, die über den malerischen Río Meruelo führt, einer sehenswerten romanischen Kirche, die ich aber nur kurz von außen besehe und einer geradezu mustergültigen Calle Real mit windschiefen aber einladenden historischen Häusern. Praktischerweise befinden sich in den

meisten dieser Häuser Restaurants oder Shops, so dass man sich hier mit allem versorgen kann, wonach es einem nach dem zehrenden Abstieg aus den Montes de León kulinarisch gelüstet. Ein riesiges Eis als Belohnung ist jetzt auf jeden Fall fällig.
Molinaseca ist außerdem der perfekte Stopp für eine frühe, aber mit Blick auf die Regeneration dringend benötigte Mittagspause. Wie erzähle ich meinem Körper nun, dass er noch nicht am Ziel ist, sondern die Pause nur ein leidlich kurzer Zwischenstopp war? Am liebsten würde ich einfach sitzen bleiben und die Beine in den Fluss hängen. Der heutige Rekordabstieg wäre geschafft, aber bis zum Etappenziel Ponferrada sind es noch zwei Stunden. Positiv denken und weiter geht's. Im Vergleich zu der bereits bewältigten Strecke wird das doch ein Kinderspiel sein. Es geht von nun an nämlich einfach nur an einer Straße entlang. Nicht spektakulär und auch landschaftlich alles andere als hübsch, aber so wie sich die Beine anfühlen, spielt der Faktor „hübsch" gerade keine große Rolle. Ankommen und meine Wehwehchen verarzten – das ist alles wonach mir der Sinn steht. Die 1.150 Meter den Berg hinunter waren für die bereits geschundenen Sehnen unterm Strich doch heftiger als gedacht. Ähnlich gelitten habe ich glaube ich nur auf der Horrorstrecke zwischen León und Hospital de Órbigo.
Ich wiederhole mich, aber der Camino Francés ist wahrlich kein Sonntagsspaziergang.

Kurz vor Campo, einem kleinen Vorort von Ponferrada, zweigt die laut Cordula schönere, aber dafür auch etwas längere Wegvariante links von der Straße ab. An einen Umweg ist heute aber auch nicht im Entferntesten zu denken. Meine Regel Nr. 4, die besagt, dass ich alle empfohlenen Abstecher mitnehmen werde, quält mich zwar ein bisschen, aber die Beine lassen es schlicht und ergreifend nicht zu. Und außerdem entgeht mir ja keine entlegene Camino-Sehenswürdigkeit, sondern nur die wohl etwas schönere Route. Und so geht es im Autopilot-Modus eben weiter an der schnöden Straße entlang.
Die von Cordula beschriebene Variante scheint es zu Hape's Zeiten noch nicht gegeben zu haben, denn in seiner Beschreibung „langweiliger grauer

Fleck an monotoner Landstraße" erkenne ich ganz eindeutig meinen aktuellen Camino-Abschnitt wieder.
Wenn ich recht überlege, waren die letzten Kilometer vor jeder halbwegs größeren Stadt eigentlich fast immer trist bis furchtbar. Logroño war da die einzige rühmliche Ausnahme, die mir in den Sinn kommt.
Gut ausgeruht von El Acebo kommend, hatte Hape wohl noch mehr Kraft als ich und genug von grau und monoton, und ist einfach links in die Felder abgebogen. Einfach so, frei Schnauze auf gut Glück. Das nenne ich mal wahren Pilger-Pioniergeist. Ein bisschen hege ich ja den Verdacht, dass er hier inmitten der Felder den kleinen Pepe entdeckt und in sein Herz geschlossen hat. Von der Beschreibung her passt es jedenfalls. Vielleicht hat man im Rathaus von Ponferrada ja von dieser Rettung in letzter Minute gelesen und daraufhin die neue Wegstrecke angelegt, die Cordula nun ausdrücklich empfiehlt. Etwas weit herbeigeholt vielleicht, aber ich mag Hunde und mir gefällt der Gedanke. Eine Pepe-Gedächtnis-Route also – ein kleiner *Camino Pepe*.
Verschönerungsmaßnahme hin oder her, bei mir ist momentan das Ziel das Ziel und ausnahmsweise mal nicht der Weg. So schön er inzwischen auch wieder sein mag. Ich kann jedenfalls nur hoffen, dass die neue Pepe-Route besser beschildert ist. Wenn Cordula selbst da aber schon schreibt, dass der Weg zur Herberge „sehr dezent markiert" ist, dann gibt es auf meinem alten Weg entlang der Straße offenbar überhaupt keine Schilder mehr, die den Weg zur Herberge weisen. Dabei wäre das denkbar einfach gewesen, denn in ganz Ponferrada mit seinen über 40.000 Einwohnern gibt es nur eine einzige Albergue. Ein Eimer gelber Farbe, ein paar Pfeile an den kritischen Stellen und schon würde man deutlich weniger verloren umherirrende Pilger in den Straßen von Ponferrada antreffen. Vielleicht liest man diesen wohlgemeinten Hinweis ja auch irgendwann im Rathaus und können sich zumindest die nachfolgenden Generationen an einem Pilger-Leitsystem bis an die Pforte des *Refugio Nicolás de Flüe* erfreuen.
Nachdem ich erfolglos mehrere Sackgassen erkundet und Hinterhöfe nach der ersehnten Herberge abgesucht habe, bin ich dann doch irgendwann bei der Schweiz zu Gast.
Bruder Klaus, wie der Namensgeber Niklaus von Flüe auch genannt wird,

ist nämlich sowohl der Schutzpatron der Schweiz, wie auch der Schweizer Garde des Papstes – sein Name passt also hervorragend für ein Refugio auf dem Jakobsweg. Zum Glück gibt es noch ein freies Bett und ist die riesige Herberge alles andere als fürchterlich, wie Hape zumindest von außen betrachtet geurteilt hat. Hier scheint in den letzten Jahren mehr als nur ein Eimer Farbe zum Einsatz gekommen zu sein. Wäre auch komisch, wenn sich ausgerechnet die reiche Schweiz lumpen ließe und deren einziges Haus auf dem Camino Francés eine Zumutung wäre.

Die vollen drei Muscheln, die Cordula vergeben hat, sind wie ich finde wohl verdient. Es gibt einen hübschen Garten mit erstklassigen Waschstellen für die Wäsche, eine große Küche, die am Abend auch genutzt wird und ich habe sogar den Luxus eines 4-Bett-Zimmers. Da habe ich schon deutlich schlechter gewohnt. Für die gläubigen Pilger gibt es eine kleine Kapelle in der am Abend eine Messe abgehalten wird. Da in Ponferrada angeblich viele Pilger frisch in den Camino einsteigen, wird der Pilgersegen auch rege genutzt. Ich widme mich hingegen wie damals Bruder Klaus meinem ganz persönlichen Leiden Christi(ans) und verarzte Beine und Füße. Es ist so eine unfassbare Wohltat, die Beine dick eingecremt einfach nur hochzulegen. Sehr verlockend hier einfach liegen zu bleiben oder im Garten einfach nur Tagebuch zu schreiben.

Aber so ganz kann ich auch in Ponferrada die Stadtbesichtigung nicht ausfallen lassen. Im alten Teil dieser historisch bedeutsamen Stadt, der von der Herberge gar nicht mal weit entfernt ist, steht nämlich die Mutter aller Ritterburgen. Eine Burg wie aus dem Bilderbuch, wie sie Kinder malen würden: dicke runde Türme aus großen Steinquadern, Zinnen und bunten flatternden Fahnen, ein halbrundes hölzernes Burgtor, von dem eine mächtige Zugbrücke über einen tiefen Burggraben führt und dazu noch ein großer Turm im Inneren der Burg, wo vermutlich der Drache wohnt. Kein Wunder also, dass die Ritterburg von Lego der Templerburg von Ponferrada zum Verwechseln ähnelt. Mit Keo habe ich damit schon unzählige Male den Drachen getötet, gerettet oder befreit oder alternativ das Burgfräulein gerettet oder befreit – selbstverständlich niemals getötet. Ehrenwort.

Das deutlich größere Burgenmodell aus dem 12. Jahrhundert in

Ponferrada beherbergte jedoch keine nur wenige Zentimeter großen Löwenritter aus gelbem Plastik, sondern war früher Heimat der stolzen Tempelritter. Sie heißt, wie es sich für eine solche Burg auch gehört: *Castillo de Los Templarios* und kann für happige 6 Euro besichtigt werden. Kann, muss aber nicht. Ich verzichte nämlich auf die Besichtigung und begnüge mich mit dem bereits grandiosen Anblick von außen – was nicht nur meine Beine vollkommen ausreichend und in Ordnung finden. Und so muss das etwaige Burgfräulein leider weiter auf ihre Rettung warten.

Als ich mir später im Garten der Herberge meine Notizen mache, kommt ein älterer Pilger auf mich zu. Ihm scheint entweder ein bisschen langweilig zu sein oder aber er hat es auf meine Tafel Schokolade abgesehen. Wie dem auch sei, Zeit habe ich genug und wer weiß schon wofür der Austausch noch gut sein wird. Im Laufe des lockeren Gesprächs gibt er mir schließlich viele Ratschläge für meinen weiteren Camino. Thomas ist den Weg schon mehrmals gegangen und plant seit Anfang an ein Buch über seine Erlebnisse zu schreiben. Mitteilungsbedürftig genug ist er jedenfalls, das hat er mir ja ungefragt bewiesen. Ein bisschen frage ich mich aber, wie viele unfertige Bücher über den Jakobsweg wohl in den Schreibtischschubladen dieser Welt schlummern und ob meine Notizen jemals das Licht eben dieser erblicken werden. Thomas jedenfalls meint immer noch nicht ausreichend Material für das perfekte Buch beisammen zu haben. Kann man bei einem über 1000 Jahre alten Weg denn jemals alles erfasst haben? Wäre Hape seinem Beispiel gefolgt, so wäre „Ich bin dann mal weg" niemals geschrieben worden. Ein einziges Mal den Camino Francés zu gehen war Hape für sich selbst und als Input für sein Buch schließlich mehr als genug.
Einen Ratschlag klaue ich ihm jedoch, weil ich ihn einerseits klasse finde und er außerdem als Lohn für seine ganzen Tipps inzwischen die halbe Tafel weggefuttert hat: „Walk the Camino like an old man and arrive in Santiago as a teenager". Hm. Bin ich bisher wie ein alter Mann, also bedächtig und gemächlich gegangen? Oder meinte er dies rein als Bild, dass man durch das Pilgern diverse Lasten abwirft, die man in seinem Leben über die Jahre so angesammelt hat? Physisch und mental verjüngt

in Santiago anzukommen und durch den Jakobsweg wieder einen unbeschwerten und aufgeschlossenen Geist zu bekommen, ist definitiv etwas, was ich mir von meiner Pilgerschaft erhoffe. Ich bin ja jetzt schon gespannt, wie mich mein Camino in den kommenden Monaten und Jahren beeinflussen und vielleicht sogar verändern wird. Falls es also gelingen sollte, durch den Camino angestauten „emotionalen Ballast" loszuwerden, wäre das nicht das Verkehrteste.

Zwei neue Charaktere wurden im Laufe des Tages noch Teil meines Camino-Ensembles. Lars aus Bremen, der nach Carol und Paul das vierte Bett in unserem Zimmer zugeteilt bekommen hat und Massimo aus Rimini, der so typisch italienisch ist, wie es überhaupt nur sein kann. Erst also die Bilderbuchburg und jetzt noch der Bilderbuchitaliener, der erfreulicherweise richtig nett ist und mich beim Kochen mit allerlei Späßen unterhält. Auch hier ist der faire Lohn, dass er etwas von meinem Essen abbekommt. In Ponferrada wird wohl in Naturalien bezahlt. Aber jede Nudel ist es wert, denn er sorgt mit seinen Geschichten für eine grandiose Stimmung, die sämtliche Schmerzen vergessen lässt. Schon erstaunlich, was Il Cavaliere Berlusconi im italienischen Fernsehen so alles über Angela Merkel gesagt haben soll. Ritterlich hätten dies die alten Tempelritter ganz sicher nicht gefunden.
Für mein eigenes ritterliches Verhalten, wie auch die Umsetzung des Ratschlags von Thomas bleiben mir noch ziemlich genau 200 Kilometer bis Santiago. Für heute aber ist Feierabend. Genug notiert, gegessen und gelacht. Gegen 22 Uhr geht somit ein wunderschöner, aber auch schmerzhafter, ein nachdenklich machender, aber auch heiterer Tag zu Ende. Good night Carol, good night Paul, gute Nacht Lars, buona notte Massimo, guäts Nachtli Bruder Klaus.

Tag 22: Ponferrada – Villafranca del Bierzo

Montag, 27.5.2013

Eine wundersame Heilung im Schlaf vermögen leider auch Schweizer Nationalheilige nicht zu vollbringen. Wie schon in den letzten Tagen sind morgens die Knöchel zwar weniger dick als am Vorabend, aber Normal sieht zweifelsohne anders aus. Die Füße passen gerade so in die Wanderstiefel. Dafür macht mir meine liebe Cordula Mut für das, was vor mir liegt. Die heutige Strecke sei leicht und außerdem gut markiert. Na wer sagt es denn. Salbungsvolle Worte, die im Unterbewusstsein tatsächlich wie eine schmerzlindernde Salbe wirken. Die Beine mögen zwar dick sein, aber der Geist ist willig. Das sehen allerdings nicht alle in meinem feinen 4-Bett-Zimmer so.

Carol und Paul sind wenig überraschend schon längst über alle Berge, aber Lars macht um 6:30 Uhr keinerlei Anstalten aufzustehen. Der feine Herr Peregrino aus Bremen gedenkt heute einen typischen Hape-Start hinzulegen: ausschlafen, mehrere Kaffee trinken und dann in aller Ruhe auf den Weg machen. Vielleicht hat er ja auch den Tipp mit dem „Walk the Camino like an old man und so weiter und so fort" bekommen. Wie ein Teenager anzukommen sollte ihm jedenfalls nicht allzu schwerfallen, denn ich schätze Lars auf um die 20. Im Vergleich zu ihm bin ich also wirklich ein alter Mann. Nun, aus seiner Sicht vielleicht alt, aber dafür zumindest ohne das typische Herumlavieren seiner Generation Y. Kein Wunder, dass man dazu auch flapsig „Generation Why?" sagt.

Also mache ich mich bei bestem Wanderwetter mal wieder alleine auf den Weg. Mit rühmlicher Ausnahme von Cordula natürlich, denn auch von meinem Wanderkumpel Hape habe ich heute nur wenig. Er kündigt das aber fairerweise ganz unverblümt an, denn seine Ausführungen zur heutigen Etappe starten mit: „Die Zeit zum Schreiben finde ich jetzt kaum noch ... ". So so. Nach diversen Kaffeepausen und einer

Fußreflexzonenmassage mit anschließendem Nickerchen in Cacabelos ist er im Handumdrehen auch schon in meinem Tagesziel Villafranca del Bierzo angekommen. Gefühlt hat die Etappe nur wenige Minuten, sprich Sätze auf meinem iPod gedauert. Allmählich fange ich aber an seine Art zu pilgern – nach Düsseldorfer Art – zu begreifen. Walk the Camino like an old man – richtig. Man muss den Camino nicht im Akkord absolvieren und bleibt ihm durch seine entspannte Streckenplanung nicht viel mehr Zeit, um mit seinen beiden Freundinnen bis tief in die Nacht zu quatschen und sich darüber besser kennenzulernen? Hape hat für sich einen funktionierenden Modus gefunden – daher wird er auch am Ziel ankommen.
Was die heutige Strecke angeht, so ist er sich mit Cordula darüber einig, dass es sich um eine einfache Etappe handelt. Vor mir liegen knapp 25 Kilometer mit einem stetigen Auf und Ab durch weitläufige Weinberge, offenbar pfälzisch anmutende Landschaften und überhaupt sei es eine „sehr grüne Gegend". Klingt nicht nur machbar, sondern sogar ausgesprochen reizvoll. Als i-Tüpfelchen ist über mir keine einzige Wolke zu sehen. Das Universum meint es also mal wieder gut mit mir – Villafranca del Bierzo ich komme!

Kurz nach 7 Uhr geht es über den Río Sil, der im Westen die alte Stadtgrenze bildet. Im Mai kommt er recht beschaulich daher, aber diverse Brücken zeugen davon, dass der Fluss wohl auch ein anderes Gesicht zu bieten hat. Für die Stadt waren diese Brücken namensgebend, denn Pons Ferrata heißt nichts anderes als „Brücke aus Eisen". Und Brücken braucht es angesichts des tief untenliegenden Flussbettes auch, um hinter der Templerburg aus der Stadt zu marschieren.
Durch den Bau der ersten Brücke im 11. Jahrhundert – bezahlt vom damaligen Bischof von Astorga – ist Ponferrada erst entstanden und hat so auch seinen Namen erhalten. In Hontanas oder Hospital de Orbigo beispielsweise lief das mit der Namensgebung ähnlich ab. Ergo, man scheint damals recht pragmatisch unterwegs gewesen zu sein. Auf jeden Fall wussten die frühen Pilger so direkt, womit sie in der jeweiligen Stadt rechnen konnten. Villafranca del Bierzo, wohin ich heute unterwegs bin,

bekam seinen Namen „Stadt der Franzosen in der Region El Bierzo" ja auch – wenig überraschend – daher, dass sich hier eben französische Siedler niedergelassen hatten. Im Fall von Villafranca waren es genauer gesagt französische Mönche, die sich nicht nur um die bedürftigen Pilger kümmerten, sondern auch netterweise ein paar Weinreben aus ihrer Heimat mit im Gepäck hatten und so die Region El Bierzo zu einer namhaften Weinbauregion entwickelten. Ein Santé oder auch Salud auf die tapferen Mönche!
Der Bau von Brücken war häufig der nötige initiale Schritt, um die Gegenden rund um den noch jungen Camino Francés für Pilger, wie auch für die Siedler, die man gleichermaßen anlocken wollte, zu erschließen. Nach den Brücken kamen dann schnell auch die Hospitäler, Klöster und letztlich die Burgen, die wiederum die Pilger versorgten und schützen sollten. Das Kalkül war denkbar einfach: umso mehr Schutz und Infrastruktur vorhanden war, umso mehr Pilger kamen. Umso mehr Betrieb auf der Route war, umso höher war auch die Attraktivität für neue Siedler, da die ansässige Bevölkerung durch den stetigen Strom an Pilgern Tag für Tag neue Abnehmer für ihre produzierten Waren zugetragen bekam und so mittels der Pilgeroute weit über die Stadtgrenzen hinaus Handel treiben konnte. Heute mag der Jakobsweg zwar durch und durch kommerzialisiert sein, aber damals ermöglichte er überhaupt erst kommerzielles Handeln. Der Camino wurde zur Lebensader der Region und konnte den entscheidenden Unterschied machen, ob eine Region florierte oder in der Bedeutungslosigkeit verharrte. Keine Pilger – kein Handel. Keine Siedler – kein Wachstum. Und wer an diesem Kreislauf teilhaben wollte, musste auf dem Camino liegen, bzw. eben dafür sorgen, dass der Camino mitten durch die Siedlung geführt wurde. Und dafür brauchte es eben Brücken.

Ponferrada mag in seiner Vergangenheit enorm durch die Pilger profitiert haben, aber zum Glück hat dies nicht dazu geführt, dass man sich hier durch hässliche Vorstädte oder Ausfallstraßen aus der Stadt hinaus quälen muss. Ponferrada erscheint mir nach wie vor eine recht kompakte Stadt zu sein. Die bei Cordula abgebildete Landkarte täuscht auf den ersten Blick

hinsichtlich des Ausmaßes des städtischen Gebietes ein wenig, da es gar nicht allzu lange dauert, bis man schon wieder im Grünen ist. Der Camino raus aus Ponferrada führt schnell am Rande des urbanen Gebiets entlang. Die zunächst zu bezwingende Avenida Huertas ist außerdem von Bäumen gesäumt und nach einer knappen halben Stunde lasse ich den Fluss und damit Ponferrada endgültig rechts liegen. Schon bald geht es durch kleine verschlafene Ortschaften, die sonderbarerweise alle mit C anfangen: Compostilla, Columbrianos, Camponaraya, Cacabelos. Passt ja auch zu mir: Christian aus Cologne auf dem Camino nach Compostela.
Der nicht unangenehme, aber doch unspektakuläre Teil der Strecke ist geschafft, sobald man die Autovía del Noroeste – die spanische A 6 – hinter sich gebracht hat. Davor geht es nämliche längere Strecken durch die ganzen C-Orte, die gefühlt noch länger sind als ihre Namen. Ortschaften sind für die Versorgung mit Café con Leche und Bocadillos dienlich, aber es ist eben keine richtige Natur.
„Camino" und „Natur" sind für mich mit jedem Tag, den ich unterwegs bin, stärker miteinander verbunden. Die Natur prägt den Camino und zeichnet ihn aus. Wer pilgert, sucht die Natur und dort wandern neben den Beinen auch der Geist und die Gedanken. Und eben diese Natur ist in der ganzen Region El Bierzo – sobald man nicht mehr in einer kleinen Stadt mit C an einer endlos scheinenden Hauptstraße entlangstiefelt – sagenhaft schön. Rund um den Río Sil herrscht aufgrund der günstigen geografischen Lage ein fast mediterranes Klima. Vom Westen her kommt feuchte Meeresluft, deren Härte von den vorgelagerten Bergketten abgefangen wird. Vom Osten her beeinflusst das warme kontinentale Klima der Meseta die Region. Landwirtschaft und dabei speziell der Weinbau gelingt hier vorzüglich und prägen wie bereits in der Region La Rioja maßgeblich das Bild. Die Mönche wussten damals also schon recht gut, wo sie ihre feinen französischen Reben in die Erde buddeln mussten.

Rund um Cacabelos sieht es angesichts der vielen Weinberge tatsächlich ein bisschen aus wie an der Pfälzer Weinstraße. Allerdings mit dem klitzekleinen Unterschied, dass die spektakuläre Bergkulisse auf die man zuläuft, die sehr viel größere Schwester des Pfälzerwalds ist. Groß, ruppig und definitiv nichts, was man mit ein paar Schoppegläsern Riesling intus noch in Angriff nehmen sollte. Die Gipfel vor mir sehen alles andere als nach einem entspannten Spaziergang aus. Ich werde heute Abend mal bei Cordula nachlesen, was mich da erwartet. Für heute stehen aber keine nennenswerten Aufstiege an, denn Villafranca del Bierzo liegt direkt am Fuße dieser imposanten Berge. Läge die Stadt wie ein tibetanisches Kloster oben am Berg, hätten Hape und Cordula ja auch schwerlich nur von einer ausgesprochen leichten Etappe sprechen können.

Die zweite Hälfte der Tagesetappe ist dann auch wie angekündigt selbst mit gereizten Sehnen angenehm leicht zu gehen, nahezu flach und bietet mit Cacabelos ein schmuckes Örtchen für die, die für den Tag bereits genug haben oder deren Beine doch nicht mehr mitspielen.

Wie alle Ortschaften von Bedeutung liegt Cacabelos selbstverständlich an einem Fluss, dem Río Cúa. Dieses Mal war es der Erzbischof von Santiago höchstpersönlich, der hier vor fast 1000 Jahren die junge Siedlung mit seiner Brücke in Schwung gebracht hat. Direkt am Eingang zur überschaubar großen Altstadt kommt man an der winzigen Iglesia de San Roque vorbei, die ich mit einem Stempel im Pilgerausweis wieder verlasse. Ich übe schon mal für die letzten 100 Kilometer und besorge mir jetzt unterwegs einen zusätzlichen Tagesstempel. Lange ist es ja auch nicht mehr hin, bis ich pro Tag mit mindestens zwei Stempeln meine zu Fuß zurückgelegte Pilgerstrecke belegen muss.

Wer in Cacabelos übernachtet, bekommt dagegen jenseits des Flusses bei der Iglesia de Santa María seinen ganz regulären Herbergsstempel. „An" der Kirche wäre gleichermaßen korrekt, denn die Herberge ist unmittelbar um die Kirche herumgebaut und es wirkt, als hätte man nachträglich lauter kleine Kapellen an das Gotteshaus angeflanscht. Dieses einzigartige aber auch irgendwie sonderbare Konzept bringt von Cordula volle drei Muscheln und der Herberge das Prädikat „recht originell" ein. Trotzdem ist und bleibt mein Tagesziel Villafranca – ich heiße ja nicht Max.

Also biege ich auf die letzten acht Kilometer ein und lasse Cacabelos hinter mir. Bis auf einen kläffenden Köter, der urplötzlich vor mir steht, passiert auf dieser Strecke nicht viel. Würde ich weniger zu einer sachlichen Analyse der Situation und stärker zu einer Dramatisierung der

Erlebnisse neigen, stünde jetzt ein todbringendes Monster vor mir, wäre weit und breit keine Rettung in Sicht und sähe ich fast schon mein letztes Stündlein gekommen. Die Mär von den streunenden Riesenkötern wäre darüber hinaus bewiesen und nur mit größtem Glück hätte ich mich gegen das zottelige Kalb behaupten können. Die Realität sieht deutlich nüchterner aus. Vorlaut bellende Hunde ziehen nämlich ganz schnell den Schwanz ein, wenn man mit metallenen Wanderstöcken ordentlich auf den Asphalt schlägt. Große Klappe und nix dahinter und damit also auch nicht groß anders wie bei Menschen. Ich glaube auch weiterhin nicht an aggressive Rudel wilder Hunde auf dem Camino, aber bellende Hunde beißen offenbar wirklich nicht. So viel wäre bewiesen. Neben all der Phrasendrescherei ist die Begegnung jedenfalls ein Beleg dafür, dass solide Wanderstöcke zwingend zu jeder Pilgerausrüstung gehören – eben nicht nur, um die Beine und Knie zu entlasten.

Dem Zerfleischungstod entronnen, wird mir schon kurze Zeit später ein zweites Mal göttliche Gnade zuteil. Eines der ersten Gebäude, an denen ich in Villafranca del Bierzo vorbeikomme, ist die Iglesia de Santiago und diese beheimatet die sogenannte Gnadenpforte. Die katholische Kirche sah wohl wenig Sinn darin, alte und gebrechliche Pilger noch auf der Zielgeraden kurz vor Santiago in der hinter Villafranca beginnenden Sierra d'Ancares zu verlieren und zeigt sich bis heute für diese Pilger gnädig. Wer die kommenden Passhöhen sichtlich nicht mehr meistern konnte, erfuhr bereits im Mittelalter hier an dieser Kirchenpforte den gleichen Ablass wie am Grab des Apostels in Santiago. Hätte sich schließlich in Europa herumgesprochen, dass der Jakobsweg ausgerechnet im letzten Viertel seine Hauptzielgruppe der Alten und Gebrechlichen final und damit fatal aus dem Spiel kegelt, wäre dies aus Marketing-Sicht auch denkbar blöd gewesen. Und so heißt Villafranca del Bierzo aufgrund der Gnadenpforte seit dem Jahr 1600 auch Klein-Santiago, bzw. Klein-Compostela, wodurch die Bedeutung der Stadt – und damit die Anzahl der Klöster und Kirchen im Ort – sprunghaft angestiegen ist. Die Einzigartigkeit einer Gnadenpforte lässt sich in Brücken also nicht annähernd aufzuwiegen. Dass es zahlreiche Pilger zwar bis an die Pforte, aber dann doch keinen Schritt mehr weiter geschafft haben, bezeugt der

auffallend große Pilgerfriedhof direkt hinter der Jakobskirche. Besser hätten das Timing dieser Pilger und die pragmatische Weitsicht der Kirche wohl nicht sein können.
Da 2013 aber kein Heiliges Jahr ist – Hape war 2001 gerade mal ein Jahr zu spät dran, und ich müsste noch weitere acht Jahre bis 2021 warten – ist die Pforte verschlossen. Geöffnet wird die massive Holztür wie auch in Santiago de Compostela stets am 31. Dezember vor einem Heiligen Jahr. Ich vermute mit ordentlich Tammtamm und Weihrauchgeschwenke, denn Heilige Jahre sind rar. In unheiligen, oder vielleicht besser gesagt nicht-Heiligen Jahren, bekommen die gebrechlichen Pilger den Ablass trotzdem – nur eben ohne die Symbolik der geöffneten Pforte und durch einfaches sitzen auf den Stufen der *Puerta del Perdón*. Die Kirche scheint es ernst mit den Heiligen Jahren zu nehmen, denn nur dann ist die sogenannte Gnaden-Compostela in goldener Schrift geschrieben – spannenderweise wirkt der Zauber bei den Pilgern, denn in den Heiligen Jahren platzt der Camino aus allen Nähten.
Für mich ist das alles komplett irrelevant, denn wie hätte ich dem verantwortlichen Gnaden-Priester klarmachen wollen, dass ich unmöglich mehr den Cebreiro-Pass bezwingen kann, wenn ich noch in der Lage bin wilde Hunde in die Flucht zu schlagen? Verschlossene Tür, keine Aussicht auf eine goldene Urkunde und auch keine hinreichenden gesundheitlichen Einschränkungen um hier Schluss zu machen – ich werde wohl wie Hape weiter bis Santiago müssen, um dort meinen Ablass zu bekommen.
Da ist es auch nicht ganz so schlimm, dass ich die Gnadenpforte an der unscheinbaren Kirche erst gar nicht als solche erkannt habe. Es verhält sich mit der Puerta in gewisser Weise wie mit dem Heiligen Gral: das Besondere, Göttliche steckt häufig nicht im Prunkvollen, sondern kommt dezent und schlicht daher. Wer *Die Ritter der Kokosnuss* von Monty Python gesehen hat, weiß was ich meine. Und wer sich an die ganzen goldenen Altäre in den Kirchen des Camino erinnert, zieht auch daraus seine Schlüsse.

Wie eigentlich jede Stadt, die an einem Fluss liegt – und davon hat Villafranca sogar zwei Stück zu bieten – ist der Ort idyllisch, malerisch,

pittoresk. Kein Wunder also, dass es sich bei Villafranca del Bierzo laut Cordula um die heimliche Hauptstadt der Region handeln soll. Hier kann man es definitiv aushalten. Auf jeden Fall eine empfehlenswerte Wahl für ein Etappenziel und noch ein gutes Stück hübscher als Cacabelos.
Wer weder in der Horizontalen auf den Friedhof, noch zwecks Heimreise zum Bahnhof oder zur Genesung in ein Hospital muss, hat anders als in Ponferrada die Wahl zwischen diversen Herbergen. Die städtische Albergue am Eingang der Stadt, direkt gegenüber der Gnadenpforte gelegen, ist einfach aber ordentlich und punktet mit freiem Wlan. Willkommen auf dem Camino des Informationszeitalters. Wer also mittels Blog die Welt über seinen Camino auf dem Laufenden halten möchte, ist hier bestens aufgehoben. Das nur wenige Meter entfernte *Refugio Ave Fénix* wäre hingegen die perfekte Wahl für meinen esoterischen Pilgerfreund Max. Hier hat vor vielen Jahren ein Aussteiger namens Jesús eine einfache Herberge errichtet, diese dann immer weiter ausgebaut und so dem zusammengewürfelten Konstrukt einen höchst alternativen Charme verliehen. Zuletzt soll es hier jedoch gebrannt haben, weshalb ich dieser angeblich legendären Herberge im Geiste zwei der vergebenen drei Muscheln streiche.
Beide Herbergen sind bei meiner Ankunft in Villafranca allerdings noch genauso fest verschlossen wie die Gnadenpforte. Vielleicht ja ein Wink des Schicksals oder mal wieder ein Zeichen des Universums. Jedenfalls habe ich auf Wlan und damit auf „Online" weiterhin nur begrenzt Lust und genieße meine Offline-Zeit sehr. „Digital Detox" nennt man das wohl – digitale Entgiftung.
Und so gibt es anstatt der Droge Internet erst einmal ein Ankommensbierchen in der strahlenden Mittagssonne und mit grandiosem Blick auf die Uferpromenade.
Als ich leicht bierselig bei Bier Nr. 2 in meiner Cordula die Infobox zu Villafranca del Bierzo lese, muss ich passend zu meinem Getränk aber statt an den omnipräsenten Weinbau, doch eher an Weißbier denken. An einer Stelle gab es mal ein Franziskanerkloster und an andere Stelle im Ort stand mal ein Konvent des Paulaner-Ordens. Fehlt eigentlich nur noch die Iglesia do Schöfferhofer und ein Hospital der Erdinger-Bruderschaft. Ein

Prosit auf die bierbrauenden Winzer-Mönche von Villafranca del Bierzo, wo „Bier" ja selbst im Namen der Stadt steckt.
Da ich nun ohnehin schon auf der stadtauswärtigen Seite des Flusses bin, fällt aus reiner Bequemlichkeit die Wahl auf die privat geführte *Albergue de la Piedra* direkt nebenan. Hier gibt es auch noch ein freies Bett und ich möchte gerade nichts lieber, als die Beine hochlegen und eine ausgiebige Siesta halten. Die Knöchel und damit wohl auch die Sehnen sind nach wie vor ordentlich dick.

Im Laufe des Tages verbringe ich viel Zeit unten am Fluss und treffe auch hin und wieder ein paar bekannte Gesichter. Jeder vertreibt sich eben die Zeit und entschleunigt so gut es geht. Echte Pilgerfreunde, mit denen ich schon mal ein längeres Stück zusammen gelaufen bin, tauchen heute jedoch keine mehr auf. Neue Kontakte interessieren mich auch gar nicht mehr allzu sehr. Ich muss gar nicht wissen, wohin die nächste Etappe meiner Mitpilger führt. Schließlich habe ich bislang immer ein Bett bekommen und muss ich im Kopf auch nicht hochrechnen, wie viele Betten wohl schon weg sein werden bis ich im Zielort ankomme. Den Anderen scheint es ähnlich zu gehen, denn diese Art von Gesprächen führen nun eigentlich nur noch die neuen Pilger. Die Wochen auf dem Camino haben mich tatsächlich schon ein gutes Stück entspannter werden lassen. Ich zähle auch schon lange keine „Betten", sprich andere Pilger, mehr. Das hat mir damals in der ersten Woche – Halleluja, es kommt mir wie eine halbe Ewigkeit vor – mit Julie, Jesslyn, Tÿl und Ben zwar Spaß gemacht, aber es bedeutete eben auch einen gewissen selbstgemachten Leistungsdruck.
Von Julie gibt es am Abend noch konkrete Neuigkeiten, dass sie es inzwischen bis Foncebadón geschafft hat. Sie ist also noch im Rennen und ich bin guter Dinge, dass sich unsere Wege irgendwie und irgendwann noch mal kreuzen werden. Der Camino wird es schon richten.
Die Nachrichten von zuhause bleiben hingegen eher kryptisch und ambivalent. Marianne gehe es den Umständen entsprechend und das kann ja bekanntlich Vieles bedeuten. Erneut habe ich bei meinem Anruf das Pech, dass sie gerade schläft. Nun ja. Schlaf soll ja mit das Beste für die

Genesung sein. Also bin ich bei aller Enttäuschung darüber, ihre Stimme nicht gehört zu haben, doch ein bisschen beruhigt. Mir fällt allerdings auf, dass die Fragen meines Vaters sich erneut eher darum drehen, wie ich vorankomme und wann ich wohl in Santiago ankommen werde, und weniger darum, was ich unterwegs so alles erlebe. Vielleicht ist es ja tatsächlich ganz gut, dass Santiago nun keine Woche mehr entfernt ist.

Galicien, deren Hauptstadt Santiago de Compostela ist, und somit auch die letzte Region auf meinem Camino, könnte ich morgen schon erreichen. Jedenfalls sofern ich es bis nach O Cebreiro schaffen sollte. Ab da wären es noch rund 150 Kilometer bis Santiago.

Tag 23: Villafranca del Bierzo – O Cebreiro

Dienstag, 28.5.2013

Da der gestrige Abend ganz im Zeichen der Vorbereitung auf die heutige Etappe stand, muss ich kurz rekapitulieren, welch emotionale Achterbahn dies bei mir ausgelöst hat. Die Ausgangslage an sich war denkbar unschuldig. Rundum zufrieden und dankbar darüber, dass meine Beine wieder halbwegs mitspielen, saß ich unten am Fluss und aß in dieser Frühsommeridylle Baguette und Käse. Die Backware war Minuten davor noch im Ofen des örtlichen Bäckermeisters und Käse geht in Spanien ja bekanntlich immer. Als Nachtisch gab es zuckersüße Aprikosen. Da jedes Pilgermenü stets aus drei Gängen besteht – es scheint da ein ungeschriebenes Gesetz zu geben – deklariere ich das kühle Bier aus der Büchse mal als flüssige Vorspeise. Das Pilgerleben kann so einfach sein. So weit so gut.

Nichts, aber auch gar nichts, sollte einem da aus der Ruhe bringen können. Sämtliche Sinne befriedigt und ohne weitere Pläne, bot es sich irgendwie an, bei Hape schon mal in die nächste Etappe hineinzuhören. Mache ich sonst eigentlich nie, aber ich hatte in meiner Cordula gesehen, dass es unmittelbar hinter Villafranca eine Wegalternative gibt und da wollte ich wissen, welche Route Hape wohl genommen hatte. Ich habe nie behauptet nicht neugierig zu sein. Was ich dann aber zu hören bekam, änderte meine Sicht auf die herrliche Bergkulisse vor meinen Augen grundlegend. Das Bier schmeckte plötzlich schal und die Aprikosen bitter. Warum?

Das heroische Drama des Hans-Peter K. aus R. lautet in wenigen Worten zusammengefasst folgendermaßen: mein werter Herr Begleiter hatte sich zunächst mit seiner treuen Begleiterin Anne am alternativen *Camino duro* – dem harten Weg – versucht, musste aber nach wenigen Metern umkehren, da der Weg einfach zu steil für sein lädiertes Knie anstieg. Alles noch kein Weltuntergang und absolut nachvollziehbar. Die klassische Route unten im Tal bedeutete für ihn dann aber auf der vielbefahrenen

Nationalstraße von Rettungsbucht zu Rettungsbucht zu hasten und unablässig bedrohlich nah vorbeirasenden LKWs ausweichen zu müssen. Die Fahrer scheinen offenbar ihre helle Freude daran gehabt zu haben einen rucksackbepackten Pilger möglichst eng zu schneiden und dadurch in Angst und Schrecken zu versetzen. Diese Saubande. Einen separaten Weg neben der Straße gab es 2001 offenbar nicht.

Hape hatte in diesem Tal-Nadelöhr also gar keine Wahl als über die Straße zu sprinten und wurde auf dieser nach eigenem Bekunden regelrecht zum Gejagten.

Nun hat Hape unbestritten eine zu Recht vielgepriesene künstlerische Ader und Übertreibungen kitzeln ja oft erst die Pointe so richtig hervor, aber selbst, wenn ich ein gewisses Maß an Dramatisierung abziehe, klingt das was er da schildert noch immer nach einer Camino gewordenen Vorhölle für Pilger.

Sein unfreiwilliges Leid unten im Tal bedeutete aber keineswegs, dass er ohne seine Knieprobleme den Höllenqualen entgangen wäre. Denn bei den beiden Wegalternativen verhielt es sich im Juli 2001 offenbar wie mit Pest und Cholera. Oben auf dem Berg hätte sogar die echte Hölle auf ihn gewartet, wovon ihm Anne später ein Lied singen konnte. Ihr blieb auf dem Camino duro zwar der lebensgefährliche Spießrutenlauf mit den Brummis erspart, aber stattdessen geriet sie in eine Sprengung und wurde sie nach einem kurzen Moment des Sammelns und Durchschnaufens von einer Herde wilder Bullen verfolgt. Also ebenfalls ganz bezaubernde Erlebnisse, die man keinem auch noch so laut schnarchenden Mitpilger wünscht. Entsprechend wütend und verzweifelt waren die beiden dann auch, als sie sich bei Trabadelo etwa nach der Hälfte der Talstrecke wieder trafen, um die nächsten Kilometer zumindest gemeinsam über die Straße gescheucht zu werden. Für Hape die Fortsetzung der überlebten Pest und für Anne nach der Cholera auch noch eine Portion Pest obendrauf.

Nun wurde in den letzten Wochen weder auf mich geschossen, noch drohten mich wilde Hunde zu zerfleischen. Die Vermutung liegt also nicht ganz fern, dass der Jakobsweg in den letzten Jahren einen Deut sicherer geworden ist. Hinzu kommt, dass ich großes Vertrauen in meine Cordula habe. Fehlen entsprechende Warnungen in ihrem roten Büchlein, so werte ich dies ausnahmslos als Indiz, dass meine Chancen die fragliche Etappe zu überleben nicht allzu schlecht sein dürften. Überhaupt beschreibt sie Hape's Horrorabschnitt auf der Straße ein gutes Jahrzehnt später als „einfache Variante, die parallel zur N-VI im Tal des Valcarce verläuft". Da steht eindeutig „parallel" und nicht „auf", womit das Bier auch gleich wieder frisch und die Aprikosen wieder süß schmecken.

Der von Cordula beschriebene Wanderweg neben der Straße scheint tatsächlich recht neu angelegt worden zu sein. Wer auch immer dafür verantwortlich war, hat sich hier wahrlich um das Nervenkostüm der Pilger verdient gemacht. Womöglich hat ja das von Hape mit Vehemenz angekündigte Protestschreiben an den spanischen König seine Wirkung nicht verfehlt. Ich wüsste zu gerne, ob er tatsächlich diesen Brief geschrieben hat, und ob dies vielleicht die süffisante Anekdote des Laudators war, als ihm 2011 das Kompturkreuz des spanischen Zivilverdienstordens für seine Verdienste um den Tourismus in Spanien verliehen wurde.

Wer kann schon sagen, wie viele weitere Pilgerkreuze es am Wegesrand gäbe, wenn diese Etappe nicht drastisch entschärft worden wäre. Auf jeden Fall scheinen die heutigen Pilger weitgehend sicher neben der Straße auf einem getrennten Pfad durch das Tal wandern zu können. Darauf erst einmal ein zweites Bierchen. ¡Buen Camino!

Auch was den Camino duro angeht, so ist bei Cordula mit keinem einzigen Wort von plötzlichen Sprengungen oder wilden Bullenherden die Rede. Entweder wurden sämtliche Viecher zwischenzeitlich in die Luft gejagt oder hatte Anne damals einfach richtig großes Pech. Von einer anspruchsvollen Strecke, die kräftezehrend und teils sehr steil sei, ist hingegen sehr wohl die Rede. Überhaupt kommt das Wort „steil" in der Beschreibung der fraglichen Strecke beunruhigend häufig vor. Cordula hat noch nie übertrieben oder einfach so aus Spaß etwas geschrieben. Ergo, die Wegvariante heißt nicht ohne Grund Camino duro – harter Weg.

Ein weiteres Bier später und dank Cordulas nüchterner Sachlichkeit wieder halbwegs beruhigt, fällt die Entscheidung es mit dem Camino duro zumindest zu versuchen. Nur so kann ich schließlich herausfinden, ob ich es körperlich schaffe. Außerdem kommen in der Beschreibung der Strecke

die Worte „schön" und „wunderschön" genauso häufig vor wie das bereits erwähnte Wörtchen „steil".
Mein Entschluss soll noch am Abend von einem englischen Pilger bestätigt werden, der mir vom geheimnisvollen, weil nahezu unbekannten *Dragon-Path* erzählt. Dieser Pfad verlaufe als dritte Variante auf der anderen Talseite und im Vergleich hierzu, sei der intendierte Camino duro der reinste Sonntagsspaziergang. Markierungen gäbe es dort überhaupt gar keine, die Auf- und Abstiege seien mörderisch und nicht selten würden sich Pilger hoffnungslos verirren. Der Name „Drachenpfad" klingt genau nach solch einem Ritt, der mir dann doch eine Spur zu heftig zu sein scheint. Ankommen möchte ich ja schon ganz gerne und meine bisherigen Erfahrungen mit Drachen beschränken sich auf das ein oder andere Erlebnis im Kontext beruflicher Subordination, sprich feuerspeiender Vorgesetzter.
Mit Blick auf diese drei zur Verfügung stehenden Wegalternativen ist meine Wahl also der goldene Mittelweg. Erneut ist das Ganze objektiv betrachtet alles eine Frage der Perspektive. Schlimmer geht immer und sobald man einen Abwärtsvergleich anstellen kann, wird die eigene ursprünglich negative Situation zum akzeptablen Kompromiss. Fairerweise sollte ich erwähnen, dass der Name „Dragon-Path" vermutlich weniger mit Pilger fressenden Drachen, als mit dem Ort Dragonte zu tun hat, den ich auf meiner Karte just dort entdecke, wo der Pfad auf der anderen Talseite vorbeiführen müsste. Höllisch schwer kann er aber trotzdem ja sein. Nein, meine Entscheidung stand zu diesem Zeitpunkt bereits fest und so ging es dann auch wieder mit normalem Puls und vier sorglos machenden Dosen Bier im Kopf ins Bett.

Tag 23 beginnt kurz nach 6 Uhr. Ein bewusst zeitiger Start und da der angepeilte Camino duro direkt hinter meiner Herberge vorbeiführt, bin ich nur wenige Minuten später schon an der entscheidenden Weggabelung. Hier am Anfang der Calle Pradela geht es entweder in Richtung Tal oder bergauf. Steil bergauf.
Meine Beine fühlten sich zuletzt von Tag zu Tag besser an, und ich bin ohnehin noch zu müde, um die gestrige Entscheidung erneut abzuwägen

und womöglich sogar noch über den Haufen zu werfen. Also nix wie weg von der drohenden Straße und ab in die Berge. Paralleler Weg hin oder her – der Camino duro führt ja auch parallel zum Río Valcarce, nur rund 500 Meter weiter oben an einem Kamm entlang.
Die erste Viertelstunde ist gleich der härteste Teil des gesamten Weges. Es geht derart brutal bergauf, dass der Schaft meiner Stiefel bei jedem Schritt gefühlt die Schuhspitze berührt. Ich glaube, weiter könnte ich meine Füße auch überhaupt nicht beugen.
Es ist noch immer dunkel, ich hatte noch keinen Kaffee und schon auf den ersten Metern des noch jungen Wandertages erfahre ich, wo meine Grenzen liegen. Im heutigen Fall sind es anatomische und nicht psychische Grenzen, denn ich möchte diesen Camino duro unbedingt bezwingen. Aber was sich mir hier bietet, hat ungelogen etwas von einer nicht enden wollenden Treppe, bei der man vergessen hat Stufen einzuschlagen. Die Möglichkeit zur Entschärfung Serpentinen zu gehen, verhindert zudem das felsige Gelände. Also laufe ich quasi senkrecht den Berg hoch. Kein Wunder, dass die Knie bei Hape hier schon nach den ersten Metern unmissverständlich signalisiert haben, dass sie im Traum nicht daran denken diesen aberwitzigen Aufstieg noch länger mitzumachen.
Ich bin zwar hart an meiner persönlichen Belastungsgrenze, aber noch nicht drüber. Mein nicht immer kooperierender Beinapparat spielt zu meiner Überraschung auch mit und somit liegen zu meiner aufrichtigen Freude 11 Kilometer Camino duro vor mir, die mich oberhalb des Tals des Valcarce in Richtung Galicien bringen.
Oben angekommen, ist es in jederlei Hinsicht atemberaubend. Einerseits, weil es – ich erwähnte es bereits unterschwellig – extrem anstrengend war, aber viel wesentlicher, weil der Ausblick und die Natur hier oben so unfassbar schön sind. Villafranca del Bierzo liegt noch verschlafen hinter, bzw. unter mir und von hier oben erkennt man erst, welch perfekte Lage sich damals die französischen Franziskanermönche ausgesucht haben. Die umliegenden schützenden Berge, die beiden sich im Ort vereinenden Flüsse und all die sanften Hügel, auf denen mal abwechselnd Kirchen und mal Weinreben stehen, bilden einfach ein grandioses Ensemble. Zur atmosphärischen Abrundung ist der Himmel noch wolkenverhangen und

knistert die Luft regelrecht vom Frühnebel und der Energie, die man meint mit Händen greifen zu können.
An einigen Stellen schaut blauer Himmel durch und erleuchten erste Sonnenstrahlen das Bergpanorama. Die Natur wirkt auf mich dadurch ungezügelt und rau, gleichzeitig auch friedvoll und unberührt. Mehr Naturromantik geht nicht und ich fühle mich im Hier und Jetzt enorm gut aufgehoben auf diesem sogenannten harten Weg.
Verstärkt wird dieser magische Camino-Moment dadurch, dass um diese frühe Uhrzeit ausnahmsweise mal noch kein anderer Rucksack weit und breit zu sehen ist. Ich bin doch tatsächlich komplett allein auf diesem sagenhaften Fleckchen Erde. Meine Beine, Knie und Füße könnte ich dafür knutschen, dass sie mitgespielt haben. Es lohnt sich also auf jeden Fall den Camino duro – wie Hape es ja auch getan hat – zumindest zu versuchen. Nach rund zwei Stunden führt der inzwischen gar nicht mehr so harte Weg dann durch einen lichten Wald aus uralten Esskastanien – laut Cordula „der Lohn für die Mühen“ dieses Weges. Da auch hier keine jagdwütigen Bullen zu sehen sind, kann man dies wohl so stehen lassen. Dahinter beginnt dann der Abstieg hinunter nach Trabadelo, wo sich im Tal die beiden Wege wieder treffen und es leider auch kein Entrinnen mehr vor der Straße gibt. Die einzige Alternative hierzu wäre vermutlich der ominöse Drachenpfad. Aber wenn Cordula über diesen Pfad nicht ein einziges Wort verliert, dann wäre diese Variante Nr. 3 vermutlich auch keine bessere Alternative gewesen. Basta.

Auch vor Symbolik triefend, fängt es genau in dem Moment, wo ich unten im Tal wieder auf den offiziellen Camino einbiege, an zu regnen. Zwar haben die aufgetürmten Wolken am Himmel schon den ganzen Tag darauf hingedeutet, aber trotzdem holt mich der Wolkenbruch auf brutale Art und Weise in die Realität zurück. Vorbei ist es mit der leider viel zu seltenen Pilgerromantik und dem einsamen Wandeln abseits der Massen. Stattdessen reihe ich mich wieder in einen regelrechten Strom von anderen Pilgern ein, die genau wie ich damit beschäftigt sind, ihr viel zu großes Regencape überzustreifen.
Die Mehrzahl der aus Villafranca kommenden Pilger scheint also den

einfacheren, aber dafür vermutlich auch unspektakulären Weg entlang der Straße bevorzugt zu haben. Eigentlich entschuldigt dafür nur physisches Gebrechen knapp unterhalb der Schwelle der Gnadenpforte und Nichtwissen. Nicht jeder verfügt offensichtlich über einen Reiseführer von der Qualität einer Cordula. Selbst schuld, denn auch als Pilger ist und bleibt man seines eigenen Glückes Schmied – nun, außer man heißt Terra, glaubt bedingungslos an die unveränderliche Allmacht des Universums und lässt sich schicksalsergeben durch sein Leben wehen.

Der Regen ist zwar lästig, aber er treibt mich voran. Ich entscheide bewusst, dass ich an meiner Situation etwas verändern möchte und ich bewerte: nichts wie raus aus dieser kalten Suppe. Dabei ist es auch gar nicht schlimm, dass ich mit meiner tief ins Gesicht gezogenen Kapuze den sprichwörtlichen Tunnelblick habe. Von dem sagenhaften Bergpanorama ist bei dem Wetter ohnehin kaum etwas zu sehen. Das Tal des Valcarce ist ab Trabadelo recht eng und die seitlichen Hänge sind an vielen Stellen sogar mit großflächigen Metallnetzen gesichert, damit keine Felsabgänge auf die Straßen oder die Pilger krachen. Und Straßen hat es hier im Tal wahrlich mehr als genug. Die alte N-VI, die sich die Pilger bis vor wenigen Jahren noch mit den Autos teilen mussten, wurde inzwischen durch die A 6 ergänzt, die sich monströs durch das Tal windet. Infolgedessen fahren die Blech-Toreros, die Hape damals noch über den Asphalt gescheucht haben, heutzutage über neue Hochbrücken und durch Tunnel in den Felsen. Schön sieht diese infrastrukturelle Aufrüstung zwar nicht aus, aber so kommen sich Verkehr und Pilger zumindest nicht mehr in die Quere. Die wenigen Autos, die heute noch auf der Nationalstraße und eben nicht auf der Autovía 6 unterwegs sind, scheinen dankenswerter Weise auch keinerlei Interesse daran zu haben, wehrlose Pilger mutwillig von der Straße zu rammen. So unterquert und überquert der gemütliche Verkehr zwar mehrfach den rasenden Verkehr, jedoch getrennt durch beruhigend viel Leitplanke und Beton. Und eben die ganzen Tunnel. Überall wohin mein Tunnelblick blickt: Tunnel. Der kleine Sherlock in mir wittert prompt einen Zusammenhang zu den Sprengungen vor 12 Jahren. Annes Marsch durch das Mienenfeld erfolgte also für einen ausgesprochen guten Zweck und Hape sei versichert, dass man seinen Brandbrief offenbar sehr ernst genommen zu haben scheint.

Im dichten Regen geht es durch das winzige La Portela de Valcarce, wo zumindest ein schöner Jakobs-Wegweiser am Ortseingang steht, danach durch das nur unwesentlich größere Ambasmestas, gefolgt von Vega de Valcarce und schließlich am südlichen Stadtrand von Ruitelán entlang immer weiter rein ins Tal und auf den Pass des Cebreiro zu. Speziell beim Örtchen Vega de Valcarce wird einem bewusst, dass im Wort „Weiler" vollkommen zu Recht das Wort „Weile" steckt. Es dauert nämlich eine ausgesprochen lange Weile, bis man diesen Weiler über den Vorgänger der N-VI – eine weitere Straße, die sich um den Fluss, ihre asphaltierte Nachfolgerin und die erst wenige Jahre alte Autobahn durch das enge Tal windet – hinter sich gebracht hat.
Hape hatte hier genug für den Tag und sich erst einmal ein ausgiebiges Bad im Río gegönnt. Hätte er nicht schon vor einigen Etappen dem weiteren Konsum von Alkohol entsagt, hätte ich allergrößtes Verständnis dafür gehabt, wenn er sich mit Anne einen redlich verdienten „Wir-haben-es-überlebt"-Drink nach seiner Geisterbahnfahrt gegönnt hätte. Ein erfrischendes Bad im sanft dahinplätschernden Fluss an einem heißen Julitag klingt allerdings auch nicht übel.
Von heiß kann heute am 29. Mai dagegen keine Rede sein. In drei Tagen beginnt der meteorologische Sommer und dafür ist es mit 10 Grad Höchsttemperatur doch überraschend frisch – jedenfalls für einen Sprung in den Fluss und Wasser hatte ich inzwischen bereits mehr als genug von oben. ¡Ultreya! – weiter geht's.

Meine Laune ist folglich eher mittelprächtig und es wäre deutlich angenehmer, wenn das Wetter für den nahenden Aufstieg auf den Cebreiro-Pass mitspielen würde. Laut Cordula soll dieser Teil des Weges nämlich eines der „schönsten und ergreifendsten Erlebnisse" bereithalten. Ein entsprechender Wunsch ans Universum ist formuliert und siehe da, Petrus hat prompt ein Einsehen. Anstatt weitere Regenwolken zu schicken, steht kurze Zeit später ein dicker fetter Regenbogen über mir. Ohne

Wolken gibt der Himmel auch direkt wieder den in der Tat grandiosen Blick auf die umliegenden Berge frei. Vega de Valcarce mag sich verdammt lange ziehen, aber dafür entfernt man sich dabei zumindest immer weiter von der lästigen Autobahn und wird die Natur wieder grüner, unberührter, wilder. Da passt es doch, dass auch das Wetter den erneuten Wechsel der Szenerie entsprechend untermalt.
Der Regen hat immerhin dazu geführt, dass ich die lästigen 90 Minuten ab Trabadelo quasi im Autopiloten zurückgelegt habe und die Zeit rasend schnell vergangen ist. Nach vier Wochen auf dem Jakobsweg legt man sich offenbar solche Schutzmechanismen wie den Autopilot-Modus zu, um Durststrecken emotional leichter durchstehen zu können. Man klinkt sich geistig aus und bringt es einfach hinter sich. Und dabei können die frei gewordenen Ressourcen praktischerweise für andere Dinge genutzt werden. Beim Camino duro heute Morgen war ich beispielsweise extrem präsent und habe alles um mich herum in mich aufgesaugt. Ich kann mich an jede Menge visuelle Eindrücke, Empfindungen und selbst Kleinigkeiten erinnern. Vom letzten Abschnitt im Regen ist hingegen kaum etwas hängen geblieben – weil ich nur wenig Input zugelassen habe, der mich kapazitär gebunden hätte. Stattdessen war ich ganz in mich gekehrt und hing den Gedanken nach. Mangels neuer Impulse durch Gespräche oder generell die Umgebung war so eine Verarbeitung des zuvor Erlebten, des Vorhandenen möglich. Auch dafür muss beim Pilgern hin und wieder Zeit und vor allem eben die passende Gelegenheit sein. Genau dafür war dieser verregnete Abschnitt gut und somit ein Geschenk. Es kann anders gesagt also durchaus wertvoll sein, dass auf Sonnenschein auch mal Regen folgt.

Ein kurzes Stück hinter Ruitelán kommt dann auch landschaftlich ein sprichwörtlicher Sonnenschein-Abschnitt. Ab hier ist man sowohl die neue Autovía, wie auch die diversen Nationalstraßen für die nächsten sage und schreibe 100 Kilometer los – was deutlich mehr als der Hälfte der noch verbleibenden Wegstrecke entspricht!
Galicien ist in greifbarer Nähe und diese letzte Region im Westen Spaniens steht wie keine andere auf dem gesamten Camino für

unberührte Natur und Abgeschiedenheit. Die Landschaft hier ist es definitiv wert, ihr alle Aufmerksamkeit zu schenken und den Schalter im Kopf wieder auf „neuen Input" zu stellen.
Auf der schmalen Calle Camino de Santiago, deren Abzweigung man dank unzähliger gelber Pfeile nicht verfehlen kann, geht es am westlichen Rand des malerischen El Bierzo weiter in Richtung Las Herrerías und dann Hospital. Letzteres ist ein verträumtes Nest mit gerade einmal einer Handvoll Gebäuden, wovon die Hälfte Scheunen sind. Keine Brücken oder Straßen – keine nennenswerte Besiedlung. Es wird nun eine ganze Weile dauern, bis wieder größere Siedlungen am Wegesrand liegen. Cordula versäumt es daher auch nicht, an nötige Einkäufe und eine hinreichende Bargeldversorgung zu erinnern. Was würde ich ohne meine Cordula nur machen! Vermutlich die nächsten Abende Teller spülen, um mir meine Herberge und das Pilgermenü zu verdienen.

Das heutige Höhenprofil meiner Etappe und insbesondere der Aufstieg, der nun kommt, kann man sich ganz gut anhand eines Menschen vorstellen, der auf dem Rücken im Bett liegt. Heute am frühen Morgen bin ich ihm quasi senkrecht die Fußsohle hochgestiegen. Angesichts der zu bewältigenden 500 Höhenmeter handelt es sich eindeutig um einen Riesen, dessen Füße in übergroßen Clowns-Schuhen stecken. Anschließend ging es hinter dem Kastanienwäldchen – eher moderat im Gefälle – den Fußrücken wieder runter ins Tal und während des Regens über die endlosen Dörfer gemächlich die langen Beine hoch. Mein aktueller Standpunkt stellt nun in etwa die Körpermitte da. Und hier liegt der entscheidende Knackpunkt bei meinem Bild, denn mein werter Herr Riese liest gerade ein Buch und hat daher die Rückenlehne maximal hochgestellt. Er sitzt also vielmehr im Bett als dass er darin liegt. Den Bauch und die stolzgeschwellte Brust geht es entsprechend steil nach oben. Richtig steil. Monsieur hat also nicht nur Schuhgröße 65, sondern ist als Riese auch über zwei Meter groß, sprich es geht sehr lange richtig steil nach oben. Mein Ziel ist die Stirn – der höchste Punkt meiner Etappe: O Cebreiro. Wohlgemerkt existiert speziell aufgrund dieses Aufstiegs die Gnadenpforte in Villafranca del Bierzo und sagen nicht Wenige zu meinem

Etappenziel seufzend „¡Oh Cebreiro!". Dank des Camino duro stehen heute also zwei extreme Aufstiege auf dem Programm.

Auf den insgesamt 11 Kilometern von der Hüfte bis zur Stirn meines Riesenclowns gibt es noch drei Punkte die besonders erwähnenswert sind. Der Solarplexus des Riesen entspricht in etwa dem Örtchen La Faba, wo mich Cordula heute einquartieren möchte. Rund vier Kilometer weiter befindet sich dann die Nasenspitze, die schließlich die Grenze nach Galicien darstellt. Wenn ich dort erst einmal angekommen bin, ist es nur noch rund ein Kilometer bis zur Stirn, sprich bis zum Museumsdorf O Cebreiro.

Gut, dass mein Riese keine allzu hohe Stirn hat, denn der letzte Kilometer zieht sich.

La Faba ist klein, urig und ohne Frage schön. Eigentlich auch schön genug, um hier zu nächtigen und Kraft für die letzten Kilometer des zehrenden Aufstiegs zu sammeln.

Als Bleibe böte sich dafür sogar eine ganz besondere Unterkunft an. Die *Deutsche Gesellschaft Ultreya* unterhält hier eine voll bemuschelte Herberge mit über 60 Betten, in der literarisch bewanderte Schwaben umsonst gastieren – sofern sie den Schwabentest bestehen und mit glaubwürdigem Dialekt ein Gedicht oder Lied eines schwäbischen Dichters aufsagen oder vorsingen können. Ich bin nun weder Schwabe, noch kenne ich auch nur eine einzige schwäbische Volksweise, aber einen Stempel hole ich mir dennoch. Den gibt es nebst Apfel selbst mit einem hochdeutschen „Danke" gratis. Da sag einer die Schwaben seien geizig.

Ob La Faba nun das Tagesziel ist oder nicht, hängt in erster Linie von der eigenen Kondition, dem Wetter und den zwischenzeitlich angesammelten Wehwehchen ab. Hape hatte angesichts Temperaturen an die 40 Grad das große Glück, dass ihm und Anne unverhofft die Rucksäcke nach oben gefahren wurden. Dadurch hatten die beiden die Kraft ab La Faba noch das Stück bis O Cebreiro dranzuhängen. Andere Pilger soll es 2001 hier am Berg reihenweise mit hochrotem Kopf aus dem Rennen gekegelt haben. Hape spricht gar von einem regelrechten Schlachtfeld und berichtet von völlig entkräfteten und bitter heulenden Leidensgenossen.

Ganz so schlimm ist es um mich nicht bestellt, zumal das Thermometer auch locker 30 Grad weniger anzeigt. Auf knapp 1.000 Meter Höhe ist es inzwischen sogar ganz ordentlich kalt. Daher auch meine Vermutung, dass es am nächsten Morgen sicher noch einmal ein ungemütliches Stück kälter sein würde. Die aktuellen „Tageshöchsttemperaturen" sollte ich daher nutzen, um es heute noch bis nach O Cebreiro zu schaffen.
Ein weiterer ganz wesentlicher Aspekt der Überlegungen betrifft aber den Zielort selbst. Wie schon bei Foncebadón wäre es in meinen Augen eine vertane Gelegenheit, wenn man kurz vor der Hauptattraktion pausieren würde und dann am Folgetag lediglich daran „vorbeikäme". O Cebreiro wird von Cordula in den höchsten Tönen gelobt, der Ort soll eines der ältesten Refugien am gesamten Jakobsweg sein, er war vor rund 700 Jahren Schauplatz eines „heiligen Wunders", beherbergt den galicischen Nationalschatz und darf sich auch dank der gut erhaltenen Pallozas – historischen ovalen Steinhäusern mit Strohdach keltischen Ursprungs – Museumsdorf nennen. Außerdem soll das Essen in den beiden Gaststätten richtig gut sein.
Mit anderen Worten: den Strapazen des Aufstiegs steht ein beachtlicher Katalog an Vorteilen gegenüber. Wer dennoch hadert, sollte wissen, dass ziemlich genau auf halber Strecke noch ein weiteres winziges Örtchen namens La Laguna auf dem Camino liegt, in dem es eine kleine Herberge mit 18 Betten und vollen drei Muscheln gibt, falls die letzten Meter vor O Cebreiro einfach nicht mehr drin sind.

Es ist bereits kurz nach Mittag, als ich mich in La Faba auf den Weg mache. An sich noch nicht übermäßig spät, aber hinter mir liegen schon sechs ausgesprochen anstrengende Stunden inklusive des Camino duro. „¡Oh Cebreiro!" – oder wie manche auch sagen „¡O Crepiero!" – aber zugleich auch „¡Ultreya!", denn ich möchte heute auf jeden Fall meinem Riesen aufs Dach steigen und in dieses ominöse Museumsdorf da oben auf dem Berg.
Trotz aller Willensstärke geht es merklich langsamer voran als sonst, und ich muss mir meine Kräfte sorgsam einteilen. Aber warum sollte man durch diese schöne Gegend auch durchrennen. Cordula hat nicht übertrieben, dass die Landschaft hier ergreifend ist. Natürlich hat sie nicht übertrieben,

aber es hätte ja auch dichter Nebel die freie Sicht auf die umliegenden Berge, die sich hinter La Laguna bietet, nehmen können. Vor meinem inneren Auge mache ich unzählige Fotos und fülle den internen Speicher für kommende Zeiten, in denen man sich an einen schönen Ort erinnert und in Gedanken der schnöden Realität entschwinden möchte.

Auch wenn es eindeutig auf die galicische Grenze zugeht und Galicien ein mystischer Ruf anhaftet, so bin ich mir nicht ganz sicher, ob die sich mir bietende Szenerie vollends von dieser Welt ist. Der heutige Regisseur hat auf jeden Fall die Natur im Griff und ein Händchen für Dramatik, denn exakt mit Erreichen der Grenze zwischen Kastilien und Galicien zieht dichter Nebel auf und fängt es doch tatsächlich an zu schneien. Schnee Ende Mai, nur wenige Tage vor dem meteorologischen Sommerfang und ja, in Spanien. Mit kommt es fast vor, als könnte ich den Eisregen an- und ausschalten, indem ich am Grenzstein von links nach rechts hüpfe. Da ist man also gerade mal mit einem Bein in dieser geheimnisvollen Region Galicien, und schon verändert sich auch das Wetter. Kein Wunder also, dass es hier so überbordend grün ist, wenn es unmittelbar an der Türschwelle schon anfängt zu regnen. Tim Moore, der Autor des grandiosen Buchs *Spanish Steps* – auf Deutsch: *Zwei Esel auf dem Jakobsweg* – in dem er seine aberwitzige Pilgerreise mitsamt seinem Esel Shinto erzählt, nennt Galicien ja nicht grundlos das „Urinal Spaniens". Das ist zwar durchaus liebevoll gemeint, aber er nennt damit den simplen Grund, warum die Natur hier so üppig gedeiht, und der heißt „Niederschlag". Reichlich Niederschlag.
Für die letzten Meter tauche ich also notgedrungen in diese Suppe ein und schlagartig ist auch von den Bergen nichts mehr zu sehen. Ich könnte jetzt genauso gut wieder unten im Tal unterwegs sein und würde es vermutlich gar nicht merken. Aber anders als heute Vormittag passen der feine Regen und die dadurch geschaffene Realitätsglocke hier mit der Umgebung zusammen. Quasi mit Übertritt der galicischen Grenze spielt die Gegenwart nochmal eine geringere Rolle als dies ja ohnehin auf dem Jakobsweg der Fall ist. Ich hätte auch keine Einwände, wenn diese leicht entrückte Stimmung die letzten 150 Kilometer bis Santiago anhalten

würde. Nur bitte ohne Eisregen.
Für heute ändert sich das Wetter jedenfalls nicht mehr und so kommt es, dass ich recht unvermittelt am vernebelten Ziel ankomme. O Cebreiro – legendäres Museumsdorf und Ziel einer langen und anstrengenden Etappe.
Im historischen Ortskern finden sich nicht viel mehr als ein paar hergerichtete Pallozas und natürlich die Kirche Santa María a Real. Hier soll sich der Legende nach vor sehr langer Zeit mal Hostie in Fleisch und Messwein in Blut verwandelt haben. Das sogenannte Hostienwunder, das *Santo Milagro*, war geschehen und hatte nicht nur einen Mönch zurück auf den rechten Weg gebracht, sondern sollte durch die offizielle Anerkennung von gleich zwei Päpsten O Cebreiro zu einer immens wichtigen Station auf dem Camino Francés machen.
Das Wunder um die Akteure der Legende ist schnell erzählt: frommer Bauer trotzt beim Aufstieg dem winterlichen Sturm und wird dafür von ungläubigem Mönch verspottet. Der muss nun für dieses aus dem entlegenen Tal erschienene Schäfchen die Messe lesen. Beim Abendmahl reicht er Brot und empfängt der Bauer stattdessen Fleisch. Tadda - ein Wunder ward geschehen.
Den Teil mit dem Wetter glaube ich ohne zu zögern, aber die Verwandlung der Gaben ist mir doch mehr als suspekt. Ein weiteres ziemlich wunderliches Wunder des Jakobswegs also und erneut eine recht unverblümte Botschaft an die Gläubigen, bzw. noch viel mehr an die Ungläubigen des finsteren Mittelalters.
Für O Cebreiro kam das „Wunder" auf jeden Fall sehr gelegen, denn anstatt einer teuren Brücke genügte eine fromme Geschichte, um mit einem Schlag auf der Landkarte der damaligen Zeit aufzutauchen. Die Geschichte des Hostienwunders scheint sich sogar derart erfolgreich verbreitet zu haben, dass es Kelch und Hostie als „galicischer Heiliger Gral" ins Wappen der Region geschafft haben.

Nachweislich verwandeln sich jedenfalls im Jahre 2013 Anno Domini exakt 6 Euro in die Berechtigung für eine Nacht eines der Betten der staatlichen Herberge nutzen zu dürfen. Wahrlich kein heiliges Wunder, welches eine

Wallfahrt begründen könnte, aber angesichts des mauen Wetters und meiner Erschöpfung mir vollkommen ausreichend. Angeblich ist es gar nicht so selbstverständlich hier im Ort eins der Betten zu ergattern, denn die große Beliebtheit von O Cebreiro als Etappenziel übersteigt an den meisten Tagen die eher geringe Anzahl der Schlafplätze deutlich.

Nach diesem irdischen Glück schmeckt das Essen dafür ganz wunderbar. Die Gerüchte stimmen also und man scheint hier zu wissen, dass der Aufstieg auch ohne Sturm beschwerlich ist, denn das Essen ist so reichhaltig wie schon lange nicht mehr. Nach einer Pasta-Vorspeise folgt reichlich Fisch mit einem Berg Fritten und zum Nachtisch gibt es zum ersten Mal *Cake Santiago*. Bei diesem Meisterwerk der Backkunst handelt es sich um einen dünnen Mandelkuchen, für den ich jede fleischgewordene Hostie stehen lassen würde. Wann immer dieser gottvolle Kuchen eine Dessertoption des Pilgermenüs ist – unbedingt zuschlagen.

Dank der vielen tausend Kalorien, die ich heute nach insgesamt gut 31 Kilometern und dazu weit über 1.000 Höhenmetern verbrannt habe, gönne ich mir als zweiten Nachtisch dann nach der regionalen noch die lokale kulinarische Spezialität: *Queso con miel*. Es handelt sich dabei um einen cremigen Frischkäse, der mit Honig veredelt ist und für den allein sich der Aufstieg schon gelohnt hätte. Nicht überraschend also, dass damals im Jahre 1300 das Wunder von O Cebreiro mit Essen zu tun hatte – gute 700 Jahre später wiederholt es sich Tag für Tag im Kleinen auf den Tellern der hiesigen Gastronomen.

Der Tag endet wie so oft in letzter Zeit um 21 Uhr oder wie andere sagen, um „Pilgermitternacht" im vollen Bewusstsein die fünfte der sieben Todsünden – nämlich Völlerei – begangen zu haben. Mein Gewissen ist rein, mein Schlaf komatös.

Tag 24: O Cebreiro – Samos

Mittwoch, 29.5.2013

Da bin ich nun durch fast ganz Spanien marschiert, und die erste Assoziation, die mir heute Morgen beim Blick aus dem Fenster kommt, sind kotzende Manech-Schafe in den Berghängen der längst hinter mir liegenden Pyrenäen. Da draußen sieht es aktuell nämlich exakt so aus, wie Hape es in seinem ersten Kapitel so plastisch beschrieben hat. Mit „traumhaften Ausblicken auf die Bergwelt" sollte sein Camino damals beginnen, doch anstatt des angepriesenen Bergpanoramas konnte er aufgrund des dichten Nebels und Dauerregens kaum die eigene Hand vor Augen sehen. Blökende Schafe in der Ferne sorgen nun an meinem Tag 24 für ein Déjà-vu an diese Passage in *Ich bin dann mal weg*. Und auch meine hoch verehrte Cordula hatte mich gestern mit der Aussicht auf eine der „landschaftlich ergreifendsten Etappen" mit einem nicht gerade geringen Maß an Vorfreude einschlafen lassen. Stattdessen ergeht es mir nun aber wie meinem prominenten Pilgerbruder an seinem Tag 1: Keine Sicht, keine Berge, kein Traum, keinerlei Ergriffensein. Einzig scheinen die galicischen Schafe – den Geräuschen nach zu urteilen – ihre Ernährungsgewohnheiten besser unter Kontrolle zu haben.

Hinzu kommt, dass beim „Urinal Galicien" ganz offenbar die Spülung klemmt. Es herrscht nämlich nicht nur wie gestern dichter Nebel, sondern es schüttet auch noch wie aus Kübeln. Und als ob das nicht genug wäre, scheint Galicien zudem auch der Turbo-Händetrockner Spaniens zu sein, denn es bläst ein überaus heftiger Wind.

Ja, ich jammere mal wieder wie ein Tagespilgernovize, aber als ich der Witterung trotzend O Cebreiro um 6:30 Uhr hinter mir lasse, habe ich – Urinal und Trockner sei Dank – immer noch nicht den blassesten Schimmer, ob dieses surreal museale Dorf nun auf einem Bergkamm, in einer Senke oder doch inmitten einer überdimensionalen Waschstraße liegt. Mein mitgeführtes Bargeld würde ich komplett auf Option C setzen.

Aber egal, ich bin schließlich in meiner Zielregion Galicien angekommen, Santiago ist nur noch rund 150 Kilometer entfernt und Regen hatte ich ja

auch schon häufiger in den letzten Wochen. Zumindest lohnen sich so die sündhaft teuren Gamaschen. Außerdem versetzt mich dieses Wetter direkt wieder in die leicht mystische Stimmung von gestern. Wer braucht schon einen berauschenden Fernblick, wenn die geballten Kräfte der Natur für eine Zeitreise im Kopf sorgen.
Nun ja. An meinem Vorsatz positiver zu denken, wollte ich ohnehin arbeiten. Und für eine ganze Weile ist meine „Ach-was-soll's-das-gehört-so-Denke" sogar halbwegs erfolgreich. Genau bis zu dem Moment, als sich der Regen erst in Schneeregen und dann in Schnee verwandelt. Frau Holle Klappe die Dritte, seit ich in den Pyrenäen auf dem Col Lepoeder um mein erstes Beweisfoto von mir in einem frühsommerlichen Schneefeld gebeten habe. Hübsch, wie sich die Kristalle Ende Mai ganz allmählich auf meinem roten Poncho so sammeln. Das Universum erlaubt sich auf der Zielgeraden offenbar noch mal einen kleinen Spaß mit mir. Und so kippt das „Ach was soll's-Mantra" trotz aller guten Vorsätze in Windeseile zu einem „Was soll das denn bitte? Hallo Universum – ist jemand zuhause? Ruf endlich den Klempner an und Kaffee wäre bitte danke auch ganz toll".

Wer inmitten dieses quasi-alpinen Hindernisses am Übergang zu Galicien unterwegs ist, sollte wissen, dass erst der Ort O Cebreiro und danach der gleichnamige Cebreiro-Pass kommt. Sprich, mein Startpunkt war keineswegs schon der höchste Punkt hier in dieser neblig-verschneiten Suppe. Noch etwas ist wissenswert: die korrekte Übersetzung des Wortes „Alto". Als Substantiv bedeutet es lapidar „Anhöhe". Wenn man aber die spanischen Ausrufezeichen davor und dahinter setzt, wird daraus „Stillgestanden!". Kombiniert man nun einen sehr steilen Anstieg ohne einen einzigen schützenden Baum und einen beißenden Wind von vorn, der einem Schneeregen ins Gesicht bläst, ist klar, wie die situativ korrekte Übersetzung lauten muss: ¡Alto!
Eigentlich müsste man diese absurde Situation verewigen, sonst glaubt einem das ja keiner. Müsste man? Hat man. Denn am Alto de San Roque findet sich auf fast 1.300 Meter Höhe ein überdimensionierter bronzegewordener Pilger, der meine Situation nahezu perfekt verkörpert. Ihm scheint der Wind ebenfalls ein kräftiges „¡Alto!" ins Gesicht zu brüllen,

weshalb er mit seinen drei Metern Körpergröße auf der Stelle zu verharren scheint. Offenbar bin ich in ganz typisches Wetter für diese Gegend geraten. Da ich vielleicht aus Zucker, aber definitiv nicht aus Bronze bin, brülle ich dem Wind während der nächsten Stunde mehrfach ein lautes „¡Ultreya!" entgegen. Hören kann mich bei dem Wetter sowieso niemand, und ich denke gar nicht daran mich auf der Zielgeraden stoppen zu lassen!
Da die Compostela heute wirklich hart verdient werden möchte, folgt kurze Zeit später mit dem Alto de Poyo (oder auch Alto do Poio) noch ein weiterer längerer Anstieg, den Cordula leider erneut absolut treffend mit „anstrengend" und „sehr steil" beschreibt. Der Vormittag hat es bislang in sich.
Wie Hape hadere auch ich hier kräftig mit dem Camino und fluche munter vor mich hin. Dampf ablassen tut scheinbar gut, denn ich füge mich mit der Zeit meinem Schicksal – oder aber es liegt an der Erkenntnis, dass es überhaupt gar nichts bringt zu poltern.
Zwar sehe ich meinen Weg heute kaum, aber dennoch ist das Ziel fest vor meinem inneren Auge. Ich jammere also mal wieder auf hohem Niveau und sollte vielmehr das Gesamtbild im Blick haben. Marianne kämpft im Vergleich zu dieser rein temporären Unbequemlichkeit einen so grundlegenden, ja einen existenziellen Kampf um Leben und Tod und es ist ungewiss, wohin ihr Weg letztlich führen wird. Was für ein himmelweiter Unterschied zu meiner Situation! Nachdem ich das für mich realisiert habe, fluche ich zwar weiter, aber doch nicht mehr ganz so wehklagend.
Als Konsequenz dieser morgendlichen Erkenntnis bin ich den ganzen Tag in Gedanken regelmäßig bei meiner tapfer kämpfenden Mutter und hoffe, sie heute Abend mal wieder am Telefon erreichen und hören zu können. Ein weiteres Mal lösen äußere Umstände des Weges konkrete Gedanken an einen mir wichtigen Menschen aus und beschäftigen mich diese Erinnerungen und Überlegungen über Stunden. Danke liebes Universum – für diese Schweifzüge der Gedanken darfst du mich gerne ordentlich gießen und föhnen.

Der Camino verlässt nach dem letzten Pass dann endgültig die Gefilde über 1.000 Meter. Schnee sollte fortan kein Thema mehr sein. Aber

festlegen würde ich mich da nicht.
Ohne den dichten Nebel sieht man auch erstmals am Tag, dass hier doch einiges los ist. Vor mir und hinter mir jede Menge Wanderer. Und jede Menge vorbeibretternde Taxen, die vermutlich Rucksäcke, aber nicht selten auch den dazugehörigen Pilger befördern. Sogar ein älterer Pilger mit Esel kommt mir entgegen. Begeistert schaut aber weder Tier noch Mensch aus der nassen Wäsche.
Kurze Zeit später steht eine Gruppe Bicigrinos am Wegesrand, die sich die Plastiktüten, die sie als Schutz vor Schnee und Wind um die Hände am Lenker gewickelt hatten, wieder abnehmen. Gar keine schlechte Idee mit den Tüten. Mein riesiges Regencape ist ja letztlich auch nichts anderes als eine große knallrote Plastiktüte.
Nach weiteren acht Kilometern im weiterhin unnachgiebigen Wind erreicht der Weg endlich wieder geschütztere Abschnitte und führt durch Täler, Wälder und ausgelatschte Hohlwege, die durch urzeitliche, sprich typische galicische Ortschaften führen.
In Ramil, einem dieser winzigen Örtchen kurz vor Triacastela, findet sich eine riesige Edelkastanie, der das Wetter überhaupt nichts auszumachen scheint. Ganz im Gegenteil. In rund 800 Jahren hat sie es auf fast neun Meter Umfang und nahezu drei Meter Durchmesser gebracht. Man sagt wohl nicht ganz zu Unrecht, dass sich die Natur freut, wenn es regnet. Das lange Leben dieser Kastanie scheint also ein einziges feuchtfröhliches Fest zu sein. Im November, zum *Magosto*, feiern die Bewohner von Ramil dann mit und sammeln die Früchte dieser alten Partyedelkastanie ein. Vermutlich ebenfalls recht feuchtfröhlich. Magosto wird übrigens in ganz Galicien begangen, weil es hier eben überall reichlich Regen und daher auch jede Menge gut gedeihende Esskastanien gibt. Das Urinal feiert.
Die berühmte Edelkastanie von Ramil sollte übrigens nicht nur fotografiert, sondern auch umarmt werden. Angeblich handelt es sich dabei um eines der Pilgerrituale auf dem Camino Francés, wie beispielsweise die Sache mit dem Stein am Cruz de Ferro. Voilà – meine Regel Nr. 7: alle Rituale befolgen – insbesondere die, die dafür sorgen könnten, dass der leidige Regen endlich aufhört. Also wird der Baum brav umarmt. „Angefasst" träfe es besser, denn meine Spannweite reicht nicht in Ansätzen aus, um

die neun Meter zu umfassen, aber um das zu schaffen, bin ich vermutlich schlappe 750 Jahre zu spät dran. Der Regen darf dennoch sehr gerne aufhören.
Triacastela, ein buchstäblicher Kastanienwurf hinter Ramil, hätte dann durchaus mein Tagesziel sein können, aber weder ist es ein erwähnenswert schöner Ort, noch hält der Name was er verspricht. Es gibt die *tres castros*, die drei Festungen, nämlich schon lange nicht mehr und auch das Pilgergefängnis von dem Hape ausführlich schreibt – ehemals das einzige auf dem gesamten Camino Francés – ist inzwischen Geschichte. Offenbar wissen sich die Peregrinos heute besser zu benehmen als noch zu Hape's Zeiten. Herbergen gibt es dafür reichlich: auf jeden der 240 Einwohner kommt ein weiteres Bett, bzw. eine weitere Matratze für die Tagesgäste.
Wie schon Carrión de los Condes für mich eher nach „Carry on" klang, sehe ich auch diesen Ortsnamen als Wegweisung. Mit etwas Fantasie ist der Name Triacastela nämlich gar nicht allzu weit von „Triangel" entfernt. Dieser Name würde für einen Ort ohne eine einzige, geschweige denn drei Festungen deutlich mehr Sinn ergeben, denn hier muss man sich entscheiden, wie man das sich darbietende Wege-Dreieck abläuft.
Folgendes Bild: in der östlichen Ecke liegt Triacastela und im Westen liegt die wichtige Camino-Station Sarria. Wählt man den direkten Weg von Ost nach West ergibt sich eine nahezu gerade Linie von exakt 21,6 Kilometern zwischen den beiden Städten. Geht man dagegen am Ortsausgang von Triacastela nach Südwesten, so führt der Weg über Samos und entsteht ein Dreieck mit einer Gesamtlänge von gut 29 Kilometern. Kurz vor der Ecke im Süden des Triangels gelangt man nach Samos, wonach der Weg dann wieder hoch gen Nordwesten in Richtung Sarria weiterführt. Kurzum, man muss sich in Triacastela zwischen Linie und Triangel entscheiden.
Für die Variante über Samos spricht, dass es auf der Strecke in bereits vier Kilometer Entfernung eine Herberge mit 60 Betten gäbe, falls das Wetter noch fieser werden sollte. Zudem handelt es sich laut Cordula um einen restaurierten Palast mit voller Muschelzahl und doch dem üblichen Tarif von 5 Euro. Würde ich dagegen die Linie nehmen, käme die nächste Herberge erst nach 13 Kilometern.
Das wesentliche Argument den kleinen Umweg in Kauf zu nehmen, ist

aber Samos an sich – selbstredend neben meiner Regel Nr. 4 alle Abstecher mitzunehmen – und Cordula's unmissverständlicher Empfehlung, die Station Samos auf gar keinen Fall zu verpassen.
Der Ort Samos selbst wäre gänzlich unspannend, würde er nicht eines der ältesten Klöster der westlichen Welt beheimaten. Das *Monasterio de San Julián y Santa Basilisa* wurde bereits im 6. oder gar schon im 5. Jahrhundert gegründet, verfügt über den mit 56 auf 56 Meter Seitenlänge größten Kreuzgang Spaniens und beherbergt trotz eher wechselhafter Jahrhunderte auch heute noch Mönche wie Pilger in seinen Gemäuern. Sofern man im Schlafsaal in einem der oberen Stockbetten liegt, soll man angeblich direkt auf grandiose Deckengemälde blicken. Nicht übel und zudem wie häufig in Klosterherbergen auf Spendenbasis. Dafür gibt es den Gerüchten nach aber keine Heizung und sollen die Sanitärräume gelinde gesagt eher calvinistisch schlicht gehalten sein. Eine Nacht im Museum kommt offenbar niemals ganz ohne Opfer daher.
Hape wollte diese Pflichtstation nach seinem geselligen Ruhetag in Triacastela eigentlich auslassen, da die Route über Samos damals nicht auf dem offiziellen Camino lag. Allerdings hat er sich direkt am Anfang seiner Etappe nach Sarria verlaufen und ist so doch noch am „Juwel Samos" vorbeigekommen. Entweder wollte das Universum es so oder hat ihn der Ruhetag irgendwie aus seiner gewohnten Routine gebracht. Jedenfalls hat er sich am Ende über diese Fügung gefreut – wenn auch nicht über die zusätzlichen Kilometer. An der entscheidenden Kreuzung, wo Hape auf die erwähnte Linie einbiegen wollte, entscheide ich mich also bewusst für die acht Kilometer längere Triangel, denn für den Weg über San Xil nach Sarria spricht heutzutage im Grunde genommen überhaupt gar nichts. Da braucht man nicht lange drum herumreden.

Heute jedenfalls ist ein Tag, an dem es wohl nur ein einziges Mal regnet – ohne Unterlass. Da kann ich noch so viele Kastanienbäume herzen. Aber anders als in der Früh am Bergkamm entschädigt die Landschaft für die Nässe von oben. Es geht auf den gut 10 Kilometern bis Samos mal durch verwunschene Wälder, mal an verfallenen Gehöften vorbei, über zahllose kleine Zuläufe des Río Oribio hinweg und regelmäßig kommen mir

Kuhherden entgegen. Spätestens nach der zweiten Begegnung weiß man, dass die Kühe hier wie das Land sind: viel zu entschleunigt, um sich von einem signalrot leuchtenden Pilger aus der Ruhe bringen zu lassen. In Pamplona wäre ich mit diesem Outfit vermutlich vom erstbesten Vierbeiner aufgespießt worden – hier würden vermutlich selbst die Stiere keine Miene verziehen. Galicien ist eben eine märchenhafte, allem Hektischen entsagende Gegend friedlicher Koexistenz. Ich finde zunehmend Gefallen an dieser Ecke Spaniens.

Da es im märchenhaften Galicien aber auch gerade sagenhaft kalt ist und meine Klamotten allesamt nass oder zumindest klamm sind, entscheide ich mich kurz vor Samos doch für eine Herberge mit Heizung. Das Kloster kann ich mir am Abend ja immer noch anschauen – falls es doch noch aufhören sollte zu regnen. Das Rennen macht am Ende eine kleine private Albergue ausschließlich aufgrund des liebreizenden Wortes „Trockner" in der Aufzählung der vorhandenen Ausstattungsgegenstände. Wie schön es doch wäre, morgen mal wieder bei Sonnenschein und dann auch noch in trockener Kleidung loszulaufen. Liebes Universum – weißte Bescheid!

Während nach absolvierter Pilgerroutine der Großteil meiner Sachen im tatsächlich vorhandenen und funktionierenden Trockner seine Runden dreht und die Nässe abschüttelt, hört es doch tatsächlich draußen auf zu regnen. Abermals hätte ich diesbezüglich eine Wette verloren.

Also auf zum nur 200 Meter entfernten Juwel von Samos. Und nichts anderes als ein Juwel ist es auch. Das barocke Hauptportal der Kirche beispielsweise ist unglaublich filigran und würde sich nahtlos in die feine Münchner Innenstadt einfügen. Hätte ich nicht gewusst, dass es sich um eine Klosterkirche handelt, hätte ich beim Anblick der Fassade vielmehr auf das Hauptportal eines kurfürstlichen Schlosses getippt. Die Liebe zum baulichen Detail zeigt sich beispielsweise auch in unzähligen kleinen Jakobsmuscheln, die in regelmäßigem Abstand das schmiedeeiserne Geländer um die Anlage zieren. Sehr hübsch. Zwar bekomme ich die Deckengemälde im Schlafsaal der Herberge nicht zu Gesicht, aber falls die gleichen Künstler zugange waren, die auch den Innenraum der Kirche gestaltet haben, müsste man dafür eine Extramuschel vergeben. Als ich die Kirche betrete, findet dort gerade die abendliche Pilgermesse statt. Es scheint die Vesper zu sein, die an jedem Abend um 19:30 Uhr komplett gesungen zelebriert wird. Ich verstehe davon zwar kaum ein Wort, aber die Singstimme des pummeligen Mönchs fesselt mich. Die meditative Kontemplation, die durch diese feierliche Atmosphäre ermöglicht wird, tut mir so gut, dass ich bis zum Ende der Messe bleibe. Und so bekomme ich am Ende – kurz vor Santiago – doch noch meinen Pilgersegen. Mein Wunsch ans Universum, plus der gesungene Segen in fast schon heiliger Kombination, sollte doch nun wirklich ausreichen, damit die morgige Etappe trocken startet.

Noch etwas fesselt mich neben dem glockenreinen Tenor des Pfaffen. Während der gesamten Messe kniet eine junge Pilgerin regungslos auf dem nackten Steinboden. Neben ihr sind wohlgemerkt noch reichlich Plätze im Hauptschiff frei, aber statt der gepolsterten Kniebank wählte sie für ihre Andacht den harten Boden. Wir sind just am Morgen ein paar Meter zusammen gelaufen, weshalb ich weiß, dass sie vor ein paar Tagen 20 geworden ist und aus einer ländlichen Gegend in Mexiko stammt. Auf dem Camino interviewt sie Pilger aus aller Welt, um daraus eine Reportage für einen lokalen Radiosender zu machen. Dass sie selbst strenggläubig ist und hier scheinbar eine Form von Buße tut, hätte ich niemals gedacht. Es gibt sie also doch noch, die erzkatholischen Pilger und dies selbst unter den jungen Pilgern. Man lernt einfach nie aus auf dem Camino.

Der Tag endet für mich mit einem ganz persönlichen Highlight, als meine Mutter ans Telefon geht. Ihr geht es nach eigenem Bekunden wieder besser, aber sie klingt doch so schwach, dass ich ihr einfach viel von den letzten Etappen erzähle und sie so nur zuzuhören braucht. Es tut richtig gut, ihr meine Erlebnisse direkt erzählen zu können und ich glaube ihr damit eine Freude zu bereiten.

Wie es ihr wirklich geht, kann ich in diesem Moment nicht mit Sicherheit sagen. Wäre ich an ihrer Stelle, würde ich meinem pilgernden Sohn in der Ferne erzählen, wenn es mir nicht gut geht? Oder würde ich nicht vielmehr behaupten, dass es schon wieder besser geht, weil ich ja weiß, dass er bald heimkommen wird? Würde ich seine Reise beschweren, wenn es „nur" weiterhin nicht gut, aber nicht kritisch um mich bestellt wäre? Hier würde ich vermutlich die Linie zwischen dem Benennen der unverblümten

Wahrheit und dem Beschönigen der Wahrheit durch Weglassen von Details ziehen, weshalb ich in diesem Moment einfach glauben möchte, dass es ihr tatsächlich besser geht. Ich möchte es wohl für uns beide glauben und vertraue darauf, dass mir zumindest dann reiner Wein eingeschenkt worden wäre, wenn sich die Lage dramatisch verändert hätte.

Im Bett lasse ich den Tag nochmals Revue passieren. Es war einer der härteren Tage was die Route, definitiv was das Wetter und auch die gewälzten Gedanken – die durchlebten Stimmungen – angeht. Selten habe ich so kämpfen müssen, gefroren und den Tag einfach nur hinter mich bringen wollen.

Und dennoch liege ich jetzt mit dem guten Gefühl im warmen Bett heute etwas erreicht, ja etwas geleistet zu haben, außerdem durch das urzeitliche Kloster mit der ganz frühen Historie des Jakobsweges in Berührung gekommen zu sein und mit dem Cebreiro-Pass ein letztes großes Hindernis vor Santiago überwunden zu haben.

Die Wegentscheidung über Samos war unterm Strich goldrichtig und das Kloster auch jede Mühe wert. Trotzdem. Wenn es morgen im „Urinal Galicien" mal ausnahmsweise nicht regnen oder gar schneien sollte, würde mich dies aufrichtig freuen.

Tag 25: Samos – Portomarín

Donnerstag, 30.5.2013

Danke Universum, danke Segenspender, danke Kastanie von Ramil. Wer auch immer von euch dafür verantwortlich ist: Galicien so ganz ohne Regen ist doch noch mal eine andere Hausnummer – eigentlich mit Worten auch gar nicht angemessen zu beschreiben. Ich möchte es dennoch versuchen, denn die rund 15 Kilometer von Samos bis Sarria gehören zu den schönsten des gesamten Camino.

Die Gründe liegen mal wieder in der traumhaften Natur, aber auch in der idyllischen Einsamkeit, die ab Sarria nur noch eine bloße Erinnerung sein wird. Aber der guten Ordnung halber alles der Reihe nach.

Kurz hinter Samos eröffnet sich erneut die Wahl zwischen einer direkten, aber weniger ansprechenden Route und einer längeren, aber deutlich reizvolleren Wegalternative. Wer des Pilgerns noch nicht überdrüssig ist oder seinen Flieger nach Hause erwischen muss, der sollte sich die Zeit nehmen hinter Teiguín nach Norden zu gehen und so in das große Triangel noch ein weiteres Triangel einbauen. Der Umfang der Beschreibung von Cordula lässt eine mehr als deutliche Empfehlung erkennen, denn sie beschreibt die direkte Route bis Sarria in zwei Zeilen, hingegen die Panoramavariante mit ganzen 23. Mich hat sie mit dieser Gewichtung sofort gewonnen und bereits mit „die schönere Variante ... " restlos überzeugt.

Und es lohnt sich! Die Hohlwege sind noch ausgewaschener als zuvor und wie grüne organische Tunnel zugewachsen, die Höfe noch verlassener und die Kühe käuen – was kaum vorstellbar ist – noch eine Stufe gemächlicher wider. Es kommt mir vor, als wäre die Kastanie von Ramil gerade erst gestern gepflanzt worden. Jede Sekunde könnte ein Tempelritter um die Ecke biegen und meine fromme Gesinnung prüfen wollen. Hinter Samos beginnt also eine Zeitreise, die ich zudem mit niemandem vor Ort teilen muss. Keine anderen Pilger, keine Rucksäcke in Sicht, keine Straße in der Nähe und somit auch keine Taxen. Und dies so kurz vor Sarria, wo die Massen der Kurzstreckenpilger einfallen sollen und es voll werden wird auf

dem finalen Abschnitt des Camino Francés.
Der Umweg bedeutet damit vor allem, dass ich meinen Camino ein paar Stunden länger für mich alleine haben kann und noch einmal den puren Camino-Spirit genießen kann.
Am Wegesrand stehen nun immer häufiger die alten landestypischen Getreidespeicher, die sogenannten *Hórreos.* Darin hat man früher vor allem Korn vor tierischen Räubern und der nassen Witterung geschützt. Auch wenn sich bis heute an der Witterung nichts groß geändert hat, findet man diese Ur-Silos in allen möglichen Verfallszuständen vor. Nach dem fünfzigsten Foto eines windschiefen Hórreos wird auch mir bewusst, dass die alle mehr oder weniger gleich aussehen. Wenn Störche und Windräder typisch für die Meseta sind, dann sind es Kühe und Hórreos für Galicien. Und Regen.

In fast schon euphorischer Stimmung geht es ab Perros wieder auf dem Hauptweg auf Sarria zu. Was für einen Unterschied doch das Wetter in Sachen Laune machen kann!
Kurz hinter dem Ortschild von Sarria und der ersten von zahlreichen Herbergen der Stadt, befindet sich ein *Oficina Municipal de Turismo.* Eine kleine Touristeninformation, die sich rein an Pilger richtet und daher eigentlich *„... de Peregrino"* heißen müsste. Egal. An dem Haus kommt man aufgrund der Masse an Infotafel und Flyer nicht vorbei, also hole ich mir direkt meinen Stempel. Wer es in den letzten Tagen von wohlmeinenden Mitpilgern noch nicht zigfach gehört hat, wird hier eindringlich darauf hingewiesen, dass jeder Fußpilger fortan zwei Pilgerstempel pro Tag benötigt, um in Santiago die Compostela zu erhalten. Weiß ich natürlich dank Cordula und Hape schon längst, aber die Dame ist super freundlich und entschuldigt sich sogar für das schlechte Wetter der letzten Tage. Leider sei dies absolut typisch für die Jahreszeit, aber ihr täten die Pilger halt furchtbar leid, die bei diesem Wetter über die Berge stapfen müssen und dann leider auf ihr geliebtes Galicien fluchen würden. Finde ich sehr süß von ihr und passt auch irgendwie perfekt zu meinem Bild vom drollig-freundlichen Galicier.
Auf eine gänzlich andere Art freundlich sind dagegen die zahllosen

Neupilger, die ab hier in den Camino einsteigen. Der Startpunkt Sarria bietet sich für alle Pilger an, die nur die Zeit oder Kraft für die absolute Mindeststrecke haben, denn kurz hinter Sarria befindet sich der 100-Kilometer-Stein, ab dem es offiziell gilt. Alles was davor gepilgert wird, ist aus kirchlicher Ablasssicht quasi reines Privatvergnügen. Und dieses versäumte Vergnügen müssen die Minirucksack-Touristen nun in die 100 verbleibenden Kilometer packen. Entsprechend aufgedreht sind sie auch. Und zwar allesamt. Wenn sich nach dem üblichen „¡Buen Camino!" offenbart, dass der große Rucksack auf dem Rücken mit einer vergleichsweise großen Camino-Erfahrung korreliert, sind die Neuen sofort aus dem Häuschen. Welten kollidieren. Zwischen deren und meinem letzten „Und wo hast du angefangen?" liegen Schneestürme, lädierte Beine, tränenreiche Abschiede, Momente unermesslichen Glücks und eben viele viele hundert Kilometer Camino.
Der hilfesuchende Blick in die Gesichter anderer Langstreckenpilger zeigt, dass es denen genauso geht. Wir sind schlicht und ergreifend von den Neuen genervt – so sehr man deren Freude und Aufgekratztheit auch verstehen kann. Als Konsequenz werden bei neuen Begegnungen zuerst fix die Rucksäcke und dann die Schuhe abgecheckt. Ist der Rucksack zu klein und sind die Schuhe zu sauber, beschleunige ich persönlich meine Schritte und bin verbal zugeknöpft wie eine alte Jungfer. Trotzdem weise ich mehr als einmal eine dieser Kaffeefahrtgruppen zurück auf den Weg, wenn diese vor lauter Geschnatter prompt an einem dicken gelben Pfeil mitsamt Muschelwegweiser vorbeimarschiert ist. Jeder hat schließlich mal neu angefangen.
So ähnlich muss es dann wohl den Pilgern ergangen sein, die bis Saint-Jean-Pied-de-Port am Fuße der französischen Pyrenäen bereits hunderte oder gar tausende Kilometer in den Beinen hatten und dann gleichermaßen mit ganzen Zugladungen von redseligen Neupilgern konfrontiert wurden – solchen wie mir eben. Ein großes Mea culpa an all diejenigen, die ich damals grinsend wie ein Honigkuchenpferd zugetextet habe.

Am Beispiel von Sarria fällt mir mal wieder auf, dass der Kommerz eng mit der Anzahl der Pilger verwoben ist. Kaum beginnt der Hauptteil des Weges, nehmen sämtliche privaten Herbergen – und derer gibt es ganze sechs Stück – einheitlich 10 Euro pro Nacht. Für Camino-Verhältnisse grenzt dies fast an Wucher. Mit meinen läppischen 15 Kilometer auf dem Tacho scheidet Sarria als Tagesziel zwar ohnehin aus, aber das finde ich schon frech. Am Ende ist das aber auch ziemlich egal, denn der Trend zum Nepp wird sich bis Santiago leider nicht mehr ändern. Die letzten 100 Kilometer sind einfach anders.

Von Sarria selbst sehe ich nicht allzu viel, denn die gelben Pfeile lotsen mich im Süden der Stadt über die Rúa Peregrino und Rúa Maior vorbei am *Café km.111* in Richtung Monasterio de la Magdalena. Direkt hinter dem Kloster endet Sarria auch schon und ist man wieder in der freien Natur. Frei insofern, wenn man ausblendet, dass man sich die Natur mit gefühlt tausenden anderen Peregrinos teilen muss. Wegweiser wären also nicht mehr nötig, dokumentieren aber die erfolgreiche Annäherung an das Ziel Santiago. Bis zum legendären 100-Kilometer-Stein bei A Brea sind es ab der Stadtgrenze von Sarria keine 10 Kilometer mehr und auf den freue ich mich dank meiner Regel Nr. 7 auch ganz besonders.

Ich bin weiter in einem guten Rhythmus und mache ordentlich Strecke. Heute läuft es! Von der Blase ist nichts mehr zu spüren und die leidgeprüften Beine fangen inzwischen erst nach gut 20 Kilometer an sich schmerzhaft zu melden. Danach ist es nicht angenehm, aber es geht schon. Ich komme heute sogar so gut voran, dass ich kurz vor dem letzten Stein mit einer dreistelligen Kilometerzahl die junge Mexikanerin aus Samos einhole. Ihren Knien scheint die gestrige Tortur auf dem Steinboden der Klosterkirche offenbar nichts ausgemacht zu haben. Sie hat dort auch übernachtet, aber ist völlig durchgefroren bereits um 4 Uhr aufgebrochen. Durch ihre kurzen Interviews mit den Pilgern kommt sie zudem nur langsam voran, aber so habe ich sie immerhin einholen können. Für ihre Interviewreihe ist dies in gewisser Weise ein Glücksfall, denn ansonsten hätte Mexiko möglicherweise nie erfahren, dass an der 100-Kilometermarke ein weiteres Camino-Ritual gepflegt werden möchte: es gilt ein mitgebrachtes Bier zu trinken.

Salina glaube mir kein Wort. Schließlich sei ich Deutscher und würde daher zu jeder Tages- und Nachtzeit einen *cubo de cheve* – einen Eimer Bier – trinken wollen. Vermutlich meint sie die Maßkrüge, die man in der ganzen Welt vom Oktoberfest her kennt. Dass die Biergläser in Köln eher einem Reagenzglas als einem Maßkrug ähneln, übersteigt meine Sprachkenntnisse deutlich. Ihr dann noch auch zu erklären, dass das Bier in Köln nicht mal Bier, sondern genau wie der heimische Dialekt heißt, allemal. Zumindest in Sachen Camino-Ritual hätte ich mir ja zu gerne von Cordula helfen lassen, aber komischerweise schweigt meine allwissende Reiseführerin zu diesem Brauch. Vielleicht haben mir die trinkfreudigen Schweden in O Cebreiro auch einen Bären aufgebunden. Was soll's. Immerhin ist es kurz nach 12 Uhr, da kann man als Deutscher im Urlaub ja in der Tat auch mal ein Bierchen trinken und Regel ist nun mal Regel.

Der Begriff Wegebier war jedenfalls selten passender als jetzt, und ich mache brav gute Miene zum warmen Bier. Auf den Fotos, die wir wechselseitig schießen, könnte man daher tatsächlich glauben, dass die lauwarme und gut durchgeschüttelte Plörre gemundet hätte. Ein Prosit und Salud auf die transkontinentale Völkerverständigung!

Die restliche Strecke bis Portomarín meistere ich dank des Bierchens mit beschwingtem Schritt. Von den Geistern, die Hape und seine beiden Damen hier im sogenannten Tal der Hexen heimgesucht haben, findet sich keinerlei Spur. Und dies trotz oder vielleicht gerade wegen meines Day-Drinkings. Mir hat die pflichtbewusst konsumierte Menge Bier – Salina und ich haben brüderlich 80:20 geteilt – aber auch dicke gereicht, denn selbst ohne dunkle Magie ist das Risiko zu stürzen nicht zu unterschätzen. Es wäre schon arg bitter, durch eine blöde Verletzung auf den letzten Metern noch gestoppt zu werden. Insbesondere, wenn man diese durch einen Schwipps selbst verschuldet hätte. Was da aber damals bei Hape so ganz ohne Alkohol im Wald zwischen Sarria und Portomarín los war, ist mir und ich glaube auch ihm selbst ein Rätsel.

Erneut kann ich mir den Gedanken nicht verwehren, ob die tadellose Markierung der heutigen Wege vielleicht nicht doch seiner sanften Kritik geschuldet ist. Sein Buch wurde schließlich auch in Spanien gelesen und ich glaube nicht, dass sich ein spanischer Ortsvorsteher ein zweites Mal sagen lassen möchte, dass er sich zu wenig um seinen Abschnitt des Weges kümmern würde. Laut Cordula gibt es jedenfalls 12 Jahre nach Hape keine kritischen Stellen mehr auf dieser Etappe, und kann ich nur bestätigen, dass die gelben Pfeile überall deutlich zu erkennen sind. Die alten Hexen scheinen vertrieben worden zu sein, was ich mir angesichts der Völkerwanderung auch nur zu gut vorstellen kann.

Im allerbesten Sinne magisch, ist kurz vor dem heutigen Ziel der Blick auf ebendieses. Von Vilachá auf der östlichen Seite des Río Miño bietet sich ein grandioses Panorama über den Fluss und den dazugehörigen Belesar-Stausee hinweg auf Portomarín.

Heutzutage lässt sich dieses letzte natürliche Hindernis vor Santiago bequem über eine Straße auf der Staumauer überwinden. Früher hingegen war die Brücke über den Río Miño – wie so oft – ein geradezu neuralgisches Nadelöhr von strategischer Bedeutung. Die Brücke war sogar derart prägend, dass Portomarín in der frühen Pilgerliteratur, insbesondere dem *Liber Sancti Jacobi*, direkt „Pons Minea“ – Miño-Brücke – genannt wurde. Der gleiche Río Miño bildet übrigens in seinem späteren Verlauf die natürliche Grenze zwischen Spanien und Portugal.

Wirtschaftlich hatte es sich für Portomarín gelohnt, eine Pilgerhauptstation zu sein, an der auf dem Camino Francés kein Weg vorbeiführte. Man sagt, dass Portomarín eine der wohlhabendsten Städte Galiciens gewesen sein soll. Offenbar hat sich dies auch in den hiesigen Bauwerken niedergeschlagen, denn 1946 wurde der Ort zum „künstlerisch-historischen Ensemble“ erklärt – und dann in den 60er Jahren des letzten Jahrhunderts ohne Skrupel in den Fluten des neu angelegten Belesar-Stausees versenkt. Eine recht eigenwillige Art des Franquismus mit historisch bedeutsamen Stätten umzugehen, wie ich finde. Die Einwohnerzahl befand sich allerdings seit Jahrzehnten schon im freien Fall und so tat man sich wohl nicht allzu schwer mit der Entscheidung, dass der komplette Ort dem wirtschaftlichen Fortschritt Platz machen muss. Nur sehr wenige der alten Bauwerke wurden vor den ansteigenden Fluten gerettet und in den neuen Ort versetzt. Das Prominenteste davon ist die recht sonderbar anmutenden Iglesia de San Nicolás, an der sich die Beschriftungen, mit denen jeder einzelne Stein für den Umzug durchnummeriert wurde, noch heute gut erkennen lassen. Die Kirche in der Mitte des neuen Portomarín sieht aus wie ein übergroßer massiver Lego-Stein. Hätte man weitere baugleiche Kirchen zur Hand, könnte man alle ohne Probleme über- bzw. ineinander stapeln und es wäre im Ergebnis immer noch ein einziger massiver Klotz aus Stein. Cordula nennt sie festungsähnlich und das trifft es mal wieder auf den Punkt.

Gibt es überhaupt eine geballte 60er-Jahre Architektur auf der Welt, die heute als liebevoll gilt? Selbst „märchenhaft", wie Hape den Ort beschreibt, würde ich Neu-Portomarín vermutlich nur dann finden, wenn ich am 100-Kilometer-Stein eine ganze Kiste Bier getrunken oder mich von Hexen behelligt mit letzter Kraft schwimmend ans andere Ufer gerettet hätte. Dann erschiene mir der Ort vermutlich auch als sicherer Zufluchtsort und folglich in einem gänzlich anderen Licht. Ein sonderbarer Ort dieses Portomarín.

Imposant und gleichermaßen anstrengend fand ich auch schon den Einmarsch, denn in Verlängerung der Staumauer führt eine extrem steile Steintreppe hoch in die Stadt. Es kam mir fast vor, als würde ich auf einem roten Teppich eine Pyramide erklimmen. Diese Treppe auf der heutigen Zielgeraden, hatte eindeutig das Zeug dazu ein eigener kleiner Camino Duro zu sein.

Da ich heute bereits 38 Kilometer in den Knochen habe, ist es bei Ankunft an der öffentlichen Herberge bereits fast 15 Uhr, und ich kann mich glücklich schätzen noch eines der letzten Betten zu bekommen. Die Stockbetten sind wie in allen Häusern der Xunta extrem eng gestellt, was aus Erfahrung definitiv nichts Gutes verheißt. Kann ja eine heitere Nacht werden. Ebenfalls aus Erfahrung landet eine Flasche Rotwein prompt auf meinem geistigen Einkaufszettel. Rotweinbedingte Bettschwere hat meist ganz hervorragend funktioniert, wenn der Schlafsaal zu eng oder zu bevölkert oder beides war. Nun, ehrlicherweise hat das Konzept auch dann ganz passabel funktioniert, wenn die Schlafbedingungen für Camino-Verhältnisse ideal waren.

Alternativ zum Vino Tinto böte sich heute ein dem Grappa ähnliches Gebräu aus lokaler Fertigung an – *Orujo*. Irgendwie müssen sich die

Einheimischen wohl den brutalen Charme ihrer neuen Siedlung und dazu die täglich aufs neue einfallenden Pilgerscharen schöntrinken. Ein Hoch auf das sagenumwobene Atlantis Galiciens unten im Stausee!

Der Tag endet dann überraschend mit einem kulinarischen Gelage in der Herberge. Ich hatte auf dem zentralen Platz, dem Praza Conde Fenosa, der selbstverständlich fest in Pilgerhand ist, zwar schon mein Pilgermenü gegessen, aber im Aufenthaltsraum der Herberge warfen irgendwann alle versammelten Bewohner Käse, Würste, diverse Knabbereien und Wein zusammen. Jeder eben was er noch so dabei hatte.

Dutzende Nationen an einem großen Tisch, der Geist des Camino als verbindendes Element und als Würze hitzige politische Diskussionen – die Zutaten für einen perfekten Abend auf dem Jakobsweg. Gestik ersetzt die fehlende gemeinsame Sprache und es ist mal wieder ein Camino-Moment in seiner die Menschen zusammenführenden Reinform. Die Betten mögen hier vielleicht eng gestellt sein und ja, man schläft mit Rotwein im Kopf vielleicht besser ein, aber unterm Strich doch mäßig. Aber gerade, weil man besagten Rotwein – und davon eben auch meistens zu viel – gemeinsam trinkt, möchte ich diese bodenständigen Abende und Nächte in den Herbergen auf keinen Fall missen. Engstirnig hat sich in den zahlreichen lebhaften Diskussionen jedenfalls bislang kein einziger der Pilger gezeigt.

Am Ende zaubert dann tatsächlich jemand noch eine Flasche Orujo auf den Tisch und hat so die ganze Herberge in den Schlaf geschossen. Wenn da mal keine Hexe am Werk war.

Tag 26: Portomarín – Mélide
Freitag, 31.5.2013

In der Tat schläft man mit Rotwein im Kopf eher mäßig. Erst recht, wenn 72 Pilger in einem gedrungenen Raum schlafen, der kaum mehr als 72 Quadratmeter misst. Die scheinbar unvermeidlichen Profischnarcher bringen es wie in zu vielen Herbergen zuvor schon, auf 72 Dezibel und mehr – im wahrsten Sinne des Wortes „im Schlaf". Ein vergleichbar professionell bereiteter Café con Leche würde am viel zu frühen Morgen helfen, die am Vortag noch so gerühmten Vorzüge der Völkerverständigung auch weiterhin in einem positiven Licht zu sehen. Nun ja, es heißt ja auch ¡Buen Camino! und nicht ¡Buenas Noches!

In noch trübem Licht geht es um 6 Uhr auf die heutige Strecke und erstmalig ist die Distanz bei Etappenstart zweistellig. Gerade mal 94 Kilometer sind es noch bis Santiago de Compostela. Sollte ich heute ordentlich Strecke machen, ginge mein Plan auf, an einem Sonntag – exakt vier Wochen nach dem Start in Köln – an meinem Ziel als geprüfter Jakobspilger anzukommen. Die Temperaturen sind ideal, es ist trocken und die Strecke birgt keinerlei kritische Stellen. Also laufe ich Wegepunkt für Wegepunkt ab und komme schnell voran. Nach all den Wochen auf dem Camino bin ich zu einer routinierten Pilgermaschine geworden. Laufen. Stempel holen. Laufen. Essen. Laufen. „¡Ultreya!" muss mir keiner mehr zurufen – ich möchte jetzt ankommen.

Nach etwa drei Stunden durchquere ich strammen Schrittes Hospital da Cruz, wo Cordula ihre bereits 28. Etappe enden lässt. Ich bin erstmals geneigt, meiner großen Meisterin bei dieser Wahl zu widersprechen. Die einzige Herberge des Örtchens hält nur wenige – 22 um genau zu sein – Betten bereit und steht direkt an einer vielbefahrenen Nationalstraße. Zudem bietet Hospital da Cruz selbst keine nennenswerte Infrastruktur. Das deutlich größere Portomarín dagegen ist zwar eine recht sonderbare Retortenstadt, aber mit seiner idyllischen Lage am aufgestauten Río Miño als Tagesziel gar nicht so verkehrt. Die große Zahl an Herbergen mit insgesamt über 300 Schlafplätzen erhöht außerdem die Chance, dass man

nicht unfreiwillig weiterziehen muss. In Hospital wäre ich gestern aufgrund meiner späten Ankunftszeit garantiert abgewiesen worden.
Hinter Hospital da Cruz geht es durch vergessene kleine galicische Dörfer, immer wieder an tiefenentspannten Kühen vorbei und über viele grüne Hügel. Typisch Galicien eben.
Neben den Hórreos, den auf sonderbare Weise photogenen, zumeist halbverfallenen Kornspeichern, fallen noch die ungewöhnlichen steinernen Wegkreuze auf. Nahezu ausnahmslos sind diese auf der Vorder- wie auch auf der Rückseite mit einer Figur belegt. Entweder ist dies ein feiner Zug für die Pilger, die auf dem Rückweg sind und so ebenfalls von ihrem gekreuzigten Christus Auge in Auge den Weg gewiesen bekommen oder aber im mittelalterlichen Galicien gab es mehr Kreuzigungen als Kreuze zur Verfügung standen. Beides falsch, denn bei genauerem Hinsehen kann man erkennen, dass nur eine der Personen gekreuzigt dargestellt und die andere Figur weiblich ist und die Arme nicht am Kreuz „trägt", sondern gefaltet hat. Cordula kennte selbstverständlich die Lösung: bei der Frau handelt es sich auf den sogenannten *Cruceiros* um die Jungfrau Maria, die im tiefgläubigen Spanien schon seit früher Zeit eine große Verehrung erfährt. Da sag einer, dass Frauen und die katholische Kirche nicht zusammenpassen würden.

Der Camino plätschert heute irgendwie so dahin. Definitiv nicht unangenehm, aber eben ohne Ausreißer in die eine oder andere Richtung. ¡Ultreya! – jeder Schritt gen Westen zählt.
Palas de Rei, das größte Nest auf der heutigen Etappe, hält – wie schon Triacastela keine drei Festungen mehr vorweisen kann – bedauerlicherweise auch keinen Königspalast mehr zur Besichtigung oder gar Beherbergung von müden Pilgerleibern bereit. Der Ortsname mag erneut in die Irre führen, aber dafür gibt es zumindest zahlreiche Pilgerherbergen. Allesamt keine Paläste, aber eine Albergue mit einem freien Bett wäre mir bei Bedarf lieber als ein Palast mit dem unheilvollen Schild „Completo" an der Pforte. Und hätte ich auf dem Camino Francés in einem herrschaftlichen Palast schlafen wollen, hätte ich die wohl prächtigste Gelegenheit dazu in León im dortigen Parador Nacional

gehabt. Allerdings zahlt man dort auch für eine einzige Nacht in etwa so viel wie für die gesamten Herbergsübernachtungen auf dem Camino zusammen. Meine selbstkasteiende Regel Nr. 6, die besagt, dass ich bis Santiago ausschließlich in Herbergen schlafen darf, schont zwar nicht den Rücken und auch nie die Ohren, aber doch zumindest die Reisekasse.

Anders als Hape, Anne und Sheelagh zieht es mich in Palas de Rei weiter – auch, wenn die Aussicht auf eine Massage, die die Drei hier genossen haben, echt verlockend ist. Hape und seine Damen ließen es auf den letzten 100 Kilometern nochmals ruhiger angehen. Unter Langstreckenpilgern ist dies übrigens ein nicht seltenes Phänomen, denn die Aussicht, nach vielen hundert oder gar tausend Kilometern nun tatsächlich kurz vor dem Ziel zu sein und damit das Abenteuer „Jakobsweg" bald schon beenden zu müssen, ist für viele Peregrinos hochgradig irritierend. Es macht vielen sogar regelrecht Angst. Bei Hape war es in erster Linie die Gesellschaft, die er noch nicht missen wollte. Bei vielen Pilgern ist es dagegen ein gewisses Maß an Ungewissheit was nach dem Camino wohl kommen mag, bzw. der erneut drohende Alltag, dem man ja buchstäblich davongelaufen war. Wer bislang noch keine Antworten auf die mitgebrachten Fragen bekommen hat, schneidet daher die letzten Tagesetappen gerne mal in kürzere Abschnitte, um so vielleicht doch noch die entscheidenden Momente und damit die ersehnten Antworten herbeizuführen. Es herrscht regelrechte Torschlusspanik auf dem Camino. Der Wirt hat zur letzten Runde geläutet.

Mein Tipp? Auf den eigenen Bauch hören und entsprechend handeln. Wer das Verlangen hat, noch ein paar Tage länger als Pilger unterwegs zu sein, der sollte einfach noch eine Weile Pilger bleiben. Sofern die Zeit kein Problem darstellt und man alleine unterwegs ist, fällt es leicht diesem Rat zu folgen. Kritisch ist dies aber bei Paaren, die bis zur Zielgeraden gemeinsam durchgehalten haben. Hier droht maximales Konfliktpotenzial, denn der romantische Wunsch von A, händchenhaltend mit Schatz B in Santiago einzulaufen, kann für B eben jene panikauslösende Horrorvorstellung sein. Falls A hierfür Verständnis aufbringt oder die Sorgen von B gar proaktiv thematisiert, ist dies eigentlich der ultimative Beweis dafür, dass der Weg für A seine Wunder vollbracht hat und die Zeit tatsächlich reif ist. „Jedem sein Camino" – diese Goldene Regel des Camino gilt auf den letzten 100 Kilometern mehr denn je.

Wie immer, wenn Dinge ihrem Ende entgegengehen, kann man ständig „Der/ Die / Das letzte ... " benennen. Die letzte Stadt, der letzte Pass, die letzte römische Brücke oder wie kurz vor Leboreiro die letzte Provinzgrenze auf dem Camino Francés. Die noch verbleibenden 60 Kilometer bis Santiago werde ich in der Provinz A Coruña zurücklegen, die wie die Provinz zuvor ebenfalls zur autonomen Region Galicien gehört. Durch insgesamt vier spanische Regionen führt der spanische Jakobsweg: Navarra, La Rioja, Castilla y León mit ganzen drei zu durchquerenden Provinzen und nun Galicien mit zwei Provinzen, die den Camino Francés beheimaten. Wie Oma immer sagte: „Wer reist, der sieht was von der Welt". Wie Recht sie damit doch hatte.
Diverse Feigenbäume später bin ich im geografischen Zentrum von Galicien und damit an meinem Tagesziel. Mit knapp 5.000 Einwohnern ist Mélide für Galicien schon eine nennenswerte Großstadt, aber architektonisch gesehen leider ein ziemlich weißer Fleck. Im Ort stößt mit dem Camino Primitivo noch ein weiterer Nebenweg auf den Camino Francés, was sich aber kaum in einem weiteren Anschwellen der Massen bemerkbar macht. Der aus nordöstlicher Richtung kommende *Camino Primitivo* wird nur noch selten begangen – ich treffe keinen einzigen Pilger, der von diesem alten Weg erzählt. Wer an der Küste laufen möchte, der wählt offenbar den malerischen *Camino del Norte*, bzw. den *Camino de la Costa* und stößt dann bei Arzúa, rund 40 Kilometer vor Santiago und damit nochmals gut 10 Kilometer hinter Mélide, auf die vereinende Hauptroute.
Nicht vom Küstenweg kommend, aber höchst erfreulich ist das unverhoffte Wiedersehen mit Elisabeth, die mich vor einigen Tagen in Hospital de Órbigo mit Schmerzmitteln versorgt hat und die ich auf Anhieb mochte. Den Tag Vorsprung, den sie aufgrund meines Pausentags hatte, habe ich wohl durch meine langen Etappen wieder wettgemacht.
Zur Feier unserer Reunion schauen wir uns die eigentlichen Kunstwerke der Stadt an. Diese sind vergänglich, aber bekömmlich und dazu noch

erschwinglich: gekochte Krake in Öl mit Paprikapulver bestreut. Kunst als leichte Kost. Dem Gerede in der Herberge nach, soll die *Pulpeira Ezequiel* die besten *Pulpo á feira* der Stadt kredenzen. Voilà, ein weiteres Etappenziel – auch wenn es jetzt nur um die abendliche Nahrungsaufnahme geht. Mir fehlt zwar der Vergleich zu den anderen Pulpeiras der Stadt, aber lecker war es. Vermutlich würde mir „Krake in Öl" zuhause nicht schmecken, aber in der Ferne schmecken ja viele sonderliche Gerichte oder Getränke und überhaupt habe ich mir Geschmack und Konsistenz deutlich fieser vorgestellt. Gummiartiger. Neben dem kulinarischen Aspekt ist mir aber noch viel eindringlicher das Geräusch des Hackebeils aus der Küche in Erinnerung geblieben. Tack Tack Tack Tack Tack. Dann eine kurze Pause und wieder Tack Tack Tack Tack Tack. Mit jeder Sequenz verwandelt sich ein Krakenarm in kleine Stücke, die dann – eher lieblos – auf einen Teller gehäuft werden. Da in der Pulpeira so gut wie nichts anderes auf der Karte steht und alle Tische besetzt sind, saust das Beil ohne Unterlass danieder und zerstückelt Tag ein Tag aus unzählige gekochte Ärmchen. Was soll ich sagen, es handelt sich um die kulinarische Spezialität der Stadt und die Tierchen sind augenscheinlich bereits tot bevor sie in den sprudelnden Topf kommen – Julie hätte als Veganerin aber garantiert die ultimative Krise bekommen.

Bei süßen *Melindres* und einem Pappbecher Rotwein – in der Gemeinschaftsküche der öffentlichen Herberge gibt es wie in Galicien üblich keinerlei Utensilien, weshalb wir uns in einer Eisdiele zwei leere Becher haben geben lassen – beschließen Elisabeth und ich, die beiden verbleibenden Etappen zusammen zu laufen. Mit Elisabeth beschert mir der Camino also nicht nur eine willkommene Gesellschaft für mein Pulpo-Abendessen, sondern nun doch noch eine Begleitung für den nahenden Einmarsch in Santiago de Compostela. Julie mag ich zwar davongelaufen sein, aber die Gesellschaft von Elisabeth ist nicht minder ein Geschenk.

Meine Zeit für die Ankunft in Santiago fühlte sich in den letzten Tagen schon reif an, aber jetzt ist zusätzlich noch die Aussicht auf die Art und Weise der Zielerreichung stimmig. Der Camino nimmt, aber heute hat er mir großartige Gesellschaft für das Finale gegeben. Es wird ganz sicher ein

„Buen Final" werden.

Dennoch verwette ich meine liebgewonnenen Wanderstöcke, dass mich heute Nacht dieses „Tack Tack Tack Tack Tack" im Traum verfolgen wird. Mit einer erneuten Marathondistanz in den müden Beinen ist es dafür auch nicht mehr allzu lange hin.

Tag 27: Mélide – Pedrouzo (Arca do Pino)

Samstag, 1.6.2013

Falls die anderen Gäste der städtischen Herberge heute Nacht ein „Tack Tack Tack Tack Tack" gehört haben sollten, dann haben sie das nicht geträumt. Ich war's und das ganz ohne Hackebeil. Jedoch musste in der Nacht kein weiteres Krakenärmchen dran glauben, wohl aber der Pfosten des Nachbarbetts. Mein sich darin befindlicher Mitschläfer hat nämlich derart laut gesägt, dass ich völlig entnervt mehrmals an sein Bett getreten habe. Danach war Ruhe.

In Gedanken, wie „Gewalt als Lösung" und „der Jakobsweg als Weg zu innerer Ruhe und Ausgeglichenheit" für mich bis Santiago doch noch halbwegs gesichtswahrend in Einklang gebracht werden kann, mache ich mich gemeinsam mit Elisabeth auf die letzte volle Etappe vor dem Ziel. Bis Santiago sind es ab Mélide noch gut 50 Kilometer und es sieht weiterhin danach aus, dass ich es bis ins Ziel schaffen könnte. Beine, Füße und Psyche spielen mit.

Die heutige Strecke meidet erfreulicherweise größere Straßen und führt wie auch am Vortag schon durch hügeliges Auenland, durch immer südlicher anmutende Vegetation und vorbei an vorgestrigen Dörfern. „¡Buen Camino!" liebe Hobbits, wo auch immer ihr euch versteckt haben mögt.

Ein winziger, aber für müde Pilger ausgesprochen anziehender Ort befindet sich etwa 10 Kilometern hinter Mélide direkt am Weg. Ribadiso da Baixo besteht mehr oder weniger ausschließlich aus der öffentlichen Herberge. Trotzdem oder gerade deshalb ist diese laut Cordula aber eine der beliebtesten auf dem gesamten Camino. Als ich dort ankomme, weiß ich auch warum. Für klassische Von-Ost-nach-West-Pilger bietet sich kurz vor der Herberge der folgende Anblick: hinter einer kleinen Brücke stehen mitten auf einer saftig grünen Wiese und das direkt am Río Iso eine Handvoll hübsch sanierter Steinhäuser mit türkisfarbenen Fenster- und

Türrahmen. Die Szenerie rundet ein strahlend blauer Himmel und das beruhigende Plätschern des kleinen Río Iso ab. Absolut paradiesisch, aber für mich als Tagesziel leider viel zu früh. Ich freue mich aber für die 70 glücklichen Peregrinos, die hier Tag für Tag ein Bett ergattern und nach der Ankommensroutine auf der Wiese am Fluss liegen können. Garantiert eine tolle Sache, kurz vor dem Ziel nochmals ein solches Idyll genießen zu können.

Wer es auf den letzten Etappen ohnehin etwas langsamer angehen lassen möchte, der könnte von Portomarín nach Palas de Rei, am Folgetag weiter bis Ribadiso da Baixa und schlussendlich von hier bis O Pedrouzo ganz elegant eine Zusatzetappe einschieben. Da ich in Palas de Rei noch weitergelaufen bin, habe ich mir leider – wertfrei gesprochen – den Zwischenstopp in „Riparadiso" verbaut. Die Gesamtstrecke von doch 75 Kilometern lässt sich jedoch auch gut auf drei, statt auf nur zwei sehr lange Etappen aufteilen.

Trotz der dichten Bewölkung am Morgen bleibt es den ganzen Tag über trocken und reißt der Himmel immer weiter auf. Eigentlich eher untypisch für Galicien, wo ich vor wenigen Tagen noch mit Schneeregen begrüßt wurde. Dafür gibt es ganz typisch wieder jede Menge Hórreos, Wegkreuze und Kühe soweit das Auge reicht zu sehen, bzw. zu umrunden.

Diese gemütlichen Wiederkäuer wiederum sind mitverantwortlich für eine Köstlichkeit, die nicht unerwähnt bleiben darf: *Queixo D.O. Arzúa-Ulloa*. Ein Himmelsgeschenk und dazu noch ideal als Proviant geeignet. Der in Arzúa produzierte Käse kommt in runden Laibern daher, die ab einem halben Kilo zu haben sind. Bei mir hat dies für gerade mal zwei Tage gereicht. Dazu ein frisches Baguette aus einer Panadería – fertig ist die beste Zwischenmahlzeit, die ich mir als Pilger vorstellen kann. Der Käse ist mild, aber alles andere als fad, außen härter als innen und im Ergebnis eine weitere kulinarische Camino-Offenbarung. Mitten auf dem Marktplatz von Arzúa schmeckt der Käse vermutlich noch mal besser als anderswo und ich zelebriere diese Pause mit allen Sinnen. Genau so muss sich eine Maus im Käsehimmel fühlen und ich liebe Käse.

Ziemlich genau ab Arzúa knackt man auch die 40-Kilometer-Marke bis

Santiago. Gestern hatte ich als Tagesdistanz sogar noch einen Kilometer mehr auf dem Tacho – sprich, ab hier könnte ich es in nur einem Tag bis ins Ziel schaffen. Verrückte Vorstellung. Der Magnet Santiago zieht nun gefühlt besonders stark an und die Vorfreude lässt Herzschlag und Schritte schneller werden. Ein Tacken zu schnell für Elisabeth, aber wir vereinbaren, dass wir uns später in der öffentlichen Herberge von Pedrouzo treffen. Ein bisschen kommen wir uns vor wie eins dieser inzwischen perfekt eingespielten Paare. Herrlich. Und über die Tatsache, noch einmal ein paar weitere Kilometer alleine zu laufen bin ich gar nicht unglücklich. So habe ich den Weg begonnen, so habe ich es gelegentlich in der Gruppe um Julie, Jesslyn, Ben und Tÿl gehandhabt, so habe ich die Meseta bezwungen und so scheint es der für mich „richtige Weg" zu sein. Natürlich ist es auch schön die Eindrücke direkt mit jemandem teilen zu können, aber die Reihenfolge: wahrnehmen, bewerten, verarbeiten und dann erst teilen ist nun mal meine Art mit neuem Input umzugehen.

Ganz alleine bin ich aber wahrlich nicht unterwegs, denn ab Arzúa wird der bereits stark frequentierte Camino Francés noch einmal voller. Der Grund dafür liegt wie gesagt darin, dass ab hier die Pilger von den Küstenwegen im Norden dazu stoßen. Ich glaube, dass nun alle Wege – bis auf den portugiesischen Weg – vereint sind und sich ab hier gebündelt von Osten her dem großen Ziel nähern. Deshalb ist es auch eine glückliche Fügung, dass es hier so hügelig ist. Wäre es flach wie in der Meseta, hätte man das ganze Ausmaß des Massentourismus vor Augen. So beschränkt die Landschaft zumindest den Blick auf die Rucksäcke unmittelbar vor einem. Und das sind für meinen Geschmack immer noch genug bunte Farbtupfer bis der nächste Hügel die Sicht begrenzt.

Ich habe eh längst aufgehört zu zählen, wie viele „Betten" ich schon überholt habe. Die letzte Suche nach einem Bett als Pilger wird sicher auch in Pedrouzo wieder gelingen. Die Störung meiner Nachtruhe mag mich vielleicht aus der Ruhe bringen – daher heißt der Spruch vermutlich auch so – aber der Camino hat ohne Zweifel dafür gesorgt, dass ich mir deutlich weniger Gedanken um irgendwelche Eventualitäten mache. Warum soll ich mir auch den Kopf um ein Problem zerbrechen, solange es nur als theoretische Möglichkeit in meinen Gedanken existiert?

Pedrouzo bzw. auch Arca do Pino genannt – es scheint mir der gleiche Ort zu sein – liegt ein paar Meter abseits des traditionellen Jakobswegs, ist aber dennoch die Pilgerstation schlechthin in dieser Gegend. Der Ort selbst ist freundlich ausgedrückt ebenfalls leicht „abseits" meines Geschmacks. Wie schon Villafranca vor den Montes de Oca oder Puente Villarente kurz vor León, befindet sich die gesamte Besiedlung an einer vielbefahrenen Hauptstraße, die auf der gesamten Länge zwischen den beiden Ortsschildern lieblos und hässlich ist. An dem einen Ende, in der Mitte oder an dem anderen Ende – alles ohne Unterschied. Die Straße in der Hoffnung auf ein schönes Café oder Restaurant abzulaufen, lohnt daher auch gar nicht. Wer auf der Suche nach einem günstigen Pilgermenü ist, kann ganz einfach das erstbeste Restaurant nehmen und erspart sich damit die ernüchternde Erkenntnis, dass Pedrouzo so ziemlich das exakte Gegenteil von Ribadiso da Baixo ist. Mein heutiges Etappenziel liegt günstig für den morgigen Schlussspurt nach Santiago – mehr nicht. Die städtische Herberge ist ok und wenn man die riesige Bauruine nebenan ausblendet, rangiert sie irgendwo im Mittelfeld mit all den anderen Bleiben, die ich in wenigen Wochen vermutlich ohnehin nicht mehr voneinander unterscheiden kann. Aber es gibt ein Bett und dazu noch eine heiße Dusche – was will man also mehr.
Hape hatte da deutlich mehr Glück mit seinem Bauernhof in Rúa nur wenige Meter um die Ecke. Vor allem erfährt er dort von einem tiefsinnigen Holländer, dass jeder Pilger in Santiago „den Empfang bekommt, der ihm zusteht".
Was wird mich morgen wohl erwarten? Die Ankunft an einem Sonntag sollte schon mal klappen, denn ab hier sind es ja nur noch gut 20 Kilometer. Außerdem habe ich mit Elisabeth tolle Gesellschaft und geht es mir gesundheitlich – wieder – blendend. Sogar das typische galicische Wetter macht gerade Pause und hat der Sonne bei durchschnittlich 15 bis 25 Grad das Feld überlassen. So übel sollte es morgen also schon nicht werden.

Am Abend gehe ich mit Elisabeth die diversen Pilgertypen durch, die wir

in den letzten Wochen so getroffen haben. Naturgemäß kommen die zuletzt leider omnipräsenten Handtaschen-Pilger am schlechtesten dabei weg. Reinhold Messner fand es ja auch nicht lustig, als er bei der Besteigung des Matterhorns kurz unterhalb des Gipfels ein Kiosk vorfand. Da verstand er überhaupt keinen Spaß, auch wenn es einer war. Manche Dinge passen einfach nicht sonderlich gut zusammen. Aber sei's drum. Die Kurzstreckenpilger scheinen auch ihren Spaß zu haben und meist gelingt ja auch eine harmonische Koexistenz. Für den einen Trupp, den man sehenden Auges in die falsche Richtung laufen lässt, hilft man ja mindestens drei anderen wieder die gelben Pfeile richtig zu deuten. Wir Langstreckenpilger sind ja auch keine völligen Unmenschen. Trotzdem tut es gerade gut, ein bisschen Dampf abzulassen. Massimo, der schon in Ponferrada die ein oder andere Zote über Berlusconi zum Besten gegeben hatte, ist inzwischen auch aufgetaucht und wir lästern in bester Pilgermanier bis es Zeit zum Schlafengehen ist – also bis sage und schreibe 21 Uhr. Pilgermitternacht.
Der Wecker steht nämlich höchst unchristlich auf 4:50 Uhr, damit wir es rechtzeitig und ohne auf den letzten Metern hetzen zu müssen zur 12-Uhr-Pilgermesse nach Santiago schaffen. Katholische Beweggründe hin oder her, aber die Messe stelle ich mir als einen würdigen und festlichen Abschluss für meinen Camino vor. Der Jakobsweg hat mich zwar nicht wieder katholisch gemacht, aber die katholische Kirche hat mir einen über 1000 Jahre alten Pilgerweg als Rahmen für innere Einkehr und Kontemplation geboten. Dafür bin ich aufrichtig dankbar und dies möchte ich morgen in Santiago auch entsprechend zelebrieren. Goldene Altäre kann ich inzwischen außerdem ganz gut ausblenden. Auch dies lernt man mit der Zeit auf dem Jakobsweg.

Tag 28: Pedrouzo (Arca do Pino) – Santiago de Compostela

Sonntag, 2.6.2013

Der große Tag beginnt um 5:15 Uhr und mit aufgesetzter Stirnlampe, die ich die ganze Zeit schon mitgeschleppt habe, bislang aber noch nie zum Einsatz gekommen war. Und die ganz schön bescheuert aussieht, aber dafür verhindert, dass ich mich auf den letzten Metern noch verlaufe oder durch einen unfreiwilligen Engtanz mit einem Baumstamm kurzfristig aus dem Rennen schieße. Auf dem Camino folgt das Design der Funktionalität und nicht umgekehrt – unzählige beige Outdoor-Funktionshosen können dies bezeugen.

Zusammen mit einer gleichermaßen müden wie euphorischen Elisabeth taste ich mich also im schwachen Schein meiner Lampe durch einen nach Hustensaft duftenden Wald in Richtung Santiago vor. Hell wird es erst in knapp einer Stunde. Die naive Hoffnung, um diese Uhrzeit in Pedrouzo einen Café con Leche aufzutreiben, habe ich direkt als Wahnvorstellung abgetan. Das zusätzliche Adrenalin des letzten Tages muss erstmal genügen – zumindest bis sich ein offenes Café findet.

Rund 20 Kilometer liegen heute auf der Zielgeraden noch vor uns. Dabei geht es zunächst die wenigen Meter zurück auf den Camino, dann nördlich um den Flughafen von Santiago herum und rauf auf den Monte do Gozo, den sogenannten Freudenberg. Von hier soll man doch tatsächlich bereits die Türme der Kathedrale sehen können – daher auch der Name „Freudenberg". Ein letztes Mal führt der Weg dann noch einmal steil bergab und schlussendlich über diverse Autobahnbrücken und Kreisverkehre durch die triste Neustadt bis in die Altstadt von Santiago de Compostela. Ziel ist natürlich die bereits erspähte Kathedrale selbst am Plaza do Obradoiro.

Zu Hape's Zeiten war der Weg auf den letzten Metern voller singender Pilger und wenig verwunderlich war er einer von diesen. Entweder singt man heutzutage nicht mehr einfach so außerhalb der eigenen Dusche oder aber es ist eine sehr französische Sitte. Da die Franzosen Anfang Juni aber noch keine Ferien haben, wird es in diesem Fall noch ein paar Tage dauern, bis französische Fischerchöre durch galicische Wälder ziehen. Oder es liegt daran, dass es aktuell schlicht und ergreifend noch viel zu früh ist, um fröhlich vor sich hinzuträllern. Allerdings treffen wir ohnehin kaum andere Pilger, um diese These zu verproben. Wie es scheint, hat unser Frühstart dafür gesorgt, dass wir weit vor dem Hauptfeld aus Pedrouzo liegen.

In der Dämmerung dämmert mir eine weitere Option. Es ist eine gewisse Unterstellung, aber der Grund für unser angenehm ungestörtes Wandererlebnis könnte auch darin begründet sein, dass auffallend viele Taxen an uns vorbeifahren. Wer auf den allerletzten Kilometern noch schummelt, hat hoffentlich einen verdammt guten Grund! Aber selbst dann verpasst er oder sie eine ganze Menge. Denn gerade inmitten der Natur das Erwachen des neuen Tages mitzubekommen ist – mal wieder – magisch. Mir fällt einfach kein treffenderes Wort ein. Die Sonnenaufgänge auf dem Camino haben mich ja schon viele Male fasziniert, und so ist es auch heute wieder, als die Morgenröte durch die Eukalyptusbäume bricht, und wir wenig später lange Schatten in Richtung Santiago werfen. Nach Sonnenaufgang zeigt sich ein perfekt wolkenfreier Himmel. Und wer bei diesem Anblick keinen spontanen Endorphinschub bekommt, der sollte dringend seinen Hormonhaushalt untersuchen lassen.

Ordentlich Schub haben auf jeden Fall die Flugzeuge, die vom Aeropuerto de Labacolla – dem Flughafen von Santiago – abheben. Der Flughafen wurde mir nichts dir nichts quer über den offiziellen Camino gebaut, weswegen der Weg seitdem um die Startbahn herumführt. Erinnerungen an den endlosen Weg hinein nach Burgos werden wach.

Ein letztes Ritual vor Santiago erwartet die Pilger am Lavacolla, einem Bachlauf kurz hinter dem im Galicischen gleichnamigen Flughafen. Den mittelalterlichen Pilgern war es im *Codex Calixtinus* auferlegt, sich hier – sagen wir auch an den wohlverhüllten Stellen – zu waschen. „Lavar" bedeutet im spanischen „waschen" und da sich die Kathedrale quasi bereits in Sichtweit befindet, erschien es dem damaligen Regelaufsteller

angebracht zu sein, dafür zu sorgen, dass der übliche römisch-katholische Weihrauch und nicht die Pilger für das Geruchserlebnis während der Messe sorgen würden.
Recht amüsant ist allerdings, dass der kleine Bach vermutlich nur aufgrund eines Übersetzungsfehlers von „Lavacolla" zur verpflichtenden Badestätte für die frühen Pilger wurde. Zur Ehrenrettung des damaligen Übersetzers sei gesagt, dass der Unterschied zwischen „Geröll" und „Genitalien" im Spanischen sehr viel weniger ausgeprägt ist als im Deutschen, und so die Wasch-Regel in den alten Pilgerführer kam. Wie dem auch sei. Meine letzte Dusche ist noch keine 12 Stunden her und außerdem bin ich in Begleitung einer Dame. Wir beschränken uns daher einvernehmlich darauf, dass Händewaschen dem Wasch-Ritual hinreichend Rechnung tragen wird und Regel Nr. 7 damit erfüllt ist. Erfreulicherweise führen offenbar auch die anderen Pilger, die wir unten am Bach sehen, qualitativ hochwertige und vor allem aktualisierte Reiseführer mit sich und somit bleibt uns erspart, dass wir unfreiwillig Zeuge des mittelalterlichen Rituals werden. Eigentlich aber auch ein bisschen schade, denn das wären sicher lustige Bilder für die Camino-Kuriositätensammlung geworden.

Die wenigen verbliebenen Kilometer tickern jetzt nur so runter und um der offiziellen Anforderung der zwei Stempel pro Tag ohne jeden Zweifel gerecht zu werden, darf es auch mal der Stempel eines Campingplatzes sein. Allzu viele Gelegenheiten dafür gibt es schließlich nicht mehr auf dem letzten Stückchen bis Santiago.
Eine würdigere Gelegenheit, um meine Credencial zu füllen, hätte allerdings die Ermita de San Marcos del Monte do Gozo am Fuße des berühmten, wenn auch klobigen Denkmals auf besagtem Freudenberg, geboten. Im Nachhinein ist man halt immer schlauer, aber schließlich hat niemand gesagt, dass es auf einer Etappe nicht auch mal drei oder mehr Stempel sein dürfen. Also hole ich mir in der kleinen Kapelle gleich den nächsten Stempel des Tages ab. Inzwischen sind kaum noch freie Flächen für weitere Stempel frei – auch deswegen ist es Zeit anzukommen.
Das im Heiligen Jahr 1993 errichtete Denkmal ist optisch gewöhnungsbedürftig, aber das spielt überhaupt keine Rolle. Das Einzige

was zählt, ist, dass man von hier oben erstmals Santiago de Compostela erblicken kann. Dieser Magnet, der mich seit Saint-Jean immer stärker angezogen und als großes Ziel gerade in schwierigen Phasen immer wieder aufs Neue motiviert hat weiterzugehen und einen Fuß vor den anderen zu setzten, liegt nun tatsächlich direkt vor mir.
In diesem fast unwirklichen Moment ist auch jeder Zweifel bezüglich der Authentizität der Gebeine des heiligen Santiago dort unten in der Catedral de Santiago de Compostela vergessen. Elisabeth scheint es genauso zu gehen. Freudestrahlend liegen wir uns in den Armen und die Stöcke werden in den Himmel gereckt als hätten wir gerade den Finallauf auf der Kitzbüheler Streif gewonnen. Es ist vermutlich ein kleiner aber feiner Vorgeschmack darauf, welche Emotionen uns später vor der Kathedrale selbst noch erwarten sollen.
Wie intensiv muss dieser Moment wohl für die frühen Pilger des Mittelalters gewesen sein! Deren Pilgerschaft war so ungleich entbehrungsreicher und gefährlicher, meist auch deutlich länger und Hightech-Wanderstiefel aus tibetanischem Yak-Leder hatte auch keiner der Pilgerahnen an den wundgelaufenen Füßen. Kein Wunder also, dass die Freude unermesslich gewesen sein muss, es bis hierher geschafft – ja überlebt – zu haben und sich nun auf die Vergebung aller Sünden und damit perspektivisch auf nichts Geringeres als den Einzug ins Paradies freuen zu können. Der Name Monte do Gozo – „Berg der Freude" ist daher auch eine krasse Untertreibung. „Verrückter Wahnsinnsberg", „Monte do Heureeeeeka" oder „Berg der grenzenlosen Ekstase" hätte er zumindest zu damaligen Zeiten heißen sollen! Denn nur ein entsprechender Rauschzustand kann erklären, warum es damals Sitte war die letzten sieben Kilometer barfuß zu gehen. Vermutlich war den frühen Pilgern ab hier in ihrem Rausch einfach alles egal. Bei aller berechtigten Freude – für mich keine riskanten Experimente auf der Zielgeraden. Meine Schuhe bleiben an.

Hier auf dem Monte do Gozo zu stehen, ist wahrlich einer der Momente, in denen man sich mit den Millionen von Pilgern, die vor einem schon hier waren, verbunden fühlt. Mit einem alten Bekannten ganz konkret, denn dem ist das riesige Denkmal gewidmet. 1982 – ebenfalls ein Heiliges Compostelanisches Jahr – war der 2005 verstorbene Papst Johannes Paul II. in Santiago zu Besuch und ist nicht nur selbst ein Stück gepilgert, sondern hat auch eine vielbeachtet, ja flammende Rede auf Europa gehalten. Wo, wenn nicht hier am vereinenden Endpunkt all der vielen Caminos, die sich quer durch Europa ziehen, könnte der europäische Gedanke, das Bekenntnis gemeinsame Werte anstatt von Partikularinteressen hochzuhalten, auferlegte Grenzen friedlich zu überwinden und Jeden so zu akzeptieren wie er ist, auch glaubwürdiger gelebt werden? Leider ist die Rede trotz Glasnost und Perestroika auch über 30 Jahre später, seit sie am 9. November 1982 in der Kathedrale gehalten wurde, genauso aktuell und bezüglich der Botschaften so wichtig wie sie es damals auch schon war.

Nun, „alter Bekannter" mag vielleicht etwas hoch gegriffen sein, aber wir hatten vor vielen Jahren mal eine Begegnung und nette Plauderei im Petersdom. Und jetzt lerne ich, dass Karol und ich auch noch Pilgerbrüder sind. Der Camino verbindet eben.

An noch eine weitere Pilgerin denke ich hier oben ganz besonders. An Marianne. Für meine Mutter habe ich den Stein am Cruz de Ferro abgelegt, und für sie bin ich jetzt gleichermaßen hier an dieser Stelle. So wie der Magnet Santiago mich angezogen hat, hat mich der gedankliche Rückhalt von zuhause angeschoben. Gemeinsam haben wir es tatsächlich bis nach Santiago geschafft! Ich wünsche ihr dennoch, dass sie eines Tages selbst hier stehen und die enorme Freude nachempfinden kann. Ganz konkret hoffe ich, dass mein Vater ihr später meine euphorischen Schilderungen weiterträgt. Leider schläft sie gerade und habe ich erneut Pech mit meinem Anruf.

Zurück in der säkularen Welt auf dem Monte werde ich – Cordula sei Dank – Pilgerkönig. Ihr Tipp, dass man die Türme der Kathedrale aufgrund der dichten Bebauung nur von einer Stelle etwas südlich des Denkmals erblicken kann, hat mir den nötigen Vorteil verschafft. Bereits im Mittelalter durfte sich nämlich derjenige, der den Freudenberg in einer Gruppe erreicht und die Türme der Kathedrale zuerst erblickt hat,

Pilgerkönig nennen. Bislang läuft aber auch wirklich alles rund an diesem letzten Tag als Pilger. Nun sogar als Pilgerkönig!
Einen regelrechten Seufzer der Erleichterung hört die Welt, als ich kurze Zeit später – mit meinen Stiefeln da wo sie auch hingehören – an der Herberge unterhalb des Monte do Gozo vorbeikomme. Einer riesigen Kaserne gleich, reiht sich hier Baracke an Baracke. Viel zu viele, um auf Anhieb zu ermessen, wie viele Pilger hier vor den Toren Santiagos Unterkunft finden können. Pedrouzo war sicher kein Highlight, aber dies hier sieht einfach grauenhaft aus. Ich muss in meiner Cordula nachlesen, wie viele Betten hier wohl denjenigen geboten werden, die so kurz vor dem Einmarsch nochmals innehalten wollen. Es sind sage und schreibe 400 Betten, die bei Bedarf sogar noch deutlich aufgestockt werden können. „Der riesige Komplex ist nicht der besinnlichste Abschluss der Wanderung". Brüller. Trockener und treffender kann man es einfach nicht auf den Punkt bringen. Ich werde mit jedem Meter auf dem Jakobsweg ein größerer Fan meiner verehrten Cordula.
Viele Meter bleiben nun tatsächlich nicht mehr, denn als ich um 9 Uhr das Ortsschild passiere, umfasst die verbleibende Wegbeschreibung nur noch wenige Zeilen.
In eigenen Worten ausgedrückt: „Eine Dreiviertelstunde – gefühlt eine Ewigkeit – den vielen kleinen und großen Rucksäcken durch die wenig ansprechende Neustadt bis zur *Porta do Camiño*, dem Tor zur Altstadt, folgen. Spätestens ab hier regelmäßig den eigenen Puls kontrollieren, weiterhin halbwegs auf den Verkehr achten (hier noch aus dem Rennen auszuscheiden wäre unsäglich tragisch) und versuchen nicht komplett ungehalten wie ein Irrer loszurennen. Sämtliche Andenkenläden gekonnt ignorieren, die Nordseite der Kathedrale flüchtig eines huldvollen Blickes würdigen, rein in den Durchgang mit dem Dudelsackspieler und um die Ecke auf den Vorplatz der Kathedrale. Sie haben Ihr Ziel erreicht. Ihre Reisedauer betrug 29 Tage, 1 Stunde und 40 Minuten."

Was dann folgt, ist die Welt in Watte und in Zeitlupe. Ich nehme die vielen Menschen auf dem Prazo do Obradoiro zwar wahr, aber ich höre sie nicht. Ich sitze einfach nur da und schaue auf das Portal der Kathedrale das mir von Cordulas Cover so wohl vertraut ist. Ein Stückchen neben mir sitzt Elisabeth in ihrer eigenen Realitätsblase. Andere Neuankömmlinge knien zusammengekauert auf dem Boden, manche im Gebet, wieder andere haben einfach alle Viere von sich gestreckt und heulen hemmungslos aber definitiv übermannt von Freude. Jeder lässt hier und jetzt seinen Emotionen freien Lauf und keinen schert es, was andere darüber denken könnten. Ein einzigartiger – sehr bewegender – Moment, der hoffentlich unvergessen bleibt. Ich bin am Ziel.

Am vergangenen Donnerstag war Fronleichnam und so ist die Stadt am ersten Sonntag danach üppig mit gelb-weißen Fahnen geschmückt. Es herrscht Feiertagsstimmung! Durch die Gassen der Altstadt ziehen Musikgruppen, die sich scheinbar gegenseitig in Sachen Lautstärke übertrumpfen wollen. Ein Heidenspektakel im heiligen Santiago. Hape wurde in Rúa geweissagt, dass jeder den Empfang bekommt, den er verdient. Nun, es fehlt zwar der rote Teppich wie bei Hape, aber dafür haben die Bewohner in der Altstadt riesige Blumenteppiche ausgelegt. Wir hätten es wohl beide deutlich schlechter erwischen können.
Die Pilgermesse beginnt erst um 12 Uhr, womit nach der Rückkehr in die Realität noch genug Zeit ist, im *Oficina de Peregrinos* den formalen Teil hinter mich zu bringen: unter Vorlage meines inzwischen gut gefüllten Pilgerausweises die Compostela in Empfang nehmen. Wer rechtzeitig vor der Messe erscheint, wird zudem bei der Verlesung der heute angekommenen Pilger berücksichtigt. Um sämtliche Namen zu verlesen, müsste die Messe vermutlich eine Stunde länger dauern, aber so ist eben ein Peregrino mehr heute aus Deutschland angekommen. Auch dafür bin ich ja in aller Herrgottsfrühe aufgestanden. Wenn schon, denn schon.
In der Warteschlange vor dem Schalter treffe ich dann Jun aus Südkorea wieder. Er war mein erster echter Pilgerkontakt, denn mit seinen aufbauenden Worten für meinen ¡Buen Camino! fing im Zug von Bayonne nach Saint-Jean-Pied-de-Port meine Reise an und gemeinsam beenden wir nun unsere Zeit als Pilger. Mal wieder ein Camino-Zufall? Ich glaube nicht. Wir haben es also beide geschafft und erneut schließt sich ein Kreis.

Da mein Pilgerstatus heute noch zu Ende gehen wird, bin ich von der Last einiger meiner aufgestellten Regeln befreit. Regel Nr. 6 besagt, bzw. besagte, dass ich ausschließlich in Herbergen und niemals in Hotels schlafen werden – als Pilger wohlgemerkt. Mit dem *Seminario Mayor* findet sich eine angemessene Entwöhnung von den Massenschlafsälen und Gemeinschaftswaschräumen. Erstmals seit ich in Spanien unterwegs bin, habe ich hier wieder ein Zimmer und sogar eine Dusche für mich alleine. Alles sehr einfach gehalten, aber wenn ich da an die ein oder andere Nachtruhe nur eben ohne Ruhe zurückdenke, ist es der reinste Luxus. Mit Frühstück kostet diese zivilisatorische Extravaganz unglaubliche 23 Euro. Unglaublich, weil ich nie zuvor auf dem Camino mehr als 10 Euro bezahlt habe, aber gleichermaßen unglaublich, wenn man die Lage und den Charme des ehrwürdigen Gebäudes bedenkt. Die Nacht im gegenüberliegenden *Hospital de los Reyes Católicos*, in dem ein 5-Sterne Parador Nacional Hotel untergebracht ist, zu verbringen, wäre dagegen ein zu radikaler Bruch mit meinem angenehm geerdeten Lebensstil der letzten Wochen gewesen. Nach dem Heilfasten fängt man ja auch ganz langsam wieder mit einem Apfel an und haut sich nicht gleich ein Schnitzel in den leeren Magen. Außerdem hätte ich kostenseitig an die 23 dort mindestens noch eine Null dranhängen können.

Von meinem Rucksack befreit, bin ich kurz nach 11 Uhr in der Kathedrale. Wäre ich auch nur eine Minute später gekommen, hätte ich wohl keinen Sitzplatz mehr bekommen. Die Messe fängt zwar erst in knapp einer Stunde ab, aber schon jetzt ist jeder Platz restlos belegt. Die Ankunft in Santiago an diesem festlichen Sonntag scheint auch andere Pilger angespornt zu haben. All die Kasernierten aus Monte do Gozo sind ganz sicher schon längst hier und lobpreisen den Herrn, dass ihre Pilgerreise nun doch noch einen besinnlichen Abschluss findet. Und besinnlich waren die Stunden in der Kathedrale in ganz vielerlei Hinsicht. Einfach nur dasitzen und den Weg Revue passieren lassen, bekannte Gesichter unter den Kirchgängern ausmachen, mit Herz und Seele ankommen oder auch zeitweise in völliger geistiger Versenkung abtauchen. Die Messe ist wie auch der Camino selbst eine Plattform, die jeder Besucher so nutzen kann, wie es für ihn gut und richtig ist.

Egal wie sehr man zwischendurch auch abgedriftet ist, tauchen alle spätestens dann wieder auf, wenn der *Botafumeiro* mit seinen rund 100 Kilo eine Hand breit an einem vorbei durch den Gang des Querschiffes saust. Das berühmte silberne Weihrauchfass ist heute im Einsatz und wird von mehreren erwachsenen Männern mit viel Kraft in die Höhe katapultiert. Dazu singt ein Chor, die Orgel spielt und als Resultat dieses sakralen Feuerwerks haben alle Anwesenden mächtig Pipi im Auge. Halleluja! Gott sei Dank halten die 35 Meter Seil – was in der langen Geschichte des silbernen Bottichs nicht immer der Fall gewesen sein soll – und je schneller das ungelogen 1,60 Meter große rauchende Fass durch das Querschiff rast, umso mehr rastet die anwesende Menge aus. Frenetischer Applaus hallt durch die Kathedrale. Die nur wenige Minuten alte mehrsprachige Belehrung, dass filmen und fotografieren streng verboten sei, ist schlagartig vergessen und es sieht aus wie bei einem Madonna-Konzert. Ausnahmslos jeder hat seine Kamera im Anschlag und ich schaue von hinten auf unzählige leuchtende Displays, die festhalten, was hier vor unseren Augen passiert. Der oberste Hausherr wird hoffentlich ein Auge zudrücken und falls nicht, kann ich dieses kleine Vergehen angesichts meiner gerade auf null zurückgesetzten Sündenkartei locker verschmerzen. Was für ein Glücksfall aber auch, denn es ist nicht alltäglich, dass der Botafumeiro im Einsatz ist. Nur an Feiertagen oder wenn ein Pilger seine Spendierhosen anhatte, findet das Spektakel überhaupt nur statt.

Als Glücksfall empfinde ich auch, dass der diensthabende Priester nicht während der gut einstündigen Messe abberufen wird. Er sieht aus, als habe er den alten Santiago noch persönlich gekannt.

Mit einem Besuch und einer Umarmung bei eben diesem endet im Anschluss an den Gottesdienst ganz offiziell meine Pilgerschaft. Der heilige Santiago thront – wie könnte es im katholischen Spanien anders sein – als güldene und mit Edelsteinen verzierte Statue inmitten des ebenfalls goldenen Hauptaltars, wo auf der einen Seite Pilger eintreten und auf der anderen Seite Ex-Pilger herauskommen. Die Umarmung drückt vor allem die gewachsene Verbundenheit mit den Idealen des Camino aus und dazu bin ich gerne bereit. Dies getan, bin ich „nur noch"

ein bloßer Tourist, aber darf ich so auch ganz ohne Regelverstoß die Nacht in meinem Seminario verbringen.
Zuvor wird aber ausgiebig gefeiert, gegessen und getrunken. Jeder Neuankömmling, der mir im Laufe des Tages auch nur halbwegs bekannt vorkam, wurde natürlich herzlich begrüßt und ebenfalls umarmt. Vor allem aber bekam jeder als Treffpunkt für den gemeinsamen Abend die Mitte des Kathedralenvorplatzes genannt. Am Ende sind wir eine bunte Truppe von über 20 aufgedrehten Camino-Finalisten. Jun ist mit dabei, außerdem Massimo, Elisabeth selbstverständlich und Lars, mit dem ich in der Herberge von Ponferrada schon mal gekocht und ein Zimmer geteilt habe. Ich wäre nicht wirklich überrascht, wenn auch Julie plötzlich doch noch um die Ecke biegen würde.
In der Altstadt finden wir ein kleines Restaurant, das gerade die Tür öffnet als wir davorstehen. Wieder so ein besagter Camino-Zufall der dazu führt, dass wir 20 alle an einem Tisch beisammensitzen obwohl wir natürlich keine Reservierung hatten. Das Abendessen wird zum Gelage und ich gönne mir diverse Köstlichkeiten, die ich unterwegs kennen- und lieben gelernt habe: *Pimientos de Padrón*, Käse aus Arzúa, überbackene Jakobsmuscheln und zum Nachtisch die sündige *Tarta de Santiago*.
Ein perfekter Abschluss, der bis in die späten Abendstunden in der Kneipenstraße mit Gin Tonic begossen und gebührend gefeiert wird.
Der Tag wäre rundum perfekt gewesen, wenn ich die Freude mit meiner Mutter hätte teilen können. Schließlich bin ich den Weg auch für sie gegangen und hätte ich ihr so gerne mitgeteilt, dass wir am Ziel angekommen sind. Aber auch am Abend schläft sie beide Male, als ich es zuhause versuche. Mein Vater jedenfalls freut sich für mich und verspricht, meine herzlichsten Grüße zu bestellen. Geteilte Freude ist doppelte Freude.

Meine Pilgerreise ist nun zwar beendet, aber mein Camino ist es noch nicht. Morgen folgt die Kür und geht es schon weiter nach Westen in Richtung Atlantik. So emotional und die Erwartungen übererfüllend Santiago auch war, freue ich mich ganz enorm auf die nächsten Etappen bis zum 0-Kilometer-Schlussstein am Kap von Finisterre.

Aktuell fühlt es sich trotz aller Euphorie in Santiago noch nicht hundertprozentig danach an, dass mein Weg schon komplett zu Ende wäre. Für Santiago war die Zeit reif, aber es fehlt irgendwie noch ein letztes Puzzleteil, das ich zwar nicht bekennen kann, aber mein Gefühl ist da eindeutig. Ganz aktuell freue ich mich aber ganz bescheiden auf eine Nacht ohne Mitschläfer und zur Abwechslung mal ohne Ohropax.

Hape wird mich ab Santiago leider nicht weiter begleiten – für ihn war hier Schluss. Seine morgendliche Gesellschaft auf den Ohren werde ich wohl vermissen, aber dass der Tag kommen würde, wusste ich ja schon vorher durch die Lektüre seines Buches.

Knapp 12 Jahre vor mir, am 20. Juli 2001 kam er zum Beginn der Festwoche in Santiago an und blieb anlässlich der Feierlichkeiten noch einige Tage in der Stadt. Es war zwar ebenfalls kein Heiliges Jahr, da bei ihm der 25. Juli auf einen Mittwoch und nicht auf einen Sonntag fiel, aber es scheinen für ihn, Anne und Sheelagh auch so noch höchst ausgelassene und fröhliche Tage zum Abschluss gewesen zu sein. Auf seinem Camino hat er nach eigenem Bekunden täglich die eigenen Grenzen getestet und musste sich stets aufs Neue dazu überwinden seinen knallroten Rucksack zu schultern und weiterzulaufen. Letztlich hat aber genau dies dazu geführt, dass er – ich glaube sogar zu seiner eigenen Überraschung – Santiago de Compostela erreicht hat. Sein wohlverdienter Lohn war neben der tiefen Freundschaft mit Anne und Sheelagh, dass er nach eigenem Bekunden an jedem Tag Gott begegnet ist. Durch sein Vertrauen in die Instanz bzw. das Individuum „Gott" war er in der Lage, die für ihn alles bestimmende Frage „Wer bist du?" zu beantworten. Sein Gottvertrauen bildete den Maßstab, woran er sich stets messen und womit er jedwedes Handeln abgleichen konnte. Wenn das nicht gewichtige Erkenntnisse sind, um die Schuhe mit bestem Gewissen an den Nagel zu hängen, dann weiß ich auch nicht, welche Gründe es noch bräuchte um weiterzulaufen. „¡Buen Camino!" lieber Hape – es war mir eine Ehre.

Tag 29: Santiago de Compostela – Negreira

Montag, 3.6.2013

Ex-Pilger hin oder her, aber mein Schlafrhythmus scheint noch nicht mitbekommen zu haben, dass ich ab heute ein ganz normaler Urlauber auf Wanderschaft bin. Heute wecken mich keine lärmenden Nachtpilger, sondern die Morgensonne sorgt dafür, dass mir mehr als genug Zeit bis zum vereinbarten Treffpunkt am Frühstücksbuffet verbleibt. Eigentlich ganz praktisch, denn eine Sache gibt es nebenan noch zu erledigen. Erst danach möchte ich Santiago den Rücken kehren. Meinen eigenen Rücken wohlgemerkt, denn seinen Rücken habe ich gestern schon hinreichend umarmt.

Was noch aussteht, ist der Besuch der Krypta in der Kathedrale. Dort befinden sich – der Legende nach – die Gebeine des heiligen Jakobus. Ich bin zugegebenermaßen mehr als skeptisch, was den tatsächlichen Inhalt der silbernen Truhe angeht, aber letzten Endes stünde ich ohne den Hype, den diese Knochen ausgelöst haben, jetzt nicht hier. Ohne die Legende um das wundersam aufgefundene Apostelgrab gäbe es schließlich den gesamten Jakobsweg nicht. Da ist es doch fast egal, wessen sterbliche Überreste es auch immer sein mögen oder ob sich überhaupt Knochen in der schmucken Kiste befinden.

Punkt 7 Uhr schiebe ich mich also durch die gerade erst geöffnete Tür in die Kathedrale. Abgesehen von dem samtberockten Herrn mit dem Schlüsselbund bin ich der einzige Besucher um diese Zeit. Gestern schoben sich hier die Massen durch die Kirchenschiffe, dröhnte die bombastische Orgel, schmetterte der Chor und sauste der Botafumeiro durch die Lüfte. Heute dagegen absolute Ruhe. Stille. Es herrscht eine besinnliche Atmosphäre, wie ich sie zuletzt oben am Berg in Foncebadón erlebt habe. Ein weiterer Camino-Moment, für den ich ohne zu zögern auch den Wecker gestellt hätte.

Nach meiner Stippvisite bei den Gebeinen, oder sagen wir

sicherheitshalber bei der silbernen Truhe, schreibe ich Keo seine letzte Postkarte nach Paris. Insgesamt 16 Stück hat er nun bekommen und ich hoffe sehr, dass er die Texte in ein paar Jahren lesen wird, wenn er dann lesen und sein persönliches Kurztagebuch auch verstehen kann. Noch sind es für ihn vermutlich bloß hübsche bunte Bilder von seinem geliebten Maulwurf.

Draußen auf dem Vorplatz dann erneut ein krasser Kontrast zu gestern. Kaum jemand ist um diese Uhrzeit schon hier und die Praza do Obradoiro ist mehr oder weniger verweist. Die Atmosphäre ist direkt eine völlig andere. Nüchterner. Und so kommen die wenigen Pilger, die vermutlich von der Herberge Monte do Gozo losgelaufen sind, auch einfach nur an. Sie erreichen natürlich glücklich das Ziel, aber mehr auch nicht. Von einem feierlichen Einmarsch oder gar „in die Stadt einlaufen" kann für die aktuell Ankommenden keine Rede sein. Leider.

Nun, jeder bekommt angeblich den Empfang den er verdient, aber man kann dem Glück ja schon ein bisschen auf die Sprünge helfen, wenn es „Sonntag 10 Uhr an einem Feiertag" gegen „Montagmorgen um 7:30 Uhr" abzuwägen gilt. Meine ich zumindest. Terra aus Hospital de Órbigo hätte vermutlich auch dem widersprochen – sofern ihr dies ohne eine Wertung vorzunehmen möglich wäre. Die bizarre Einstellung dieser Frau verwirrt mich nach wie vor und lässt mich offenbar auch nicht ganz los.

Nach einer herzlichen Verabschiedung von Elisabeth und Lars und einem ausgedehnten Frühstück in bester Hape-Manier, machen die beiden sich dann Richtung Flughafen auf. Ihr Zeitbudget ist ausgeschöpft und es geht zurück nach Deutschland. Begegnungen auf dem Camino sind zwar stets nur temporärer Natur, aber der feste Vorsatz in Kontakt zu bleiben ist beidseitig bekundet. Ich bin gespannt, wie viele meiner geknüpften Camino-Kontakte ich tatsächlich wiedersehen werde.

Noch ist mein Camino aber nicht beendet, und so heißt es für mich wieder einmal den Rucksack schultern und weiter gen Westen. Hätte ich die Pet Shop Boys auf meinem iPod würde ich jetzt „Go West" laufen lassen – die Kür wartet!

Auf direktem Weg sind es bis Finisterre – oder auf Galicisch Fisterra –

knapp 90 Kilometer, die sich in drei halbwegs vergleichbare Etappen einteilen lassen. Wer etwas mehr Zeit mitbringt, kann noch den Abstecher nach Muxía dranhängen oder vor der letzten Etappe nach Finisterre auch zwischenschieben. Wie ich es handhabe, werde ich spontan entscheiden. Diese Entscheidung hat schließlich noch zwei Tage Zeit.
Das heutige Tagesziel heißt für fast alle Kür-Pilger Negreira und liegt etwas mehr als 20 Kilometer von Santiago entfernt. Da es inzwischen schon nach 10 Uhr ist und der wolkenlose Himmel heiße Mittagsstunden verspricht, reicht diese vergleichsweise kurze Distanz für heute auch. Der wolkenlose Himmel sieht danach aus, als würde sich auf den letzten Etappen die Mitnahme der weitgereisten großen Tube Sonnencreme doch noch auszahlen.
Der Weg aus Santiago de Compostela hinaus ist weiterhin bestens mit gelben Pfeilen und Muschelsymbolen markiert und führt schon nach wenigen hundert Metern wieder ins Grüne. Auf den Wegweisern steht nun allerdings *Camiño de Fisterra*.
Gestern, von Osten kommend, bot sich zu keiner Zeit ein echter Panoramablick auf die Altstadt oder die Kathedrale selbst. Westlich der Stadt bietet sich genau dieser Blick. Und erst aus dieser Perspektive erkennt man das architektonische Ensemble, welches die Kathedrale mit ihren drei gewaltigen Türmen, den zahlreichen Klöstern, Palästen und Kirchen darstellt. Der heilige Santiago war Ursprung und Anlass, aber Santiago de Compostela der geographische Magnet auf meinem Camino. Ich komme gerne wieder!

Landschaftlich unterscheidet sich der heutige Weg kaum von den letzten Etappen. Die meiste Zeit geht es über weiche Waldwege, die so viel angenehmer als harte Stein- oder Asphaltwege zu laufen sind. Es geht mal über saftig grüne Felder, mal durch duftende Eukalyptuswälder und fast immer an grasenden oder schlafenden Kühen vorbei. Die Szenerie scheint unverändert, doch nimmt die Zahl der Palmen und Stauden mit jedem zurückgelegten Kilometer zu. Und auch die Zahl der Esel-Sichtungen. Es wirkt fast, als wären die Viecher nach vollbrachter Tat einfach vor den Toren der Stadt abgestellt worden. Von den jeweiligen Herrchen jedenfalls

keine Spur. Ich kann nur hoffen, dass die ganzen Esel noch abgeholt und für ihre vielleicht nächste Tour wieder zurück an den Anfang des Camino Francés gebracht werden oder sich zur wohlverdienten Ruhe setzen dürfen. Ausrangiert auf einer einsamen Wiese geparkt sollte kein „Burro" von Welt seinen Lebensabend verbringen müssen. Schließlich hat er es über seinen Koppelzaun hinaus bis nach Santiago und fast bis ans Ende der Welt geschafft! Tim Moore hat nach seinem erfolgreichen Camino seinen liebgewonnenen Esel Shinto ja auch wieder zurück in die Pyrenäen bringen lassen und dafür sogar viel Geld hingeblättert.
Am frühen Nachmittag taucht dann das ultimative Postkartenmotiv auf. Über den Río Tambre führt eine alte Brücke – gotisch und aus dem 14. Jahrhundert, wie Cordula weiterhin zuverlässig zu berichten weiß – die in ihrem gesamten Setting fast schon ekelhaft schön daherkommt. Oberhalb, ein breiter Wasserfall über eine Staustufe, dazu der strahlend blaue Himmel, als Abrundung der Bilderbuchkulisse zu beiden Seiten des Río hübsche alte Häuser, natürlich die Brücke selbst – ja, der Weg nach Finisterre ist die Kür und Galicien zeigt sich erneut als das, was es ist: ein wahres Juwel!
Ab der Brücke dauert es noch etwa eine weitere Stunde, bis Negreira in Sicht kommt. Der Ort ist recht überschaubar und offen gesagt ein bisschen unspektakulär – gerade, wenn die Eindrücke von Santiago noch ganz frisch im Gedächtnis sind. Gestern noch Real Madrid gegen den FC Barcelona und heute versucht sich der TuS Pusemuckel gegen den 1. FC Niezuvorgehört. In Ermangelung von historischen Sehenswürdigkeiten, einladenden Straßencafés oder Aussichtspunkten bleibt mir in der privaten Herberge *San José* so zumindest genug Zeit um zu kochen und mal wieder ausgiebig Tagebuch zu schreiben. Gestern in Santiago kam man vor lauter feiern und wiedersehen ja zu nichts.

Passend zum Dessert blinkt plötzlich mein Blackberry. Julie schreibt! Sie hat zuletzt wieder gut Strecke gemacht und befindet sich inzwischen nur noch zwei Etappen vor Santiago. Wir schreiben aufgeregt hin und her, gleichen Zeitpläne und Distanzen ab und vereinbaren schließlich, dass wir uns in drei Tagen direkt in Finisterre treffen. Sie wird ab Santiago den Bus

nehmen müssen, da sie am Abend des 7. Juni wieder zurück nach Dänemark fliegen muss. Eine andere Chance für ein Wiedersehen haben wir nicht ausloten können und so schafft sie es zumindest noch bis zum Kap. Außerdem gelten für Ex-Pilger deutlich entschärfte Regeln.
Meine Frage, wie ich die Etappe nach Muxía einbaue, ist damit also beantwortet. Und es scheint, als wäre mein Puzzleteil gefunden. Mein Camino wäre unvollständig gewesen, wenn wir uns nach dem überraschenden Abschied in Nájera und dem kurzen Intermezzo in Astorga nicht doch noch einmal gesehen hätten. Und jetzt wird es sogar am ultimativen Ziel am Ende der Welt sein. Gemeinsam wollen wir vor zum Leuchtturm laufen und als Schlussakkord den Sonnenuntergang anschauen. Mal wieder fügen sich die Dinge und die Aussicht auf dieses Happy End stimmt mich unendlich glücklich.
Danke liebes Universum! Was für ein Buen Camino!

Tag 30: Negreira – Olveiroa
Dienstag, 4.6.2013

Negreira war ideal, um in unaufgeregter Ruhe die Eindrücke des Vortrags zu verarbeiten. Neue Eindrücke kamen ja nicht wirklich hinzu. Ein beschauliches Etappenziel eben, wo die obligatorische Tour durch den Ort keine Stunde dauert – Feierabendbierchen und Lebensmitteleinkauf bereits mit eingerechnet. Als gegen 19 Uhr nichts mehr zu erledigen war, habe ich mir fast aus Langeweile meine wertvolle Kladde geschnappt und mal Kassensturz gemacht. Vom ersten Tag an habe ich darin notiert was so in etwa meine Tageslaufleistung war. Wenn ich nun alle bisherigen Etappen, die freiwilligen und unfreiwilligen Umwege und die obligatorischen Stadtbesichtigungen am jeweiligen Zielort zusammenaddiere, dann sollte ich gestern zwischen Santiago und Negreira – der Romantiker in mir tippt auf Höhe der Bilderbuchbrücke bei Ponte Maceira – die 900 Kilometer-Marke geknackt haben. Da bis zum 0-Kilometer-Stein in Finisterre inklusive der Schleife über Muxía noch weitere drei Etappen ausstehen, die zusammen rund 100 Kilometer auf den Tacho bringen, sollte ich die 1.000 Kilometer noch voll bekommen. Hätte mir das einer zuhause in Köln gesagt, wäre ich möglicherweise gar nicht erst in die Bahn gestiegen. Kurz vor dem Ziel kann ich jedenfalls schon mal konstatieren, dass sich die beträchtliche Investition in meine unverwüstlichen Yak-Wanderstiefel gelohnt hat.

War die Stimmung auf der gestrigen Etappe noch stark vom Abschiednehmen geprägt, so gewinnt heute wieder die Vorfreude auf das nächste große Ziel die Oberhand. Hinter jedem Hügel könnte schließlich das Meer auftauchen. Bei dem Gedanken schmeckt die Luft gleich ein wenig salzig. Scheinbar habe ich einen neuen Magneten: das Meer.
Dass das Ziel nicht mehr weit weg sein kann, könnte man aufgrund der vielen Windräder deuten, die nun auf nahezu jeder nennenswerten Erhebung ihre Arbeit verrichten. Nicht umsonst spricht man ja an der See von einer steifen Brise. Direkt werden Erinnerungen an die windige Sierra

del Perdón hinter Pamplona mit der Armada an Windrädern, die sich in Reih und Glied über die Kämme erstreckten, wach. Der absolute Wahnsinn, was ich seitdem alles erleben und sehen durfte.
Die heutige Stecke ist mal wieder vergleichsweise einfach zu laufen. Man hangelt sich halt von Ort zu Ort. Nach all den Wochen auf dem Camino ist der Blick auf die Umgebung geschult und vermeintliche Kleinigkeiten fallen direkt auf. So werden an den Häuserwänden wieder lokale Restaurants und keine Taxinummern beworben und auch Rucksacktransporter sehe ich keinen einzigen mehr. Ergo, die Tagespilger sind komplett verschwunden. Wer lediglich für die Pflichtstrecke in den Camino einsteigt, geht hinter Santiago scheinbar auch nicht mehr weiter bis ans Meer – zumindest nicht zu Fuß. Ergo vom Ergo, die guten alten Zeiten vor Sarria sind zurück! Und ab morgen sollte sich das Feld der übrig gebliebenen Wanderer sogar nochmals ausdünnen, da die meisten vermutlich den direkten Weg nach Finisterre wählen werden. Mir soll es Recht sein.

Etwa 32 Kilometer hinter Negreira und kurz vor meinem Ziel, führt die Puente Ponte Olveira über den gemächlichen Río Jallas zu meinem heutigen Tagesziel Olveiroa. Wer hinter der Brücke fälschlicherweise gen Norden abbiegt und stattdessen in Olveira landet, der hat sich nicht nur um einen einzigen Buchstaben vertan, sondern läuft auch Gefahr, die vielleicht schönste öffentliche Herberge neben der von Ribadiso da Baixo zu verpassen. Auch hier hat man eine Handvoll der historischen Steinhäuser liebevoll restauriert und unlängst erst als Herberge der Xunta neu eröffnet. Wie in Ribadiso sind die kleinen Fensterrahmen leuchtend türkisblau gestrichen und abgesehen von der Lage am Fluss erscheinen die beiden Herbergen fast identisch. Sprich, traumhaft. Heute passt der Stopp als Tagesziel perfekt, und ich bekomme ein Bett in einem der urigen Häuschen, dessen einziger Schlafraum für gerade mal sechs Gäste eingerichtet ist.
Die Sightseeingtour durch den Ort fällt erneut aus, da es schlicht nichts zu sehen gibt – außer Hórreos und Kühen und von beidem hatte ich tagsüber schon genug zu sehen bekommen. Das Highlight von Olveiroa scheint

offenbar das Restaurant zu sein. „Das" Restaurant, denn es ist das einzige Restaurant des Ortes. Mir kommt es gelegen, denn schließlich bin ich im Urlaub und habe ich jede Menge Zeit, Hunger und Durst.
Der Camino macht dann beim Essen das, was er besonders gut kann: er verbindet Menschen, die zufällig gemeinsam an einen Tisch gesetzt werden. Und auch wenn der Tag anstrengend war, lohnt es sich stets ein Teil dieses Nationen-Schmelztiegels zu sein. Ausnahmslos. Ich bin kein einziges Mal dümmer aufgestanden, als ich es vor der Vorspeise noch war. Dank Nico aus Amsterdam erfahre ich heute beispielsweise, dass die hiesige Region berühmt für einen außergewöhnlichen Weißwein ist – den *Albariño*. Übersetzt heißt dies „der kleine Weiße vom Rhein". Nun, hätte in den letzten Tagen nicht so ordentlich die Sonne geschienen, würde ich mich als der „große Weiße us Kölle am Rhing" alleine davon schon angesprochen fühlen. Ansprechend ist der vollmundige Wein mit seiner feinen Säure aber auch so und da Nico mit seinen Tischgenossen spontan seinen 63. Geburtstag feiert, sind die ersten Flaschen sogar umsonst. Eine edle Geste mit einem richtig großen Kleinen im Glas. Ein weiteres Mal klingt ein großartiger Tag bei unzähligen Anekdoten und dem hohen C von anstoßenden Gläsern aus.

Sonne, Wein und tolle Gesellschaft – der Camino meinte es heute wirklich gut mit mir. Eine weitere freudige Überraschung erwarte mich, als ich die Tür zu meinem Schlafgemach öffne. Mir wurde doch tatsächlich kein einziger weiterer Mitschläfer zugeteilt und so darf ich erneut den Luxus eines Einzelzimmers genießen – heute sogar für schlanke 6 statt 23 Euro. Die Differenz sollte morgen Abend locker für eine weitere Flasche Albariño reichen. Ende und aus.

Tag 31: Olveiroa – Muxía

Mittwoch, 5.6.2013

Der Tag beginnt erneut früh und zur Abwechslung mal wieder zu Dritt. Neben Cordula in meiner Tasche, ist heute nur anstatt Hape ein ausgewachsener Kater mit von der Partie. Von wegen „der kleine Weiße". Der Albariño sollte treffender „der Tückische, weil viel zu Leckere" heißen! Aber es sieht zumindest nach perfektem Wanderwetter aus und wenn es nach Plan verläuft, sollte ich heute noch die Füße ins Meer strecken können. Mit diesen Aussichten und dem Atlantik in greifbarer Nähe, geht es trotz Schädels noch vor Sonnenaufgang auf die Piste. Nebelig ist es heute Morgen nur in meinem Kopf.

Die Bewohner von Olveiroa sind nicht nur tüchtige Mundschenke, sondern haben auch Sinn für Kunst. Großflächige Gemälde mit verschiedenen Pilgermotiven zieren am Ortsausgang Mauern und Hauswände. Eine ziemlich deformierte Kathedrale mit den verräterischen drei Türmen symbolisiert ganz offensichtlich Santiago de Compostela, eine Szene mit einem Taxi deute ich als Symbol für die Tagesausflügler und für den eigenen Ort hat man einfach ein Heer von Windrädern und ein paar wenige kleine Häuser als Motiv gewählt. Genau mein Humor.

Die erste Stunde hinter Olveiroa ist so malerisch, dass es mir fast vorkommt, als wäre ich in einem der Bilder. Es geht durch eine Heidelandschaft mit endlosen Ginsterfeldern, die immer wieder grandiose Blicke auf das gewundene Flusstal freigibt. Einzig vom Meer ist trotz der knackigen Anstiege auf die kahlen Hügel bislang noch nichts zu sehen.

In Stunde Zwei nach dem Start muss ein jeder Pilger dann sehr tapfer sein und eine quälend lange Phase kognitiver Dissonanz aushalten. Etwa ab dem Weiler Hospital und bedauerlicherweise schon aus der Ferne gut sichtbar, erhebt sich inmitten dieser trauten Natur eine geradezu monströse Fabrik, die man nur als Beleidigung fürs Auge bezeichnen kann. Ganz Galicien bestand bislang nur aus Kühen, Windkraft und Landwirtschaft, aber hier mitten auf dem Camiño musste sich aus mir unerklärlichen Gründen scheinbar die hiesige Schwerindustrie ansiedeln und Eisen produzieren. Wie eine verwelkte Blüte im Brautstrauß oder ein Heavy Metal Fan bei den Bayreuther Festspielen will das sich bietende Bild einfach nicht zusammenpassen. Wäre Hape hier damals vorbeigekommen, hätte er garantiert einen weiteren flammenden Brief an die lokalen Politiker, bzw. erneut den spanischen König höchstpersönlich geschrieben. Zu allem Überfluss ist die berühmtberüchtigte Fabrik auch noch eine herausragende Wegmarke des Camiño Finisterre. Direkt neben diesem Schandfleck muss an einem doppelten Wegstein die Entscheidung zugunsten von Finisterre oder aber Muxía fallen.

Die eine Muschel dieses seltenen Doppelsteins zeigt nach links in Richtung Finisterre, die andere Muschel weist nach rechts den Weg nach Muxía. Rechts bedeutet strenggenommen Nord-Nordwest und stur in diese Richtung geht es für mich die nächsten Stunden, denn Julie hat für mich die Entscheidung zugunsten Muxía ja längst getroffen.

Erfreulicherweise dominieren bald wieder Windräder und nicht Schornsteine die Szenerie. Kühe sind natürlich auch wieder reichlich mit von der Partie. Aber so schön die Etappe auch ist – die Stunden ziehen sich und das Meer lässt weiter auf sich warten.

Die Erlösung kommt dann kurz nach Mittag, bzw. nach rund 25 Kilometern ab Olveiroa gerechnet. Kein weiterer Fluss, See oder Stausee – vor mir liegt dieses Mal wirklich das Meer. Es ist einfach so hinter einem kleinen Wäldchen aufgetaucht. Seit über 30 Tagen ist genau diese spanische Atlantikküste nun schon mein zweites großes Ziel neben der Kathedrale von Santiago de Compostela und plötzlich komme ich um eine Kurve und da ist es. Die Küste ist geographisch definitiv auch das ultimative und finale Ziel im Westen, denn ich könnte zwar noch weiter gen Süden nach Portugal, aber für meinen Camino, der mich stets von Ost nach Westen geführt hat, ist hier Schluss. Wie auch in Finisterre, dem „Ende der Welt", geht es hier oben bei Muxía auch nicht weiter nach Westen. Nun, außer man schwimmt und auch dann ist vermutlich relativ schnell aus ganz anderen Gründen Schluss.

Der Camiño führt ab dem Wäldchen, von wo ich das Meer erstmals erspäht habe, ein gutes Stück oberhalb der Küste entlang und scheint eher parallel zum Meer als hin zum Meer zu verlaufen. Damit bin ich überhaupt

nicht einverstanden. Nicht, wo ich nach fast 1.000 Kilometern zu Fuß endlich am Ziel – meinem Magneten – angekommen bin.
Ich möchte jetzt auch unbedingt diese tapferen Füße ins kühlende Wasser strecken und außerdem ist die Uhrzeit perfekt für eine ausgedehnte Mittagspause. Heute also mit Sand zwischen den Zehen. Damit es dazu auch kommen kann, schlage ich mich durch dichtes Unterholz, welches den Weg, bzw. mich noch vom Wasser trennt. Einen offiziellen Weg kann ich weit und breit nicht erkennen, aber ich zieh das jetzt durch. Nachdem Farne, Hecken und Geäst bezwungen sind, habe ich als Belohnung die Bucht für mich alleine. Ich habe es doch tatsächlich bis ans Meer geschafft! Es ist schon ein besonderer, aber leider auch ein stiller Triumph, den ich mangels Gesellschaft mit niemandem teilen kann. Würde jetzt der alte Santiago wie damals modrig und algenbehangen aus den Fluten steigen, ich würde ihn trotzdem umarmen. Vermutlich sogar mit mehr Inbrunst, als ich es noch vor drei Tagen in seiner goldenen Kathedrale getan habe.
Mit einem Menschen, für den ich bereits einen eigenen Stein am Cruz de Ferro abgelegt habe, würde ich diesen speziellen Moment jetzt besonders gerne teilen. Ich muss es sogar tun – es ist mir ein dringendes Bedürfnis. Vielleicht habe ich ja heute mehr Glück als in den letzten Tagen, als Marianne stets schlief, wenn ich meinen Reisebericht abliefern wollte. Ein paar Tastenklicks später, geht auch heute wieder mein Vater am anderen Ende der Leitung ans Telefon. Er freut sich sehr für mich, aber ich höre auch eine gewisse Erleichterung in seiner Stimme. Nachdem ich mit meiner euphorischen Schilderung zum Meer, zum Camiño und zu meiner rundum glücklichen Stimmung fertig bin, erfahre ich auch, warum er hörbar erleichtert klang. In ruhigem Ton erklärt er mir, dass es nun Zeit wäre nach Hause zu kommen. Denn der Grund, warum ich die letzten Tage wiederholt kein Glück hatte meine Mutter direkt zu sprechen, lag nicht darin, dass sie geschlafen hätte. Sie liege vielmehr seit bereits knapp einer Woche auf der Palliativstation eines Krankenhauses. Es handle sich dabei um eine ärztlich angeratene Vorsichtsmaßnahme, um nach der letzten Chemotherapie wieder zu Kräften zu kommen. Da beide Chemos bislang keine sichtbaren Erfolge gezeigt hätten, wäre nur so ein dritter Versuch überhaupt möglich. Ich höre meinen Vater diese Worte sagen,

aber ich bin nicht sicher, ob ich sie auch verstehe. Also höre ich einfach stumm weiter zu. Derweil mir das Wort „Palliativ" und all die düsteren Assoziationen, die ich damit verbinde, im Kopf dröhnen, sagt er mir, dass er mich auch schon vor Santiago über die Sachlage informiert hätte, wenn der Gesundheitszustand akut kritisch und unumkehrbar gewesen wäre. Gemeinsam mit meiner Mutter habe er aber die Entscheidung getroffen, dass ich für uns beide den Weg bis ans Ziel gehen und dann erst die Wahrheit erfahren solle. Dieser Moment sei jetzt aber gekommen.

Wenn mir die Fabrik heute Morgen unwirklich erschien, so beschreibt dies nicht in Ansätzen, wie surreal mir diese Offenbarung gerade vorkommt. Es zieht mir regelrecht die Füße weg und ich glotze einfach nur über das Meer in die Ferne. Wie lange ich da so sitze, kann ich nicht sagen. Mir ist, als wäre hier in der Bucht gerade ein Tsunami über mich gerollt.

Lediglich die ausdrückliche Beteuerung am Ende des Telefonats, dass ich aktuell wirklich nicht viel tun könne und ihr Zustand zwar kritisch, aber stabil sei, hält mich davon ab, mir umgehend ein Taxi in Richtung Flughafen zu organisieren. Jetzt sitze ich hier an meinem Ziel im Nordwesten Spanien und möchte doch gar nicht länger hier sein. Zumindest in Gedanken bin ich schon bei ihr und ist sie jetzt hier bei mir. Die Antennen funktionieren, da bin ich mir sicher.

Ich hatte dieses Szenario zwar schon in Gedanken durchgespielt, aber da war es eben eine bloße Eventualität. Jetzt ist es Wirklichkeit. Trotz dieser Gedankenspiele damals in der Meseta oder auch zuvor schon mit Julie in Logroño, brauche ich noch mehr Zeit, um meine mit den Windrädern wieder um die Wette kreisende Gedanken zu sortieren. Zeit, die mir der bereits absolvierte Jakobsweg ja bisher schon geboten hat und der weitere Weg nach Finisterre weiter bieten kann. Zeit, die nun aber endlich geworden ist.

Nach einer langen Abwägung, ob ich nicht doch abbrechen und nach Hause fahren soll – selbst, wenn ich nicht viel für Marianne tun kann, so wäre ich vielleicht für meinen Vater eine Entlastung und Stütze – bleibt es bei meinem Tagesziel Muxía. Die Entscheidung ist mir nicht leichtgefallen, aber ich bin zum Schluss gekommen, dass einerseits meine Eltern schon sorgsam abgewogen haben werden, und ich andererseits vermutlich auch eine größere Hilfe für die nun kommende Zeit sein sollte, sofern ich die nächsten Tage noch intensiv zum Kraft tanken nutze und dann etwas „aufgeräumter" abreise.

Von der Szenerie auf den acht Kilometern entlang der Küste bis Muxía bekomme ich nur wenig mit, denn ich setze wie in Trance einen Fuß vor den anderen und mein Blick ist ohnehin die meiste Zeit verschwommen. Rund zwei Stunden nachdem ich die Bucht mit der denkwürdigen Mittagspause verlassen habe, taucht dann Muxía hinter einem keinen Strandabschnitt und einer Düne auf. Der Ort auf einer schmalen Landzunge mit einem verhältnismäßig großen Felsen am Ende sieht hübsch aus. Bunte Holzhäuser, ein Hafen mit zahlreichen Fischerbooten, breite Strände. So in der Art stelle ich mir eine einsame Siedlung auf Grönland vor, die Tag für Tag den Elementen trotzen muss. Und die Elemente haben Muxía schon so einiges abverlangt. Kaum vorstellbar, wie es hier vor etwas mehr als 10 Jahren im Jahr 2002 ausgesehen haben muss, als abertausende Tonnen Schweröl der havarierten *Prestige* an die Küste geschwemmt wurden und das gesamte Ökosystem vor dem Kollaps stand. Muxía hat es als erstes und auch besonders hart getroffen. Richtig überraschend war das Schiffsunglück eigentlich nicht, denn die gesamte *Costa da Morte* – die Todesküste – gilt seit Anbeginn der Seefahrt als äußerst gefährliches Gewässer und heißt die angrenzende See vermutlich auch nicht ohne guten Grund im Volksmund „Meer der Finsternis". Völlig unvorstellbar war damals aber das Ausmaß der Katastrophe, die für eine vom Fischfang abhängige Region absolut existenziell war.

Mein Kater vom Vorabend ist zwar längst weg, holt mich aber an meiner Herberge ein – das Logo der privaten Herberge *Bela Muxía* ziert ein dicker schwarzer Kater. Auf diese freundliche Erinnerung hätte ich gut und gern verzichten können, aber die erst kürzlich fertiggestellte Herberge sieht einladend aus und hat noch ein paar Schlafplätze frei. Nachdem stolze, aber gerade noch akzeptable 12 Euro den Besitzer gewechselt haben, ist ein Bett weniger frei. Für meine Bela spricht neben ihrer zentralen Lage, dass sie erst um 23 Uhr die Schotten dichtmacht – eine volle Stunde nach

Toresschluss im Vergleich zur öffentlichen Herberge am anderen Ende der Stadt. Und diese eine Stunde könnte später noch ziemlich wertvoll werden, denn ich möchte gerade heute in aller Ruhe den Sonnenuntergang über dem Meer sehen. Darauf, quer durch den Ort hetzen zu müssen, sobald die rote Kugel verschwunden ist, habe ich keinerlei Lust. Für heute habe ich wahrlich genug Turbulenzen gehabt, da muss ich nicht noch Stress durch die Nachtruhe der Herberge bekommen. Meine Gedanken sind ohnehin noch immer nicht ganz im Hier und Jetzt angekommen, sondern vielmehr zuhause in der Heimat und drehen sich um die nahe Zukunft – die anstehende Zeit nach dem Ende meines Camiño.

Wann immer bei Cordula die Infobox zu einer Etappe einen nennenswerten Umfang hat, weiß man direkt, dass sich eine ausgiebige Tour durch den Ort lohnt und sogar dringend angeraten ist. Muxía bildet da keine Ausnahme. Der kleine Fischerort hat nämlich weit mehr als nur die spektakuläre Lage am Meer zu bieten – mit der rauen offenen See auf der Westseite und einem geschützten Hafen und zahlreichen flachen Sandstränden entlang der weitläufigen Bucht auf der Ostseite. An der Spitze der schmalen Landzunge, auf der Muxía so exponiert liegt, gibt es nämlich einen regelrechten Themenpark mit Heilsbringern für alle Geschmäcker.

Heilsbringer Nr. 1 ist christlicher Natur und ein bedeutendes Heiligtum in Galicien. An vorderster Wasserfront steht trotzig die kleine Wallfahrtskirche *Virxe da Barca*. Die sonderliche Übersetzung lautet „die Jungfrau im Steinschiff", was erst bei Kenntnis der Hintergründe so halbwegs einen Sinn ergibt. Halbwegs, denn auch ein passender Name lässt eine bizarre Geschichte noch lange nicht plausibel werden. Der Legende nach soll hier dem vom missionieren erschöpften Santiago die heilige Jungfrau Maria in einem Schiff aus Stein erschienen sein, um ihm neuen Mut bei seiner hehren Aufgabe zuzusprechen. Wie gesagt, so besagt es die Legende.

Eine Geschichte, in der die besonders heilige Mutter Gottes vorkommen und obendrein der inzwischen ebenfalls heiliggesprochene Santiago, verkraftet offenbar auch fragwürdige physikalische Gesetze. Jedenfalls hat die Legende bewirkt, dass die Marienverehrung in Spanien einen mächtigen Schub bekam und Muxía neben der Fischerei noch die Wallfahrten der gläubigen, bzw. vielmehr gutgläubigen Jakobspilger als Einnahmequelle verbuchen konnte. Wer damals der nicht minder abenteuerlichen Geschichte rund um die Auffindung des Apostelgrabes Glauben schenkte, der hatte offenbar auch kein Plausibilitätsproblem mit einem Schiff aus Stein.

Der enge Bezug zur Schifffahrt wird im Inneren der Kirche deutlich, wo zahlreiche kleine Modellschiffe von der Decke hängen. Ein ganz irdischer und hübscher Kontrast zu dem scheinbar unvermeidlichen goldenen Altar, der in meinen Augen in diesem ansonsten nüchtern gehaltenen Gotteshaus vollkommen fehl am Platz wirkt. Die Schiffchen hingegen geben der Kirche eine gewisse Leichtigkeit. Da es auch ein Abbild der Jungfrau Maria gibt und die Kirche nun mal aus Stein gebaut ist, schließt sich zumindest der Kreis was den Namen „Jungfrau im Steinschiff" betrifft.

Heilsbringer Nr. 2 liegt neben der Kirche und ist das steinerne Schiff höchst selbst. Nun, nicht im wörtlichen Sinne, aber Teile davon. Nun, mächtige Steine, die verschiedene Teile des mystischen Schiffes symbolisieren, deren Schwimmfähigkeit jedoch ausnahmslos als höchst fraglich bezeichnet werden muss. Der markanteste dieser heiligen Steine – der *Pietras Santas* – ist der *Pedra dos Cadrís* und soll das Segel dieser wundersamen Barkasse darstellen. Ich habe eine durchaus gesunde Phantasie, aber hier stoße ich definitiv an Grenzen. Dem gewaltigen Stein, bzw. Segel, werden überdies aufgrund seiner gekrümmten Form heilsame Kräfte bei Nierenproblemen zugeschrieben, was allerdings erfordert, dass man in eher heidnischer Tradition neun Mal darunter durchkriechen muss. Als Lohn für diese Mühe erscheint mir ein Bandscheibenvorfall wahrscheinlicher als ein kausaler Heilungserfolg, aber ich werde doch tatsächlich Zeuge, wie mehrere gestandene Frauen und Männer auf höchst unelegante Art und Weise in gebotener Häufigkeit unter dem gewaltigen Findling hindurchkriechen.

Ein dritter Heilsbringer – *A Ferida* genannt – ist dann wieder ganz irdischer Natur und mahnt ein erlittenes Unheil an. Ein weiterer, dieses Mal jedoch nachweislich von Menschenhand geschaffener, kunstvoll gespaltener Stein von 11 Meter Höhe und einem Gesamtgewicht von beachtlichen 400 Tonnen soll an die ebenfalls von Menschen zumindest mitverursachte Havarie der *Prestige*, aber auch an die vielen Helfer nach der Katastrophe erinnern. Aus dem überladenen Tanker ergossen sich damals über 60.000 Tonnen Schweröl ins Meer und verschmutzen so fast 3.000 Kilometer Küstenlinie mit gravierenden Folgen besonders für alle Seevögel, die Fischbestände und letztlich für das gesamte betroffene Ökosystem. Dennoch sah das Gericht den Tatbestand eines Umweltdelikts bei keinem der Angeklagten für erfüllt. Auch dagegen könnte A Ferida stumm mahnen und erinnern. Ich vermute mal, dass die öffentliche Meinung über das Urteil ähnlich gespalten war wie das Denkmal selbst.

Mein persönlicher Heilsbringer – Heilsbringer Nr. 4 – ist der Hausberg, der sich zwischen dem kleinen Küstenort und der Landspitze erhebt. Vom Monte do Corpiño hat man eine wahrlich sensationelle Sicht auf Muxía, die weitläufige Küstenlinie nach Norden wie Süden und auf die drei erstgenannten Heilsbringer zu Füßen.

Hier oben versuche ich auch weiter meine Gedanken zu sortieren und die einer Havarie gleichenden Neuigkeiten über den Gesundheitsverlauf meine Mutter zu verarbeiten.

Für den Sonnenuntergang bin ich noch zu früh, aber auch so verbringe ich eine sehr nachdenkliche Stunde hier oben am Gipfelkreuz. Es hilft und gibt mir Kraft den Blick in die Ferne richten zu können.

Muxía habe ich hinreichend erkundet und so bietet sich die verbleibende Zeit bis zum Sonnenuntergang an, mir in der öffentlichen Herberge die *Muxiana* zu holen. Diese zweite Pilgerurkunde besitzt zwar nicht ganz die Symbolkraft der *Compostela* aus Santiago de Compostela, aber ein bisschen stolz bin ich schon auch diesen Weg gemeistert zu haben. Die meisten Pilger beenden Ihren Weg schließlich in Santiago oder gehen vielleicht noch weiter bis Finisterre. Bis nach Muxía gehen die Wenigsten – zumindest nicht zu Fuß. Morgen dann noch die *Fisterrana* und das Trio an möglichen Compostelas wäre komplett.

Seeluft macht bekanntlich hungrig und mir ist trotz der Nachrichten von zuhause nach einem ausgiebigen Mahl zumute. Vielleicht freue ich mich aber auch einfach auf die Flasche Wein, die heute definitiv den Weg auf meinen Tisch findet wird. Unten am Hafen reihen sich zu diesem Zweck jede Menge Restaurants, die sich alle nicht nennenswert voneinander unterscheiden. Ein paar Tische auf der Terrasse, auf der Karte in erster Linie Fisch und weil es sich bei den Gästen meist um Ex-Pilger handelt, sitzt an jeden Tisch auch fast immer nur ein Gast. Das passt zu meiner Stimmung. Ich suche mir einen Tisch mit Blick auf die Promenade und gönne mir einen Berg Garnelen, meine geliebten Pimientos de Padrón und eine ganze Flasche Albariño nur für mich alleine. Ich trinke auf das Wohl meiner Mutter, das Meer und irgendwie auch darauf, dass meine Reise heute zumindest im Kopf zu einem Ende gekommen ist.

Rechtzeitig zum Sonnenuntergang bin ich wieder zurück auf dem Monte do Corpiño. Zwischen den Felsen sitzen überall schon vereinzelte Sonnenanbeter, aber mein Plätzchen vom Nachmittag ist noch frei. Die sich jetzt bietende Szenerie passt dann wieder ganz gut zu meiner Gefühlsachterbahn, denn über dem Meer sind Wolken aufgezogen, gegen die die Sonne aber mit letzter Kraft ankämpft. Muxía links, die glutrote Sonne voraus, Virxe da Barca und A Ferida rechts. Ein Platz mitten wie in einer Postkarte und vollkommen surreal. Der Camiño spart also auch heute mal wieder nicht mit kitschig-magischen Momenten. Zumindest nicht für diejenigen Pilger, die sich rechtzeitig informiert haben wann die Sonne untergeht und nicht zurück in die öffentliche Herberge am anderen Ende der Stadt müssen. Wer weniger vorausschauend war, muss spätestens um 21:45 Uhr, und damit gerade mal zehn Minuten vor dem Sonnenuntergang aufbrechen und zurück zu Schlafplatz und Rucksack rennen. Ich kann die davoneilenden Gestalten aus der Entfernung zwar nicht fluchen hören, aber ich sehe über ihren Köpfen regelrecht die Gedankenblasen mit den explodierenden Bomben und Pop Art-Blitzen à la Roy Lichtenstein.

Die Sonne geht dann tatsächlich unter und die Welt dreht sich weiter. Morgen früh wird die Sonne aller Wahrscheinlichkeit nach erneut aufgehen und ich werde erneut meinen Rucksack schultern. Was danach kommt, ist weniger gewiss, aber auch dann wird es wohl weiterhin Sonnenuntergänge und Sonnenaufgänge geben.

Meine eigene Gedankenblase, die ich wenig später zu meiner schnurrenden Bela trage, sieht so aus, als hätte man darin Buchstabensuppe gekocht: ziemlich viel Durcheinander, jede Menge Blitze und kaum ein klares Wort. Trotzdem spüre ich mit einer inneren Gewissheit, dass sich auch dieses Chaos ordnen wird. Die Sonne kann schließlich nur aufgehen, wenn sie zuvor untergegangen ist und dem wohnt bekanntlich ein Zauber inne.

Tag 32: Muxía – Finisterre

Donnerstag, 6.6.2013

Der letzte Tag. Die letzte Etappe. Und damit auch zum letzten Mal den Rucksack schultern. Inzwischen spüre ich das Gewicht schon gar nicht mehr. Es ist schon erstaunlich, wie sich der Körper, bzw. speziell die Schultern an die Belastung gewöhnt haben. Vom rein Körperlichen her, würde ich mir nach über 30 Tagen und fast 1.000 Kilometern in den inzwischen gestählten Beinen glatt zutrauen den Camino wieder bis Saint-Jean-Pied-de-Port zurück zu laufen. Eine rein theoretische Überlegung natürlich. Ganz praktisch geht es heute aber nach Finisterre – meinem letzten Etappenziel.

Obwohl Muxía und Finisterre beides Küstenorte sind, verläuft die heutige Route laut Cordula überwiegend durchs Inland. Vom Atlantik werde ich nicht viel zu Gesicht bekommen. Ein bisschen schade, aber zumindest am Ziel wartet dann ja hoffentlich jede Menge Salzwasser, Unendlichkeit und endlose Weite.

Finisterre, bzw. vielmehr das *Cabo Finisterre* liegt wie Muxía auch an der Spitze einer mehrere Kilometer langen Landzunge. An deren äußerstem Ende befindet sich dann nicht nur der berühmte Leuchtturm, sondern auch der unter Pilgern heiß ersehnte 0-Kilometer-Stein. Strenggenommen ist damit also das Kap Finisterre mein ultimatives Camino-Ziel und nicht der Ort Finisterre.

Los geht es an der rauen Promenade von Muxía. Der dortige Wegstein ist erneut speziell, denn der zeigt eine auf den Boden ausgerichtet Muschel. Es scheint, als wolle der Wegweiser sagen: „Hier ist Schluss – du, lieber Pilger, bist an deinem Ziel angekommen". Passt ja auch, denn mein Startpunkt ist schließlich der Schlusspunkt für all diejenigen, die von Finisterre noch hoch nach Muxía laufen.

Kaum ist man raus aus Muxía, steigt der Weg ausgesprochen heftig an. Es ist noch vor 7 Uhr und ich befinde mich offenbar auf einem astreinen Camino duro. Der freie Blick auf die unberührte Playa de Lourido entschädigt zwar, aber mangels Vorwarnung hatte ich etwas leichtfertig auf ein kräftigendes Frühstück verzichtet. Mein Fehler, denn Cordula beschreibt ja auch die andere Wegrichtung, wo auf den letzten Metern vor Muxía folglich von „bergab" die Rede ist. Definitiv also mein Fehler – schließlich hätte ich mir denken können, dass dies für mich dann „bergauf" bedeutet. Nun ja, es ist halt noch früh.

Hinter dem schweißtreibenden Anstieg folgen dann rund zehn Kilometer in besagtem Landesinneren mit dem bekannten Bild: Kühe, urige Dörfer und Windräder auf den umliegenden Hügeln. Alles hübsch und idyllisch, aber es fehlt halt der Blick aufs Meer.

Was noch ins Auge springt, ist wie wenig hier los ist. Ganz Galicien ist ja generell schon eine ganz schön ruhige Ecke, aber auch nach gut zwei Stunden kann ich die Begegnungen locker noch an einer Hand abzählen. Und die wenigen Rucksäcke, die ich auf der Etappe treffe, laufen auch nicht vor oder hinter mir, sondern kommen mir entgegen. Ergo, ich laufe die unorthodoxere Nord-Süd-Richtung. Dementsprechend ist die Wegstrecke primär auch in die andere Richtung beschildert, was dazu führt, dass ich manchmal erst an den rücklings gelegenen Markierungen sehen kann, dass ich weiter auf dem Camiño bin. Keine Beschwerden meinerseits, dann ich wollte ja weiter ohne große Ablenkung meine Gedanken sortieren. Half dazu in der Meseta die endlose Weite der Landschaft, so hilft hier die Abwesenheit anderer Rucksäcke und sorgen die Eukalyptuswälder dafür, dass man herrlich tief durchatmen kann.

Als es höchste Zeit für eine Frühstückspause wird, liegt praktischerweise ein äußerst pittoresker Ort auf dem Weg. Das Ortsschild weist den Ort als „Lires" aus und hier wird erstmal der Koffein- und Blutzuckerspiegel in Ordnung gebracht. Als Begleiteffekt füllt sich der vorletzte freie Platz in meiner Credencial mit dem Stempel einer Bar und – Santiago sehe es mir nach – nicht mit dem eines ehrwürdigen Klosters oder einer Ehrfurcht gebietenden Kathedrale. Es scheint, als würde mein angeklebtes zweites Stempelheft gerade so ausreichen.

Über Lires lohnt es sich ein paar Worte zu verlieren, denn für die heutige Etappe ist es die wohl wichtigste Wegmarke vor Finisterre. Zum einen hat man hier ziemlich genau die Hälfte der rund 33 Kilometer langen

Tagesdistanz geschafft und sich eine Pause in einem der zwei oder drei lokalen Cafés redlich verdient. Sofern nicht gerade Siesta ist. Eine ausgiebige Siesta scheint man hier sehr ernst zu nehmen. Es gab schon so manchen galicischen Ort, der zur Mittagszeit vollkommen verwaist daherkam.

Aber selbst für den Fall, dass man unglücklicherweise in diesen drei oder gerne auch mal vier Stunden etwas konsumieren möchte und vor verschlossenen Türen steht, bietet der Ort zum Trost immerhin einen spektakulären Blick hin zum Meer. Nun, auch ein schöner Ausblick macht zwar nicht satt, aber zumindest macht die Natur niemals Siesta. Da Lires selbst auf einem Hügel inmitten von Hügeln liegt, kann man bis zum weitläufige Sandstrand Praia de Nemiña schauen, der an seinem südlichen Ende vollkommen unerschlossen zu sein erscheint.

Lires ist zum anderen aber auch deshalb von Bedeutung, weil man hier ohne schlechtes Gewissen den offiziellen Camiño verlassen und dafür den deutlich schöneren Weg entlang der Küste wählen sollte. Cordula scheint diese Alternative nicht zu kennen, aber hier lohnt sich ziviler Ungehorsam gegen die Meisterin. Direkt unterhalb des Ortes führt eine kleine Brücke über den südlichen Zufluss des kleinen Sees vor Lires und dann ein asphaltierter Weg der fjordartigen Flussmündung folgend, zum Meer. Der freie Blick an der Mündung der Ría de Lires auf die Küste und das Meer, ist, wie ich finde, einer der schönsten auf dem gesamten Camino, bzw. Camiño. Vermutlich sah es hier vor 1000 Jahren exakt gleich aus. Unberührte Natur frei von jeder Zivilisation und kein einziger Mensch weit und breit – außer mir.

Dachte ich zumindest, denn plötzlich höre ich, wie jemand meinen Namen ruft. Auf der anderen, also der nördlichen Seite der Ría de Lires, brüllt ein entfernter Rucksack aus Leibeskräften „Christian" und wedeln dazu zwei Arme wild durch die Luft. Müsste ich raten wer es ist, würde ich auf Jun aus Südkorea tippen, der mir schon seit dem ersten Tag immer wieder mal begegnet ist. Ich versuche die etwas abstruse Lage zu erfassen: 1. Bei genauerem Hinsehen stellt sich der Rucksack tatsächlich als Jun heraus, der offenbar meine pfeilgelbfarbene Jacke korrekt mit meiner Person in Verbindung gebracht hat. Scheinbar ersetzt heute meine

Kleidung die etwas mangelhafte Markierung auf der Strecke.
2. Jun ist auf der Nordseite der Ría de Lires mindestens so falsch wie es ein Südkoreaner auch zuhause nördlich der demilitarisierten Zone wäre.
3. Die Vermutung liegt also nahe, dass er dem Drang ans Meer abzubiegen etwas zu früh nachgegeben hat, von diesem Hindernis aus Wasser wie auch von der Brücke bei Lires nichts wusste und somit ein logistisches Problem hat. Er hat sich verlaufen und dabei trennen ihn gerade mal 15 Meter vom Camiño, bzw. dessen neuer Küstenalternative.
4. Das Gefuchtel mit den Armen scheint mir die Frage zu bedeuten, ob es wohl irgendwo eine seichte Stelle gibt, wo er *Ein Mann, ein Fjord* spielen kann und eine Überquerung versucht werden könnte. Sofern er das hinbekommt, könnte er locker zwei bis drei Kilometer abkürzen. Der Mann hat sich zwar verlaufen, ist aber eindeutig an einer pragmatischen Lösung interessiert und an den Zusatzkilometern desinteressiert.

Ich gestikuliere also von meiner Anhöhe aus zurück und weise ihm eine Stelle nahe der Mündung, die tatsächlich seicht genug erscheint, um eine Querung zu wagen. Jun scheint das ähnlich zu sehen. Ich fuchtle ein „Toi Toi Toi" übers Wasser und zücke die Kamera, um etwaige Ausrutscher für schadenfrohe YouTube-User zu konservieren. Wenig später watet mein koreanischer Pilgerfreund südlich der Hüfte nur mit Unterhose bekleidet und die Schuhe über dem Kopf haltend, tatsächlich durch das ganz ordentlich strömende Gewässer. Wie er mir später erzählt, war er zuvor noch nie im Atlantik. „¡Ultreya!" sag' ich da voller Anerkennung! Und auch, wenn ein YouTube-Hit in greifbarer Nähe war, freue ich mich, dass er es trocken ans andere Ufer geschafft hat. Schließlich hatte Jun gerade sämtliche Habseligkeiten, die er hier am Ende der Welt, bzw. für ihn auch am anderen Ende der Welt bei sich führt, durchs Wasser balanciert. Mit seiner Hose und den Schuhen wieder am Leib, strahlt dieser tapfere Wasserbezwinger, als hätte er gerade den 38. Breitengrad von Norden nach Süden überquert.

Uns bleibt dank des tadellos ausgebauten Wanderwegs entlang der Küstenlinie der räudige Gang nach Canosa erspart. Der offizielle Weg hätte nämlich im Landesinneren durch den Ort Canosa geführt – allerdings stets etwa zwei Kilometer parallel zur Küste.

Unser geografischer Ungehorsam endet aber auch bald schon, denn auf Höhe von Padris stößt der neu angelegte Küstenweg wieder auf die offizielle Küstenroute, die auch Cordula als Alternative kennt und ab hier ganz selbstverständlich als die schönere der beiden möglichen Route empfiehlt.
Durch den neu angelegten Küstenabschnitt zwischen Lires und Padris führt die heutige Etappe insgesamt also doch wesentlich länger an der Küste entlang als angekündigt.

In den letzten Wochen auf dem Jakobsweg hatte ich häufiger schon an der Existenz von Zufällen gezweifelt. Schuld daran ist der Camino selbst, der mir einfach schon zu oft genau das serviert hat, was ich mir in Gedanken bestellt hatte. Die zwar entrückt, ja fast schon verrückt, aber definitiv nicht unglücklich wirkende Terra, hat vor Tagen in Hospital de Órbigo mit ihrem bedingungslosen Vertrauen in die Macht „des Universums" in ein ähnliches Horn geblasen. Ihre radikale Sicht der Dinge erscheint mir auch heute noch als etwas extrem, aber sie hat mich zumindest nachdenklich gestimmt. Vielleicht begrenzt sich der Spruch „Glaube versetzt Berg" nicht auf den religiösen Glauben an eine Gottheit und lassen sich Situationen, Personen oder Dinge tatsächlich mit der Kraft der Gedanken herbeisehnen, bzw. in irgendeiner Weise beeinflussen. Kurz hinter Buxán kommt nämlich schon wieder solch ein „Nicht dein Ernst!"-Moment. Folgende Situation: ich laufe inzwischen wieder alleine – Jun ging es heute wie mir was den Bedarf an Me-Time angeht – und als der Pfad immer furchiger wird, denke ich mir in zugegeben sehr deutscher Manier: „Mensch, hier könnte aber auch mal wieder planiert werden". Keine 5 Minuten später versperrt dann ein kleiner Bagger den Weg. Hier, mitten im Wald wo sich Fuchs und Hase gute Nacht sagen, gräbt sich dieser Bagger durch den lehmigen Boden und planiert tatsächlich meinen Camiño. Soweit also zu den sogenannten Zufällen auf dem Jakobsweg.
Vielleicht sollte ich mir künftig etwas mehr Gedanken über meine Gedanken machen.

Sobald man schließlich zu seiner Linken wie auch zu seiner Rechten das

Meer sehen kann, darf man dies als untrügliches Zeichen verstehen, dass geradeaus das ersehnte Kap liegen muss. Ab hier würden sich vermutlich auch die Tagespilger nicht mehr verlaufen. Nun ja, wohlwollend gedacht. Das letzte Stück der schmalen Halbinsel, auf der der Ort Finisterre ziemlich am Anfang und das Kap logischerweise am Ende liegt, erstreckt sich rund sechs Kilometer nach Süden. Ergo, noch sechs Kilometer bis zum 0-Kilometer-Stein.

Am Ortsschild von Finisterre abgekommen, beschließe ich Kraft der mir von mir selbst verliehenen Macht als Herr über meine Pilgerreise, dass die Addition meiner bisherigen Tageskilometer, die ich jeden Abend in mein Tagebuch notiert habe, plus die heutige Tagesleistung genau die 1.000 Kilometer voll machen. Meine Aufzeichnungen beruhen zwar auf bloßen Schätzungen, aber immerhin hatte ich ja Cordula mit ihren präzisen Tagesdistanzen als zusätzliche Orientierung. Inklusive aller Abstecher gem. Regel Nr. 4 und den diversen Erkundungen an den Etappenzielen sollte die Rechnung grob passen. Rund 1.000 Kilometer also auf einem rund 1000 Jahre alten Weg – auch dies klingt fast zu unwirklich, um ein reiner Zufall zu sein.

Finisterre ist wie Muxía ein Fischerdorf, aber deutlich touristischer. Direkt am Stadteingang befindet sich der Busbahnhof, der jede Menge Besucher aus Santiago, die nicht mehr die Zeit, Lust oder Kraft für den Camiño de Fisterra hatten, heranschafft. Entsprechend gibt es auch eine Vielzahl an Hotels, Herbergen, Bars, Restaurants und Schlepper, die besagte Besucher in besagte Lokalitäten zu lotsen versuchen. Ich habe nun all die Wochen auch ganz alleine ein Bett gefunden – ohne Ausnahme. Da kann ich auch am letzten Tag gerne auf fremde Hilfe verzichten. Insbesondere, wenn es sich um höchst fragwürdige Hilfe handelt, um die man einen weiten Bogen machen sollte. Also laufe ich einfach durch den Ort und vertraue mal wieder auf meine Intuition – und das Universum, bei dem ich eine saubere, ruhige und preislich nicht völlig aus dem Rahmen fallende Unterkunft bestellt habe. Keine drei Fußminuten später stehe ich vor dem *Hotel Rustica Spa Finisterre,* welches alle Kriterien mit Bravour erfüllt. Julie ist später genauso begeistert, weshalb wohl ein dickes Dankeschön ans

Universum fällig ist. Was für eine Aussicht, anstatt im Schlafsack mal wieder in einem echten Federbett schlafen zu können. Und das, ohne gegen irgendeine selbstaufgestellte Regel zu verstoßen – schließlich bin ich seit Santiago kein Pilger mehr. Die Gründe liegen sozusagen an den Regeln des Gastgebers, denn die katholische Kirche hat den an sich paradiesischen *Camiño de Fisterra* trotz seiner Jakobslegenden nie als offiziellen Pilgerweg anerkannt. Das Grab des Apostels sei das einzig wahre Ziel und nicht irgendein heidnischer Fels am Meer. Aus Sicht der Kirche kann ich das zwar mit viel gutem Willen nachvollziehen, aber für mich waren die letzten Tage ebenso kontemplativ und erkenntnisreich wie die Zeit auf dem Camino Francés. Nun ja, auch die Kirche muss wohl ihre Marke schützen.

Es bleibt noch eine Stunde bis Julie aus dem Bus steigt, also erledige ich das, was für sie leider keine Relevanz hat. Wie in Muxía kann man sich auch hier in der öffentlichen Herberge eine Urkunde für die zu Fuß zurückgelegte Strecke bis Finisterre abholen – die Fisterrana. Da Julie nicht zu Fuß auf dem Camiño de Fisterra unterwegs ist, bleibt es für sie bei der Compostela aus Santiago.

Neben meiner nunmehr zweiten Kür-Urkunde gibt es auch in Finisterre natürlich einen offiziellen Stempel in der staatlichen Herberge, und dieser ist passenderweise der letzte Stempel im letzten freien Feld meiner angeklebten zweiten Credencial: „Fin da Ruta Xacobea. Concello de Fisterra". Der Kölner Dom ziert also das erste Feld und im letzten steht nun „Ende des Jakobsweges" – ich finde das dramaturgisch ausgesprochen gut gelungen.

Und auch die Dramaturgie, die sich Julie für unser Wiedersehen ausgedacht hat, ist perfekt. Es hätte sich komisch angefühlt, wenn wir uns erst wieder in Dänemark oder Deutschland und nicht zum Abschluss unserer gemeinsamen Pilgerschaft noch einmal wiedergesehen hätten. Julie war meine wichtigste Bekanntschaft auf dem Jakobsweg und entsprechend lange liegen wird uns in den Armen, als der Bus endlich eintrifft und auch sie nun am Ende der Welt angekommen ist. Ein weiteres Mal schließt sich ein Kreis.

Wirklich zu Ende ist die „Ruta Xacobea" dann am Leuchtturm des Kaps von Finisterre. Für die knapp vier Kilometer bis dahin brauchen wir fast eine Stunde, aber es gibt so viel zu erzählen, dass dieser allerletzte Teil des Camino nun tatsächlich erstmalig wie ein Sonntagsspaziergang wirkt. Im Gepäck habe ich Cava und Erdbeeren, schließlich muss das Wiedersehen und unser Camino-Finale gebührend gefeiert werden. Julie hat dafür noch Nacho – „den Nacho" und nicht „die" Nachos – mit im Gepäck. Ein sympathischer Mexikaner, der mit uns schon in der Albergue Verde war. Gemeinsam geht es am Hausberg vom Finisterre, dem fast 250 Meter hohen Monte del Facho entlang, der im Vergleich zum Hausberg von Muxía jedoch ein ausgewachsener Berg und kein kleiner Hügel ist. Dankenswerterweise muss man dabei nicht über den Gipfel, sondern gibt es seitlich eine asphaltierte Straße, die bis vor zum Faro stetig aber sanft ansteigt. Bei einem allzu steinigen Pfad wäre ich mit meinen Flipflops an den Füßen doch ziemlich leichtsinnig gewesen – so auf den allerletzten Metern.
Am Stein dann Sektdusche, Fotos, Freudentränen und noch mehr Fotos. Umarmungen, Erdbeeren, in die Ferne aufs Meer schauen, ungläubig den Kopf schütteln, sich zwicken, Kleidung verbrennen, Cava. Ich bin tatsächlich am Ziel und es war ein Buen Camino.

Das Kap Finisterre bietet eine würdige Kulisse für diesen Abschluss, denn es ist majestätisch. Meine Cordula bringt es mal wieder auf den Punkt: „Dahinter liegt nur noch Meer". Wie wahr. Und auch wenn es nur der Blick auf das weite Meer ist, so macht es einem bewusst, dass man hier am Ziel angekommen ist. Hier ist Schluss und eine Steigerung nicht denkbar. Hier am Meer endet der Camino und mit der untergehenden Sonne fällt der Vorhang für das Vergangene. Aus dem „Meer" wird nun ein „Mehr" und es beginnt ein neuer Abschnitt im Leben, für den der Camino der Wegbereiter war.

Rückreise: Finisterre – Santiago de Compostela – Köln

Freitag, 7.6.2013 – Sonntag, 9.6.2013

Mit Julie fing die Reise an und sie ist extra bis ans buchstäbliche Ende der Welt gefahren, um das Abenteuer Jakobsweg gemeinsam mit mir zu beenden. Auch Jun habe ich am Leuchtturm wiedergetroffen und so schloss sich ein weiterer Kreis, der schon in Südfrankreich seinen Anfang genommen hatte. „I know you will make it", hat mir Jun damals in der Regionalbahn von Bayonne nach Saint-Jean-Pied-de-Port prognostiziert und mir so im richtigen Moment Kraft gegeben. Wie schön, dass er damit Recht hatte. Der Abschied von beiden ist daher auch ein *Auf Wiedersehen* und hoffentlich kein *Leb wohl*. Zumindest mit Julie habe ich verabredet, dass ich sie mal in Kopenhagen besuchen komme.

Allmählich ist alles erledigt, was es noch zu tun gab. Das dreiteilige Ritual „Kleidung verbrennen, Sonnenuntergang anschauen und im Meer baden" habe ich am Folgetag an der Playa de Langosteira, dem malerischen Strand von Finisterre, komplettiert. Vorne am Kap wäre es absolut lebensgefährlich in die rauen Fluten zu steigen. Angeblich erwacht man nach diesem Ritual am nächsten Tag als neuer Mensch. Nun, ich vermute, dass erst die Zeit zeigen wird, wie der Jakobsweg mich für mein künftiges Handeln verändert hat. Überhaupt werde ich vermutlich viele Dinge erst im Rückblick begreifen und mit den gemachten Erfahrungen auf dem Jakobsweg in Verbindung bringen. Der Camino wird mich auf diese Weise also weiterhin begleiten – man könnte fast sagen, dass er im Geiste niemals endet, sondern nun unauslöschlich ins Leben getreten ist.

Meine Buchstabensuppe im Kopf hat sich dank der letzten Tage etwas aufgeklart und ich fühle mich auch mental bereit für den Rückflug, aber der geht leider erst in zwei Tagen. Allzu viele Verbindungen gibt es ab Santiago nicht und nicht an jedem Tag fliegt eine Maschine einen für mich passenden Flughafen an. Die Rückreise erfolgt daher ganz entspannt in zwei Etappen und so kann ich sowohl Finisterre als auch Santiago für einen weiteren Tag in aller Ruhe genießen. Es wird schon seinen Sinn haben, dass ich langsam Abschied nehmen kann. Eine echte Wahl habe ich ja auch gar nicht.

Und so ist der Ruhetag in Finisterre genauso ruhig, wie der Ruhetag in Santiago. Ich verbringe viel Zeit damit Tagebuch zu schreiben und mit einem seligen Grinsen durch die Gegend zu laufen. Es macht große Freude zu beobachten, wie Pilger beispielsweise erstmalig vor der Kathedrale ankommen und völlig überwältigt verharren, beten, weinen und am Ende alten Bekannten oder Unbekannten in den Armen liegen. Oder der Anblick, wenn sich alte Weggefährten in den Gassen der Altstadt zufällig treffen und die Wiedersehensfreude groß ist. So ist es mir am letzten Sonntag ja auch ergangen und ganz sicher habe ich das gleiche Bild auf Beobachter abgegeben ohne diese überhaupt bemerkt zu haben. Santiago de Compostela bzw. der Camino hat einfach die wunderbare Fähigkeit Menschen immer wieder aufs Neue zusammenzubringen. Von dem was ich beobachten kann, haben die Allermeisten einen herzlichen Empfang und sehe ich viele glückliche Gesichter. Erschöpfte aber glückliche Gesichter. Ich wundere mich auch gar nicht weiter, dass mir diverse bekannte Gesichter über den Weg laufen – in Santiago muss wirklich niemand alleine essen oder feiern gehen.

Wenn die Busfahrt von Finisterre nach Santiago sich schon ungewohnt schnell angefühlt hat, dann hatte der Rückflug etwas von teleportiert werden. Kein Wunder, dass so mancher Pilger statt des Fliegers die langsamste verfügbare Bahn- oder Busverbindung für seine Heimreise wählt – manche behaupten, dass die Seele dadurch Zeit bekommen soll, Schritt zu halten und zeitgleich mit dem Reisenden anzukommen. Vermutlich ist aber noch häufiger das Hadern mit dem Abschiednehmen vom Camino der Grund, warum die Rückkehr in den Alltag hinausgezögert wird. Verdenken kann ich es keinem.

Auch wenn mich zuhause fürwahr kein Alltag erwartet, so ist es nun Zeit nach Hause zu kommen. Mein Vater hat mir dies vor Tagen schon unmissverständlich mitgeteilt. Ich möchte jetzt auch dringend bei meiner Mutter sein und die Kraft, die mir der Camino gegeben hat, weitergeben. Vielleicht ist ja genau dies der wahre Sinn des Jakobswegs: zu Beginn einen großen Schritt zur Seite treten und auf diesem abseitigen Weg dann viele tausende Schritte gehen, um sein Leben aus einer anderen Perspektive zu betrachten. Am Ende des Weges kann dann das eigene Leben und Umfeld mit diesen gewonnenen Erfahrungen und Erkenntnissen bereichert werden. Der Camino wäre damit also nie Selbstzweck, sondern vielmehr Impulsgeber, dessen Wucht einem möglicherweise erst später begreiflich wird, bzw. erst mit etwas zeitlichem Abstand erfasst werden kann. Mein Camino ist nun zu Ende, doch sehr wahrscheinlich fängt er gerade erst an ...

Epilog: Ein Jahr später

Mittwoch, 23.7.2014

In zwei Tagen werden in Santiago de Compostela wieder zehntausende Pilger den Festtag zu Ehren des heiligen Santiago – den Jakobstag – begehen. Eine Tradition, die schon seit über 1000 Jahren besteht. Und obwohl der 25. Juli auch in diesem Jahr nicht auf einen Sonntag fällt, werden sich annähern so viele Pilger wie im letzten Heiligen Jahr vor vier Jahren auf *den Weg* gemacht haben. Seit Hape im Jahr 2001 gepilgert ist und auch durch sein Buch die Popularität des Jakobswegs in Deutschland und weit darüber hinaus weiter gesteigert hat, haben sich die jährlichen Pilgerzahlen nahezu vervierfacht.

Meine heutige Reise hat mich nicht nach Santiago, sondern nach Hause ans Grab meiner Mutter geführt. Heute, am 23. Juli 2014, jährt sich ihr Todestag zum ersten Mal. Selbst einmal den Jakobsweg zu gehen, war ihr nicht mehr vergönnt. Die Zeit, die uns nach meiner Rückkehr aus Santiago blieb, war leider viel zu kurz. Etwa 30 Jahre zu kurz.
Hätte ich also besser abbrechen sollen, um noch mehr Zeit – unwiederbringliche Zeit – miteinander verbringen zu können? Ich habe mir diese Frage unzählige Male gestellt.
Auch ein Jahr später bin ich davon überzeugt, dass es vielleicht nicht die einzig denkbare, aber doch die bessere Entscheidung war, den Camino bis ans Ziel zu gehen und so für uns beide zu beenden. Der Camino hat uns schließlich stets eng verbunden, ohne dass es dafür einer unmittelbaren räumlichen Nähe bedurft hätte. Durch mein Pilgern ist auch sie gepilgert, denn dies war nun mal der für sie gangbare Camino und somit „ihr Camino". Ich bin unendlich dankbar, dass ich sie auf diesem letzten Weg ein Stück begleiten durfte.

Mir selbst hat der Camino die nötige Kraft gegeben, um vor allem in der Zeit danach für meinen Vater und meinen Bruder da zu sein, aber auch um mit meiner eigenen Trauer umzugehen. Die Prophezeiung, dass der eigentliche Camino erst nach dem Camino beginnt, hat sich überraschend schnell bewahrheitet.

Ein weiterer Jahrestag wird – nur einen Tag vor dem feierlichen Höhepunkt der Festwoche – in Santiago selbst begangen. Ganz Spanien gedenkt der 79 Toten, die am 23. Juli 2013 bei einem schweren Zugunglück nur wenige Kilometer vor Santiago de Compostela ihr Leben verloren. Die meisten der Passagiere waren auf dem Weg in die Stadt, um fröhlich und ausgelassen das Fest des Heiligen Jakobs zu begehen. Sämtliche Feierlichkeiten wurden abgesagt und stattdessen eine drei Tage dauernde Staatstrauer ausgerufen. Ich kann nur hoffen, dass die vielen betroffenen Angehörigen eine ähnliche Kraftquelle wie den Camino gefunden haben, um angesichts der Wucht dieses Schicksalsschlages nicht zu verzweifeln. Verstehen werden sie es nicht.
Die Feierlichkeiten in diesem Jahr sind verständlicherweise noch stark von den tragischen Geschehnissen des Vorjahres geprägt. Santiago de Compostela scheint aber aus dem gemeinsamen Gedenken die nötige Kraft zu ziehen, um den Blick wieder nach vorne zu richten. Erneut gibt also der Camino mit seiner unnachahmlichen Fähigkeit sich als Teil einer Gemeinschaft zu fühlen, denen Halt, die auf sich alleine gestellt verloren wären. Ich bin sicher, dass die ungebrochen hohe, ja sogar erneut gestiegene Zahl an Pilgern in der Stadt, als eine große Solidaritätsbekundung verstanden werden kann.

Das Jahr 2013 hielt rückblickend gewaltige Prüfungen bereit, die mich häufig haben zweifeln lassen, die ich aber ohne die Zeit auf dem Camino Francés weniger souverän gemeistert hätte. Regelmäßig finde ich mich in Gedanken an beliebigen Stellen meines Caminos wieder – ich muss dafür nur die Augen schließen und Erinnerungen, bzw. genauer gesagt einen meiner abgespeicherten Camino-Momente reaktivieren. Mich hat diese neue Fähigkeit, durch innere Einkehr zurück in mein Gleichgewicht zu kommen, im Alltag deutlich gelassener werden lassen. Fast schon wie Terra, gehe ich seitdem mit Wendungen jedweder Art deutlich abgeklärter und in gewisser Weise auch schicksalsergebener, aber doch nicht tatenlos

um – ein wichtiger Unterschied.
Die Nachricht vom Blitzeinschlag, der an Weihnachten 2013 das Heiligtum der Virxe da Barca in Muxía mitsamt den ganzen Schiffchen, die bei meinem Besuch noch friedlich von der Decke hingen, in Brand gesteckt hat, ließ mich aber doch kurz die Fassung verlieren. Ich habe nach wie vor keine Ahnung, was sich das Universum dabei wohl bloß gedacht haben mag. Die gute Nachricht für alle künftigen Muxiana-Aspiranten ist aber, dass der Wiederaufbau bereits in Planung ist. Bis zum nächsten Heiligen Jahr 2021 hängen dann hoffentlich auch wieder kleine bunte Holzschiffe von der Decke.

Das Jahr 2014 war bislang zum Glück deutlich weniger von Schicksalsschlägen und eher von einer positiven Aufbruchsstimmung geprägt. Ich habe eine neue berufliche Heimat gefunden, was auch dadurch möglich wurde, dass ich auf dem Jakobsweg im Guten mit der Vergangenheit abschließen konnte. Danach war ich bereit für etwas Neues und dem widme ich mich nun mit viel Leidenschaft.
Mein alter Pilgerbruder Johannes Paul II. wurde Ende April heiliggesprochen und wer kann von sich schon behaupten, mal mit einem Heiligen geplaudert zu haben. Der alte Marketing-Trick mit dem Heiligsprechen hat also auch heute nichts von seinem Glanz verloren.
Mit Julie und den allermeisten meiner engeren Weggefährten bin ich gut ein Jahr später noch in Kontakt und so wie ich höre, hat der Camino auch deren Leben sortiert, gelenkt und nachhaltig positiv verändert. Keiner hat es bereut sich auf den Weg gemacht zu haben und jeder Einzelne würde wohl unterschreiben, dass es eine außerordentlich prägende Zeit im bisherigen Leben war. Die ganzen Schmerzen und Entbehrungen die wir durchlitten haben, hat unser schützendes Gedächtnis weitgehend verdrängt. War ja alles irgendwie doch gar nicht so schlimm.

Würde ich mich also wieder auf diesen 1.000 Kilometer langen Camino machen?
Die Antwort lautet: ja, unbedingt! Befände ich mich abermals im Mai letzten Jahres und wüsste ich sogar grob was mich erwartet, würde ich

sofort meinen Rucksack packen, meine Yak-Stiefel schnüren und in freudiger Erwartung nach Saint-Jean-Pied-de-Port reisen. Mir wären die verschimmelten Duschen, die eisigen Schneestürme und die Schnarcher, ja sogar der leidige Wettlauf um die Betten herzlich egal, denn die schönen Seiten des Camino überwiegen die Schattenseiten um ein Vielfaches. Ich wäre vermutlich sogar noch einmal neugieriger, wen ich unterwegs wohl treffe, was für Gedanken mich beschäftigen und welche speziellen Camino-Moment mir besonders in Erinnerung bleiben würden. Und natürlich würde ich wieder meine großartige Cordula einpacken und Hape im Gepäck und morgens auf den Ohren haben. Ich wäre jeder Zeit wieder ein *Kerkerino*.

„Jedem sein Camino" – dieser treffende Spruch gilt nicht nur für jeden einzelnen Pilger, sondern auch für jeden gegangenen Camino, denn jeder Camino und selbst jedes einzelne Mal auf dem gleichen Camino ist für sich genommen einzigartig. Eben ein *Buen Camino*.

Zum Autor

Der Autor Christian Brechtel, Jahrgang 1978, ist promovierter Jurist und war bis zu seinem Camino im Jahr 2013 viele Jahre lang Unternehmensberater. Die Unterschrift unter der Kündigung war keine 48 Stunden alt, als er Richtung Santiago de Compostela aufbrach. Die Beziehung im Privatleben dagegen war bereits einige Monate zuvor auseinandergegangen.

Eigentlich genug gute Gründe die Lederschuhe gegen die Wanderstiefel einzutauschen und ganz bewusst mal einen Schritt zur Seite zu treten. Den kompletten Lebensalltag ließ er während seiner Zeit in Nordspanien dennoch nicht hinter sich, da er den Weg auch für seine schwer an Krebs erkrankte Mutter lief. Sie nahm durch die regelmäßigen Berichte von zuhause aus an seiner Pilgerreise auf dem Camino Francés teil.

Printed in Poland
by Amazon Fulfillment
Poland Sp. z o.o., Wrocław

70973449R00218